Leiten
Lenken
Gestalten
LLG 11
Theologie und Ökonomie
Herausgegeben
von Alfred Jäger

Jochen Gerlach

Ethik und Wirtschaftstheorie

Modelle ökonomischer Wirtschaftsethik
in theologischer Analyse

Chr. Kaiser
Gütersloher
Verlagshaus

Die Deutsche Bibliothek – CIP-Einheitsaufnahme

Gerlach, Jochen:
Ethik und Wirtschaftstheorie : Modelle ökonomischer Wirtschaftsethik in
theologischer Analyse/ Jochen Gerlach. –
Gütersloh : Kaiser, Gütersloher Verl.-Haus, 2002
 (Leiten, Lenken, Gestalten; 11)
 Zugl.: Konstanz, Univ., Diss., 2001 u. d. T.: Gerlach, Jochen:
 Wirtschaftsethik in theologischer Perspektive
 ISBN 3-579-05303-5

Gedruckt mit freundlicher Unterstützung der
»Stiftung Alfred Jäger für Diakonie«, »Hanns-Lilje-Stiftung«
und der »Evangelischen Kirche von Kurhessen-Waldeck«.

Umwelthinweis:
Dieses Buch wurde auf chlorfrei gebleichtem und alterungsbeständigem Papier gedruckt.
Die vor Verschmutzung schützende Einschrumpffolie ist aus umweltschonender und
recyclingfähiger PE-Folie.

ISBN 3-579-05303-5
© Chr. Kaiser/Gütersloher Verlagshaus GmbH, Gütersloh 2002

Das Werk einschließlich aller seiner Teile ist urheberrechtlich geschützt. Jede Verwertung
außerhalb der engen Grenzen des Urheberrechtsgesetzes ist ohne Zustimmung des Verlages unzulässig und strafbar. Das gilt insbesondere für Vervielfältigungen, Übersetzungen,
Mikroverfilmungen und die Einspeicherung und Verarbeitung in elektronischen Systemen.

Umschlag: Init GmbH, Bielefeld
Satz: SatzWeise, Föhren
Druck und Bindung: Bertelsmann Media on Demand, Pößneck
Printed in Germany
www.gtvh.de

Inhalt

Vorwort des Herausgebers
Alfred Jäger 15

Vorwort
Jochen Gerlach 17

I. Einleitung 19
1. Die Problemlage – der ›garstige Graben‹ zwischen Ethik und Wirtschaftstheorie 20
2. Wirtschaftsethik als interdisziplinäre Grundlagendiskussion 22
3. Anliegen und Aufbau der Arbeit 23

II. Der Gegenstand der theologischen Wirtschaftsethik.... 26
1. Theologie als Selbstexplikation des Glaubens und seines Wirklichkeitsverständnisses 27
2. Handeln und Interaktion als Gegenstand der theologischen Sozialethik 29
3. Der Zusammenhang von Moral, Ethik und Metaethik .. 30
  3.1 Moral und Ethik 30
  3.2 Ethik und Metaethik 31
  3.3 Die Bedeutung des Wirklichkeitsverständnisses 32

4. Handlung als Grundbegriff der theologischen Ethik.... 35

4.1 Das Problem allgemeiner Aussagen aus individueller Perspektive .. 35
4.2 Die drei Strukturmomente der Moral einer Handlung.......... 36
4.3 Gesellschaftliche Funktionsbereiche...................... 37
4.4 Die wirtschaftsethische Leitfrage........................ 38

III. Moral in den Funktionserfordernissen der Wirtschaft – die Wirtschaftsethik Bruno Molitors............... 40

1. Anliegen und Ansatz............................. 41
2. Die funktionale Betrachtung der Moral 42

2.1 Der Ort der Moral 42
2.2 Normen als Form der Moral 44
2.3 Legitimation, Begründung und Inkraftsetzung von Normen 45

3. Die Funktionsbedingungen und -erfordernisse der Wirtschaft 48

3.1 Wirtschaft als Mittel zur Befriedigung unbegrenzter Bedürfnisse... 48
3.2 Wirtschaft als Mittel zur Überwindung der Knappheit von Gütern.. 49
3.3 Wirtschaft als rationales Handeln........................ 51
    3.3.1 Das ökonomische Prinzip 51
    3.3.2 Der ethische Gehalt des Modells des homo oeconomicus 53
3.4 Wirtschaft als durch Tausch, Arbeitsteilung und Geld institutionalisierte Kooperation 54
3.5 Wirtschaft als Bereich der Allokation wirtschaftlicher Güter und Leistungen und der Verwendung von Einkommen 56
    3.5.1 Die Wirkung des technischen Fortschritts auf das Verhältnis von Kapital und Arbeit........................ 56
    3.5.2 Der Zusammenhang von Konsumption und Investition 57
    3.5.3 Reichweite und Grenze der Verteilungswirkungen des Marktes . 60
    3.5.4 Das wirtschaftsethische Grundmuster................. 62

4. Wirtschaftsordnung und individuelle Regeltreue als Orte der Moral in der Wirtschaft.................. 64

4.1 Die Funktionen der Wirtschaftsordnung 65
    4.1.1 Ordnung und Erwartungssicherheit 65
    4.1.2 Funktionserfordernisse des Wirtschaftens 66

4.1.3	Institutionen der Marktwirtschaft.	67
	4.1.3.1 Das Preissystem.	67
	4.1.3.2 Das Privateigentum	68
	4.1.3.3 Der Wettbewerb	69
	4.1.3.4 Die Dispositionsfreiheit.	71
4.2	Marktwirtschaftliche Ordnung und Moral.	73
	4.2.1 Die sozialethische Begründung der Marktwirtschaft.	73
	4.2.2 Individualmoral als Voraussetzung der Marktwirtschaft	75
	4.2.3 Einzelfragen der Wirtschaftsethik	77

5. Kritische Würdigung ... 79

5.1	Die Moral des Faktischen	79
	5.1.1 Die handlungstheoretische Fundierung von Moral.	80
	5.1.2 Rechtsregeln als Paradigma für moralische Regeln.	81
	5.1.3 Der Verzicht auf die Begründung von Zielen	82
	5.1.4 Zielbestimmung und Ideologisierung	83
5.2	Ethische Implikationen ökonomischer ›Tatsachen‹	85
	5.2.1 Ethische Implikationen ökonomischer Grundkategorien.	86
	5.2.1.1 Die Unterscheidung verschiedener Güterarten	86
	5.2.1.2 Knappheit als Grundtatsache der Wirtschaft.	87
	5.2.1.3 Der Tausch als Win-Win-Situation	88
	5.2.1.4 Das Problem der Freiwilligkeit des Tausches.	89
	5.2.1.5 Die Rolle von Wertvorstellungen beim Tausch	91
	5.2.1.6 Ethische Voraussetzungen ökonomischer Kategorien.	93
	5.2.2 Relevanz und Grenze des ökonomischen Funktionalismus.	94
	5.2.2.1 Die ökonomischen Funktionszusammenhänge	94
	5.2.2.2 Das ethische Problem des technischen Fortschritts.	95
	5.2.2.3 Das Verhältnis von Deskription und normativem Gehalt.	97
	5.2.3 Probleme der ökonomischen Methodik.	98
	5.2.3.1 Der Anspruch einer allgemeinen Handlungstheorie.	98
	5.2.3.2 Das Problem des Gegenstands der Wirtschaftstheorie.	99
5.3	Die Ordnungstheorie als Ausgangspunkt der Wirtschaftsethik.	100
	5.3.1 Der implizite ethische Gehalt des ökonomischen Funktionalismus.	101
	5.3.1.1 Die Ordnungstheorie als Rahmen der Frage nach der Moral.	101
	5.3.1.2 Die Bedeutung der Interdependenz der Institutionen.	102
	5.3.1.3 Die Komplementarität der Ermöglichung und Begrenzung des Wettbewerbs	103
	5.3.2 Explizit ethische Implikationen der Ordnungstheorie.	106
	5.3.2.1 Das Kriterium der Ordnungskonformität.	106

5.3.2.2	Die Bestimmung der Ordnungsform als ethischer Wahl	107
5.3.2.3	Die Inanspruchnahme ökonomisch nicht ableitbarer Kriterien	108
5.3.2.4	Die Moral der Gegenseitigkeit	110

IV. Ethische Ökonomie: Wirtschaftsethik als Kulturtheorie – die Wirtschaftsethik Peter Koslowskis 112

1. Anliegen und Ansatz 113

2. Ethik – Naturrechtliches Ethikverständnis 115

2.1 Tugend-, Pflichten- und Güterlehre 115
2.2 Naturrechtliche Begründung 115

3. Wirtschaftstheorie – die Ausweitung der Wirtschaftstheorie zur Wirtschaftsphilosophie 116

3.1 Das Methodenensemble der Wirtschaftstheorie 117
3.2 Wirtschaftsontologie und Ökonomie-Prinzip 118
3.3 Theorie der Wirtschaftskultur – Kulturelle Ökonomie 118
3.4 Die Koordinationsleistung des Marktes 119

4. Wirtschaftsethik – Moral als Korrektiv von Marktversagen 120

4.1 Die Kompensation des Marktversagens 120
    4.1.1 Das Modell vollständiger Konkurrenz 120
    4.1.2 Vertrauen versus Tit-For-Tat-Strategie 122
4.2 Die strukturelle Notwendigkeit von Moral 123
4.3 Vor-Koordination von Präferenzen als Funktion der Moral – formale Wirtschaftsethik 124
    4.3.1 Das Ideal der Koordination – eine Interpretation von Kants Kategorischem Imperativ 125
    4.3.2 Das Ideal des Nebeneinanderbestehen-Könnens 126
4.4 Der Präferenzbildungsprozeß – materiale Wirtschaftsethik 127
    4.4.1 Max Schelers materiale Wertethik 128
    4.4.2 Koslowskis Rezeption von Schelers materialer Wertethik 130
        4.4.2.1 Die Rangfolge der Werte 130
        4.4.2.2 Bildung als Voraussetzung der Werterkenntnis 131
    4.4.3 Die Theorie öffentlicher Güter als Interpretation der Wertlehre. 132
    4.4.4 Tugendlehre als Teil der materialen Wertethik 134

5. Religion als Korrektiv von Moralversagen. 135
5.1 Das Problem der Motivation moralischen Handelns 135
5.2 Der funktionale Religionsbegriff. 136

6. Kritische Würdigung 137
6.1 Die methodologische Erweiterung der Wirtschaftstheorie. 138
6.2 Die Formalität der Kantschen Ethik – Kritik der formalen Wirtschaftsethik 139
6.3 Kritik der phänomenologischen Wertethik Schelers als Basis der materialen Wirtschaftsethik 142
    6.3.1 Koslowskis Bezugnahme auf Scheler. 142
    6.3.2 Kritik der Methode Schelers 142
6.4 Die Rezeption der Theorie öffentlicher Güter 147
    6.4.1 Der ethische Gehalt der Theorie öffentlicher Güter 147
    6.4.2 Die institutionellen Bedingungen der höheren Werte 151
6.5 Kritische Würdigung von Koslowskis Religionsverständnis 153
    6.5.1 Das Motivationsproblem in der Ethik 153
    6.5.2 Koslowskis Kantkritik 156
    6.5.3 Die Umkehrung des Begründungsverhältnisses von Religion und Moral 158
6.6 Der allgemeine Standpunkt der Naturrechtsethik 161

V. Diskursethik als Basis der Integration von Ethik und Wirtschaftstheorie – die Wirtschaftsethik Peter Ulrichs . 162

1. Anliegen und Ansatz 163
2. Ethik – Diskursethik als humanistische Vernunftethik . . 164

2.1 Zwei Ebenen der Transformation der ökonomischen Vernunft 165
2.2 Rekonstruktion des historischen Rationalisierungsprozesses 166
    2.2.1 Die Entwicklung der Vernunft. 168
    2.2.2 Rationalisierung der Lebenswelt 170
2.3 Das ethische Defizit in der Entwicklung der Wirtschaftstheorie 171
    2.3.1 Teleologische Weltinterpretation und utilitaristische Ethik . . . 171
    2.3.2 Die hedonistische Ethik des homo oeconomicus 172
    2.3.3 Das Kriterium der Lebensqualität 173
    2.3.4 Die Ethik des Vertragsschlusses. 173
2.4 Humanistische Vernunftethik. 174
    2.4.1 Die sich selbst begründende Vernunft 175
    2.4.2 Der gute Wille 176

2.4.3 Moralität als conditio humana 177
2.4.4 Das universale Moralprinzip 178
2.5 Die diskursethische Begründung des Moralprinzips 179
2.5.1 Die ideale Kommunikationsgemeinschaft 180
2.5.2 Die reale Kommunikationsgemeinschaft. 182

3. Wirtschaftstheorie – die Aufhebung der reinen Wirtschaftstheorie 183

3.1 System und Lebenswelt 183
3.2 Ökonomie im Dienst vitaler Zwecke. 185

4. Wirtschaftsethik – die methodischen Grenzen der Diskursethik 186

4.1 Abgrenzungen 187
4.2 Vier normative Leitideen der Diskursethik. 187
4.3 Die drei Grundaufgaben der integrativen Wirtschaftsethik. 188

5. Kritische Würdigung 189

5.1 Kritische Würdigung der Diskursethik. 191
    5.1.1 Kritik der transzendentalen Reflexion 191
        5.1.1.1 Kritik des Arguments des performativen Selbstwiderspruchs. 192
        5.1.1.2 Die Notwendigkeit einer Theorie der Affekte 193
        5.1.1.3 Macht als handlungstheoretische Kategorie 195
    5.1.2 Der Evolutionsprozeß als Geschichtsmythos 195
    5.1.3 Das motivationale Defizit 197
        5.1.3.1 Tugendhats Begriff des Interesses 198
        5.1.3.2 Die fehlende Motivation zur Befolgung des universalen Moralprinzips 199
    5.1.4 Das Verhältnis von Ethos und Moral 201
5.2 Der Dualismus von System und Lebenswelt 203
    5.2.1 Die Unschärfe des Begriffs »Lebenswelt« 203
    5.2.2 Die idealisierte Lebenswelt als normative Basis 204
    5.2.3 Das Problem der »Wiederankoppelung« 206
    5.2.4 Die optimistische Sicht der Wirtschaft 207
5.3 Integrative Wirtschaftsethik als politische Ethik. 208

VI. Die Ökonomische Theorie der Moral – die Wirtschaftsethik Karl Homanns.................. 210

1. Anliegen und Ansatz............................. 211

1.1 Ethik in der modernen Gesellschaft....................... 211
1.2 Die Erklärungsleistung der Wirtschaftstheorie............... 212
1.3 Wirtschaftsethik als ökonomische Disziplin................. 212

2. Ethik – Ökonomik als Ethik mit anderen Mitteln...... 213

2.1 Kritik der traditionellen Ethik........................... 213
    2.1.1 Traditionelle Ethik als Kleingruppenethik.............. 213
    2.1.2 Die Unbegründbarkeit der traditionellen Ethik........... 216
2.2 Die ökonomische Interpretation der Moral................. 217
2.3 Die Implementierung des Prinzips der Solidarität............. 218

3. Wirtschaftstheorie – Interaktionsanalyse von Dilemmasituationen............................... 218

3.1 Erklärung und Gestaltung als Ziele der Wirtschaftstheorie....... 219
3.2 Das Gefangenendilemma 220
3.3 Das Paradigma der Wirtschaftstheorie.................... 221
3.4 Die Funktionslogik der Wettbewerbswirtschaft 222

4. Wirtschaftsethik – Ökonomik als Ethik............... 223

4.1 Wirtschaftsethik als Ordnungs- und Anreizethik.............. 223
4.2 Moral im Funktionszusammenhang des Marktes 224
    4.2.1 Die negativen Folgen einseitiger Kooperationsversuche 224
    4.2.2 Die Notwendigkeit der Gewinnmaximierung 225
    4.2.3 Implementierung als Bedingung der Geltung von Normen.... 225
    4.2.4 Die moralische Qualität der Wettbewerbsordnung......... 226

5. Kritische Würdigung 226

5.1 Der unverzichtbare Beitrag der Wirtschaftstheorie............ 227
5.2 Das Rational-Choice-Modell als Verhaltenstheorie der Wirtschaftstheorie................................. 229
    5.2.1 Rationale Wahl 231
    5.2.2 Knappheit 235
    5.2.3 Präferenzen 237

		5.2.4 Nutzenmaximierung	239
		5.2.5 Restriktionen	241
	5.3	Homanns methodologische Deutung des homo oeconomicus	242
		5.3.1 Der homo oeconomicus als präempirisches Erklärungsschema	243
		5.3.2 Der Zusammenhang von Verhaltens- bzw. Handlungsbegriff und Menschenbild	244
		5.3.3 Das Verhältnis von Erklärungsschema und Menschenbild bei Homann	246
	5.4	Der Kurzschluß vom Modell auf die Wirklichkeit	248
		5.4.1 Die Überinterpretation des Gefangenendilemmas	248
		5.4.2 Die Unmöglichkeit moralischer Innovatoren	249
		5.4.3 Moral als unbändiges Vorteilsstreben	251
		5.4.4 Der Abschied von der Ethik	251

VII. Die Zuordnung von Ethik und Wirtschaftstheorie – Zusammenfassung und Ertrag ... 253

1. Die eigene Perspektive ... 253

2. Die Zuordnung von Ethik und Wirtschaftstheorie bei Molitor, Koslowski, Ulrich und Homann – Zusammenfassung und Vergleich ... 254

2.1	Die Moral des Faktischen bei Bruno Molitor	254
	2.1.1 Wirtschaftsethik als Teil der Wirtschaftswissenschaft	254
	2.1.2 Die Zuordnung von Moral und Wirtschaftstheorie	256
2.2	Die Aufhebung von Ethik und Wirtschaftstheorie bei Peter Koslowski	258
	2.2.1 Formale und materiale Wirtschaftsethik	259
	2.2.1.1 Leistung und Grenze der formalen Wirtschaftsethik	259
	2.2.1.2 Das Begründungsproblem der materialen Wertethik	260
	2.2.2 Die Zuordnung von Ethik und Wirtschaftstheorie	261
	2.2.3 Das Problem eines allgemeinen Vernunftbegriffs	261
2.3	Integration der Wirtschaftstheorie in die Ethik bei Peter Ulrich	262
	2.3.1 Die Begründung des Moralprinzips durch die Diskursethik	262
	2.3.2 Die Zuordnung von Ethik und Wirtschaftstheorie	264
	2.3.3 Das materiale Defizit des vernunftbegründeten Moralprinzips	265
2.4	Wirtschaftsethik als Moralökonomik bei Karl Homann	265
	2.4.1 Wirtschaftstheorie als Methode der Wirtschaftsethik	265
	2.4.2 Die unterschiedliche Interpretation des Gefangenendilemmas bei Homann und Koslowski	266

    2.4.3 Die Zuordnung von Ethik und Wirtschaftstheorie
        als Paralleldiskurs. 269
        2.4.3.1   Das identische Anliegen 269
        2.4.3.2   Theoretische Probleme des Paralleldiskurses 270
    2.4.4 Das Fehlen einer Rahmentheorie. 271

3. Die ermittelten Zuordnungsmodelle von Ethik und
   Wirtschaftstheorie 273

VIII. Die Zuordnung von Ethik und Wirtschaftstheorie als Voraussetzung eines theologisch-ethischen Urteilsprozesses – ein Ausblick 275

1. Die Zuordnung von Ethik und Wirtschaftstheorie als
   interdisziplinäre Aufgabe. 275

2. Der Beitrag der Wirtschaftstheorie zum
   theologisch-ethischen Urteilsverfahren 277

3. Die Aufgabe der theologischen Ethik 279

4. Die Korrelation von Ethik und Wirtschaftstheorie 280

5. Fazit 280

Literatur. 282

Abbildungsverzeichnis 299

Personenregister 300

Sachregister 303

Vorwort des Herausgebers

Die neuere Diskussion zu einer zeitgemäßen Wirtschaftsethik seit den 80er Jahren des letzten Jahrhunderts wurde maßgeblich auch von theologischer Seite angestoßen. In der Zeit nach dem Zweiten Weltkrieg hatten sich sowohl auf Seiten katholischer wie evangelischer Theologie wichtige Traditionen einer christlichen Sozialethik fortgesetzt und in Universität, Kirche und Gesellschaft auf zum Teil erstaunliche Weise etabliert, so daß dieser ethische Akzent derzeit kaum mehr wegzudenken ist. Andererseits wurde zunehmend deutlicher, daß sich eine noch so gut gemeinte Sozialethik in christlicher Perspektive nicht nur auf soziale Postulate beschränken kann, sondern mit Recht auch nach deren ökonomischer Umsetzbarkeit zu befragen ist. Dies wurde zur argumentativen Brücke, um den Schritt von einer herkömmlichen Sozial- zu einer zukunftsweisenden Wirtschaftsethik zu tun. Arthur Richs Entwurf einer »Wirtschaftsethik in theologischer Perspektive« (1984/1990) bildete dafür einen ersten Meilenstein, der auch weit über die Theologie hinaus nicht zu übersehen war.

Innerhalb weniger Jahre hat sich der Diskurs um das Thema einer neuen Wirtschaftsethik deutlich verschoben. Es wurde zwar schnell zur Selbstverständlichkeit, daß sich auch christlich orientierte Ethiken mit dem Thema beschäftigen, die Resonanz solcher Beiträge aber hat erstaunlich schnell nachgelassen. Dominiert wird die Diskussion wirtschaftsethischer Themen aus vielerlei Fakultäten – Philosophie, Recht, Soziologie, Volks- und Betriebswirtschaftstehre etc. –, ein Votum aus theologischer Sicht aber hat kaum mehr die Chance, am Tisch der Debattanten um eine neue Disziplin der Ethik ernst- und vor allem aufgenommen zu werden. Das Feld wird von Entwürfen aus anderen ethischen Traditionen geprägt. Von daher ist es diskursstrategisch keine Nebenfrage, was eine Wirtschaftsethik in theologischer Perspektive derzeit und künftig zur Entwicklung der Reflexion und Argumentation an Relevantem beizutragen hat.

Es ist das Verdienst der Studie von Jochen Gerlach, dieses Defizit erkannt zu haben und damit zielgerichtet umzugehen. Aus theologischer Sicht stellt er wie in einer Bildergalerie die vier derzeit profiliertesten Entwürfe einer neuen Wirtschaftsethik im deutschsprachigen Raum, die sich weniger oder eher mehr nicht einer christlichen Provenienz verdanken wollen, nebeneinander, um am Schluß eine Zwischenbilanz der Diskussion zu ziehen. Theologische Ethik bleibt damit diskursfähig, und es ist abzuwarten, was die stets sachlichen und fairen Stärken-/Schwächenanalysen des Autors bei den Vertretern dieser unterschiedlichen Ansätze an Reaktionen auszulösen vermögen. Molitors Konzept von Wirtschaftsethik als einer »positiven Erfahrungswissenschaft«, Koslowskis Konstruktion einer Wirtschaftsethik im Rahmen einer »Kulturtheorie«, Ulrichs Verständnis derselben im Rahmen einer diskursiven »Vernunftethik« und Homanns Modell einer ökonomisch basierten »Ordnungsethik« lassen sich von einer »Wirtschaftsethik in evangelisch-theologischer Perspektive« gut und gern kritisch befragen.

Insofern bietet Gerlachs Studie eine hilfreiche Einführung in den derzeitigen Diskussionsstand. Seine eigenen, abschließenden Konzeptionen einer »Rahmentheorie« für sämtliche wirtschaftsethischen Anliegen bleiben dagegen ein Versprechen, das später noch einzulösen sein wird. Im Blick darauf wird der Hinweis angezeigt sein, daß sich alle behandelten Entwürfe – nicht zufällig – noch immer auf der ökonomisch generellen Ebene volkswirtschaftlicher Probleme bewegen, während der steinige Boden einer Unternehmensethik und darin – noch konkreter – einer Branchenethik kaum in Sicht gelangt. Theologische Ethik tut gut daran, sich auch im Bereich einer neuen Wirtschaftsethik nicht im Unverbindlichen irgendwelcher Theoreme zu verlieren, sondern aus ihren Traditionen heraus höchste Reflexionskraft in christlicher Sicht mit einer harten ökonomischen Relevanz zu verbinden, die bis in praxisbezogene Gestaltungssituationen hinein greift. Auf dieser Linie hat es eine Wirtschaftsethik in theologischer Perspektive schon vor der eigenen kirchlichen und diakonischen Haustüre mit einem Wust von Problemen zu tun, die dringlich der Aufklärung und Neuorientierung harren. Eine Beschäftigung mit allgemeinen Problemen einer Ordnungs- und Unternehmenspolitik wird sich anschließen müssen. In kirchlichen und nichtkirchlichen Bereichen wird die Leitfrage lauten: Was bewegt heutige Manager-/innen als besondere Gestaltungsagenten im ökonomischen Bereich, sich dahin oder dorthin, so oder anders, reflektiert oder auch gedankenlos, zu entscheiden? Zeitgemäße Wirtschaftsethik wird sich schnell zu einer verantwortbaren und brauchbaren Führungsethik entwickeln können. Insofern warten in dieser Entwicklung noch viele weitere Schritte, für welche die in diesem Werk dargestellten Entwürfe wichtige und nicht zu vergessende Anfänge sind.

Die letzten Bemerkungen zeigen aber auch, warum sich Gerlachs Skizze nahtlos ins Programm der Reihe *Leiten. Lenken. Gestalten (LLG)* einfügt. Die differenzierte Ebene wirtschaftsethischer Reflexion ist um der Lebensdientichkeit ökonomischer Entscheide willen sachlich unabdingbar. In dieser Überzeugung stimme ich mit dem Autor und seinem wissenschaftlichen Mentor Eilert Herms ganz überein.

Kirchliche Hochschute Bethel/Bielefeld *Alfred Jäger*

Vorwort

Wie können Ethik und Wirtschaftstheorie methodisch sinnvoll und sachlich angemessen vermittelt werden? Dies ist die Grundfrage der Wirtschaftsethik und die Leitfrage der vorliegenden Arbeit. Die beiden ehemals verbundenen Wissenschaften haben sich zu zwei getrennten, scheinbar selbständigen Theorien entwickelt: Eine sich primär erfahrungswissenschaftlich verstehende Wirtschaftstheorie steht der sich primär normativ verstehenden Ethik unvermittelt gegenüber. Im Durchgang durch vier maßgebliche Entwürfe der gegenwärtigen wirtschaftsethischen Debatte werden in dieser Arbeit die Möglichkeiten und Probleme der Zuordnung von Ethik und Wirtschaftstheorie aufgezeigt. Dabei zeigt sich, daß eine sinnvolle Zuordnung der beiden sich fremd gewordenen Theoriewelten nur gelingen kann, wenn einerseits der weltanschauliche Gehalt der ökonomischen Leitbegriffe offengelegt wird und wenn andererseits die Ethik als Erfahrungswissenschaft expliziert wird. Nur auf diese Weise kann ein unreflektierter Methodenmix vermieden werden und der je eigenständige Beitrag der beiden Wissenschaften gewahrt bleiben.

Auf dem Weg der Entstehung der Arbeit haben mich zahlreiche Menschen begleitet und unterstützt. Ich danke vor allem Professor Dr. Eilert Herms, Universität Tübingen, für die gute Unterstützung des Projektes durch persönliche Gespräche, aber auch durch die Durchführung der zweimal jährlich stattfindenden Doktoranden- und Habilitandenwochenenden. Ich danke den Mitgliedern des Marburger Arbeitskreises Theologische Wirtschafts- und Technikethik für die fruchtbaren Diskussionen, die der Ausbildung und Profilierung unserer jeweiligen Positionen gedient haben. Ich danke meinen Kommilitonen vom »Ökonomen-Stammtisch« in Marburg. In diesem Kreis konnte ich meine Thesen mit fachkundigen Volkswirten diskutieren. Insbesondere hat mich Dr. Bettina Wentzel durch viele Gespräche in das Methodendenken der Wirtschaftswissenschaften eingeführt. Der Hanns-Lilje-Stiftung bin ich dankbar, daß sie mir durch ein dreijähriges Stipendium ein freies und intensives Arbeiten an der Dissertation ermöglicht hat, ebenso bin ich der Evangelischen Kirche von Kurhessen-Waldeck zu Dank verpflichtet, daß sie mir eine zweijährige Assistentenstelle bei Professor Dr. Hans-Martin Barth, Universität Marburg, anbot. Ich danke meiner Frau, Dr. Regina Sommer, daß sie mich liebevoll unterstützt und mir Zeit geschenkt hat. Sie hat mich ermutigt, den langen Atem zur Fertigstellung zu behalten. Ich bin meiner Mutter dankbar, die mir in der Endphase eine Rückzugsmöglichkeit geboten hat und uns bei der Betreuung unserer Tochter unterstützt hat. Ich bedanke mich bei allen, die Korrektur gelesen haben.

Professor Dr. Alfred Jäger danke ich, daß er als Herausgeber meine Arbeit in die Reihe »Leiten, Lenken, Gestalten« aufgenommen hat, in der aktuelle Fragen von Diakonie, Kirche und Ökonomie interdisziplinär verhandelt werden. Schließlich nenne ich dankbar die drei Institutionen, die durch ihre Druckkostenzuschüsse die Veröffentlichung finanziell gefördert haben: die Stiftung Alfred Jäger für Diakonie (St. Gallen), die Hanns-Lilje-Stiftung (Hannover) und die Evangelische Kirche von Kurhessen-Waldeck.

Bei diesem Rückblick bewahrheitet sich das paulinische Wort: »Was hast du, das du nicht empfangen hast?« (1. Korinther 4,7) Es ist ein Satz, der als solcher schon eine wichtige Orientierung für wirtschaftsethische Leitlinien darstellt.

Wabern, 20. Oktober 2001 *Jochen Gerlach*

I. Einleitung

> »Alle Arbeiten, welche auf Nachbargebiete übergreifen, wie wir sie gelegentlich machen, [...] sind mit dem resignierenden Bewußtsein belastet: daß man allenfalls dem Fachmann nützliche Fragestellungen liefert, auf die dieser von seinen Fachgesichtspunkten aus nicht so leicht verfällt, daß aber die eigene Arbeit unvermeidlich höchst unvollkommen bleiben muß«.
> (Max Weber)[1]

In den letzten zwanzig Jahren ist eine erneute Diskussion um Wirtschaftsethik entstanden. Federführend sind hier insbesondere Wirtschaftswissenschaftler, die ausdrücklich die normativen Grundlagen ihres Faches thematisieren. Sie verstehen deren Bearbeitung nicht als neue, sondern als *unerledigte Aufgabe* der Wirtschaftstheorie. Ihr Grundanliegen ist es aufzuzeigen, daß die Ethik nicht von außen an die Wirtschaftstheorie herangetragen werden muß, sondern daß die Wirtschaftstheorie immer schon einen ethischen Gehalt hat. Dieser ethische Gehalt muß aufgedeckt, expliziert und gegebenenfalls kritisch weiterentwickelt werden. Die vorliegende Arbeit stellt sich die Aufgabe, durch eine Analyse relevanter Entwürfe zur ökonomischen Wirtschaftsethik einen Beitrag zu dieser wirtschaftsethischen Diskussion zu leisten. Es werden dazu die Entwürfe von Bruno Molitor, Peter Koslowski, Peter Ulrich und Karl Homann dargestellt, analysiert und kritisch gewürdigt. Ebenso wie in allen Beiträgen zur Wirtschaftsethik jeweils eine bestimmte Sicht der Wirtschaftstheorie und des Funktionsbereichs der Wirtschaft mit einem je spezifisch philosophisch-ethischen Hintergrund verbunden wird, liegt auch der von mir durchgeführten kritischen Analyse eine spezifische Perspektive zugrunde. Diese ist das christliche Wirklichkeitsverständnis, das seinerseits immer nur – und so auch von mir – in einer bestimmten individuellen und konfessionellen Sichtweise vertreten wird.

---

1. Weber (Wissenschaft, 1922), S. 588. – Ein Hinweis zur Zitation: Alle Hervorhebungen, die in Zitaten auftauchen, geben, soweit es nicht ausdrücklich anders vermerkt ist, die Hervorhebungen in den Originalen wieder.

1. Die Problemlage – der ›garstige Graben‹ zwischen Ethik und Wirtschaftstheorie

Wirtschaftsethik gehört traditionell zum Themenbestand der theologischen Sozialethik. Gegenstand theologischer Sozialethik ist die ethische Qualität menschlichen Handelns im Sozialgefüge der Gesamtgesellschaft sowie die ethische Qualität dieses Sozialgefüges. Die theologische Wirtschaftsethik thematisiert das Handeln, das den gesellschaftlichen Funktionsbereich der Wirtschaft gestaltet. Die theologische Sozialethik wird der Komplexität ihres Gegenstands nur gerecht, wenn sie ihre Theoriearbeit in qualifizierter Auseinandersetzung mit den Ergebnissen der Sozialwissenschaften vollzieht. Dies gilt auch und insbesondere für das Teilgebiet der Wirtschaftsethik. Die Wirtschaft hat sich in Form der Wettbewerbswirtschaft in den modernen Großgesellschaften zu einem das gesellschaftliche Ganze maßgeblich prägenden Funktionsbereich entwickelt. Wirtschaftliche »Eigengesetzlichkeiten« beeinflussen für jeden spürbar nahezu alle privaten und öffentliche Belange[2]. In strittigen Fragen kommt dem Hinweis auf ›wirtschaftliche Notwendigkeiten‹ maßgebliches Gewicht zu, sei es in Diskussionen zum Naturschutz, zu neuen Forschungsrichtungen wie Genetik und Informationstechnologie oder zu den Fragen des Arbeitsmarktes. Dieser Entwicklung zur modernen Wettbewerbswirtschaft hat sich der hohe materielle Wohlstand zu verdanken, der durch die Leistungskraft der Marktwirtschaft erreicht worden ist. Diese Leistungskraft beruht letztlich auf der arbeitsteiligen Spezialisierung und dem funktionierenden Preissystem. Den Wert dieses materiellen Wohlstands kann man nur ermessen, wenn man sich klar macht, daß es im Lebensraum der heutigen westlichen Marktwirtschaften vor 1840 kaum eine Generation gegeben hat, die nicht mindestens eine Hungerperiode mit verheerenden Folgen erlebte[3]. Die negative Seite der Entwicklung zu modernen Großgesellschaften zeigt sich in verschiedenartigen *Krisenphänomenen*, wie der Zerstörung der natürlichen Grundlagen, den zum Teil unabschätzbaren Risiken der Technologie, der neuen ›Sozialen Frage‹ in den Industrieländern, den Grenzen des Wohlfahrtsstaates, der hohen Staatsverschuldung, der »inneren Kündigung« von Arbeitnehmerinnen und Arbeitnehmern in Unternehmen, der Korruption, der internationalen Verschuldungskrise[4]. Die Krisenphänomene sind jedoch nicht einfach durch ›die‹ moderne Wirtschaft verursacht. Ihre Ursachen liegen, um es hier vorweg

---

2. Zum Begriff der »Eigengesetzlichkeit« siehe Honecker (Eigengesetzlichkeit, 1976), S. 92 ff.
3. Vgl. Abel (Massenarmut, 1974) und Abel (Pauperismus, 1966).
4. Siehe Global 2000 (1981), Weizsäcker/Lovins/Lovins (Faktor Vier, 1995), S. 233 ff., Hauser/Hübinger (Arme, 1993), Musgrave/Musgrave/Kullmer (Finanzen 3, 1973, 1992), S. 134 ff., Faller (Kündigung, 1993), Vahlenkamp/Knauß (Korruption, 1995), Sautter (Schuldenkrise, 1994).

ganz allgemein zu formulieren, in einem defizitären Zusammenwirken der gesellschaftlichen Funktionsbereiche und in dem Fehlen einer internationalen Wirtschaftsordnung.

Dem eigentümlichen Gefühl der Ohnmacht, das sich angesichts der Komplexität der Problemlagen bei vielen einstellt, entspricht auf der Ebene der theoretischen Diskussion weithin ein ›garstiger Graben‹ zwischen Wirtschaftstheorie (Ökonomik) und philosophischer Ethik, bzw. zwischen Wirtschaftstheorie und theologischer Ethik. Dieser ›garstige Graben‹ wird unter anderem durch die Auffassung unterstützt, die Ethik sei für wirtschaftliche Fragen nicht zuständig. Diese Auffassung ist maßgeblich durch Max Webers soziologische Analyse mitgeprägt worden. Seine Analyse der Entwicklung der Wirtschaft zum autonomen gesellschaftlichen Funktionsbereich hat die sozialwissenschaftliche und wirtschaftstheoretische Diskussion in diesem Punkt wie kaum eine andere beeinflußt. Webers Beschreibung der Trennung der Bereiche bestimmt bis heute das Problembewußtsein:

»Im Gegensatz zu allen anderen Herrschaftsformen ist die ökonomische Kapitalherrschaft ihres ›unpersönlichen‹ Charakters halber ethisch nicht reglementierbar. Sie tritt schon äußerlich meist in einer derart ›indirekten‹ Form auf, daß man den eigentlichen ›Herrscher‹ gar nicht mehr greifen und daher ihm auch nicht ethische Zumutungen stellen kann. [...] Die ›Konkurrenzfähigkeit‹, der Markt: Arbeitsmarkt, Geldmarkt, Gütermarkt, ›sachliche‹, weder ethische noch antiethische, sondern einfach anethische, jeder Ethik gegenüber disparate Erwägungen bestimmen das Verhalten in den entscheidenden Punkten und schieben zwischen die beteiligten Menschen unpersönliche Instanzen. Diese ›herrenlose Sklaverei‹, in welche der Kapitalismus den Arbeiter oder Pfandbriefschuldner verstrickt, ist nur als Institution ethisch diskutabel, nicht aber ist dies – prinzipiell – das persönliche Verhalten eines, sei es auf der Seite der Herrschenden oder Beherrschten, Beteiligten, welches ihm ja bei Strafe des in jeder Hinsicht nutzlosen ökonomischen Untergangs in allem wesentlichen durch objektive Situationen vorgeschrieben ist und – da liegt der entscheidende Punkt – den Charakter des ›Dienstes‹ gegenüber einem unpersönlichen sachlichen Zweck hat«[5].

Wirtschaftsethik wird unter den so beschriebenen Bedingungen zu einem unmöglichen Projekt – es sei denn, daß sie wie bei Weber deskriptiv betrieben wird. Weber beschreibt einen strengen Gegensatz zwischen vormodernen Gesellschaften, die stark durch persönliche Interessen und Beziehungen geprägt sind, und modernen, bürokratisierten Gesellschaften, deren Merkmal eine unpersönliche und anonyme Zweckrationalität ist. In beiden Fällen bestehen Institutionen, die das Verhalten der Akteure ordnen. Der Unterschied liegt für Weber jedoch in dem Grad der Gestaltungsfreiheit, die diese Institutionen den Akteuren lassen. Diese Gestaltungsfreiheit ist für Weber jedoch die Bedingung für die Anwendung ethischer Normen. Die modernen Institutionen des Arbeits-, Güter- und Geldmarktes beinhalten nach Weber eine Systemlogik, deren Mißachtung zum wirtschaftlichen Ruin führt.

5. Weber (Wirtschaft, 1921), S. 708 f.

Nach Weber läßt sich der Kapitalismus aufgrund seiner Eigengesetzlichkeiten als Institution nur als Ganzes ethisch in Frage stellen, was er jedoch aufgrund der wirtschaftlichen Effizienz ablehnte. Es hat jedoch stets einige ›Pioniere‹ gegeben, deren Grundanliegen es gewesen ist, zu zeigen, daß der Kapitalismus kein einheitlicher institutioneller Block ist, sondern ein in sich vielschichtiges Institutionengefüge. Die Analyse dieses Gefüges soll die Wandelbarkeit und Gestaltbarkeit deutlich werden lassen. Diese Pioniere haben im Gegensatz zu Weber eine normative Wirtschaftsethik vertreten[6]. Ihr Ziel ist die Überwindung des ›garstigen Grabens‹ gewesen, um so den Spielraum der ethisch zu verantwortenden Gestaltung einzelner institutioneller Regelungen ausloten zu können.

2. Wirtschaftsethik als interdisziplinäre Grundlagendiskussion

Nicht zuletzt aufgrund der genannten Krisenphänomene ist die erneute Diskussion um Wirtschaftsethik entstanden, die sich als kritische Grundlagendiskussion der Wirtschaftstheorie versteht[7]. Ziel der in diesem Kontext vorgelegten Entwürfe ist letztlich eine Wirtschaftsethik, mit der aktuelle Probleme analysiert und Vorschläge zur deren Überwindung gemacht werden können. Die kritische Rezeption dieser Entwürfe ist eine wichtige Aufgabe der theologischen Wirtschaftsethik. Denn diese kann nur im interdisziplinären Dialog mit der Wirtschaftstheorie und den ökonomisch-philosophisch begründeten Ansätzen zur Wirtschaftsethik entwickelt werden.

Über die Notwendigkeit von Interdisziplinarität besteht in der theologischen Wirtschaftsethik weitgehend Einigkeit. Denn aus »biblisch-theologischen Prinzipien (Liebesgebot, Rechtfertigung, Reich Gottes)« lassen sich allein keine operationalisierbaren Normen deduzieren[8]. Arthur Rich, der einen für die evangelische Wirtschaftsethik maßgeblichen Entwurf vorgelegt hat, stellt fest: »Da die Findung konkretisierbarer und realistischer Normen bei der Entscheidung so-

---

6. Siehe Wünsch (Wirtschaftsethik, 1927), Dietze (Nationalökonomie, 1947), Müller-Armack (Religion, 1959), Nell-Breuning (Kapitalismus, 1990), Küng (Wirtschaft, 1967), Rich (Wirtschaftsethik I, 1991), Rich (Wirtschaftsethik II, 1990); siehe auch die Überblicke bei Weber, H. (Theologie, 1970) und Wenke (Probleme, 1986). Zum ethischen Gehalt der Konzeptionen der Sozialen Marktwirtschaft siehe die instruktive Gesamtdarstellung von Müller (Wirtschaftsethik, 1997).
7. Vgl. Biervert/Wieland (Gegenstandsbereich, 1990), S. 10. Zur Literaturübersicht siehe Dahm (Literaturbericht, 1989), Müller/Diefenbacher (Bibliographie, 1992); Müller/Diefenbacher (Bibliographie, 1994), Stübinger (Wirtschaftsethik I, 1996), Stübinger (Wirtschaftsethik II, 1996) und Gerlach (Zuordnungsverhältnis, 1999).
8. Rich (Wirtschaftsethik, 1980), Sp. 1447. Zum Gesamtwerk von Rich siehe die grundlegende Analyse von Edel (Wirtschaftsethik, 1998).

wohl von makroökonomischen Ordnungs- als auch von mikroökonomischen Einzelproblemen allein in strengem Bezug zu den wirtschaftlichen Realitäten vor sich gehen kann, ist heute Wirtschaftsethik nur noch möglich in interdisziplinärer Diskussion mit den Wirtschaftswissenschaften und der Wirtschaftspraxis. Das stellt wieder neuartige und schwierige methodologische Fragen, für die es erst Ansätze zu deren Bewältigung gibt«[9]. Die Kenntnis und die kritische Analyse der wirtschaftsethischen Entwürfe ist in dieser Situation eine wichtige Hilfe für die theologische Ethik. Denn den Entwürfen liegt jeweils eine bestimmte Sicht des *Zuordnungsverhältnisses von Ethik und Wirtschaftstheorie* zugrunde und sie bieten jeweils einen Lösungsvorschlag für das methodische Hauptproblem der Wirtschaftsethik: die Zuordnung von Ethik und Wirtschaftstheorie. Durch ihre inhaltliche Ausrichtung auf die Grundlagen der Wirtschaftstheorie eröffnen sie einen Themenbereich, an den die Theologie prinzipiell anschlußfähig ist und einen eigenen spezifisch-theologischen Beitrag leisten kann. Die Diskussion führt nämlich zu Fragen, welche die Natur und Bestimmung des Menschen und seine letzten Ziele sowie die gesellschaftlichen Rahmenbedingungen betreffen. Die gesellschaftlichen Rahmenbedingungen können das Erreichen dieser Ziele nicht garantieren, aber sie können und sollten diese zumindest ermöglichen. Es liegt auf der Hand, daß hier einerseits mit grundlegenden Übereinstimmungen zu rechen ist, die ihren Grund in der gemeinsamen christlich-humanistischen Tradition haben, daß aber andererseits auch verschiedene und sich ausschließende Zielbestimmungen des Menschen und der Gesellschaft zu erwarten sind. Diese grundlegenden Differenzen können dabei auch schon innerhalb der wirtschaftstheoretischen und damit auch der wirtschaftsethischen Ansätze auftreten. Der von mir in dieser Arbeit vorgenommenen Analyse liegt dabei die Auffassung zugrunde, daß die kategorialen Leitbegriffe einer jeden Theorie (und damit auch der wirtschaftstheoretischen und wirtschaftsethischen Entwürfe) durch das jeweils zugrunde liegende Wirklichkeitsverständnis geprägt werden, das wiederum Grundannahmen über den Menschen und die Gesellschaft enthält[10].

3. Anliegen und Aufbau der Arbeit

Das Anliegen dieser Arbeit ist das Verstehen und die kritische Würdigung von vier für die wirtschaftsethische Diskussion maßgeblichen Entwürfen von Ökonomen. Hierdurch soll der interdisziplinäre Dialog zwischen Theologie und Wirt-

---

9. Rich (Wirtschaftsethik, 1980), Sp. 1447.
10. Siehe dazu die wissenschaftstheoretischen Überlegungen von Albert (Ethik, 1961, 1972), S. 152 ff. und von Herms (Paradigma, 1993).

schaftstheorie fortgeführt und durch die Klärung von Grundlagenfragen vertieft werden. Die Diskussion von Grundlagenfragen der Wirtschaftstheorie und ihre kritische Rezeption durch eine theologische Wirtschaftsethik bieten noch keine unmittelbaren Lösungen der Krisenphänomene der modernen Wirtschaft. Doch sie stellt eine notwendige Voraussetzung zur gründlichen Diagnose der oben genannten Krisenphänomene dar, bei deren Verständnis auch Fragen des Verständnisses von Mensch und Welt – und damit kategoriale Leitbegriffe – eine wichtige Rolle spielen.

Die evangelische Wirtschaftsethik ist zur Erfassung ihres Gegenstands auf Interdisziplinarität angewiesen. Das genaue Verständnis der Dialogpartner ist eine der notwendigen Bedingungen eines gelingenden Dialogs. Ein über bloßes Protokollieren hinausgehendes Verfahren zeichnet sich durch bewußten und offenen Umgang mit dem Sachverhalt aus, daß man als Dialogpartner immer schon ein bestimmtes *Verständnis der verhandelten Sache* hat, also hier des wirtschaftsethischen Gegenstands. Nicht erst die kritische Bewertung, sondern auch schon die analytische Darstellung wird durch dieses Verständnis der Sache geleitet. Daher stelle ich mein eigenes Verständnis des wirtschaftsethischen Gegenstands im *zweiten Kapitel* dar.

In den Kapiteln *drei bis sechs* wird je ein ökonomischer Entwurf zur Wirtschaftsethik analysiert. Mit Bruno Molitor, Peter Koslowski, Peter Ulrich und Karl Homann habe ich vier maßgebliche und prägende Positionen der Wirtschaftsethik, die je ihren spezifischen Ansatz haben, ausgewählt:

Drittes Kapitel: Unter den vier Entwürfen geht *Bruno Molitor* am konsequentesten von den Zielsetzungen und Funktionserfordernissen der Marktwirtschaft aus. Sein Ansatz ist meines Erachtens typisch für die Stellung und Behandlung von normativen Fragen in der Volkswirtschaftslehre. Im Rahmen einer funktionalen Betrachtung der Moral wird jeweils bezüglich der wesentlichen Ebenen und Funktionspositionen der Wirtschaft der moralische Gehalt marktwirtschaftlicher Funktionsweisen erhoben.

Viertes Kapitel: *Peter Koslowski* kommt der Verdienst zu, die wirtschaftsethische Debatte in Deutschland mit angestoßen zu haben. Nach verschiedenen gesellschafts- und kulturphilosophischen Beiträgen hat Koslowski 1988 einen umfassenden wirtschaftsethischen Entwurf vorgelegt, in dem er die »Prinzipien der Ethischen Ökonomie« entfaltet. Unter der Voraussetzung der Einheitlichkeit des sozialen Handelns versucht Koslowski eine Synthese von Ethik und Wirtschaftstheorie aufzuweisen. Obschon in den drei anderen Entwürfen auch ein implizites Religionsverständnis aufzuweisen ist, zeichnet sich Koslowskis Entwurf dadurch aus, daß er explizit die Funktion der Religion für die Wirtschaftsethik erörtert.

Fünftes Kapitel: *Peter Ulrich* steht für die Aufnahme der Diskursethik in die Wirtschaftsethik. Er vertritt eine humanistische Vernunftethik, die den Anspruch der Begründbarkeit inhaltlicher Normen aufgibt. Statt dessen entwirft er eine *Verfahrens*ethik. Er rezipiert dabei im wesentlichen die ›Theorie des kommunikativen Handelns‹ von Jürgen Habermas und den sprachpragmatischen Ansatz von Karl-Otto Apel.

Sechstes Kapitel: *Karl Homann* vertritt am deutlichsten die ökonomische Methodik in der Wirtschaftsethik. In Abgrenzung von diskursethischen und naturrechtlichen Ansätzen entwickelt Homann eine Begründung der Moral aus dem ökonomischen Prinzip der Kosten- und Folgekalkulation. Er nimmt dabei neuere vertrags- und spieltheoretische Beiträge auf.

Die vier wirtschaftsethischen Entwürfe sind grundsätzlich an eine theologisch begründete Wirtschaftsethik anschlußfähig, weil sie jeweils einen weltanschaulichen Hintergrund haben, auch wenn sie diesen zum Teil nur knapp explizieren. Der gleichartige Aufbau der vier Hauptkapitel ermöglicht die Vergleichbarkeit der vier Entwürfe. Zunächst erfolgt jeweils in vier bzw. einmal in fünf Schritten eine darstellende Analyse:
1. Anliegen und Ansatz
2. Das Verständnis von Ethik
3. Das Verständnis von Wirtschaftstheorie (Ökonomik)
4. Die wirtschaftsethische Konzeption
(5. Nur bei Koslowski: Das Verständnis von Religion).
5./6. Im jeweils letzten Schritt erfolgt eine kritische Würdigung des Entwurfs.

Im *siebten Kapitel* werden die Ergebnisse der vier Analysen zusammengefaßt. Als Leitfrage dient die Klärung des von den Autoren jeweils zugrunde gelegten Zuordnungsverhältnisses von Ethik und Wirtschaftstheorie.

Die Zuordnung von Ethik und Wirtschaftstheorie stellt die zentrale methodische Aufgabe der Wirtschaftsethik dar. Im abschließenden *achten Kapitel* skizziere ich daher als Ausblick meinen eigenen Vorschlag des Zuordnungsverhältnisses von Ethik und Wirtschaftstheorie als Voraussetzung eines theologisch-ethischen Urteilsprozesses.

II. Der Gegenstand der theologischen Wirtschaftsethik

> »So sehen wir, daß dieses Gebot, ebenso wie das zweite, nichts anderes sein soll als eine Ein- und Ausübung des ersten Gebotes, das heißt des Glaubens, Vertrauens, der Zuversicht, Hoffnung und Liebe zu Gott, damit ja das erste Gebot in allen Geboten der Hauptmann und der Glaube das Hauptwerk und Leben aller anderen Werke sei, ohne den (wie gesagt) sie nicht gut sein können«.
> (Martin Luther)[1]

Im folgenden Kapitel stelle ich mein Verständnis des wirtschaftsethischen Gegenstands dar. Dem Status nach handelt es sich um die *metaethische Erörterung*[2]. Ich lege offen, aus welcher Perspektive die ökonomischen Entwürfe zur Wirtschaftsethik analysiert und kritisiert werden. In einem ersten Schritt skizziere ich mein Verständnis von Theologie (1). Hieraus folgt eine spezifische Form der Beschreibung des Gegenstands der theologischen Wirtschaftsethik (2). Zur Strukturierung des Gegenstandsbezugs wird in einem dritten Schritt der Zusammenhang von Moral, Ethik und Metaethik dargestellt (3). Dies geschieht in Auseinandersetzung mit dem Kritischen Rationalismus, weil dieser für den philosophischen Hintergrund der Wirtschaftstheorie von besonderer Bedeutung ist. Aufgrund des Theologie- und Ethikverständnisses wird deutlich, daß Handeln den Grundsachverhalt der theologischen Ethik bildet. Daher muß der mit dem Begriff des Handelns bezeichnete Sachverhalt in seinen Grundaspekten und den ethischen Implikationen entfaltet werden (4).

---

1. Luther (Von guten Werken, 1520), S. 86.
2. Unter Metaethik wird hier nicht nur eine reine Sprachanalyse verstanden, sondern in einem weiteren Sinn die Reflexion des Gegenstandsbezugs der Ethik; siehe auch Albert (Ethik, 1961, 1972), S. 157 ff. und Höffe (Metaethik, 1986), S. 163 ff.

1. Theologie als Selbstexplikation des Glaubens und seines Wirklichkeitsverständnisses

Theologie ist die kritische Selbstexplikation des christlichen Glaubens und seines Wirklichkeitsverständnisses[3]. Die Theologie begründet diesen Glauben nicht, sondern sie setzt ihn voraus. Der Glaube ist die Antwort des Menschen auf ein Erschließungsgeschehen, das seinen Ursprung in Gott hat. Die Einheit des christlichen Glaubens besteht in dem Bezug auf dieses Erschließungsgeschehen. Die Vielfalt des christlichen Glaubens beruht darauf, daß die Antwort des Menschen auf dieses Erschließungsgeschehen stets einen individuellen und aufgrund spezifisch-gemeinschaftlicher Traditionsbildungen einen konfessionellen Charakter hat. Zu diesem individuell und konfessionell auftretenden Glauben gehören einerseits bestimmte *deskriptive* Überzeugungen über die Situation der Menschen vor Gott und andererseits bestimmte *präskriptive* Überzeugungen über Lebensformen, durch die die Menschen ihr Leben gemäß ihrer Bestimmung leben[4]. Beide Aspekte zusammen machen das Wirklichkeitsverständnis des Glaubenden aus.

Die kritische Explikation des christlichen Wirklichkeitsverständnisses vollzieht sich immer in einem Bezug auf den Wissenshorizont der jeweiligen Zeit. *Damit wird Interdisziplinarität immer schon vollzogen.* Die Theologie, die Philosophie und die empirischen Wissenschaften bewegen sich in einem kulturellen Umfeld, in dem eine gegenseitige Beeinflussung schon wirksam ist. Dabei besteht insofern ein Wechselverhältnis, als die Theologie auf die Erkenntnisse der Philosophie und der empirischen Wissenschaften verwiesen ist, diesen aber wiederum ihrerseits bestimmte weltanschauliche Auffassungen zugrunde liegen. *Eine* der zentralen Aufgaben des interdisziplinären Dialogs ist daher, etwas explizit zu machen, was immer schon in Anspruch genommen wird. Diese Explikation ermöglicht, daß der Vollzug überhaupt kritisch reflektiert werden kann.

Das christliche Wirklichkeitsverständnis – das stets in einer individuellen und konfessionellen Form verstanden und vertreten wird[5] – beinhaltet eine bestimmte Sicht des Ursprungs, der Verfassung und der Bestimmung der Welt und des Menschen[6]. Kern dieses Wirklichkeitsverständnisses ist das Verständnis der Menschen als leiblich geschaffene, mit endlicher Freiheit begabte Personen (Genesis 1-3, Psalm 8). Alle Menschen sind gleich in dem Sinn, daß sie durch Gott geschaffen sind und ihnen somit die gleiche Würde zukommt. Sie sind dazu bestimmt, zur Einsicht in ihre Geschöpflichkeit zu gelangen und dadurch in Ent-

---

3. Vgl. Schleiermacher (Glaube I, 1830), § 15-§ 19: »*Vom Verhältnis der Dogmatik zur christlichen Frömmigkeit*«.
4. Vgl. Schleiermacher (Glaube I, 1830), § 26: Zum Verhältnis von Dogmatik und Ethik.
5. Vgl. Schleiermacher (Glaube, 1830), § 25.
6. Vgl. Herms (Theologische Schule, 1990), S. 167 ff. und Herms (Ordnung, 1991), S. 92 f.

sprechung zu ihrer gegebenen Existenzverfassung zu leben (Römer 1). Diese Bestimmung findet ihre Vollendung in der ewigen Gemeinschaft mit Gott (Offenbarung 21). Die Erreichung dieses Ziels geschieht durch das Widerfahrnis der Erlösung. Sie ist zu verstehen als ein Bildungsgeschehen, das den Selbstwiderspruch des Menschen, die Verkennung seines Ursprungs und seiner Bestimmung überwindet. Diese Überwindung geschieht als unverfügbare Änderung der unmittelbaren Selbstgewißheit durch das geschichtlich vermittelte Zeugnis der Botschaft Jesu Christi (2. Korinther 4,6).

Das christliche Wirklichkeitsverständnis führt zu einem eigenen Verständnis menschlichen Handelns und der sozialen Ordnung, sowie zu deren ethischer Qualifizierung und damit zur theologischen Ethik. Die theologische Ethik umfaßt einen *primär deskriptiven* und einen *primär präskriptiven* Teil. Diese Unterscheidung trägt dem Sachverhalt Rechnung, daß alle ›Sollensaussagen‹ (Präskriptionen) in bestimmter Weise ›Seinsaussagen‹ (Deskriptionen) voraussetzen. Die Seins- und Sollensaussagen stehen dabei in einem wechselseitigen Verweisungszusammenhang. Einerseits können die Seinsaussagen je nach zugrundeliegendem Wirklichkeitsverständnis inhaltlich so gestaltet sein, daß aus ihnen Sollensaussagen gefolgert werden können. Dies ist möglich, wenn die Seinsaussagen eine Auffassung der Verfassung des Menschen und seiner Bestimmung enthalten. Der allgemeine Sollensanspruch lautet: Der einzelne Mensch soll seiner vom Schöpfer gesetzten Bestimmung (die immer nur in individueller und konfessioneller Perspektive wahrgenommen wird) entsprechend leben und das Sozialgefüge soll so gestaltet werden, daß dafür möglichst günstige Bedingungen bestehen[7]. Andererseits implizieren die Sollensaussagen bestimmte Seinsaussagen über den Menschen als handelnder Person. Es müssen die Möglichkeitsbedingungen der Erfüllbarkeit von Sollensaussagen beschrieben werden. Aufgrund dieses wechselseitigen Verweisungszusammenhangs kann ein *primär* deskriptiver oder ein *primär* präskriptiver Teil der theologischen Ethik unterschieden werden.

Die theologische Ethik entwirft also Seins- bzw. Strukturaussagen des dem Menschen aufgegebenen Lebensvollzugs. Erst darauf aufbauend werden Sollensaussagen aus dem christlichen Verständnis des Menschen entwickelt. Die Konkretheit und inhaltliche Bestimmtheit der Sollensaussagen hängt damit an der Konkretheit und inhaltlichen Bestimmtheit der Beschreibung der universalen Züge der Wirklichkeit. Die Sollensaussagen sind begründbar, weil das christliche Verständnis des Menschen und der Welt ein handlungsleitendes Orientierungswissen liefert, dem zu entsprechen dem je einzelnen Menschen zugemutet wird.

---

7. Vgl. Herms (Theologische Wirtschaftsethik, 1991), S. 35 ff.

2. Handeln und Interaktion als Gegenstand der theologischen Sozialethik

Der Gegenstand der theologischen Sozialethik wurde eingangs bestimmt als die ethische Qualität menschlichen Handelns im Sozialgefüge der Gesamtgesellschaft sowie die ethische Qualität dieses Sozialgefüges (siehe oben I.1). Als Teilbereich der theologischen Sozialethik thematisiert die theologische Wirtschaftsethik einerseits alle Handlungen, die sich innerhalb des Funktionsbereichs Wirtschaft vollziehen und andererseits alle Handlungen, die anderen gesellschaftlichen Funktionsbereichen zuzuordnen sind, die aber aufgrund der Interdependenz der Funktionsbereiche auf das Institutionengefüge der Wirtschaft einwirken. Diese Gegenstandsbestimmung der theologischen Ethik und Sozialethik im allgemeinen und der Wirtschaftsethik im besonderen muß im folgenden (einschließlich der Punkte 3 und 4) genauer entfaltet werden.

Handeln ist der Grundbegriff der theologischen Ethik, wobei Handeln als Interaktion verstanden wird. Individuelles Handeln und Interaktion sind gleichursprünglich, denn Handeln vollzieht sich in Interaktion. Auch der Fall eines reinen Handelns für sich selbst und an sich selbst bleibt in einen Kontext von Interaktionen eingebettet, da alles Handeln einerseits stets aufgrund von erfahrener Interaktion zu verstehen ist und andererseits nicht ohne Auswirkungen auf das Handeln anderer bleibt – selbst Nichtstun ist Handeln und hat Wirkungen auf andere. Durch die Interaktionen bilden sich Interaktionsordnungen mit relativ stabilen Strukturen aus. Diese prägen zwar das individuelle Handeln, doch können sie ihrerseits nur aufgrund des Handelns einzelner Akteure erklärt werden[8]. Unter einer Handlung wird hier die »selbstbewußt-freie Wahl des folgeträchtigen Verhaltens personaler Individuen durch diese selbst« verstanden[9]. Wird eine selbstbewußt-freie Wahl aus weltanschaulichen Gründen nicht vorausgesetzt, sollte es vermieden werden, von Ethik zu sprechen und statt dessen eher von ›normativer Verhaltenstheorie‹[10].

Gegenstand der Sozialethik ist die ethische Qualität des Handelns bezüglich der Folgen für die Interaktionsordnung. Die Kennzeichnung der Sozialethik als ›Strukturenethik‹, ›Ordnungsethik‹ oder ›Institutionenethik‹ darf nicht verdekken[11], daß das soziale Gefüge aus dem Handeln von Individuen resultiert. Daher

---

8. Damit teile ich eine der wesentlichen Annahmen des methodologischen Individualismus.
9. Vgl. Herms (Ordnung, 1991), S. 56; vgl. auch Schwemmer (Handlung, 1987), S. 194 ff.
10. Es ist hierbei an Theorien der Soziobiologie und die Systemtheorie, aber auch an die wirtschaftstheoretische Konzeption Hayeks zu denken; vgl. Luhmann (Soziale Systeme, 1988) und Hayek (Freiheit, 1960), S. 93 f.; zu Luhmann siehe Navas (Moral, 1993), S. 293 ff.
11. Vgl. Honecker (Sozialethik, 1987), Sp. 3191 ff. und Rich (Wirtschaftsethik I, 1991), S. 66.

hängt die ethische Qualität dieses Gefüges von der ethischen Qualität des Handelns der die soziale Gestalt maßgeblich prägenden Akteure ab.

3. Der Zusammenhang von Moral, Ethik und Metaethik

Handlungen sind der Gegenstand der verschiedensten Theorien[12]. Sie sind der Gegenstand der Ethik unter dem Aspekt der Qualität des Handelns, womit das für die Ethik spezifische präskriptive Moment angezeigt werden soll. Es sind zunächst begrifflich drei Ebenen zu unterscheiden. Diese begriffliche Unterscheidung ist dabei mehr als eine sprachliche Konvention, denn sie beschreibt einen für die Ethik wesentlichen *sachlichen* Zusammenhang[13].

Begriff	Ebene des Gegenstandsbezugs
Moral	Handlung und Interaktion
Ethik	Theoretische Reflexion der Moral
Metaethik	Methodologische Reflexion der Ethik

Die drei Ebenen können unterschieden, aber nicht getrennt werden. Die Unterscheidung dieser drei Ebenen wird erst konsistent gedacht, wenn ihre spezifische Zusammengehörigkeit berücksichtigt wird.

3.1 Moral und Ethik

Die Moral einer Handlung oder die möglicherweise verschiedenen Moralen der Interaktion verschiedener Akteure stellen die erste und grundlegende Ebene des Gegenstandsbezugs dar. Die Redeweise ›Moral einer Handlung‹ bedarf dabei zunächst einer Erläuterung. Die Ethik trägt kein für das Handeln äußeres Moment an das Handeln heran, sondern sie ist eine auf Theorie zielende Reflexion der für jedes Handeln konstitutiven Moral. Jedem Handeln liegt eine bestimmte Moral im Sinn einer durch ein spezifisches Daseinsverständnis geprägten Motivation und Zielvorstellung zugrunde. Der Begriff der Moral wird hierbei in einem das Alltagsverständnis überschreitenden formalen Sinn gebraucht[14]. Der

---

12. Zum Beispiel soziologische, psychologische, physiologische, ökonomische usw. Theorien; siehe Lenk (Handlungstheorien, 1977-1981).
13. Siehe zu den drei Ebenen Albert (Max Weber, 1966, 1972), S. 53, Albert (Ethik, 1961, 1972), S. 128 ff. und Hesse/Homann (Wirtschaftswissenschaft, 1988), S. 10, Anm. 4.
14. Vgl. Herms (Theologische Wirtschaftsethik, 1991), S. 33 f. Zur Gesamtkonzeption der Ethik von Herms vgl. Gerlach (Wohlgeordnetheit, 1998).

Begriff der Moral hat zunächst einen deskriptiven Sinn. Auch eine ›Unmoral‹ ist noch eine Form von Moral. Es gibt nach diesem formalen Sprachgebrauch kein amoralisches Handeln, da jeder Handlung eine wie auch immer zu bewertende Zielvorstellung zugrunde liegt. Die Wertung, daß eine Handlung amoralisch sei, kann immer nur von einer andersartigen ethischen Perspektive aus vorgenommen werden[15]. Die Annahme, daß jeder Handlung eine Zielvorstellung zugrunde liegt, benennt ein Strukturmoment jeder möglichen Handlung. Handeln wird damit als intentionaler Akt von dem rein reaktiven Verhalten unterschieden. Damit ist noch nichts darüber gesagt, in welcher Weise die Wahl der Handlung durch diese Zielvorstellung gebunden ist. Die Feststellung dieses Strukturmoments erlaubt es, auch den für die christliche Ethik wichtigen Fall einer Handlung ›wider besseres Wissen‹, also gegen die eigene Moral, in den Blick zu nehmen.

Die Brücke zwischen der ersten gegenständlichen und den beiden weiteren reflexiven Ebenen wird von dem alles Handeln begleitenden vortheoretischen Verständnis von Moral gebildet, dessen Inhalte durch die ethische Reflexion kritisch vertieft wird. Da die ethische Reflexion in einem kulturell bedingten Bildungsprozeß eingebettet ist, aufgrund dessen immer schon die Mittel und Ziele des Handelns reflektiert werden, ist die Grenze zwischen der vortheoretischen und der theoretischen Reflexion nicht exakt zu ziehen. Die explizite ethische Reflexion wird immer dann nötig, wenn die Selbstverständlichkeit der moralischen Zielbestimmungen gestört ist und ein kritischer Begründungs- und Orientierungsbedarf besteht. Daher tritt die Ethik zumeist als Krisenphänomen auf und ist damit Indikator für nicht bewältigte moralische Konflikte. Diese Charakterisierung der Ethik als Krisenphänomen kann jedoch fälschlicherweise suggerieren, daß in einen ›morallosen‹ Bereich nun die Moral und Ethik hinzukommen müßten. Damit kann der grundlegende Sachverhalt verstellt werden, daß alles Handeln und alle Interaktion immer schon der Vollzug einer Moral bzw. verschiedener Moralen sind, die sich allerdings als unzureichend herausstellen können.

3.2 Ethik und Metaethik

Der Zusammenhang von Ethik und Metaethik besteht einerseits darin, daß es keine ethische Reflexion gibt, ohne immer schon zumindest implizit metatheoretische Annahmen zu machen[16]. Die wissenschaftliche Reflexion zeichnet sich

---

15. Auch die Umgangssprache kennt die deskriptive Verwendung von ›Moral‹, zum Beispiel in Worten wie ›Sklavenmoral‹ oder ›Herrenmoral‹. Da jedoch in der Alltagssprache vorausgesetzt wird, daß über die wertende Perspektive immer schon in irgendeiner Weise entschieden ist, wird der Begriff ›Moral‹ in der Regel nicht neutral verwandt.
16. Vgl. Frankena (Analytische Ethik, 1963, 1994), S. 21 f.

gegenüber dem moralischen Alltagsbewußtsein gerade dadurch aus, daß begriffliche Differenzierungen und methodische Überlegungen vorgenommen werden. Andererseits besteht der Zusammenhang von Ethik und Metaethik darin, daß auch schon in die Metaethik normative Annahmen eingehen. Hans Albert hält fest: »In Wirklichkeit pflegen denn auch bestimmte ethische Systeme zusammen mit bestimmten meta-ethischen Auffassungen aufzutreten und gemeinsam den Sprachgebrauch in den sozialen Gruppen zu beeinflussen, in denen sie akzeptiert werden«[17]. Metaethik kann nicht rein analytisch betrieben werden, und daher kann die Neutralitätsthese der Metaethik nicht aufrecht erhalten werden[18].

3.3 Die Bedeutung des Wirklichkeitsverständnisses

Der Grund für diesen Zusammenhang von Metaethik und Ethik besteht darin, daß jede metaethische Erörterung auf dem Hintergrund eines bestimmten Wirklichkeitsverständnisses der Wissenschaftlerin oder des Wissenschaftlers erfolgt. »Ein wesentlicher Teil der Diskussion in den Wissenschaften beruht im Grunde genommen auf der Verschiedenheit des philosophischen Hintergrundes der Beteiligten. Die Lösung der betreffenden Probleme setzt offenbar methodologische Entscheidungen voraus, die in der philosophischen Gesamtauffassung verankert sind«[19]. Die exemplarische Aufgabenbestimmung der Metaethik durch Frankena verdeutlicht diesen Zusammenhang. Die Bestimmung der Begriffe wie etwa ›gut‹, ›schlecht‹, ›moralisch‹ und die Bestimmung der Bedeutung von ›Handlung‹, ›Gewissen‹, ›freier Wille‹, ›Verantwortlichkeit‹ oder ›Grund‹ als Aufgaben der Metaethik weisen daraufhin, daß es in der Metaethik auch um die Klärung

17. Albert (Ethik, 1961, 1972), S. 157. Man könnte den Aufgabenbereich der Metaethik zwar begrenzen, in dem man mit Frankena (Analytische Ethik, 1963, 1993, S. 114) bestimmt, daß die Metaethik »keine moralischen Prinzipien oder Handlungsziele« vorschlage, doch wäre dies eher eine pragmatische Abgrenzung. In jedem Fall werden normative Aussagen entscheidend mitbestimmt. Auch Frankena macht die Einschränkung, daß »auf mittelbarem Wege« Normatives mitentschieden werde.
18. Vgl. Albert (Ethik, 1961, 1972), S. 157 f.: »Eine regulative und kritische Meta-Ethik dagegen, die sich nicht an den Sprachgebrauch gebunden und ausschließlich zur Sprachanalyse verpflichtet fühlt, sondern zur Aufstellung und rationalen Diskussion regulativer Prinzipien und zu deren Anwendung, kann sich mit anderen meta-ethischen und moralischen Auffassungen kritisch auseinandersetzen, mit moralischen Auffassungen deshalb, weil eine solche Meta-ethik nicht neutral sein kann in bezug auf ethische Systeme, ebensowenig wie eine Wissenschaftslehre neutral sein kann in bezug auf wissenschaftliche Theorien«.
19. Albert (Ethik, 1961, 1972), S. 152 f. Es ist sinnvoller, von einer weltanschaulichen, statt philosophischen Gesamtauffassung zu sprechen. Denn die Philosophie ist zusammen mit der Theologie diejenige wissenschaftliche Disziplin, in der Fragen des Menschen- und Weltverständnisses reflektiert werden. Dieser Fragenbereich wird traditionell mit dem Begriff ›Weltanschauung‹ bezeichnet.

von Fragen des Wirklichkeitsverständnisses geht[20]. Albert spricht in diesem Zusammenhang auch von »Basisentscheidungen«, deren Gemeinsamkeiten eine sachliche Kontroverse erst entscheidbar machen. Die Basisentscheidungen versteht er als Entscheidungen zu bestimmten methodischen Prinzipien, zum Beispiel die »Entscheidung zum Rationalismus« und zum »Falsifizierbarkeits-Kriterium«[21]. Eine Kontroverse über diese Prinzipien ist jedoch, so Albert, »nur entscheidbar, wenn eine tiefere Ebene der Gemeinsamkeit in der normativen Überzeugung vorhanden ist«[22]. Die Differenzen bezüglich des Wirklichkeitsverständnisses wirken sich jedoch nicht nur auf die normativen methodischen Basisentscheidungen aus. Sie implizieren darüber hinaus auch bestimmte kategoriale Leitbegriffe, die für die jeweiligen Theorien von grundlegender Bedeutung sind. Die Leitbegriffe sind Allgemein- bzw. Klassenbegriffe, die die Erfassung von empirischen Einzelfällen ermöglichen[23]. Sie werden durch das zugrundeliegende Wirklichkeitsverständnis geprägt. Naturwissenschaftliches und sozialwissenschaftliches Wissen sowie ethisch-orientierende Gewißheiten werden durch diese Leitbegriffe fundiert. Das Wirklichkeitsverständnis ist ein Verständnis nicht von Einzelsachverhalten, sondern von allgemeinen Klassenbegriffen wie Welt, Raum, Zeit, Mensch, Sinn, Wissen, Wille, Gemeinschaft usw., also Vorstellungen, die das Daseinsverständnis eines Menschen bilden. Das Wirklichkeitsverständnis eines Menschen umfaßt somit das, was er in der Welt überhaupt für möglich hält. Es ist dem Menschen im Medium seines vorreflexiven, unmittelbaren Selbstbewußtseins präsent und kann Gegenstand seiner Reflexion werden. Das Wirklichkeitsverständnis eines Menschen stellt seine Daseinsgewißheit dar; traditionell wird dieser Sachverhalt auch als Weltanschauung bezeichnet.

Das Wirklichkeitsverständnis bildet sich durch die Aneignung von weltanschaulicher Tradition und deren kritischer Weiterentwicklung. Die kritische Weiterentwicklung geschieht durch Reflexion auf Lebenserfahrung und ist daher auch durch Erfahrung korrigierbar[24]. Das Wirklichkeitsverständnis ist damit

---

20. Vgl. Frankena (Analytische Ethik, 1963, 1994), S. 114f.
21. Vgl. Albert (Ethik, 1961, 1972), S. 160f.
22. Albert (Ethik, 1961, 1972), S. 161; es überzeugt allerdings nicht, daß Albert die »Entscheidung zum Rationalismus« nur als methodisches Prinzip verstanden wissen will, ohne daß damit auch eine erkenntnistheoretische Auffassung über die »Beschaffenheit der menschlichen Vernunft« – also eine ontologische Auffassung – verbunden sei, vgl. Albert (Ethik, 1961, 1972), S. 160. Die »Entscheidung zum Rationalismus« – wie auch die »Entscheidung zum Falsifizierbarkeits-Kriterium« (d.h. die Auffassung, daß nur solche Theorien einen Gehalt haben, deren Aussagen grundsätzlich durch Erfahrung geprüft werden können) – setzt ontologische Annahmen über den Menschen voraus, die sich als Möglichkeitsbedingungen von Rationalität und von Erfahrung erschließen lassen; siehe auch dazu Herms (Theologie, 1978).
23. Siehe dazu Kraft (Grundlagen, 1968), S. 26f. und Herms (Theologie, 1978), S. 40-44.
24. Vgl. Herms (Ordnung, 1991), S. 92f. und Herms (Paradigma, 1993), S. 150-155.

grundsätzlich fallibel[25]. Auch wenn sich ein Wirklichkeitsverständnis zunächst durch Konvention bildet, so geschieht seine aktive Aneignung im Jugend- und Erwachsenenalter dadurch, daß das eigene Erleben durch es als zuverlässig interpretiert erfahren wird. Es entsteht ein Prozeß der Bewährung oder der Widerlegung der Tradition durch Erfahrung und damit der kritischen Weiterbildung des Wirklichkeitsverständnisses. Allerdings muß die Art der ›Prüfung‹ dieses Wissens durch Erfahrung von der Prüfung anderer Arten von Wissen unterschieden werden. Diese Differenzierung gilt grundsätzlich: Die Prüfung und Korrektur naturwissenschaftlichen Regelwissens unterscheidet sich von der Prüfung und Korrektur des Wissens über sozial geltende Regeln oder auch von der Art des Scheiterns oder der Bewährung kategorialer und ethischer Gewißheiten. Denn es bestehen unterschiedliche Bedingungen zum Beispiel für die Wiederholbarkeit und die Inszenierbarkeit von Experimenten, und die Rolle der Widerlegung durch Einzelereignisse betrifft in unterschiedlicher Weise die Art der Bewährung[26].

Das Wirklichkeitsverständnis ist durch Erfahrung korrigierbar. Das zeigen zum einen die geschichtlichen Entwicklungen der Weltanschauungen, die immer auch durch historische Umwälzungen mitbedingt sind. Zum anderen wird es individuell erfahren, da sich das eigene Wirklichkeitsverständnis aufgrund von lebensgeschichtlich prägenden Ereignissen ausbildet und sich verändert. Die Änderungen des Wirklichkeitsverständnisses vollziehen sich durch Erlebnisse, die die bisherigen Überzeugungen erschüttern und die nicht tragfähig begriffen werden können. Daß diese Änderungen jedoch geschehen, ist kontingent. Es ist immer auch mit Immunisierungsstrategien zu rechnen[27]. Durch diese Strategien vermag es eine Person, trotz widerlegender Erfahrungen an einem Traditionsbestand festzuhalten.

Besteht in dieser Weise ein Zusammenhang zwischen Moral und Ethik sowie zwischen Ethik und Metaethik, so ist deutlich, daß nicht nur der Ethik, sondern auch der Moral einer Handlung vortheoretische ›metaethische‹ Entscheidungen zugrunde liegen, die die Zielvorstellung jeder Handlung und damit die Moral der Handlung bestimmen. Diese immer vorliegende Moral einer Handlung kann durch eine analytische Untersuchung explizit gemacht und aufgrund eines anderen Daseinsverständnisses und entsprechender ethischer Perspektive kritisiert werden.

---

25. Siehe dazu Herms (Theologie, 1978), S. 59-61 und auch Härle (Dogmatik, 1995), S. 23 f.
26. Zum Problem der Falsifizierbarkeit siehe auch Grunberg (Wirtschaftswissenschaft, 1966, 1971), S. 70.
27. Zum Begriff der Immunisierungsstrategien vgl. Albert (Traktat, 1968, 1991), S. 36, 15-119, passim.

4. Handlung als Grundbegriff der theologischen Ethik

Die Gegenstandsbestimmung der theologischen Ethik führt auf den Begriff der Handlung als Grundbegriff der Ethik. Handeln wird dabei einerseits als intentionaler Akt und andererseits als Handlung in Interaktion verstanden. Wenn im folgenden die für die Frage der Ethik wesentlichen Aspekte der Handlung entfaltet werden, handelt es sich um deskriptive Seinsaussagen, durch die allgemeine und invariante Züge der Wirklichkeit dargestellt werden, wie sie aus *einer* individuellen Perspektive gesehen werden.

4.1 Das Problem allgemeiner Aussagen aus individueller Perspektive

Der Aufweis von allgemeinen und invarianten Strukturen der Wirklichkeit ist insofern subjektiv, als er auf der *Perspektivität* eines Wirklichkeitsverständnisses beruht. Allerdings werden durch eine individuelle Perspektive stets auch allgemeine Strukturen in den Blick genommen. Ethik – wie sie hier verstanden wird – setzt diese perspektivische Sicht des *Allgemeinen* voraus. Sie hat insofern eine ontologische Fundierung. Im neueren Ethikdiskurs mag dies ungewohnt klingen, doch es kann daran erinnert werden, daß auch im Kritischen Rationalismus die Notwendigkeit einer ontologischen Fundierung für Theorien eingestanden wird. Karl Popper spricht bezüglich seiner eigenen Auffassung von einem »modifizierten Essentialismus«[28]. Er lehnt die charakteristische Auffassung des Essentialismus ab, daß es einen »wesentlichen Bestandteil, eine inhärente Beschaffenheit oder ein innewohnendes Prinzip in jedem Ding gibt«, das in irgendeiner Weise intuitiv erschlossen werden kann. Aber er spricht weiterhin von »strukturellen Eigenschaften der Natur«, die in – stets falsifizierbaren – Gesetzesaussagen beschrieben werden könnten[29]. Hans Albert greift diesen Sprachgebrauch auf[30]. Er weist darüber hinaus darauf hin, daß Theorien durch eine »Strukturierung einer Problemsituation« einen »Bezugsrahmen liefern, innerhalb dessen Probleme und mögliche Lösungen artikulierbar sind«[31]. Diese Strukturierung ist dabei nicht nur eine subjektive Notwendigkeit, sondern sie hat Anhalt am Objekt der Erkenntnis, denn Theorien suchen nach Albert »den Spielraum des möglichen Geschehens abzugrenzen«[32]. Dieser stets notwendige Bezugsrahmen kann dabei immer nur vorläufig aufgestellt werden, weil die »Erprobung am Wider-

---

28. Vgl. Popper (Zielsetzung, 1957, 1964), S. 77 f.
29. Vgl. Popper (Zielsetzung, 1957, 1964), S. 77 f.
30. Vgl. Albert (Traktat, 1968, 1991), S. 59.
31. Vgl. Albert (Traktat, 1968, 1991), S. 59 f.
32. Vgl. Albert (Traktat, 1968, 1991), S. 60.

stand der Realität zu Revisionen zwingt«[33]. Albert betont jedoch, daß die Erprobung an Erfahrungstatsachen wiederum nicht ohne ein strukturierendes theoretisches Konzept erfolgt. Der »empirische Mythos des Gegebenen« verkennt nach Albert die stets vorliegende »theoretische Prägung der sogenannten Erfahrungstatsachen«[34]. Diese Strukturierung ist auch für das Erfahrungsgebiet des Ethos notwendig, durch die die Grundaspekte des Möglichkeitsraums der vielfältigen Ethosformen ausgemacht werden.

4.2 Die drei Strukturmomente der Moral einer Handlung

Je nach den theoretischen Erfordernissen der verschiedenen Handlungstheorien werden teils gleiche, teils unterschiedliche allgemeine Strukturmomente einer Handlung hervorgehoben. Für die theologische Ethik sind drei gleichursprüngliche Strukturmomente zu nennen, durch die drei Aspekte der Moral einer Handlung gekennzeichnet werden können: a) Die Handlungsfähigkeit und Motivation einer Person, b) der Inhalt der handlungsorientierenden Regel und c) die Zielbestimmung und Folgen einer Handlung. Diese Strukturierung der Handlung geht auf die Ethik des Theologen Friedrich Daniel Ernst Schleiermacher zurück. Nach Schleiermacher gliedert sich die Ethik dementsprechend in eine Tugend-, Pflichten- und Güterlehre[35]. Im dritten Strukturmoment werden mit der Zielbestimmung und den Folgen einer Handlung zwei Aspekte genannt, deren Unterscheidung für die Ethik wichtig ist. Die Zielbestimmungen entsprechen aufgrund von Fehleinschätzungen häufig nicht den Folgen einer Handlung, da diese von vielen unabsehbaren Umweltzuständen abhängen. Die beiden Aspekte werden hier jedoch zusammengefaßt, da die Zielbestimmung und die Folgen einer Handlung auf den einheitlichen Aspekt der stets mit einem Effekt verbundenen Zielgerichtetheit einer Handlung hinweisen. Die ethische Reflexion zielt gerade auf eine möglichst weitreichende Übereinstimmung von Zielbestimmungen und tatsächlichen Folgen ab.

Die drei Begriffe Tugend, Pflicht und Gut stellen dabei »jeder für sich in seiner Ganzheit auch das ganze sittliche Gebiet« dar, sind also je ein Aspekt eines Strukturganzen[36]. Die *Tugendlehre* entfaltet im Rahmen einer Subjektivitätstheorie ein Verständnis menschlicher Personalität, durch das die Frömmigkeit

---

33. Vgl. Albert (Traktat, 1968, 1991), S. 61.
34. Vgl. Albert (Traktat, 1968, 1991), S. 64.
35. Siehe vor allem Schleiermachers Akademievorlesungen: Schleiermacher (Behandlung des Tugendbegriffes, 1819, 1938), Schleiermacher (Behandlung des Pflichtbegriffs, 1824, 1938), Schleiermacher (Sittengesetz, 1825, 1938), Schleiermacher (Begriff des höchsten Gutes. Erste Abhandlung, 1827, 1938), und Schleiermacher (Begriff des höchsten Gutes. Zweite Abhandlung, 1830, 1938); zur Interpretation der philosophischen Ethik Schleiermachers siehe Herms (Reich Gottes, 1985), S. 163 ff.
36. Vgl. Schleiermacher (Behandlung des Tugendbegriffes, 1919, 1938), S. 379.

als ein für das menschliche Personsein konstitutives Moment begreifbar wird. Die zentrale Aussage der Tugendlehre ist, daß die Tugend – aufgefaßt als »sittliche Kraft«, das heißt als bestimmte Grundgesinnung – allererst ermöglicht wird durch die Dominanz des Gottesbewußtseins über das mittelbare Weltbewußtsein[37]. Die Frömmigkeit als Bestimmtheit des unmittelbaren Selbstbewußtseins (Gefühl schlechthinniger Abhängigkeit) ist damit die Voraussetzung einer ethischen Grundgestimmtheit. Diese für ein modernes Ohr provozierende These konvergiert mit Luthers Erkenntnis, daß der Glaube, also das Vertrauen und die Liebe zu Gott, diejenige Haltung ist, ohne die alle anderen Werke »nicht gut sein können«[38]. Sie entspricht aber auch der modernen, säkularen Einsicht, daß alle Aktivitäten des Menschen – all sein Erkennen und Weltgestalten – auf der Basis eines vorgängigen Daseinsverständnisses beruhen, das spezifisch prägende ethische Orientierungen enthält. Die *Pflichtenlehre* entwickelt ein »System von Handlungsweisen«[39]. Schleiermacher versteht die Pflichten als Kunstregeln bzw. als »technische Imperative«, die den sittlichen Grundentschluß realisieren, und zwar unter Bezugnahme auf die »ganze sittliche Aufgabe«[40]. Er setzt sich mit dieser Fassung des Pflichtbegriffs kritisch von Kants Kategorischem Imperativ ab und versucht dessen Abstraktheit, verstanden als fehlender Bezug zu den jeweiligen Motiven und Wirkungen des sittlichen Handelns, zu überwinden. Er bietet damit eine Konzeption, die Gesinnungs- und Verantwortungsethik integriert. Dies wird vor allem durch die *Güterlehre* deutlich, die den für alles Handeln wesentlichen Aspekt der Zielgerichtetheit und Effektivität entfaltet und damit die »höchst unnatürliche Trennung der Handlungsweise und Tätigkeit von dem daraus hervorgehenden Werke« überwindet[41].

4.3 Gesellschaftliche Funktionsbereiche

Die bei Schleiermacher für die Tugendlehre maßgebliche Unterscheidung zwischen Symbolisieren und Organisieren und der in der Pflichtenlehre bedeutsame Grundsachverhalt der Sozialität allen Handelns werden in der Güterlehre zu einem System des »Inbegriffs der wahren Güter« entwickelt[42]. Letztere sind die

---

37. Vgl. Schleiermacher (Behandlung des Tugendbegriffes, 1919, 1938), S. 360f.
38. Vgl. Luther (Von guten Werken, 1520, 1982), S. 86.
39. Vgl. Schleiermacher (Behandlung des Pflichtbegriffs, 1824, 1938) S. 379ff.
40. Vgl. Schleiermacher (Behandlung des Pflichtbegriffs, 1824, 1938), S. 380 und S. 386 und vgl. Schleiermacher (Sittengesetz, 1825, 1938), S. 406 sowie Herms (Reich Gottes, 1985), S. 169f.
41. Vgl. Schleiermacher (Begriff des höchsten Gutes. Erste Abhandlung, 1827, 1938), S. 451.
42. Vgl. Schleiermacher (Begriff des höchsten Gutes. Erste Abhandlung, 1827, 1938), S. 446ff. und Schleiermacher (Begriff des höchsten Gutes. Zweite Abhandlung, 1830, 1938), S. 469.

für jede denkbare Gesellschaft notwendigen Funktionsbereiche von Staat und Wirtschaft, Wissenschaft, freie Geselligkeit, sowie Religion und Kunst. Das Spezifikum dieser Sozialtheorie ist, daß Schleiermacher nicht ein Nebeneinander von möglichen Bereichen, sondern ihre »Zusammengehörigkeit« und ihr »Miteinander- und Füreinandersein« in den Blick nehmen kann[43]. Die einzelnen Bereiche erbringen unvertretbar bestimmte Funktionen: In den Religionsgemeinschaften wird die Grundorientierung allen Handelns ausgebildet und kommuniziert. Diese Grundorientierung besteht in ethisch-orientierenden Gewißheiten, die in einem bestimmten Daseinsverständnis fundiert sind[44]. Im Funktionsbereich der Wissenschaft wird erfahrungswissenschaftliches Regelwissen über den Zusammenhang zwischen dem gewählten Handeln und seinen Folgen (Naturgesetze und soziale Regeln) ausgebildet[45]. Der Staat gewährt praktische Handlungsfreiheit und rechtliche Sicherheit und die Wirtschaft dient der Sicherstellung des materiellen Lebensunterhalts. Der Bereich der freien Geselligkeit bildet als Familie und Freundeskreis den primären Ort der Sozialisation.

Die Ökonomie ist somit ein notwendiger Funktionsbereich der Gesellschaft. Es ist für diesen Funktionsbereich, wie auch für die anderen, wesentlich, daß sie in einem Interdependenzverhältnis zu den jeweils anderen Funktionsbereichen stehen. Diese Interdependenz bedeutet, daß die Funktionsbereiche jeweils spezifische Güter bereitstellen und daß diese Funktionen weder ausfallen noch ersetzt werden können.

4.4 Die wirtschaftsethische Leitfrage

Eine weitere Differenzierung dieser Sozialtheorie kann die für jede entwickelte Gesellschaft notwendigen Funktionspositionen, ihre Bezogenheit aufeinander und ihre jeweiligen Wirkungsmöglichkeiten auf die Gestaltung der Interaktionsordnung aufzeigen. Dadurch impliziert der deskriptive Gehalt dieses Ethikentwurfs seinen normativen Gehalt: Vorfindliche Gesellschaften können daraufhin untersucht werden, in welcher Weise die hier beschriebenen Funktionsbereiche gestaltet werden; einzelne Handlungen können auf ihren Beitrag zur Gestaltung der gesamten Interaktionsordnung hin befragt werden. Die Beurteilung geschieht dabei einerseits aufgrund der Kenntnis der Funktionszusammenhänge der gesellschaftlichen Teilbereiche und andererseits aufgrund der ethischen Orientierung durch die handlungsleitende Daseinsgewißheit. Ethisch geboten ist aus

---

43. Vgl. Schleiermacher (Begriff des höchsten Gutes. Erste Abhandlung, 1827, 1938), S. 458 und vgl. auch Schleiermacher (Begriff des höchsten Gutes. Zweite Abhandlung, 1830, 1938), S. 481-490.
44. Vgl. Herms (Kirche, 1995), S. 236. Mit dieser Religionstheorie beziehe ich mich auf die Gesellschaftstheorie von Eilert Herms. Herms' Gesellschaftstheorie ist durch Schleiermachers Entwurf angeregt, aber sie ist nicht mit diesem identisch.
45. Vgl. Herms (Kirche, 1995), S. 238.

christlicher Sicht ein Handeln, das auf eine Gesamtordnung zielt, die allen Gesellschaftsmitgliedern möglichst gute Bedingungen dafür liefert, die im Willen Gottes gesetzte Bestimmung des menschlichen Daseins zu erreichen[46]. Die Gesamtordnung der Gesellschaft soll es ihren Gliedern *erleichtern*, ihre Bestimmung zu erkennen und ihr zu folgen. Aus der Einsicht des christlichen Glaubens in die Gleichursprünglichkeit aller Menschen folgt, daß sie zum Finden ihrer Bestimmung ausreichende materielle Grundlagen und Bildungsmöglichkeiten erhalten sollen. Und aus der Einsicht des christlichen Glaubens in die Unverfügbarkeit von Erschließungsgeschehen folgt, daß weder einzelne Mitglieder noch der Staat durch Zwang irgendein bestimmtes Verständnis der Bestimmung des Menschen – auch nicht das christliche – durchsetzen dürfen.

Die wirtschaftsethische Leitfrage, die aus diesem ethischen Ansatz folgt, lautet: »Wie stellen sich aus der Perspektive einer bestimmten Wirklichkeitssicht, hier: aus der christlichen Perspektive, die Entscheidungs- und Wirkungsmöglichkeiten einer konkreten geschichtlichen Praxissituation dar und welche von ihnen sind [...] deshalb die ethisch vorzüglichen, weil sie der Sache gerecht werden, um die es tatsächlich geht: nämlich der christlich verstandenen Natur und Bestimmung des Menschen [...]«[47].

---

46. Vgl. Herms/Anzenbacher (Technikrisiken, 1996), S. 7 f.
47. Herms (Bericht, 1991), S. 193.

III. Moral in den Funktionserfordernissen der Wirtschaft – die Wirtschaftsethik Bruno Molitors

»Was für ihn [Schmoller] gilt, gilt für viele Nationalökonomen seiner und unserer Zeit. Ihnen fehlt die einfache Kenntnis der alltäglichen Wirtschaft mit ihren Kämpfen, die mit List und Verschleierung und Brutalität geführt werden«. (Walter Eucken)[1]

Der Streit um die Moral der Wirtschaft stand in diesem Jahrhundert im Kontext der Diskussion um die Alternative ›Kapitalismus versus Sozialismus‹, wobei der Sozialismus aufgrund seiner Ziele (›Soziale Gleichheit‹, ›Ende der Ausbeutung‹ etc.) auf seiten der Moral zu stehen schien. Bruno Molitor ist als Volkswirtschaftler diesen Anfragen offensiv begegnet, indem er – anders als etwa Max Weber, für den der Kapitalismus die Menschen in eine »herrenlose Sklaverei« verstrickt[2] – die moralischen Prinzipien der Marktwirtschaft herausstellt und würdigt. Im folgenden Kapitel soll der wirtschaftsethische Entwurf von Bruno Molitor kritisch analysiert werden. Er steht exemplarisch für eine wirtschaftsethische Konzeption, bei der die Moral aus den Funktionserfordernissen der Wirtschaft abgeleitet wird. Er kann als ein genuiner Vertreter der Volkswirtschaftslehre gelten. Er bietet eine für die Volkswirtschaftslehre – neoliberaler Prägung – typische Behandlung normativer Fragen[3]. Aus diesen Gründen kommt der Auseinandersetzung mit seinem Entwurf eine exemplarische Bedeutung für den interdisziplinären Dialog zwischen Wirtschaftstheorie und evangelischer Wirtschaftsethik zu.

Bruno Molitor, Jahrgang 1927, ist emeritierter Professor für Volkswirtschaftslehre an der Universität Würzburg. Er war Direktor des Instituts für Verteilungstheorie und Sozialpolitik. Molitors spezielles Fachgebiet innerhalb der Volks-

---

1. Eucken (Grundlagen, 1939, 1959), S. 198.
2. Vgl. Weber (Wirtschaft, 1921, 1980), S. 709.
3. Siehe dazu die Rezensionen der Ökonomen Leckebusch und Sautter. Leckebusch (Wirtschaftsethik, 1992) gibt eine sehr wohlwollende Rezension in Ordo – Jahrbuch für die Ordnung von Wirtschaft und Gesellschaft; Sautter (Molitor, 1990) stellt fest, daß Molitors Darstellung der Wirtschaft dem entspricht, »was üblicherweise in Einführungen zur Volkswirtschaftslehre« geboten wird; Sautter setzt sich sehr kritisch mit Molitors Auffassung von Wirtschaftsethik auseinander, da dieser auf eine Reflexion von Ethik als solcher verzichtet.

wirtschaftslehre ist die Theorie der Wirtschafts- und Sozialpolitik[4]. Er ist innerhalb der Volkswirtschaftslehre den Vertreterinnen und Vertretern eines ordnungstheoretischen Ansatzes zuzurechnen[5]. Sein Schwerpunktgebiet, die Theorie der Wirtschafts- und Sozialpolitik, legt die Auseinandersetzung mit diesem Fragenbereich nahe. Im Jahr 1963 hat Molitor in einem programmatischen Aufsatz »Theorie der Wirtschaftspolitik und Werturteil« sein Verständnis der Theorie der Wirtschaftspolitik als wertfreier Theorie vorgestellt[6]. 1989 hat sich Molitor mit seinem Werk »Wirtschaftsethik« in die Diskussion um die Wirtschaftsethik eingeschaltet. Trotz seines eigenen Beitrags zur Wirtschaftsethik zeichnet Molitor sich durch eine gewisse Reserviertheit gegenüber »Wirtschaftsethik« aus. Er wendet sich gegen ein Meinungsbild, nach dem gerade die Wirtschaft einer besonderen »ethischen Disziplinierung« bedürfe[7]. Er befürchtet eine »Moralisierung« von wirtschaftlichen Sachfragen, die aufgrund von Gruppeninteressen zu Themen der Wirtschaftsethik erhoben werden.

1. Anliegen und Ansatz

Molitor konzipiert Wirtschaftsethik als *positive Erfahrungswissenschaft* und nicht als normative Wissenschaft[8]. Er verfolgt dabei das Programm, die Normen des wirtschaftlichen Verhaltens nicht durch eine eigene ethische Argumentation zu begründen und der Wirtschaft »von außen überzustülpen«, sondern sie aus den »Tatbeständen einer Gesellschaftswirtschaft, ihren Zielsetzungen und Funktionserfordernissen« abzuleiten[9]. Ohne es explizit zu sagen, ist Molitor wissenschaftstheoretisch dem Kritischen Rationalismus verpflichtet. Die Aufgabe der Theorie ist danach die Erklärung »realer Phänomene« durch die Ermittlung von

---

4. Siehe vor allem die Aufsatzsammlung von Molitor (Wirtschafts- und Sozialpolitik, 1986) und die Standardlehrbücher von Molitor (Soziale Sicherung, 1987) und Molitor (Wirtschaftspolitik, 1988, 1992).
5. Zu Molitors Verständnis von »Ordnung der Wirtschaft« siehe Molitor (Werturteil, 1963, 1979), S. 269 und vgl. Molitor (Wirtschaftsethik, 1989), S. 69 ff.
6. Vgl. Molitor (Werturteil, 1963, 1979), S. 265 und 268 f.; dieser Auffassung ist sich Molitor im wesentlichen treu geblieben, wie seine Ausführungen zur Werturteilsfrage in seiner »Wirtschaftspolitik« zeigen, vgl. Molitor (Werturteil, 1963, 1979) mit Molitor (Wirtschaftspolitik, 1988, 1992). S. 42-44.
7. Vgl. Molitor (Wirtschaftsethik, 1989), S. V.
8. Molitor versteht »positive« Wissenschaft als gleichbedeutend mit »Erfahrungswissenschaft«, vgl. Molitor (Wirtschaftsethik, 1989), S. 1. Er übersieht dabei, daß es auch eine normative Erfahrungswissenschaft gibt.
9. Vgl. Molitor (Wirtschaftsethik, 1989), S. V und vgl. S. 69; Molitor spricht sich gegen alle Versuche einer normativen Wirtschaftstheorie aus, vgl. Molitor (Wirtschaftsethik, 1989), S. 1, Anm. 3.

Gesetzmäßigkeiten. Die Ergebnisse der Theorie müssen einerseits in sich logisch schlüssig sein und anderseits müssen sie der »Überprüfung anhand der Empirie« standhalten[10].

Aufgrund dieser erfahrungswissenschaftlichen Perspektive vertritt Molitor eine *funktionale Betrachtung der Moral*[11]. *Die Moral wird dabei als eine zu analysierende »Tatsache«* aufgefaßt. Einerseits wird deren Ort und Funktion in der Wirtschaft untersucht, anderserseits werden die Implikationen *gegebener* wirtschaftspolitischer Ziele bestimmt[12]. Aus der funktionalen Betrachtung der Moral folgt für Molitor, daß seine Analyse im wesentlichen eine *Ziel-Mittel-Analyse* darstellt. Die wirtschaftspolitischen Ziele und Mittel müssen nach Molitor daraufhin untersucht werden, was »an ihnen Sachgehalt und was moralische Entscheidung ist«[13]. Diese Unterscheidung kennzeichnet Molitors Entwurf und durchzieht ihn in allen Teilen. Molitor will damit verhindern, daß einerseits »Sachprobleme auf die sogenannte Weltanschauungsebene« abgeschoben werden und daß sich andererseits moralische Entscheidungen »im Gewand bloßer Zweckmäßigkeitsfragen« tarnen[14].

2. Die funktionale Betrachtung der Moral

Im folgenden wird Molitors Verständnis von Moral dargestellt. Zunächst wird Molitors Sicht der Möglichkeitsbedingungen von Moral dargelegt (2.1). Da der Inhalt der Moral sich für Molitor wesentlich in Normen niederschlägt, nennt er einige Funktionsbedingungen von Normen (2.2). Um das schwierige Problem der Begründbarkeit von Normen anzugehen, unterscheidet Molitor die Grundaspekte Normlegitimation, Normbegründung, Inkraftsetzung von Normen und die Motive zur Normeinhaltung (2.3).

2.1 Der Ort der Moral

Moral ist nach Molitor *eine* »Dimension«, unter der eine Handlung vollzogen und geprüft werden kann; eine andere Dimension ist für ihn die technisch-sach-

---

10. Vgl. Molitor (Wirtschaftsethik, 1989), S. 1f. und 5; siehe dazu auch Popper (Zielsetzung, 1957, 1964), S. 77f. und Albert (Traktat, 1968, 1991), S. 35ff.
11. Vgl. Molitor (Wirtschaftsethik, 1989), S. 5.
12. Vgl. Molitor (Wirtschaftsethik, 1989), S. 4f.
13. Vgl. Molitor (Wirtschaftsethik, 1989), S. 4 und 7; siehe auch Molitor (Werturteil, 1963, 1979), S. 269.
14. Vgl. Molitor (Wirtschaftsethik, 1989), S. 4f.

liche[15]. Er beginnt daher die Entfaltung seines Moralverständnisses mit einer Reflexion über *Handeln*. Molitor unterscheidet fünf »Komponenten« einer Handlung, die verdeutlichen, daß jedes Handeln »*situations- und zielbezogen*« ist[16]. Die »Komponenten« sind[17]:

1) die Situationswahrnehmung, die primär als sinnlicher Vorgang gedeutet wird;
2) die Affekte, die als Triebe und Gefühle verstanden werden; sie umfassen das Eigeninteresse, aber auch Altruismus und Zuneigung, und sie sind durch Einübung gestaltbar;
3) die urteilende Reflexion, durch die die möglichen Praxisalternativen (Mittel- und Wegewahl) vorgestellt und aufgrund einer Zwecksetzung beurteilt werden;
4) die Willensentscheidung, die die Differenz des kognitiven Urteils vom Willensakt markiert, durch den ein Urteil in die Praxis umgesetzt wird;
5) der Handlungsvollzug, bei dem nicht berücksichtigte Umstände sich als Widerstände erweisen können und Korrekturen notwendig machen können.

Molitors Skizzierung der fünf Komponenten, legt den Schluß nahe, daß in der zweiten Komponente, den Affekten, der ganze Aspekt der Normativität enthalten ist. Die Zwecksetzung, die Molitor der dritten Komponente zuordnet, leitet sich von den Affekten, das heißt dem Eigeninteresse oder möglichen Altruismus ab. Als Vorgriff auf die kritische Würdigung Molitors soll hier schon festgehalten werden, daß mit dieser Konzeption der für die Wirtschaftstheorie typische Präferenzpositivismus angelegt ist. Hiernach wird von dem unhinterfragten Gegebensein der Präferenzen ausgegangen. Der Präferenzpositivismus zeigt sich in der Vernachlässigung von normativen Zieldiskussionen. Die kritische Analyse wird genau diesen Punkt bei Molitor aufzeigen (siehe unten S. 82 ff.).

Molitor setzt bei der fünften »Komponente« voraus, daß ein Entschluß eine Kette von Einzelhandlungen impliziert. In der Vorstellung der Handlungsalternativen können Fehleinschätzungen in dem Sinn vorliegen, daß die konkreten Wirkungen nicht den beabsichtigten und kalkulierten Folgen der Handlung entsprechen. Dieser Sachverhalt ist für alle ethischen Überlegungen grundlegend. Es folgt daraus, daß sich die Tauglichkeit der Mittelanalyse erst im Handlungsvollzug erweist. Im Handlungsvollzug und dessen Kontrolle zeigt sich, ob die getroffene Mittelwahl hinreichend reflektiert worden ist oder ob Korrekturen notwendig sind. Molitor folgert aus der Darstellung der fünf »Komponenten« einer Handlung, daß der »Ort oder Ansatzpunkt der Moral in der *vernunftgetra-*

---

15. Vgl. Molitor (Wirtschaftsethik, 1989), S. 7.
16. Vgl. Molitor (Wirtschaftsethik, 1989), S. 7 (Hervorh. i. O. fett).
17. Vgl. zum Folgenden Molitor (Wirtschaftsethik, 1989), S. 6 f.

genen Willensentscheidung liegt«[18]. Die grundlegende Funktion der *Willensentscheidung* besteht darin, daß auf ihr die Bereitschaft zur Situationswahrnehmung (1), zur urteilenden Reflexion (3) zur Umsetzung des Urteils und zur Kontrolle des Handlungsvollzugs (5) basiert[19].

Molitor betont, daß der Träger einer Handlung nur eine einzelne Person sein kann. Im Fall von Organisationen kann nach Molitor nur abgekürzt, zum Beispiel vom »Handeln« des Staates, geredet werden, denn es kann untersucht werden, welche konkreten Personen mitgewirkt haben[20]. Molitor ist damit dem für die Wirtschaftswissenschaften prägenden methodologischen Individualismus zuzurechnen[21].

2.2 Normen als Form der Moral

Molitor versteht Moral vorwiegend als *Normen*. Normen sind für ihn Sollensaussagen, durch deren Befolgung Werte verwirklicht werden[22]. Die Normen dienen somit als »Mittel« für die Zielerfüllung, und dementsprechend liegt auf der *Mittelanalyse* der Schwerpunkt seines Entwurfs. Alle weiteren Überlegungen zur Moral entwickelt Molitor als Frage des *Norm*inhalts, der *Normen*legitimation, der *Normen*begründung oder der Inkraftsetzung von *Normen*. Der Begriff der Norm fungiert dabei als ein Oberbegriff, unter den er drei Klassen von Normen subsumiert:

a) die »(unmittelbar) moralischen« Grundsätze (Molitor nennt die Zehn Gebote und Grundrechte der Verfassung),
b) die institutionellen Satzungen (Gesetze) und
c) die Verfahrensregeln für die »Normproduktion« in einer Gesellschaft (rechtliche Verfahrensregeln, parlamentarische Verfahren, Anhörungsverfahren usw.)[23].

Im folgenden werden Molitors formale Bestimmungen zum Inhalt von Normen dargestellt. Eine Norm drückt für ihn im Gegensatz zu Seinsurteilen ein Werturteil aus. Ein für sein Verständnis zentraler Punkt ist dabei, daß die Normen nicht ein Werturteil darüber abgeben, was sein soll, sondern darüber, was *nicht*

---

18. Vgl. Molitor (Wirtschaftsethik, 1989), S. 9 (Hervorh. i. O. fett); vgl. auch S. 30.
19. Vgl. Molitor (Wirtschaftsethik, 1989), S. 9.
20. Vgl. Molitor (Wirtschaftsethik, 1989), S. 7 und 30.
21. Der methodologische Individualismus besagt, daß soziale Interaktionen und Institutionen als Resultat individuellen Handelns aufgefaßt und erklärt werden: »Sätze über gesellschaftliche Sachverhalte sind zu reformulieren als Sätze über Individuen. Institutionen, wie gesellschaftliche Strukturen überhaupt, sind [...] das Produkt individueller Interessenverfolgung«, vgl. Wieland (Individualismus, 1993), Sp. 443.
22. Vgl. Molitor (Wirtschaftsethik, 1989), S. 11.
23. Vgl. Molitor (Wirtschaftsethik, 1989), S. 14.

sein soll[24]. Normen sind somit nach Molitor primär als Restriktionen zu verstehen. Sie schließen *abweichendes Verhalten* aus, indem sie Verbote aussprechen und »im Normalfall« keine Handlungsziele bestimmen[25]. Molitor stellt die Normen naturwissenschaftlichen Regeln gegenüber: Während diese ein Geschehen unter bestimmten Ausgangsbestimmungen determinieren, hängt die Geltung sozialer Normen von der Zustimmung der Akteure ab. Hieraus leitet er verschiedene *funktionale Anforderungen* an Normen ab. Sollen sie sozial funktionieren, dürfen sie nach Molitor a) keine Handlungsziele bestimmen, sie müssen b) allgemein sein, c) einfach im Sinn von verständlich sein, d) dauerhaft sein, um Verhalten kalkulierbar zu machen und schließlich e) mit anderen Normen logisch nicht in Widerspruch stehen[26]. Er formuliert damit funktionale Anforderungen an Normen, die beim Festlegen von Normen mehr oder weniger adäquat berücksichtigt werden können.

Genau besehen stellt Molitor mit diesen Kriterien nicht die formalen Bestimmungen von moralischen Regeln, sondern die formalen Bestimmungen für *Rechtsregeln* dar. Es ist zum einen bezeichnend, daß sich die meisten von Molitors Beispielen zur Verdeutlichung der Ausführungen zu Normen direkt auf Rechtsregeln beziehen[27]. Zum anderen fällt auf, daß er an entscheidender Stelle, nämlich bei der Bestimmung der Ausgestaltung der Rahmenordnung für die Wettbewerbsordnung, auf diese Anforderungen für Normen zurückgreift und sie damit in einem Kontext verwendet, in dem es explizit um die rechtliche Ausgestaltung der Ordnung geht[28]. Obwohl Molitor moralische Normen von Rechtsnormen zu unterscheiden weiß (siehe 2.1.1), macht er damit die *Rechtsregeln zum Paradigma des Verständnisses von Moral*. Er steht hiermit in der Tradition von Friedrich August von Hayek[29].

2.3 Legitimation, Begründung und Inkraftsetzung von Normen

Zur Systematisierung des Problems der Begründbarkeit von Normen unterscheidet Molitor folgende Aspekte: die Legitimation, die Begründung im engeren Sinn und die Inkraftsetzung von Normen[30]. Bei der *Normenlegitimation* ermittelt er, aufgrund »welcher Kompetenz der Normanspruch beim Einzelnen und in der Gesellschaft gilt«[31]. Als mögliche Instanzen für die Legitimation nennt Molitor a) ein transzendentes Wesen, b) die Tradition, c) ein legitimiertes politisches

---

24. Vgl. Molitor (Wirtschaftsethik, 1989), S. 12.
25. Vgl. Molitor (Wirtschaftsethik, 1989), S. 12.
26. Vgl. Molitor (Wirtschaftsethik, 1989), S. 12f.
27. Vgl. Molitor (Wirtschaftsethik, 1989), S. 11, 13, 15f., 19f., 23, 27, 28.
28. Vgl. Molitor (Wirtschaftsethik, 1989), S. 75f.
29. Hayek (Rechtsordnung, 1967, 1969), S. 173f.
30. Vgl. zum Folgenden Molitor (Wirtschaftsethik, 1989), S. 14-25.
31. Vgl. Molitor (Wirtschaftsethik, 1989), S. 14.

Handlungsorgan und d) schließlich das Gewissen der einzelnen Person. Legitimierte Normen müssen nicht notwendigerweise gut begründet sein. Ihr Anspruch auf Geltung besteht nach Molitor zunächst nur darin, daß der »Normsetzer« durch Anerkenntnis oder bestimmte *Verfahren* legitimiert ist[32]. Molitor betont die Unterscheidung von Normenlegitimation und -begründung, weil er insbesondere das rechtsstaatliche Gesetzgebungsverfahren vor Augen hat. Die durch dieses Verfahren ermittelten Gesetze haben aufgrund des Verfahrens ihre Legitimation. Der Gesetzgeber beansprucht die Anerkennung nicht in erster Linie aufgrund der Zustimmung zu dem Inhalt der Gesetze, sondern aufgrund ihres rechtlich adäquaten Zustandekommens[33]. Mit der Unterscheidung von Legitimierung und Begründung von Normen greift Molitor eine aus der Rechtstheorie stammende Differenzierung auf. Die Differenz ermöglicht es unter anderem, die Legitimierung positiven Rechts von der Begründung fundamentaler Rechtsgrundsätze zu unterscheiden.

Den Begriff der *Normenbegründung* versteht Molitor als Frage nach der »*kognitiven Gültigkeit*«[34]. Diese kognitive Gültigkeit ist nicht nur von der Normenlegitimation, sondern auch von der faktischen *Geltung* der Normen zu unterscheiden. Die Geltung von Normen besteht in der tatsächlichen Inkraftsetzung einer Norm durch den Normsetzer und ihrer tatsächlichen Anerkennung durch die Vielzahl von Mitgliedern einer Gesellschaft. Die Normbegründung umfaßt formal vier Schritte. Molitor folgt einem Muster, bei dem er sich auf einen Vorschlag des Philosophen Hermann Lübbe bezieht[35]:
1) die Analyse der *Konfliktsituation*, die die Verursachungsfaktoren des Konflikts und deren Auswirkungen feststellt;
2) die Ermittlung des Ziels, »auf das hin die Konfliktsituation verändert werden soll«[36];
3) die Ermittlung der Mittel, die unter Berücksichtigung der Konfliktursachen und ihrer Wirkungen zur Zielerreichung betragen;
4) die Formulierung einer Norm, deren Beachtung durch die betroffenen Personen oder Gruppen die Überwindung des Konflikts bewirkt.

Bei der Ermittlung des Ziels (2) läßt Molitor offen, um was für eine Art Ziel es sich handelt. Es kann unter anderem ein Wert, ein Zustand oder eine sonstige allgemeine Vorstellung gemeint sein. Doch es kann zur Interpretation auf eine frühere Definition von ihm zurückgegriffen werden: »Mit der Kategorie ›Ziel‹ wird ein für die Zukunft angestrebter gesellschaftlicher Zustand bezeichnet, der mit dem vergleichbaren Ausschnitt der Ausgangssituation kontrastiert und sich nicht automatisch im Zeitverlauf oder nicht in der gewünschten Frist von selbst

---

32. Molitor verweist hier auf Luhmann (Legitimation, 1969).
33. Vgl. Molitor (Wirtschaftsethik, 1989), S. 16.
34. Vgl. Molitor (Wirtschaftsethik, 1989), S. 17 (Hervorh. i. O. fett).
35. Vgl. Lübbe (Normen, 1978), S. 47.
36. Vgl. Vgl. Molitor (Wirtschaftsethik, 1989), S. 18.

einstellt«[37]. Die Schritte 1) und 3) stellen nach Molitor »vornehmlich« Aufgaben der Erfahrungswissenschaft dar, da in ihnen Sachprobleme bearbeitet werden. Die Ableitung der Norm im Schritt 4) versteht er als logisches Schlußverfahren. Das heißt, daß sich für ihn die Norm aus den vorangehenden Schritten ableiten läßt. Es ist für Molitors Verständnis von Moral zentral, daß er den zweiten Schritt, die *Zielermittlung*, für *unproblematisch* hält: Über »das Ziel pflegt, solange noch nicht ›Maßnahmen‹ zur Frage stehen, relativ am leichtesten Einigkeit zu bestehen«[38]. Molitors setzt dabei voraus, daß der einschlägige Wille der Beteiligten »gleichgerichtet« ist[39]. Er kann sich aufgrund dieser Voraussetzung zum einen einer Ziel- und Wertediskussion enthalten. Zum anderen kann er den Anspruch aufrechterhalten, die Moral nur aus den Funktionserfordernissen der Wirtschaft abzuleiten. Schließlich kann er das Schwergewicht ganz auf die »Sachanalyse« legen. Dieser Befund bestätigt den schon eingangs kritisch markierten Präferenzpositivismus, der sich aus Molitors Handlungskonzept ablesen läßt.

Mit der *Inkraftsetzung* von Normen greift Molitor den »*politisch-institutionellen* Aspekt des Moralproblems« auf[40]. Er zielt damit auf die Schwierigkeiten ab, die bei der Umsetzung von Normen entstehen. Maßnahmen, die aus den Normen abgeleitet werden, betreffen durch ihre »*Nebenfolgen*« verschiedene Personengruppen ungleichmäßig und lösen dadurch Konflikte aus[41]. Wenn sich nach Molitor – wie gesagt – über das Ziel »regelmäßig« leicht Einigkeit erzielen läßt, so wird doch die Findung und die Inkraftsetzung einer Norm verzögert oder ganz verhindert, weil die politischen Akteure negative Folgen der Maßnahmen für das eigene Klientel befürchten[42]. Molitor sieht also den Konflikt nicht auf der Ebene der Zielwahl, sondern auf der Ebene der Mittelwahl.

Als weiteres Problem der Inkraftsetzung nennt Molitor in diesem Zusammenhang die Möglichkeit, daß die Mitglieder »des beschlußfassenden Gremiums sich unterschiedlichen allgemeinen Zweck- und Bewertungssystemen verpflichtet fühlen«[43]. Aber auch diesen Fall versteht er nicht als Zielkonflikt, denn auch in diesem Fall stehen für ihn »an sich einleuchtend-erforderliche Normen« zur Diskussion[44]. Die Möglichkeit des Zielkonflikts kann daher für ihn nur als Streit zwischen Ideologien interpretiert werden[45]. Der Ideologiebegriff kann grund-

---

37. Molitor (Werturteil, 1963, 1979), S. 275.
38. Molitor (Wirtschaftsethik, 1989), S. 18; vgl. auch seine Bemerkung: Über die »dominierenden« Ziele durch ein normgebendes Gremium lasse sich »relativ leicht Einmütigkeit erzielen«, Molitor (Wirtschaftsethik, 1989), S. 23.
39. Vgl. Molitor (Wirtschaftsethik, 1989), S. 18.
40. Vgl. Molitor (Wirtschaftsethik, 1989), S. 23 (Hervorh. i. O. fett).
41. Vgl. Molitor (Wirtschaftsethik, 1989), S. 23 mit Bezug auf Lübbe (Ansatz, 1978), S. 186 (Hervorh. i. O. fett).
42. Vgl. Molitor (Wirtschaftsethik, 1989), S. 23.
43. Vgl. Molitor (Wirtschaftsethik, 1989), S. 24.
44. Vgl. Molitor (Wirtschaftsethik, 1989), S. 24.
45. Vgl. Molitor (Wirtschaftsethik, 1989), S. 24 mit Verweis auf Lübbe (Ansatz, 1978), S. 187.

sätzlich entweder neutral oder mit negativer Konnotation verwendet werden[46].
Molitor gebraucht ihn hier in einem abwertenden Sinn, nach dem Ideologien nur
als Reflex von Interessen und als unbegründete Auffassungen zu begreifen sind.
Für ihn besteht damit die Alternative, daß eine Begründung entweder sachlich
richtig oder ideologisch ist. Damit ist jede ethische Reflexion aufgrund von
ethisch-orientierenden Gewißheiten, die sich aus einem Daseinsverständnis mit
seinem kategorialem Gehalt ableiten, ausgeschlossen (siehe oben Kapitel II.3.3).

3. Die Funktionsbedingungen und -erfordernisse der Wirtschaft

Die Analyse von Molitors Moralverständnis hat gezeigt, daß Molitor den
Schwerpunkt der Wirtschaftsethik auf die Mittelanalyse legt. Diese Mittelanalyse basiert auf einer Beschreibung der »Grundtatsachen der Wirtschaft« und einer
Erklärung der wichtigsten Zusammenhänge[47]. Molitor erhebt den Anspruch, diese Beschreibung und Erklärung so vorzunehmen, wie »die ökonomische Theorie« sie behandelt[48]. Er gibt in seinem kurzen Abriß über die »*Grundtatsachen*«
der Wirtschaft verschiedene Bestimmungen der Bedeutung von »Wirtschaft«.
Drei von diesen Bestimmungen kennzeichnet Molitor direkt als drei »Versionen
des ›Sinnes‹ von Wirtschaft« [49]: Wirtschaft als Befriedigung von Bedürfnissen
(3.1), Wirtschaft als Überwindung von Knappheit (3.2) und schließlich Wirtschaft
als Prinzip rationalen Handelns (3.3). Desweiteren skizziert Molitor einen gesellschaftlichen *Bereich* Wirtschaft. Er versteht dabei Wirtschaft zum einen als durch
Tausch, Arbeitsteilung und Geld institutionalisierte Kooperation (3.4) und zum
anderen als Bereich der Allokation wirtschaftlicher Güter und Leistungen und
der Verwendung von Einkommen (3.5).

3.1 Wirtschaft als Mittel zur Befriedigung unbegrenzter Bedürfnisse

Molitor beginnt mit der klassischen Formulierung: »Gewirtschaftet wird, um *Bedürfnisse* zu befriedigen«[50]. Er knüpft damit an die Grenznutzen-Schule an, die
im deutschsprachigen Raum durch Carl Menger geprägt wurde. Wirtschaft ist

---

46. Zur neutralen Verwendung des Ideologiebegriffs siehe North (Theorie, 1981, 1988), S. 50.
47. Vgl. Molitor (Wirtschaftsethik, 1989), S. 36.
48. Vgl. Molitor (Wirtschaftsethik, 1989), S. 36.
49. Vgl. Molitor (Wirtschaftsethik, 1989), S. 36, 39 und 67.
50. Vgl. Molitor (Wirtschaftsethik, 1989), S. 36 (Hervorh. i. O. fett).

demnach das ganze Tätigkeitsfeld der Bedürfnisbefriedigung. Zwei Momente sollen an dieser Bestimmung hervorgehoben werden: Zum einen ist deutlich, daß sich die Wirtschaftstheorie auf ein Gegenstandsgebiet der Erfahrung bezieht und zum anderen fällt auf, daß dieser Gegenstand sehr allgemein gefaßt ist. Aufgrund dieser beiden Momente stellt sich die Frage, ob es irgendein menschliches Handeln gibt, das nicht als Bedürfnisbefriedigung und damit als Wirtschaften aufzufassen ist. Bezeichnenderweise definiert Molitor nicht, was ein Bedürfnis ist. Er macht nur, wie auch meist die neuere mikroökonomische Theorie, die allgemeine anthropologische Aussage, daß Menschen eine »Vielzahl« von Bedürfnissen haben und er benennt die beiden Bedürfnisklassen von materiellen und immateriellen Bedürfnissen[51]. Er kennzeichnet darüber hinaus *eine* Eigenschaft der Bedürfnisse, die für seine Konzeption entscheidend ist: die *Unbegrenztheit* der Bedürfnisse. Nach Molitor kann es zwar eine kurzfristige Befriedigung der menschlichen Bedürfnisse geben, aber keine »Sättigung«[52]. Er argumentiert damit, daß sich die Bedürfnisse erstens mit jedem Niveau des Lebensstands und des technischen Standards »selbsttätig« ausweiten und daß sie sich zweitens in einer Gemeinschaft durch Imitation weiterverbreiten. Er verzichtet ganz auf diese Problematisierung des Bedürfnisbegriffs. Er schließt zwar mit seiner Interpretation an die Tradition von Carl Menger an, aber er geht nicht auf die Differenzierungen ein, die Menger noch erörtert hat[53].

3.2 Wirtschaft als Mittel zur Überwindung der Knappheit von Gütern

Molitors zweite Bestimmung von Wirtschaft spitzt den Inhalt der ersten »Version« zu: Gewirtschaftet wird, »um die Knappheit zu ›überwinden‹, was natürlich immer nur im Sinne der Senkung des jeweiligen Knappheitsgrades von Gütern gelingen kann«[54]. Güter sind nach Molitor jene Mittel, die der »Bedürfnisbefriedigung dienen und die in diesem Sinn *Nutzen* stiften«[55]. Die entscheidende Eigenschaft der Güter besteht für Molitor in ihrer *Knappheit*. Es ist für ihn eine »Grundtatsache« der Wirtschaft, daß die Spannung zwischen den »gegebenen Bedürfnissen und den verfügbaren Gütern« auf jedem Wohlstandsniveau bestehen bleibt[56]. Die »Tatsache« dieser Spannung wird für Molitor durch den Begriff der Knappheit ausgedrückt. Es muß meines Erachtens gefragt werden, welchen

---

51. Vgl. Molitor (Wirtschaftsethik, 1989), S. 36; vgl. auch die mikroökonomische Literatur: Fehl/Oberender (Mikroökonomie, 1990), S. 189f.; Weise et al. (Neue Mikroökonomie, 1991); S. 10 und Schumann (Grundzüge, 1992), S. 4.
52. Vgl. Molitor (Wirtschaftsethik, 1989), S. 36.
53. Vgl. Mengers (Grundsätze, 1871, 1923, S. 1 ff.) Unterscheidung zwischen wahren und eingebildeten Bedürfnissen.
54. Molitor (Wirtschaftsethik, 1989), S. 39f.
55. Vgl. Molitor (Wirtschaftsethik, 1989), S. 37 (Hervorh. i. O. fett).
56. Vgl. Molitor (Wirtschaftsethik, 1989), S. 40.

Charakter diese Grundtatsache hat. Molitors Rede von der »Grundtatsache« scheint auf eine »objektive« Gegebenheit hinzudeuten. Er nennt einige Gründe für die Knappheit, aber er nimmt – trotz des Stellenwerts der Knappheit – keine systematische Analyse dieses Phänomens vor[57]. Seine wenigen Hinweise zur Knappheit sollen aufgrund des Stellenwertes dieses Begriffs jedoch *interpretiert* und systematisiert werden[58]. Es lassen sich fünf Gründe für die Knappheit von Gütern ausmachen:

1) Die natürliche Begrenztheit der Ressourcen: Die natürliche Begrenztheit der Ressourcen beruht auf Naturgesetzen. Diese Ursache für Knappheit kann nicht aufgehoben, sondern nur durch technischen Fortschritt reduziert werden.
2) Die Konkurrenz der Nachfrager: Die Knappheit aufgrund der Begrenztheit der Ressourcen, die sich auf der Angebotsseite auswirkt, erhöht sich, wenn auf der Nachfrageseite mehrere bzw. eine steigende Anzahl von Personen Konsumgüter und damit die begrenzten Produktionsgüter und Ressourcen nachfragen[59]. Diese Konkurrenzsituation unter den Nachfragern hat prinzipiellen Charakter hat.
3) Die Begrenztheit der Einsatzfaktoren: Der Einsatz von Produktionsfaktoren (inklusive der menschlichen Arbeit) für die Produktion eines Gutes ist eine Wahl zwischen Alternativen. Formal ausgedrückt heißt das: Mit einem gegebenen Faktorbestand F kann entweder nur Gut A oder Gut B produziert werden[60].
4) Die Restriktion durch die Zeit: Diese Restriktion zielt ebenfalls auf eine Unausweichlichkeit der Wahlsituation. Es kann immer nur *eine* Handlungsoption unter vielen gewählt werden. Diese Option schließt andere Optionen zum selben Zeitpunkt aus. Die Knappheit von Zeit bedeutet, daß in dem Vollzug einer Handlungsoption Zeit vergeht, die unwiederbringlich ist. Die Folge ist, daß alternative Optionen zum einen nur in Zukunft und zum anderen nur unter veränderten Bedingungen vollzogen werden können.
5) Die Unbegrenztheit der Bedürfnisse: Es hat sich gezeigt, daß die Faktoren 1) bis 4) nicht selektiv wirken, sondern grundsätzlich auftreten. Die Knappheit stellt somit einen situationsunabhängigen Sachverhalt dar. Die Bedürfnisse müssen insofern in diese Reihe eingeordnet werden, als eine Vielzahl von

---

57. Vgl. Molitor (Wirtschaftsethik, 1989), S. 38 f.
58. Vgl. auch die Ausführungen zur Knappheit bei Weise et al. (Neue Mikroökonomie, 1991), S. 10 ff.
59. Eine Ausnahme bilden hier nur die öffentlichen Güter.
60. Der Fall einer Kuppelproduktion, ein Produktionsprozeß, bei dem durch technische oder natürliche Gründe zwangsläufig mehrere Produkte erzeugt werden, kann analog formuliert werden: Die Wahlalternative bei einem Faktorbestand F besteht darin, daß entweder die Kuppelprodukte A und B oder die Kuppelprodukte C und D produziert werden können.

Bedürfnissen durch den physische Organismus des Menschen mitbedingt sind. Doch die Bedürfnisse sind, wie sich schon bei Menger zeigt, Teil eines kulturellen Bildungsprozesses[61]. Ihre Wahrnehmung und damit ihre Befriedigung ist von diesem kulturellen Bildungsprozeß beeinflußt. Kulturelle Einflüsse bewirken insbesondere, welche Bedürfnisse »gesteigert« empfunden werden. Die Knappheit ist daher, soweit sie durch menschliche Bedürfnisse bedingt ist, stets auch von kulturellen Faktoren abhängig.

Die »Neue Mikroökonomie«, wie sie zum Beispiel von Weise und seinen Mitarbeitern vertreten wird, erkennt den zuletzt ausgeführten Sachverhalt an und *versucht* ihm Rechnung zu tragen. In Abgrenzung zur traditionellen Mikroökonomie geht Weise davon aus, daß Bedürfnisse »nie unveränderlich vorgegeben« sind und waren; »sie sind vielmehr Resultate von Lern- und Entwicklungsprozessen und sind in ihrer Ausprägung eng mit der jeweiligen Produktionsweise, dem Bestand an Ressourcen und den allgemeinen institutionellen Regelungen einer Wirtschaftsgesellschaft verknüpft«[62]. Die Lernprozesse sind dabei keineswegs nur als freie Aneignungsprozesse zu verstehen. Nach Weise können Bedürfnisse »systematisch geweckt, Wünsche können manipuliert und damit auch planmäßig gesteigert werden«[63]. Aufgrund dieser Überlegung gelangt Weise zu der Feststellung, daß Knappheit »*relativ*« ist[64]. Diese Aussage ist jedoch zu unbestimmt, weil die Art der »Relativität« noch nicht geklärt ist (siehe unten 5.2.1.2).

3.3 Wirtschaft als rationales Handeln

3.3.1 Das ökonomische Prinzip

Molitors letzte »Version« des Sinnes von Wirtschaft lautet: »die Knappheitsüberwindung durch Produktion und die Bedürfnisbefriedigung erfolgen rational«[65]. Er formuliert in dieser »Version« das Wirtschaftlichkeitsprinzip, das für ihn eine Grundannahme der Wirtschaftswissenschaft darstellt[66]. Dieses ökonomische Prinzip besagt, daß eine Person bei gegebenen (vollständigen) Informationen diejenige Handlungsalternative auswählt, die für die Zwecke, die sie verfolgt,

---

61. Vgl. Menger (Grundsätze, 1871, 1923), S. 4, Anm.
62. Weise et al. (Neue Mikroökonomie, 1991), S. 4.
63. Weise et al. (Neue Mikroökonomie, 1991), S. 13.
64. Vgl. Weise et al. (Neue Mikroökonomie, 1991), S. 13; siehe auch den Hinweis von Weise et al. (Neue Mikroökonomie, 1991), S. 13: »Unsere Wünsche formen wir mit unserem Wirtschaftssystem großenteils selbst«.
65. Vgl. Molitor (Wirtschaftsethik, 1989), S. 67.
66. Vgl. Molitor (Wirtschaftsethik, 1989), S. 65 und 67.

»am günstigsten erscheint«[67]. Molitor geht dabei insofern über ein einfaches und statisches Handlungsmodell hinaus, als bei der Wahl auch die Kosten der Informationsbeschaffung berücksichtigt werden. Aufgrund der hohen Kosten, die die Beschaffung und Verarbeitung zusätzlicher Information unter Umständen bedeuten kann, kann somit »auch ein habituelles Verhalten durchaus rational sein«[68].

In der Bestimmung der methodischen Reichweite des ökonomischen Prinzips bietet Molitor selbst zwei Interpretationen an, die widersprüchlich sind. Zum einen erläutert er das ökonomische Prinzip als ein Verhaltensmuster, »das allgemein gilt, so ein Handeln oder Verhalten rational im Sinne von vernünftig sein will (Rationalprinzip)«[69]. Zum anderen stellt das ökonomische Prinzip für ihn eine Abstraktion dar, mit der Verhalten mit »massenstatistischer Wahrscheinlichkeit« erklärt werden kann[70]. In beiden Fällen ist das ökonomische Prinzip für ihn eine *grundlegende Verhaltensannahme*. Im *ersten* Fall kommt ihm jedoch als einem allgemeinen Verhaltensmuster eine kategoriale Allgemeinheit zu. In diesem Fall behauptet Molitor, daß jedes menschliche Verhalten, so es nicht irrational ist, dem ökonomischen Prinzip entspricht[71]. Das ökonomische Prinzip fällt in diesem Fall mit dem rationalen Verhalten zusammen. Molitor klärt hier nicht weiter, was er unter »vernünftigem« oder »rationalem« Verhalten versteht[72]. Im *zweiten* Fall wird auch ein grundsätzlicher Status behauptet, er wird jedoch nicht mit einer kategorialen Annahme, sondern mit einer statistischen Annahme begründet. Molitor argumentiert hier mit der »empirischen Relevanz« der Annahme: Weil die Mittelknappheit ein »ubiquäres Erfahrungsphänomen« ist, auf das Personen mit rationalem Verhalten reagieren, lassen sich mit dem ökonomischen Prinzip als Rationalprinzip statistisch genaue Aussagen machen, wenn auch nicht jeder »Einzelfall« erklärt oder prognostiziert werden kann[73]. Zur Klärung des Verhältnisses der beiden Interpretationen dient der Hinweis Molitors, daß dem Prinzip kein »*A-priori-Charakter* im strengen erkenntnistheoretischen Sinn« zukommt[74]. Dies spricht dafür, daß Molitor eher der zweiten Interpretation den Vorrang gibt.

Seine erste Interpretation wird damit erklärungsbedürftig. Es ist unklar, in welchem – vielleicht auch eingeschränkten – Sinn beim ökonomischen Prinzip

---

67. Vgl. Molitor (Wirtschaftsethik, 1989), S. 65.
68. Vgl. Molitor (Wirtschaftsethik, 1989), S. 65.
69. Vgl. Molitor (Wirtschaftsethik, 1989), S. 65.
70. Vgl. Molitor (Wirtschaftsethik, 1989), S. 67.
71. Vgl. Molitor (Wirtschaftsethik, 1989), S. 65.
72. Zur Diskussion siehe Schnädelbach (Rationalität, 1984) und Kirchgässner (Homo Oeconomicus, 1991), S. 27 ff., 143 ff. und 178 ff.
73. Vgl. Molitor (Wirtschaftsethik, 1989), S. 67.
74. Vgl. Molitor (Wirtschaftsethik, 1989), S. 67, Anm. 70 in Reaktion auf Poppers Kritik am methodischen Status des Rationalprinzips; siehe dazu auch Popper (Rationalitätsprinzip, 1967, 1995).

von einem allgemeinen Verhaltensmuster gesprochen werden kann. Zumindest ist die Intention der ersten Interpretation klar. Molitor liegt an der Geltung des ökonomischen Prinzips auch über den wirtschaftlichen Bereich im engeren Sinn hinaus, und ihm liegt – letztlich – daran, den ethischen Gehalt des ökonomischen Prinzips offenzulegen. Er argumentiert so, daß er zunächst das ökonomische Prinzip für den Bereich der Wirtschaft präzisiert, um dann eine bestimmte Allgemeingültigkeit zu behaupten. Das ökonomische Prinzip konkretisiert sich nach Molitor im »Bereich der Wirtschaft« in der Figur des homo oeconomicus[75]. Das Rationalprinzip bedeutet hier die Minimierung des Mitteleinsatzes bei gegebenen Zielen bzw. die Maximierung des Grades der Zielerfüllung bei gegebenen Mitteln. Neben dem Rationalprinzip gehören noch weitere Annahmen zum Modell des homo oeconomicus. Molitor nennt noch die »Konsistenz der Zielfunktion« sowie die »Widerspruchsfreiheit der Einzelaktion im Gesamtverhalten«[76]. Nach dem Modell des homo oeconomicus orientieren sich Akteure im Bereich der Produktion an der »Kosten-Erlös-Differenz« und im Bereich der Konsumption an der Nutzenstiftung[77].

3.3.2 Der ethische Gehalt des Modells des homo oeconomicus

Molitor betont den *ethischen Gehalt* der Verhaltensannahmen des Modells des homo oeconomicus. Er leitet ihn aus angenommenen Motiven und vor allem aus den Folgen des rationalen Verhaltens ab[78]:
– Das Kostenkalkül des homo oeconomicus schließt nach Molitor nicht nur die Produktionskosten und die gesetzlichen Bestimmungen ein, sondern auch »die Imperative der individuellen Überzeugung über das, was nicht geschehen darf«.
– Der homo oeconomicus zielt in der Rolle des Produzenten aus rationalen Gründen auf die Bedienung der Präferenzen der Konsumenten.
– Die Gewinnverwendung erfolgt rational, wobei durch Investitionen Arbeitsplätze vermehrt werden und die Produktivität erhöht wird.
Die traditionelle Verhaltensannahme im Modell des homo oeconomicus, das Handeln im Eigeninteresse, wird von Molitor nicht genannt. Er deutet das Verfolgen des Eigeninteresses stillschweigend als ein Verhalten, das auch moralische Überzeugungen einschließt. Seine Argumentation zielt auf die Freilegung des ethischen Gehaltes des Modells des homo oeconomicus. Das Modell hat zwar für ihn als Verhaltensannahme einen deskriptiven Charakter, doch er leitet aus dem Modell auch eine *Norm* ab. »Ethisch gesehen«, so Molitor, »spricht schon

---

75. Vgl. Molitor (Wirtschaftsethik, 1989), S. 66.
76. Vgl. Molitor (Wirtschaftsethik, 1989), S. 66.
77. Vgl. Molitor (Wirtschaftsethik, 1989), S. 66.
78. Vgl. zum Folgenden Molitor (Wirtschaftsethik, 1989), S. 66.

das Klugheitsgebot der Tugendlehre für das Rationalprinzip als Norm«, und er identifiziert diese Norm mit der zweckrationalen Regel: »Wirtschafte nicht unwirtschaftlich!«[79]. Diese Regel hat für Molitor einen ethischen Gehalt, weil sie dem Tatbestand der Knappheit von Ressourcen Rechnung trägt. Mit dieser Regel erhebt Molitor die Zweckrationalität zur handlungsbestimmenden Norm und er reduziert das Gute auf Zweckrationalität. Eine weitere Erörterung des Guten zur Begründung von Zielwahlen bleibt dann bei ihm folglich aus.

3.4 Wirtschaft als durch Tausch, Arbeitsteilung und Geld institutionalisierte Kooperation

Trotz des allgemeinen Erklärungsanspruchs der Wirtschaftstheorie bildet der gesellschaftliche *Funktionsbereich Wirtschaft* den traditionellen Gegenstand, auf den in der Theorie das ökonomische Instrumentarium angewendet wird. In seiner Beschreibung des Sachgerüsts der Wirtschaft skizziert Molitor die Hauptstrukturmomente dieses Funktionsbereichs. Während die drei vorangegangenen »Versionen« (3.1 – 3.3) explizite Definitionen des Begriffes ›Wirtschaften‹ sind, bestimmt Molitor den *Bereich* Wirtschaft eher beiläufig. Er spricht von einem »Feld« Wirtschaft und versteht darunter die »*institutionalisierte Kooperation* der Wirtschaftseinheiten«, durch die der »Lebensstandard allgemein und dauerhaft« verbessert werden soll[80]. Molitors Verständnis von Wirtschaft soll im folgenden Abschnitt näher analysiert werden.

Die Reduzierung der Spannung zwischen Bedürfnissen und knappen Mitteln ist nach Molitor auf drei Wegen möglich: Zum einen durch eine weitestgehende Bedürfnislosigkeit, zum anderen durch eine konfliktdominierte Bedürfnisbefriedigung »*auf Kosten anderer*« (Krieg, Diebstahl, Ausnutzen von Monopolstellungen) und schließlich durch die »friedliche« institutionalisierte Kooperation[81]. Die friedliche institutionalisierte Kooperation zeichnet den Bereich der Wirtschaft aus. Molitor nennt drei entscheidende *Institutionen*, die diese friedliche Kooperation ermöglichen und regeln: den Tausch, die Arbeitsteilung und das Geld[82].

Die grundlegende Institution ist der *Tausch*. Im einfachsten Fall wird Sachgut gegen Sachgut getauscht. Der Tausch ist nach Molitor dadurch gekennzeichnet, daß durch ihn der subjektiv bewertete »Nutzen« *beider* Tauschpartner erhöht wird. Der Sinn des Tausches ist die Steigerung des »Gesamtnutzens«. Hieraus leitet Molitor ein Kriterium für die institutionelle Ausgestaltung des Tausches

---

79. Vgl. Molitor (Wirtschaftsethik, 1989), S. 67 (Hervorh. i. O. fett).
80. Vgl. Molitor (Wirtschaftsethik, 1989), S. 41 (Hervorh. i. O. fett).
81. Vgl. Molitor (Wirtschaftsethik, 1989), S. 40f. (Hervorh. i. O. fett).
82. Vgl. zum Folgenden Molitor (Wirtschaftsethik, 1989), S. 41 ff. sowie Molitor (Wirtschaftspolitik, 1988, 1992), S. 12.

ab. Ziel ist die Ausweitung der Tauschchancen (für Molitor die »Märkte«) durch die Senkung der Transaktionskosten[83].

Als zweite Institution nennt Molitor die *Arbeitsteilung*. Während sich der Tausch auf den Transfer von Rohstoffen, Vorprodukten und Gebrauchsgütern bezieht, betrifft die Arbeitsteilung die Produktion von Gütern der verschiedenen Produktionsstufen. Durch die Arbeitsteilung bilden sich Qualifikationsunterschiede aus, durch die die Produktivität erhöht wird[84]. Molitor nennt zwei problematische Wirkungen der Arbeitsteilung. Zum einen entsteht durch sie eine *»Abhängigkeit«* zwischen den Anbietern und Nachfragen spezialisierter Güter und Faktorleistungen, und zum anderen kann durch sie im Grenzfall eine monotone Arbeitsweise entstehen[85]. Diesen Wirkungen kann nach Molitor mit einer erhöhten Faktormobilität bzw. im Falle der Monotonie durch technischen und organisatorischen Fortschritt begegnet werden.

Die dritte Institution der institutionalisierten Kooperation ist nach Molitor das *Geld*. Die Funktionen des Geldes können unabhängig von den jeweiligen historischen Formen des Geldes benannt werden. Molitor unterscheidet die gängigen Funktionen: Geld dient a) als Recheneinheit, um bestimmte Gütermengen miteinander zu vergleichen, b) als Zahlungs- und Tauschförderungsmittel, so daß nicht nur Sachgüter gegen Sachgüter getauscht werden müssen und schließlich c) als Wertaufbewahrungsmittel zur Bildung von Vermögen und zur Übertragung von Kapital[86]. Das Geld ist damit eine Institution, die die Transaktionskosten des Tausches und damit von Kauf- und Verkaufsverträgen erheblich senkt. Die historischen Formen des Geldes erfüllen die drei Funktionen in unterschiedlichem Ausmaß.

Alle drei Institutionen, der Tausch, die Arbeitsteilung und das Geld, stellen nach Molitor zivilisatorische »Entdeckungen« dar, die den »Wohlstand« aufgrund erhöhter Produktivität steigern[87]. Die drei Institutionen bilden dabei einen Wirkungszusammenhang. Der Tausch ist die grundlegende Institution der Wirtschaft, die Arbeitsteilung erhöht quantitativ und qualitativ das Tauschbare, und das Geld stellt ein Medium dar, durch das die Transaktionskosten des Tausches wesentlich reduziert werden. Die durch die drei Institutionen geregelte Kooperation führt zu einer steigenden Produktivität und damit zu der Möglichkeit, Knappheit zu reduzieren.

---

83. Vgl. Molitor (Wirtschaftsethik, 1989), S. 41; vgl. zum Transaktionskostenansatz in der Ökonomie Picot (Transaktionskostenansatz, 1982), S. 267 ff.
84. Vgl. Molitor (Wirtschaftsethik, 1989), S. 42, Molitor bezieht dies auf die Arbeitsteilung innerhalb einer Unternehmung, aber dieser Sachverhalt gilt generell.
85. Vgl. Molitor (Wirtschaftsethik, 1989), S. 42 (Hervorh. i. O. fett).
86. Vgl. Molitor (Wirtschaftsethik, 1989), S. 43.
87. Vgl. Molitor (Wirtschaftsethik, 1989), S. 41.

3.5 Wirtschaft als Bereich der Allokation wirtschaftlicher Güter und Leistungen und der Verwendung von Einkommen

Neben den drei Versionen des Sinnes von Wirtschaft (3.1 – 3.3) und der Bestimmung der Wirtschaft als institutionalisierter Kooperation (3.4) findet sich bei Molitor eine weitere Kennzeichnung der Wirtschaft als »Bereich«, wo »die Allokation von Produktionsfaktoren und die Verwendung von Einkommen zur Frage stehen«[88]. Die Erläuterung dieser summarischen Formel bildet den Hauptteil von Molitors Beschreibung des »Sachgerüsts« Wirtschaft. Er stellt dabei den »ökonomisch-funktionale(n) Zusammenhang zwischen Sparen, Kapitalbildung, Investition, Beschäftigung und Produktivitätsfortschritt« ins Zentrum[89]. Im folgenden werde ich Molitors Sichtweise dieses ökonomisch-funktionalen Zusammenhangs darstellen. Molitor unterscheidet zwei Aspekte dieses Zusammenhangs: den realgüterwirtschaftlichen (3.5.1) und den monetären (3.5.2). Im Abschnitt 3.5.3 stelle ich Molitors Problematisierung der Reichweite und Grenze dieser Verteilung dar. Und im Abschnitt 3.5.4 erläutere ich das wirtschaftsethische Grundmuster, das Molitor im Marktprozeß erkennt.

3.5.1 Die Wirkung des technischen Fortschritts auf das Verhältnis von Kapital und Arbeit

Für makroökonomische Zusammenhänge werden drei Produktionsfaktoren unterschieden: Arbeit, Kapital und Boden. Molitor analysiert insbesondere den Zusammenhang von Kapital und Arbeit. Dieser Zusammenhang wird nach Molitor durch den *technischen Fortschritt* geprägt. Technischer Fortschritt schlägt sich in verschiedenen innovativen Prozessen nieder[90]:
- die Verbesserung des Produktionsprozesses,
- die Einführung eines neuen Produkts,
- die Verbesserung der Produktqualität,
- die Verwendung neuer Rohstoffe oder Vorprodukte,
- die Erschließung neuer Absatz- und Bezugswege,
- die Verbesserung der innerbetrieblichen Organisation.

Molitor erläutert die Verbesserung des Produktionsprozesses näher. Ein Grundtatbestand *jeder* Wirtschaft stellt die Notwendigkeit von Ersatzinvestitionen dar, die aus dem technischen Verschleiß der Produktionsmittel resultiert[91]. Die Erträge des Faktoreinsatzes müssen diese Ersatzinvestitionen decken, wenn das Pro-

---

88. Vgl. Molitor (Wirtschaftsethik, 1989), S. 66. Allokation bedeutet die Zuweisung und Verteilung der Produktionsfaktoren auf verschiedene Verwendungszwecke.
89. Vgl. Molitor (Wirtschaftsethik, 1989), S. 49 und S. 43-65.
90. Vgl. zum Folgenden Molitor (Wirtschaftsethik, 1989), S. 44.
91. Vgl. Molitor (Wirtschaftsethik, 1989), S. 43 f.

duktionsniveau gehalten werden soll. Während dieser Zusammenhang generell für jede Wirtschaft gilt, ist eine »wachsende« Wirtschaft durch Zusatzinvestitionen (Nettoinvestitionen) gekennzeichnet. Für Molitor stellen diese Nettoinvestitionen in Innovationen das »eigentliche Charakteristikum der ›industriellen Wirtschaft‹« dar, weil erst durch diese Art des technischen Fortschritts der »rasante Anstieg« des allgemeinen Wohlstandes erreicht werden konnte[92].

Molitor thematisiert nicht explizit die *Ursachen* des technischen Fortschritts. Er setzt die Situation einer wachsenden und dynamischen Wirtschaft voraus, in der der technische Fortschritt einen notwendigen Faktor bildet und seine Wirkungen entfaltet[93]. Die *Wirkungen* des technischen Fortschritts können entweder kapital- oder arbeitssparend sein. Im ersten Fall wird der Kapitaleinsatz durch neue Vorprodukte und Verfahren vermindert (zum Beispiel Halbleitertechnik). Im zweiten Fall kann der Einsatz des Faktors Arbeit im Verhältnis zum Kapital vermindert werden, weil zum Beispiel technische Anlagen vermehrt menschliche Arbeit ersetzen. Nach Molitor hat der technische Fortschritt längerfristig einen arbeitssparenden Effekt. Dieser Entwicklung korrespondiert für ihn jedoch die Situation in entwickelten Wohlstandswirtschaften, in denen der Faktor Arbeit im Verhältnis zum Kapital relativ seltener geworden ist[94]. Aufgrund der Beziehung von Kapital und Arbeit muß der technischen Entwicklung auf seiten des Kapitals notwendigerweise die *Mobilität* des Faktors Arbeit entsprechen[95].

3.5.2 Der Zusammenhang von Konsumption und Investition

Mit der Unterscheidung von Haushalten und Unternehmen ergibt sich für Molitor der Ansatzpunkt für die Analyse eines weiteren grundlegenden ökonomischen Zusammenhangs, des von Konsumption und Investition. Molitor bezeichnet die Investition als die »ökonomische Schlüsselgröße für einen hohen Beschäftigungsstand und wachsenden allgemeinen Wohlstand«[96]. Zwei Aspekte werden hierbei von ihm unterschieden: Während der technische Fortschritt eine entscheidende realgüterwirtschaftliche Voraussetzung für Investitionen darstellt, bildet die »volkswirtschaftliche Kapitalbildung«, also die nicht konsumptive Verwendung von Einkommen, die entscheidende *monetäre* Voraussetzung für Investitionen[97]. Beide Voraussetzungen müssen in einer Volkswirtschaft (freilich neben weiteren institutionellen Voraussetzungen) gegeben sein, damit sich eine Investitionstätigkeit und damit eine dynamische Wirtschaft entwickeln

---

92. Vgl. Molitor (Wirtschaftsethik, 1989), S. 44.
93. Vgl. Molitor (Wirtschaftsethik, 1989), S. 44 und 46.
94. Vgl. Molitor (Wirtschaftsethik, 1989), S. 45; vgl. hingegen Heuss (Grundelemente, 1970), S. 188.
95. Vgl. Molitor (Wirtschaftsethik, 1989), S. 45 f.
96. Vgl. Molitor (Wirtschaftsethik, 1989), S. 47.
97. Vgl. Molitor (Wirtschaftsethik, 1989), S. 47.

kann[98]. Im Hintergrund von Molitors Schilderung steht das ökonomische Kreislaufmodell.

Abbildung 1: Das Grundmodell des Wirtschaftskreislaufs

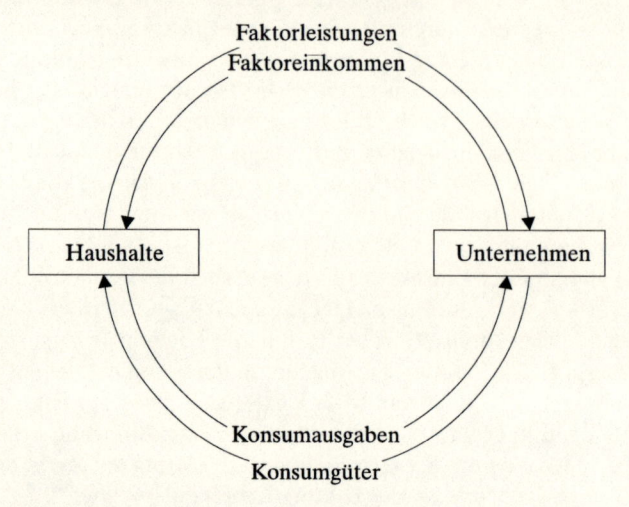

```
                    Faktorleistungen
                    Faktoreinkommen

        ┌──────────┐                    ┌──────────┐
        │ Haushalte│                    │Unternehmen│
        └──────────┘                    └──────────┘

                    Konsumausgaben
                    Konsumgüter
```

Quelle: Hübl (Wirtschaftskreislauf, 1995), S. 55.

Das Kreislauf*modell* reduziert die vielfältigen wirtschaftlichen Aktivitäten auf die Funktionen von wenigen aggregierten Größen[99]. Im Kreislaufmodell werden zwei Arten von Strömen unterschieden: Ströme von Gütern und Leistungen und monetäre Ströme. Die Sektoren Unternehmen und Haushalte stehen für die beiden Hauptfunktionen Produktion und Konsumption (siehe Abbildung 1). Akteure lassen sich den beiden Sektoren nicht primär personell, sondern funktionell zuordnen, denn einzelne Personen können sowohl zum Unternehmenssektor als auch zum Haushaltssektor gehören[100]. Die Unternehmen produzieren diejenigen wirtschaftlichen Güter, die von den Haushalten nachgefragt werden, und die Haushalte bieten den Unternehmen den Produktionsfaktor Arbeit an[101]. Zwischen Unternehmen und Haushalten »fließt« daher ein *Güterstrom* (Konsumgüter und Faktorleistungen) und ein *Geldstrom* (Arbeitseinkommen und Konsumausgaben). In diesem einfachen, zunächst statischen, Kreislaufmodell bestehen somit ein Gütermarkt mit den Unternehmen als Anbietern und den Haushalten als Nachfragern und einem Arbeitsmarkt mit den Haushalten als Anbietern und

---

98. Molitor spart den Fall eines Netto-Kapitalimports aus, vgl. Molitor (Wirtschaftsethik, 1989), S. 47.
99. Vgl. die Darstellung des einfachen Kreislaufmodells bei Woll (Volkswirtschaftslehre, 1969, 1990), S. 59-62 und Stobbe (Rechnungswesen, 1994), S. 92 ff.
100. Vgl. Felderer/Homburg (Makroökonomik, 1994), S. 35.
101. Haushalte können daneben auch die Faktoren Kapital und Boden anbieten.

den Unternehmen als Nachfragern. Das Kreislauf*axiom* besagt, daß die Faktoreinkommen in einem bestimmten Zeitraum gleich den Konsumausgaben sind[102]. Im weiter entwickelten Kreislaufmodell (siehe Abbildung 2, S. 62) wird die Aktivität des Staates berücksichtigt, sowie ein imaginäres Vermögenskonto eingefügt, um den dynamischen Aspekt von Sparen und Investieren abbilden zu können[103]. Der institutionelle Ort des Vermögenskontos ist der Kapitalmarkt.

Molitor setzt in seiner Darstellung den funktionalen Zusammenhang der Sektoren des Kreislaufmodells voraus. Er erläutert die Funktionen von vier Hauptsektoren einer dynamischen Wirtschaft: Staat, Unternehmen, private Haushalte und Kapitalmarkt[104]. Der *Staat* hat in bezug auf den Kapitalbildungsprozeß eine zweifache Funktion: Er kann seine Einnahmen analog zum Haushaltssektor konsumptiv und/oder analog zum Unternehmenssektor investiv verwenden. Der Staat kann dabei entweder höhere oder niedrigere Einnahmen als Ausgaben haben. Problematisch ist, wenn der Staat dauerhaft mehr ausgibt als er einnimmt. Molitor konkretisiert seine Darstellung für den bundesdeutschen Staat: Er ist durch überwiegend konsumptive Ausgaben, »defizitäre Budgets und eine exzessive Neuverschuldung« gekennzeichnet[105]. Der Staat tritt damit als »Kapitalverzehrer« auf, wodurch er dem Unternehmenssektor Mittel zur Investition durch den Effekt der Zinserhöhung entzieht[106].

Der zweite Sektor wird von den *Unternehmen* gebildet. Der Unternehmenssektor ist der zentrale Sektor der Produktion und damit auch der Investition[107]. Die Finanzierung der Investitionen erfolgt entweder durch Fremd- oder durch Eigenkapital. Als dritten Sektor nennt Molitor die *privaten Haushalte*. Dieser Sektor ist nach Molitor entscheidend für die Kapitalbildung[108]. Die makroökonomische Größe, die hier relevant ist, ist die Sparquote, die die Ersparnis in Prozent des verfügbaren Einkommens (das heißt nach Abzug von Steuern und Abgaben) angibt. Der vierte Sektor für eine dynamische Wirtschaft ist der *Kapitalmarkt*[109]. Durch ihn werden die Finanzierungsmittel für den Unternehmens- und Staatssektor bereitgestellt. Die Spekulationskäufe sind nach Molitor ethisch neutral, da sie eine notwendige Aufgabe zur Regulierung des Kapital-

---

102. Vgl. Felderer/Homburg (Makroökonomik, 1994), S. 36.
103. In einem weiteren Schritt werden die Transaktionen mit dem Ausland berücksichtigt.
104. Vgl. Molitor (Wirtschaftsethik, 1989), S. 47-61.
105. Molitor (Wirtschaftsethik, 1989), S. 48 vgl. auch Molitor (Wirtschaftspolitik, 1988, 1992), S. 112 ff.
106. Vgl. Molitor (Wirtschaftsethik, 1989), S. 47 f., vgl. auch Molitor (Staatsexpansion, 1982), S. 55:»Der Staat vermag auf dem privaten Kapitalmarkt jeden Nachfragekonkurrenten durch das Zugeständnis günstigerer Konditionen aus dem Felde zu schlagen«, zum Beispiel indem er höhere Zinsen zahlen kann.
107. Vgl. Molitor (Wirtschaftsethik, 1989), S. 48. Ausführlich behandelt Molitor die Unternehmerfunktion in einem eigenen Abschnitt seines »Sachgerüsts« Wirtschaft, vgl. Molitor (Wirtschaftsethik, 1989), S. 51 ff.
108. Vgl. Molitor (Wirtschaftsethik, 1989), S. 48 f.
109. Vgl. Molitor (Wirtschaftsethik, 1989), S. 50 f.

marktes erfüllen: Sie gleichen entweder Kursschwankungen aus oder legen bestimmte Trends offen[110].

Molitor hat mit dem Staat, den Unternehmen, den privaten Haushalten und dem Kapitalmarkt vier Sektoren und deren Wirkungszusammenhang identifiziert, die auch im ökonomischen Kreislaufmodell grundlegend sind – hinzu kommen noch die Außenhandelsbeziehungen, deren fundamentale Bedeutung Molitor an anderer Stelle thematisiert[111]. So wie jedoch auch das Kreislaufmodell weiter differenziert werden kann, so bilden die von Molitor genannten vier Hauptsektoren nur ein erstes Strukturgerüst, um die Wirkungszusammenhänge der volkswirtschaftlichen Kapitalbildung darzustellen.

3.5.3 Reichweite und Grenze der Verteilungswirkungen des Marktes

Wirtschaft ist nach Molitor der gesellschaftliche Bereich der Allokation von Produktionsmitteln und der Verwendung von Einkommen[112]. Zum »Sachgerüst« Wirtschaft gehört daher die Beschreibung der Verteilungswirkungen des Marktes[113]. Verteilung bedeutet nicht, daß *jemand* verteilt; sondern die Einkommensverteilung vollzieht sich nach Molitor *primär* durch den preisgesteuerten Marktprozeß von Produktion und Konsumption. Dieser Marktprozeß ist für ihn zwar die grundlegende Verteilungsart für Unternehmen und Haushalte, doch er ist nicht die einzige. Aufgrund der Grenzen des Marktprozesses plädiert Molitor für verschiedene Formen einer »sekundären Einkommensverteilung«:

1) Die Höhe der Einkommen wird nach Molitor nicht nur durch die Leistung der Akteure bestimmt, sondern auch durch ihre »Startchancen«. Diese Startchancen können politisch auf der Ebene der Wirtschaftsordnung beeinflußt werden.
2) Inflation benachteiligt bestimmte Einkommensgruppen besonders und Konjunkturschwankungen können zu »zufälligen Marktlagengewinnen« führen. Daher sind nach Molitor Maßnahmen der »staatlichen Stabilitäts- und Wachstumspolitik« notwendig, durch die Konjunkturschwankungen ausgeglichen werden können
3) Gegenüber staatlichen Maßnahmen stellen Versicherungen *private* Initiativen zum Ausgleich von Einkommensrisiken dar, die durch Krankheit, Unfall oder Alter entstehen. Eine Versicherungsaufgabe des Staates ist nach Molitor nur notwendig, wenn der Marktprozeß für bestimmte Versicherungsfälle nicht greift. Dies ist immer dann der Fall, wenn wegen einer »einseitigen Selektion

---

110. Vgl. Molitor (Wirtschaftsethik, 1989), S. 51.
111. Vgl. Molitor (Wirtschaftsethik, 1989), S. 61 ff.
112. Vgl. Molitor (Wirtschaftsethik, 1989), S. 66.
113. Vgl. zum Folgenden Molitor (Wirtschaftsethik, 1989), S. 56-61.

schlechter Risiken« für bestimmte Personengruppen kein Versicherungsangebot zustande kommt[114]. Die Begründung für die Korrektur der Primärverteilung liegt damit (wiederum) im notwendigen Ausgleich von Zufälligkeiten.
4) Eine weitere Korrektur der Primärverteilung ist nach Molitor die Gewährung eines »*physisch-kulterelle(n) Existenzminimum(s)*« durch staatliche Sozialhilfe[115]. Diese Hilfe soll nach dem Bedarfsprinzip und nicht nach dem Leistungsprinzip gewährt werden. Diese Forderung begründet Molitor jedoch nicht. Es bleibt für ihn neben der leistungsgerechten Einkommensdistribution »in einer freien Zivilisation, die etwas auf sich hält, die verteilungspolitische Aufgabe«, dieses Existenzminimum zu garantieren[116].
5) Eine letzte staatliche Korrektur der Primärverteilung stellt für Molitor die Finanzierungsart des Staates durch Steuern dar. Analog zur Sozialhilfe nennt Molitor zwar das Prinzip für die Besteuerung (sie soll nach der »Leistungsfähigkeit« erfolgen), aber er nennt keine Begründung: das Prinzip »dürfte sich in der modernen Zivilisation als Verteilungsprinzip von selbst verstehen«[117]. Molitor votiert für eine proportionale und gegen eine progressive Besteuerung. Sein Kriterium ist hier, ebenso wie bei der Erbschaftssteuer die Beachtung der ökonomischen Anreizwirkung der Maßnahme[118].

Die verschiedenen Maßnahmen der sekundären Einkommensverteilung zeigen, daß Molitor konsequent vom Funktionszusammenhang des Marktes aus und damit aus seiner Sicht »ökonomisch« argumentiert[119]. Dies schließt für ihn jedoch auch ein, bestimmte *Grenzen* dieses Funktionszusammenhangs zu benennen. Diese Grenzen liegen in bezug auf die Verteilung immer dann vor, wenn das Ergebnis des Marktprozesses nicht dem Prinzip der »Leistungsgerechtigkeit« entspricht. Korrekturen sieht er als notwendig an, weil grundsätzlich für die Leistungsgerechtigkeit eine Startchancengleichheit bestehen muß und weil bestimmte Risiken und Zufälligkeiten die Marktergebnisse und Einkommen beeinflussen. Molitor zeigt durch diese Argumentation, daß er ein Verständnis von Leistung hat, das (doch) nicht allein durch die Marktbewertung bestimmt wird.

---

114. Vgl. Molitor (Wirtschaftsethik, 1989), S. 58 und seine ausführliche Diskussion in Molitor (Soziale Sicherung, 1987).
115. Vgl. Molitor (Wirtschaftsethik, 1989), S. 59 (Hervorh. i. O. fett).
116. Vgl. Molitor (Wirtschaftsethik, 1989), S. 59.
117. Vgl. Molitor (Wirtschaftsethik, 1989), S. 59.
118. Vgl. Molitor (Wirtschaftsethik, 1989), S. 59 ff.
119. Vgl. seine Formulierung zur progressiven Besteuerung: »Ökonomisch läßt sich diese Maßnahmeart nicht begründen«, vgl. Molitor (Wirtschaftsethik, 1989), S. 60.

Abbildung 2: Das erweiterte Modell des Wirtschaftskreislaufs

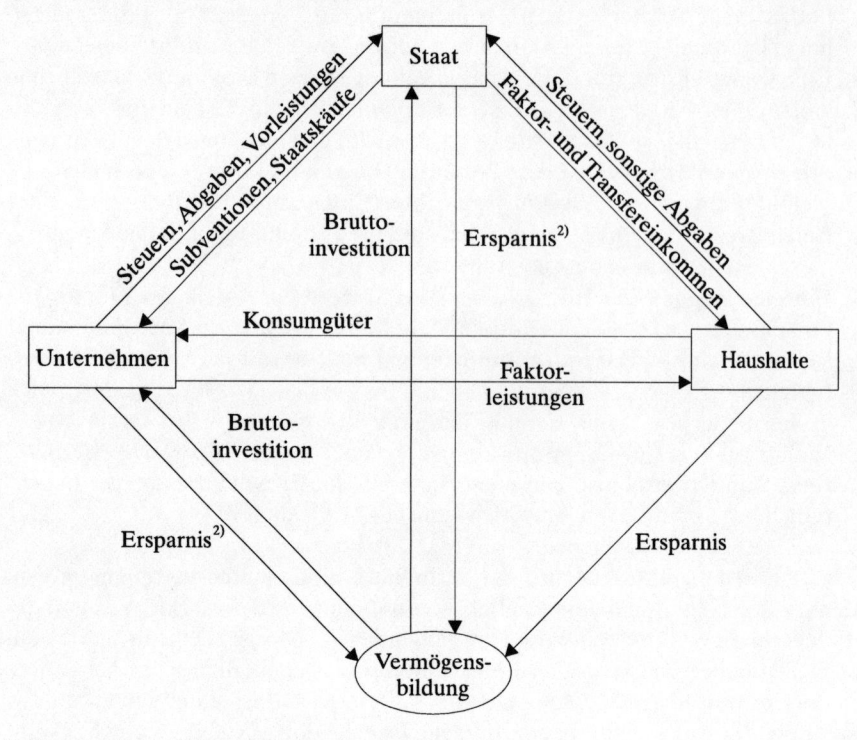

```
                              Staat
         Steuern, Abgaben, Vorleistungen        Steuern, sonstige Abgaben
              Subventionen, Staatskäufe         Faktor- und Transfereinkommen

                    Brutto-        Ersparnis²⁾
                    investition

                    Konsumgüter
        Unternehmen ←──────────────→ Haushalte
                         Faktor-
                         leistungen
                    Brutto-
                    investition

        Ersparnis²⁾                    Ersparnis

                              Vermögens-
                              bildung
```

2) Einschließlich Abschreibungen

Quelle: Felderer/Homburg (Makroökonomik, 1994), S. 38.

3.5.4 Das wirtschaftsethische Grundmuster

Der in den Abschnitten 3.5.1 und 3.5.2 beschriebene ökonomische Zusammenhang zwischen »Sparen, Kapitalbildung, Investition, Beschäftigung und Produktionsfortschritt« läßt sich für Molitor auch in »*ethische* Kategorien umsetzen«[120]. Insbesondere im Zusammenhang des Sparens und der Gewinnerzielung von Unternehmen weist Molitor ein Muster auf, das für sein Verständnis von Wirtschaftsethik »grundlegend« ist. Das Muster besteht darin, »daß das individuelle Handlungsmotiv *unbewußt* gleichzeitig einem gesellschaftlichen Zweck dient, dem alle, wenn sie ein entsprechendes Kalkül anstellten, zustimmen würden«[121]. Die Pointe an diesem Muster ist, daß die Folgen des individuellen Handelns »un-

---

120. Vgl. Molitor (Wirtschaftsethik, 1989), S. 49f. und 53 (Hervorh. i. O. fett).
121. Molitor (Wirtschaftsethik, 1989), S. 50 (Hervorh. i. O. fett).

beabsichtigt« für die »Allgemeinheit« positive Folgen haben[122]. Im Fall des Sparens führt der zeitweilige Konsumverzicht zu der für Investitionen notwendigen Kapitalbildung. Im Fall der Gewinnerzielung erfüllt die Unternehmerin oder der Unternehmer eine für die »Allgemeinheit« notwendige Funktion »einer qualitativ und preislich günstigeren Versorgung mit Gütern, die begehrt sind«[123]. Molitors Rede von einem »Muster« bzw. von einem »Grundmuster« ist relativ vorsichtig. Er behauptet damit nicht, daß sich im Kontext der Wirtschaft stets aus individuellen Motiven unbeabsichtigt positive Folgen ergeben würden. Sondern er »stößt« nur in den genannten beiden Fällen auf dieses Muster. Der Fall des Sparens scheint unproblematisch zu sein, wobei auch hier der Fall extremer Kassenhaltung negative Effekte haben kann. Im Fall des Gewinnmotivs muß genauer nach den institutionellen Bedingungen für die Geltung des Musters gefragt werden. Im Zusammenhang der Darstellung der Ordnungstheorie kommt Molitor unter dem Sichtwort »Unsichtbare-Hand-Lenkung« wiederum auf diesen Sachverhalt zu sprechen[124]. Mit diesem Stichwort greift Molitor einen wichtigen Gedanken von Adam Smith auf[125]. Molitor gibt in diesem ordnungstheoretischen Kontext die genaue Bedingung an, unter der ein Zusammenhang von individuellem Motiv und Gesamtnutzen besteht: »Nutzen- bzw. Gewinnmaximierung führt unter frei-vertraglichen Austauschbeziehungen (Kataloxie) zum gesamtwirtschaftlichen Optimum in Produktion und Einkommensverwendung, soweit in der Kostenrechnung und Preiskalkulation Externalitäten (Drittwirkungen) internalisiert sind«[126].

Damit ist deutlich, daß die Klärung der Bedeutung des wirtschaftsethischen Musters unmittelbar zu der Frage nach der Ordnung der Wirtschaft führt. Auf der Ebene der Ordnung wird darüber entschieden, unter welchen institutionellen Bedingungen das Muster unbeabsichtigter positiver Folgen gilt. Auf dieser Ebene müßte dann meines Erachtens jedoch auch deutlicher werden, was Molitor sehr allgemein als »Interessen der Allgemeinheit« bezeichnet.

---

122. Vgl. Molitor (Wirtschaftsethik, 1989), S. 50 und 53.
123. Vgl. Molitor (Wirtschaftsethik, 1989), S. 53.
124. Vgl. Molitor (Wirtschaftsethik, 1989), S. 82 ff.; Molitor erwähnt dort jedoch nicht den Zusammenhang mit dem von ihm aufgezeigten »wirtschaftsethischen Grundmuster«.
125. Vgl. Smith (1776, 1990), S. 371. Im Kontext der Außenhandelsbeziehungen schreibt Smith: »Tatsächlich fördert er [der Unternehmer] in der Regel nicht bewußt das Allgemeinwohl, noch weiß er, wie hoch der eigene Beitrag ist. Wenn er es vorzieht, die nationale Wirtschaft anstatt die ausländische zu unterstützen, denkt er eigentlich nur an die eigene Sicherheit und wenn er dadurch die Erwerbstätigkeit so fördert, daß ihr Ertrag den höchsten Wert erzielen kann, strebt er lediglich nach eigenem Gewinn. Und er wird in diesem wie auch in vielen anderen Fällen von einer unsichtbaren Hand geleitet, um einen Zweck zu fördern, den zu erfüllen er in keiner Weise beabsichtigt hat«. Zur Diskussion vgl. Meyer-Faje/Ulrich (Adam Smith, 1991).
126. Molitor (Wirtschaftsethik, 1989), S. 82.

4. Wirtschaftsordnung und individuelle Regeltreue als Orte der Moral in der Wirtschaft

Es ist eine der Hauptintentionen von Molitors Ansatz, die Darstellung des »Sachgerüsts« der Wirtschaft von Zielfragen freizuhalten. Dies hat seinen Grund in seinem Handlungskonzept und dem darin enthaltenen Präferenzpositivismus (siehe oben 2.1). Seine Vorschläge zu einzelnen Fragen des wirtschaftlichen Funktionszusammenhangs lassen jedoch erkennen, daß er faktisch eine Zieldiskussion voraussetzt, diese aber jeweils für schon entschieden hält und sie dadurch überspringt. Molitor hat damit Fragen der *Ordnung* der Wirtschaft immer schon bei der Beschreibung der Grundtatsachen der Wirtschaft implizit mitthematisiert. Denn auf der Ebene der Ordnung der Wirtschaft wird über die Ziele der Wirtschaft entschieden *und* die Art ihrer Umsetzung zumindest mitentschieden. Die Frage der Ziele kann nicht auf der Ebene der Beschreibung und Analyse des »Sachgerüsts« der Wirtschaft verhandelt werden. Und selbst die Frage der Umsetzung der Ziele ist keine reine Frage der Kenntnis des »Sachgerüsts«, weil in die Entscheidung über mögliche und zumutbare Mittel wiederum Zielvorstellungen eingehen. Molitors Darstellung des »Sachgerüsts« vermeidet es jedoch durchgehend, den Zusammenhang zwischen den Mittel und den Zielen als zu klärendes Problem zu nennen. Die Argumentation aufgrund des »Sachgerüsts« der Wirtschaft kann auf diese Art jedoch ihre Leistungskraft verlieren, weil die Grenzen nicht gesehen werden. Daß Molitors Entwurf in dieser Verkürzung jedoch nicht aufgeht, zeigen seine Überlegungen zur »Moral der Wirtschaftsordnung«, in denen er Kriterien für die Beurteilung von Wirtschaftsordnungen darlegt, wie sie sich aus der ökonomischen Theorie ergeben, der er sich verpflichtet weiß.

Diese Überlegungen Molitors sollen im folgenden analysiert werden. Dazu werden in Abschnitt 4.1 die Funktionen der Wirtschaftsordnung dargestellt. Unter 4.1.1 wird zunächst Molitors Verständnis von Ordnung geklärt. Dieses Verständnis umfaßt eine bestimmte Sicht der Funktionserfordernisse der Wirtschaft (4.1.2) sowie eine Darstellung der grundlegenden Institutionen der Wirtschaftsordnung, durch die diese Funktionserfordernisse erbracht werden (4.1.3). Auf diesem Hintergrund kann ich dann in Abschnitt 4.2 Molitors Sicht der »Moral der Wirtschaftsordnung« in ihrer sozialethischen (4.2.1) und individualethischen (4.2.2) Dimension analysieren.

4.1 Die Funktionen der Wirtschaftsordnung

4.1.1 Ordnung und Erwartungssicherheit

»Jede Gesellschaftswirtschaft (von beliebiger regionaler Ausdehnung) bedarf einer Ordnung«[127]. Die Formulierung, mit der Molitor diesen Gedankengang einleitet, deutet schon an, daß er mit dem Thema Ordnung einen kategorialen Sachverhalt in den Blick nimmt, das heißt einen Sachverhalt, der für jede mögliche Gestalt des Wirtschaftens im Sinne von Allokation und Verwendung von Einkommen gilt. Molitor definiert an keiner Stelle, was er genau unter »Ordnung« versteht. Er beschreibt die Entstehung und die Aufgaben der Wirtschaftsordnung. Aus der Deskription folgert er normative Aussagen zur Gestaltung der Wirtschaftsordnung.

Die Ordnung kann, so Molitor, »an den Verhaltensregelmäßigkeiten« der Wirtschaftseinheiten abgelesen werden[128]. Während in den Ausführungen Molitors zum »Sachgerüst« der Wirtschaft die *Knappheit* den alles bestimmenden Faktor gebildet hat, tritt in seinen ordnungstheoretischen Überlegungen die *Interaktion* als entscheidendes Thema hervor: »Aber das Beziehungsgeflecht will organisiert sein. Daß die Interaktionen sich nicht nur ad hoc, punktuell oder gar chaotisch vollziehen, darüber bestimmt die Wirtschaftsordnung«[129]. Molitor nennt drei Möglichkeiten der Entstehung einer Ordnung: Sie kann erstens »›spontan‹ wachsen oder gewachsen sein«, sie kann zweitens auf »Vereinbarungen« beruhen und sie kann drittens aufgrund staatlicher Satzungen geformt werden[130]. Molitor legt den entscheidenden Akzent auf die *spontane* Entwicklung der Ordnung. Er steht hier in der Tradition von Friedrich August von Hayek. Hayek unterscheidet zwei Arten der Ordnung: *Zum einen* die Ordnung, die sich »spontan« und unbewußt durch das Handeln mehrerer Personen ergibt, die sich in ihrem Handeln nur nach ihren *individuellen* und *verschiedenen* Zielen ausrichten und *zum anderen* eine Ordnung, die sich durch die Ausrichtung einer Anzahl von Personen auf eine *gemeinsame* Zwecksetzung bildet (so vor allem in Organisationen)[131]. Die Ordnung, die sich spontan entwickelt, wird eher »entdeckt« als bewußt gesucht[132]. Ihre Funktionalität bewährt sich durch ihre faktische Geltung

---

127. Molitor (Wirtschaftsethik, 1989), S. 69. Vgl. zur folgenden Darstellung von Molitors Ordnungstheorie auch die gleichlautenden Ausführungen in: Molitor (Wirtschaftspolitik, 1988, 1992), S. 12 ff.
128. Vgl. Molitor (Wirtschaftsethik, 1989), S. 69.
129. Molitor (Wirtschaftsethik, 1989), S. 69.
130. Vgl. Molitor (Wirtschaftsethik, 1989), S. 69.
131. Vgl. dazu Hayeks wichtigen Aufsatz »Arten der Ordnung« (Hayek (Arten, 1963, 1969)).
132. Zu diesem Sprachgebrauch, der sich an Hayek anlehnt, vgl. Molitor (Wirtschaftspolitik, 1988, 1992), S. 17 und Hayek (Arten, 1963, 1969), S. 35; vgl. auch Hayek (Ergebnisse, 1967, 1969).

und durch ihre Überlegenheit gegenüber anderen Ordnungen. Molitor teilt Hayeks Skepsis gegenüber einer »konstruierten« Ordnung[133]. Ordnung – so kann Molitor zusammenfassend interpretiert werden – ist ein System von Verhaltensregeln, die von der Mehrzahl der Akteure dauerhaft eingehalten werden und die Erwartungssicherheit gewähren. Die zentrale Funktion der Wirtschaftsordnung besteht damit darin, durch die Gewährung von Erwartungssicherheit *wirtschaftliche Interaktion* überhaupt erst zu ermöglichen.

4.1.2 Funktionserfordernisse des Wirtschaftens

Die Hauptkennzeichnung einer Ordnung lautet nach Molitor: Die Ordnung »folgt funktionalen Erfordernissen« der Wirtschaft[134]. In Anlehnung an die Tradition der Ordnungstheorie in Verbindung mit dem evolutionären Ansatz von Hayek, formuliert er drei Funktionserfordernisse[135]:
1) die *Koordinationsfunktion*, durch die die einzelnen wirtschaftlichen Aktivitäten »aufeinander abgestimmt« werden, so daß planvolles Wirtschaften möglich ist;
2) die *Informationsfunktion*, durch die die Fülle der Daten wahrgenommen und verarbeitet werden kann und
3) die *Motivationsfunktion*, durch die es a) überhaupt zu wirtschaftlichen Aktivitäten, b) zu einem rationalen Einsatz wirtschaftlicher Güter und Leistungen und c) zu Innovationsprozessen kommt.

Die drei Funktionserfordernisse bieten eine Formulierung der *Grundprobleme des Wirtschaftens*, die sich in jeder arbeitsteiligen Wirtschaft stellen und die immer mehr oder weniger effizient gelöst werden[136]. Die Gesamtfunktion des gesellschaftlichen Bereichs Wirtschaft, die Allokation von wirtschaftlichen Gütern und Leistungen und die Verwendung von Einkommen, kann mit Hilfe dieser drei Funktionserfordernisse differenziert interpretiert werden. Der zentrale Gedanke der Ordnungstheorie, den auch Molitor aufgreift, ist nun, daß es zwar historisch bedingt unzählige Gestaltungsvarianten des Wirtschaftens gibt, daß sich aber bestimmte *Grundformen* von Ordnungstypen ausmachen lassen. Die wichtigste Unterscheidung von Grundtypen ist dabei die zwischen der Ordnung zentraler

---

133. Vgl. Molitor (Wirtschaftsethik, 1989), S. 25.
134. Vgl. Molitor (Wirtschaftsethik, 1989), S. 69.
135. Vgl. zum Folgenden Molitor (Wirtschaftsethik, 1989), S. 69f. und die Darstellung der Ordnungstheorie bei Leipold (Wirtschafts- und Gesellschaftssysteme, 1975, 1988), S. 27ff.
136. Vgl. die Formulierung bei K. Paul Hensel (Grundformen, 1972, 1978), S. 26: »Dementsprechend werden je nach Beschaffenheit der wirtschaftlichen Gesamtordnung auch die großen Probleme des Wirtschaftens, wie das der Knappheitsminderung, der Planung, der Leistung, der Interessen, der Verteilung, der Investition anders gelöst werden«.

oder dezentraler Koordination. Historische Ausprägungen dieser Grundtypen sind unter anderen die sozialistische Zentralverwaltungswirtschaft und die Marktwirtschaft westlicher Staaten[137]. In jeder der beiden Ordnungstypen werden die Grundprobleme und damit die Funktionserfordernisse des Wirtschaftens auf bestimmte Weise, das heißt mit bestimmten Teilordnungen, gelöst[138]. Diese Konzipierung der Ordnungstheorie soll eine *Theorie des Vergleichs* verschiedener historisch vorfindlicher Wirtschaftsformen ermöglichen[139]. Die Theorie gewinnt dadurch einen normativen Gehalt, daß die Effizienz der Funktionserfüllung in bezug auf die Güterproduktion erhoben werden kann und damit vergleichbar ist. Allerdings beschränkt Molitor diese Wertung nicht auf das Kriterium der Effizienz der Güterproduktion, sondern er fügt noch weitere ethische Kriterien hinzu (siehe unten 4.2.1).

4.1.3 Institutionen der Marktwirtschaft

Die beiden Ordnungstypen zentrale oder dezentrale Planung finden ihre Ausgestaltung in bestimmten Teilordnungen. In der Ordnungstheorie werden daher verschiedene Möglichkeiten von Ordnungsformen des Güter- und Geldmarktes analysiert. Molitor geht in seiner Darstellung jedoch unmittelbar zu den konkreten *wirtschaftlichen Institutionen* über, durch die die genannten Funktionserfordernisse des Wirtschaftens erbracht werden. Den Ordnungstyp Marktwirtschaft stellt er systematisch dar. Zur Zentralverwaltungswirtschaft, deren Funktionsmechanismen er in seiner »Wirtschaftspolitik« ausführlicher darstellt, macht er nur beiläufig einige Bemerkungen (zu deren Ineffizienz)[140].

4.1.3.1 Das Preissystem

Die *Koordinationsfunktion* wird nach Molitor durch ein *»System freispielender Preise«* erfüllt[141]. Da durch die Preise komplexe Marktvorgänge für die Akteure auf interpretierbare Signale reduziert werden, erfüllen die Preise gleichzeitig die *Informationsfunktion*. Molitor betont, daß auch im Ordnungstyp Marktwirtschaft eine Planung stattfindet, jedoch nicht durch einen Zentralplan, sondern durch die Vielzahl der Einzelpläne. Die Abstimmung der Einzelpläne geschieht im Prozeß von Angebot und Nachfrage über das Preissystem. Die Preise spiegeln einen Überhang oder Mangel von Angebot bzw. Nachfrage, so daß sie eine nach-

---

137. Vgl. Molitor (Wirtschaftsethik, 1989), S. 70.
138. Vgl. Molitors Schaubild in: Molitor (Wirtschaftspolitik, 1988, 1992), S. 14.
139. Vgl. Hensel (Grundformen, 1972, 1978), S. 9 und vor allem die Weiterentwicklung bei Leipold (Wirtschafts- und Gesellschaftssysteme, 1975, 1988).
140. Vgl. Molitor (Wirtschaftspolitik, 1988, 1992), S. 15-18.
141. Vgl. Molitor (Wirtschaftsethik, 1989), S. 71 (Hervorh. i. O. fett).

trägliche und permanente Anpassung der Einzelpläne an die Marktbedingungen auslösen. Daher spricht Molitor von einer »*Ex-post-Koordination*«[142]. Es ist deutlich, daß Molitor die Wirkung des Preismechanismus in modelltheoretischer Weise nachzeichnet. In der Modellbildung werden komplexe Sachverhalte auf die – der Theorie nach – zentralen, wenn auch nicht einzigen Faktoren, reduziert. Im vorliegenden Fall bilden die Preise das einzige Koordinierungsinstrument der Einzelpläne, durch das Angebot und Nachfrage tendenziell in ein Gleichgewicht gebracht werden[143].

4.1.3.2 Das Privateigentum

Die *Anreizfunktion* wird in der Marktwirtschaft, so Molitor, durch die sich am Markt ergebende »*Einkommensdifferenzierung*« erfüllt[144]. Da Angebot und Nachfrage sich nur tendenziell auf ein Gleichgewicht hin bewegen, bewirkt das Verhältnis von Angebot und Nachfrage eine Differenzierung der Gewinne der Anbieter. Grundsätzlich macht es für diesen Prozeß keinen Unterschied, ob Güter oder Arbeit (Leistungen) angeboten werden: »Ausschlaggebend bleibt ebenfalls hier das Markturteil, also die Kaufentscheidung der Abnehmer«[145]. Die Einkommensdifferenzierung erfüllt jedoch nur dann – so Molitor – die Anreizfunktion, wenn die Institution des Privateigentums besteht, damit die Akteure über die erhaltenen Gewinne verfügen können[146].

Um die Institution des Privateigentums weiter zu erläutern, stellt Molitor sie in den Kontext derjenigen Institutionen, die die Dispositionsfreiheit gewährleisten (siehe unten 4.1.3.4). Die Eigentumsrechte regeln die Verfügung über wirtschaftliche Güter. Nach der Property-Rights-Theorie muß der Begriff des Eigentums weiter aufgegliedert werden, um die unterschiedlichen Verfügungsrechte über Güter mit ihren spezifischen Arten der Zuschreibung von Handlungsfolgen beschreiben zu können[147]. Molitor greift die Unterscheidung von Besitzrechten im engeren Sinn und der Nutzung von Gütern auf, die im Fall eines Unternehmers, der nicht selbst der Besitzer der Produktionsmittel ist, auseinanderfallen[148]. Molitor verweist darauf, daß diese Trennung der Verfügungsrechte effizient ist, wenn die Qualifikation des Unternehmers gegeben ist. Daß diese personelle Trennung von Besitz und Nutzung unter Umständen effizient sein kann, zeigt, daß die Anreizfunktion nicht direkt an die Institution des Privateigentums gebunden ist. Denn im Fall der Trennung von Besitz und Nutzung wird die Anreizfunktion nicht durch die direkte Verfügung über den mit den Produktionsmitteln

---

142. Vgl. Molitor (Wirtschaftsethik, 1989), S. 72 (Hervorh. i. O. fett).
143. Vgl. Molitor (Wirtschaftsethik, 1989), S. 72.
144. Vgl. Molitor (Wirtschaftsethik, 1989), S. 72 (Hervorh. i. O. fett).
145. Vgl. Molitor (Wirtschaftsethik, 1989), S. 72.
146. Vgl. Molitor (Wirtschaftsethik, 1989), S. 77 f.
147. Vgl. Schüller (Property Rights, 1983) und Richter (Institutionen, 1994).
148. Vgl. Molitor (Wirtschaftsethik, 1989), S. 78.

erzielten Gewinn, sondern über eine entsprechende Entlohnung (auch ggf. gewinnabhängig) gewährleistet. Die Entlohnung wirkt jedoch nur dann als Anreiz, wenn über sie als Privateigentum frei verfügt werden kann. Damit stellt sich die generelle Frage nach der Ausgestaltung der Anreizfunktion und ihrer Bindung an private Verfügungsrechte[149]. Die Institution des Privateigentums wird von Molitor also konsequent durch ihre Funktion in der Wirtschaftsordnung begründet, obgleich bei dieser Institution auch der Rekurs auf Freiheitsrechte möglich wäre. Aufgrund dieser Begründungsart kann Molitor auch die Grenzen dieser Institution in bezug auf öffentliche Güter benennen[150].

4.1.3.3 Der Wettbewerb

Die entscheidende Institution, durch die in der Marktwirtschaft die drei Funktionserfordernisse effizient erfüllt werden, sieht Molitor neben dem Preissystem im Wettbewerb[151]. Freie Preise bilden sich auch auf Monopolmärkten, doch garantiert nach Molitor nur ein »hoher *Grad an Wettbewerb*«, daß eine effiziente Güterproduktion für die Konsumenten gewährleistet ist[152]. Der »Grad« der Wettbewerbsintensität hängt für Molitor nicht an der möglichst hohen Anzahl der Anbieter – entsprechend dem Modell der vollständigen Konkurrenz –, sondern an der Marktdynamik, die durch die Anbieter ausgelöst wird. Für die »effektive Wettbewerbsintensität« hält er »in aller Regel die Marktform des weiten Oligopols für am günstigsten«[153]. Im Oligopol konkurrieren »wenige« Anbieter darum, die Nachfrage zu bedienen. Sie hat nach Molitor den Vorteil, daß auf der Angebotsseite anders als im Polypol (der Vielzahl von Anbietern) eine »unmittelbare Rivalität der Anbieter« besteht[154].

Nach Molitor erfüllt der Wettbewerb erstens eine *Kostenkontrollfunktion*, da die Unternehmer/innen zu einem »sparsamen Einsatz knapper Ressourcen« gezwungen werden und zweitens eine *Fortschrittsfunktion*, da durch den Konkurrenzdruck Innovationen bei Produkten und Produktionsverfahren initiiert werden[155]. Auch wenn Molitor dies nicht ausdrücklich anspricht, stellen die Kostenkontroll- und die Fortschrittsfunktion zwei Aspekte der Anreizfunktion dar, die der Wettbewerb damit erfüllt. Eine dritte Funktion erfüllt der Wettbewerb

---

149. Diese Frage spielt in den Überlegungen zur Umsetzung im wirtschaftsethischen Ansatz von Peter Ulrich eine wichtige Rolle (siehe Kapitel IV).
150. Vgl. Molitor (Wirtschaftsethik, 1989), S. 80.
151. Vgl. zum Folgenden Molitor (Wirtschaftsethik, 1989), S. 73 ff. sowie seine textgleichen Darlegungen in: Molitor (Reformbedarf, 1986), S. 127 ff.
152. Vgl. Molitor (Wirtschaftsethik, 1989), S. 73 (Hervorh. i. O. fett).
153. Vgl. Molitor (Reformbedarf, 1986), 131, der hier einen zentralen Gedanken der Wettbewerbstheorie von Kanzenbach vertritt.
154. Vgl. Molitor (Reformbedarf, 1986), 131.
155. Molitor verweist hier auf einen Aufsatz von Hayek (Entdeckungsverfahren, 1968, 1969), in dem dieser die dynamischen Prozesse des Wettbewerbs aufzeigt.

nach Molitor durch seine *Entmachtungsfunktion*. Sie besteht darin, daß aufgrund der Imitation der Konkurrenten die innovativen Leistungen, mit denen einzelnen Anbietern immer wieder ein Vorstoß gelingt, sich am Markt schnell durchsetzen. Die »Pioniergewinne«, die innovative Anbieter zunächst haben, dienen dabei als Marktsignale für die potentiellen »Nachahmer«, auf die sich dann im folgenden Prozeß die weiteren Gewinne verteilen[156]. Auch wenn es Molitor wiederum nicht anspricht, dient der Wettbewerb damit in zentraler Weise auch der Informationsfunktion der Wirtschaftsordnung, weil technisches Wissen schnell Verbreitung findet[157].

Der Wettbewerb ist nach Molitor eine Institution, die sich nicht nur spontan ergibt, sondern deren Funktionieren eine bewußte Gestaltung von Regeln erfordert, weil der Wettbewerb die Einzelinteressen zwar einerseits voraussetzt, gegen sie aber andererseits auch geschützt werden muß – so zum Beispiel gegen die Versuche des Aufbaus von Monopolpositionen. Der Wettbewerb besteht damit als Institution nur, wenn er durch bewußt geplante und durchgesetzte staatliche Regeln geschützt wird[158]. Für die Art dieser Regeln ist nach Molitor zentral, daß sie die Form *»allgemeiner Regeln«* haben, durch die für alle gleiche Wettbewerbsbedingungen geschaffen werden[159]. Die Aufgabe dieser Wettbewerbsregeln ist es, unlauteren Wettbewerb, Diskriminierung, Behinderung und Kartelle auszuschließen[160].

Diesen drei Funktionsleistungen des Wettbewerbs als »Steuerungs- und Antriebsmechanismus« stellt Molitor drei Arten von Kosten gegenüber: a) Die mit dem Wettbewerb verbundene »Konkurrenz ist Rivalität und nicht (unmittelbare) Solidarität«, b) der Gewinnanreiz muß genügend hoch sein, was Grenzen der Besteuerung bedeutet und c) bedingt der Wettbewerb einen permanenten wirtschaftlichen Wandel, der die Mobilität von Unternehmer/innen und Beschäftigten fordert (siehe zur Strukturnotwendigkeit der Mobilität oben 3.5.1). Mit a) und b) formuliert Molitor zwei notwendige, aber in der gesellschaftlichen Diskussion immer wieder umstrittene Bedingungen des Wettbewerbs und mit c) eine nicht zu vermeidende Nebenwirkung. Molitor konstatiert diese »Kosten« nur, ohne ihren Stellenwert systematisch einzuordnen.

Immerhin sind damit für die über Molitor hinausführende wirtschaftsethische Diskussion drei Punkte markiert, deren Stellenwert bei der Bestimmung des Geltungsbereichs des Wettbewerbs beachtet werden muß. (1) Es kann Märkte geben, bei denen Rivalität zu nicht erwünschten Folgen führt. (2) Die Besteue-

---

156. Vgl. Molitor (Wirtschaftsethik, 1989), S. 74. Im Hintergrund dieser Ausführungen von Molitor steht die Marktphasentheorie von Heuss (Markttheorie, 1965) und die Prozeßtheorie Hayeks (Entdekungsverfahren, 1968, 1969).
157. Zu diesem ganzen Prozeß der Verbreitung des Wissens vgl. Hayek (Entdeckungsverfahren, 1968, 1969).
158. Vgl. Molitor (Wirtschaftsethik, 1989), S. 75.
159. Vgl. Molitor (Wirtschaftsethik, 1989), S. 75 (Hervorh. i. O. fett).
160. Vgl. Molitor (Wirtschaftsethik, 1989), S. 76.

rung von Gewinnen stellt ein ethisches Problem dar, bei dem die Folgen für die Anreize in jedem Fall mitberücksichtigt werden müssen. (3) Und es muß schließlich die durch den Wettbewerb verursachte Mobilität auf ihr gesellschaftlich wünschbares Ausmaß hin untersucht werden. Ebenso wie bei der Institution des Privateigentums zielt Molitor auf eine *funktionalistische* Begründung des Wettbewerbs. Er ist ein »Organisationsinstitut« und eine »Technik«, durch die bestimmte Funktionen erfüllt werden[161]. Auch dieser Befund erklärt sich aus Molitors Reduktion des Guten auf das Zweckrationale (siehe oben 3.3.2).

4.1.3.4 Die Dispositionsfreiheit

Die Institution der Dispositionsfreiheit von Unternehmen und Haushalten stellt nach Molitor die Voraussetzung dafür dar, daß das Preissystem und der Wettbewerb im marktwirtschaftlichen Ordnungstyp funktionieren können[162]. Mit der Dispositionsfreiheit von Unternehmen und Haushalten wird die allgemeine *Handlungsfreiheit* der wirtschaftlichen Akteure gekennzeichnet, durch die der Hauptcharakterzug der spontanen Ordnung ermöglicht wird, nämlich die Verfolgung der *einzelnen* Wirtschaftspläne der Akteure. Die Dispositionsfreiheit untergliedert sich nach Molitor in die Institutionen der privaten Eigentumsrechte (siehe oben 4.1.3.2), der Gewerbe- und Berufsfreiheit und der Vertragsfreiheit. Molitor deutet die Dispositionsfreiheit damit primär als einen *rechtlich* zu sichernden Sachverhalt[163].

1) Die Gewerbe- und Berufsfreiheit
Durch die Gewerbe- und Berufsfreiheit wird der freie Marktzugang ermöglicht und damit eine grundlegende Voraussetzung der Institution des Wettbewerbs möglichst vieler Anbieter erfüllt. Der freie Marktzutritt bedarf nach Molitor zwar einer staatlichen Regelung, um – so sein Kriterium – der Ordnungskonformität zu entsprechen, doch soll sich dieser Regelungsbedarf auf die Qualitätsstandards der Anbieter, nicht jedoch auf deren Quantität beziehen[164]. Ordnungskonform ist die Regelung, weil sie die Wettbewerbsbedingungen *aller* Anbieter betrifft und in gleicher Weise beeinflußt, nicht jedoch einzelne ausschließt. Die Begrenzung des Marktzutritts stellt darüber hinaus einen Eingriff in das Preisgefüge des entsprechenden Marktes dar, der den geschützten Anbietern höhere Preise gegenüber den Nachfragern ermöglicht[165].

---

161. Vgl. Molitor (Wirtschaftsethik, 1989), S. 77, Anm. 77.
162. Vgl. Molitor (Wirtschaftsethik, 1989), S. 77.
163. Vgl. zum Folgenden Molitor (Wirtschaftsethik, 1989), S. 77 ff.
164. Vgl. Molitor (Wirtschaftsethik, 1989), S. 78.
165. Vgl. Molitor (Wirtschaftsethik, 1989), S. 78.

2) Die Vertragsfreiheit

Die Institution der Vertragsfreiheit ist nach Molitor »förmlich das Transportband des marktwirtschaftlichen Verkehrs«[166]. Die Vertragsfreiheit ist die rechtliche Ermöglichung, daß die einzelnen Akteure in der dezentralen Ordnung ihre individuellen Pläne verfolgen können. Die Vertragsfreiheit ist nach Molitor jedoch durch zwei Probleme gefährdet. Zum einen bedarf es der rechtlichen Unterstützung der Durchsetzung von Vertragsansprüchen und es bedarf »politische(r) Vorkehrungen«, damit die Gestaltung der Vertragsbedingungen nicht zu »einseitigen Risikoverlagerungen auf den Abnehmer« führen[167]. Die Institution der Vertragsfreiheit ist damit mehr als die Gewährung individueller Freiheiten. Sie wird erst wirksam, wenn diese Freiheit auch staatlich geschützt wird. Molitor bestätigt damit die unten angestellten kritischen Überlegungen zur Institution des Tausches, die zeigen werden, daß in die Gestaltung der Tauschbedingungen immer schon weltanschauliche Entscheidungen eingehen, weil aufgrund von verschiedenen Machtpositionen die Definition der Freiwilligkeit eines Tausches erfolgt sein muß (siehe unten 5.2.1.4).

Zusammenfassend kann festgestellt werden, daß Molitor mit dieser Darstellung die konstitutiven Institutionen der marktwirtschaftlichen Ordnung genannt hat. Ergänzt werden müßte im Sinne der Ordnungstheorie noch eine Institution, die Geldwertstabilität gewährleistet[168]. Institutionen werden von Molitor als *rechtliche* Institutionen verstanden, durch die die marktwirtschaftliche Ordnung ermöglicht und geschützt wird. Die wechselseitigen Bezüge, die die Darstellung der Institutionen aufgezeigt hat, machen deutlich, daß diese Institutionen nicht einzeln für sich stehen, sondern einen Wirkungszusammenhang bilden. Sie ermöglichen in ihrem Zusammenspiel die »pretiale (preisgesteuerte) Wirtschaftslenkung«[169]. Der Marktprozeß, der durch diese Institutionen gesteuert wird, hat nach Molitor keinen anonymen Verlauf, sondern er wird durch die *Einzelpläne* der Anbieter und Nachfrager gesteuert. Der Marktprozeß verläuft damit nicht ziellos, sondern er hat folgendes *Ziel*: die »Bedienung der Konsumentenpräferenzen«[170]. Durch diese Bestimmung hält Molitor einerseits überhaupt eine Zielbestimmung des gesellschaftlichen Funktionsbereichs Wirtschaft fest, andererseits akzentuiert er diese Zielbestimmung als *konsumentenorientierte* Erstellung von wirtschaftlichen Gütern.

Die Darlegung der Funktionserfordernisse der Wirtschaft und der grundlegenden Institutionen, durch die diese Erfordernisse erfüllt werden, bildet für Molitor die Argumentationsbasis für die Frage der »Moral der Wirtschaftsordnung«. Die

---

166. Vgl. Molitor (Wirtschaftsethik, 1989), S. 78.
167. Vgl. Molitor (Wirtschaftsethik, 1989), S. 79.
168. Molitor (Wirtschaftsethik, 1989, S. 148 ff.) nennt diese Institution im Kontext der »Moral der Ordnungspolitik«.
169. Vgl. zu diesem Sprachgebrauch Molitor (Wirtschaftsethik, 1989), S. 72, 86 und 90.
170. Vgl. Molitor (Wirtschaftsethik, 1989), S. 83.

Kriterien, die Molitor in seiner sozialethischen Begründung anführt, leiten sich aus dieser Basis ab.

4.2 Marktwirtschaftliche Ordnung und Moral

Molitor unterscheidet zur Beantwortung der Frage nach der »Moral der Wirtschaftsordnung« zwei Aspekte: Zum einen fragt er nach dem spezifischen Vorzug der marktwirtschaftlichen Ordnung im Vergleich zu anderen Ordnungsformen und zum anderen fragt er, welches moralische Verhalten von den Funktionserfordernissen einer bestimmten Ordnung der Institutionen vorausgesetzt wird. Mit dem zweiten Aspekt stellt er die Frage nach der Moral *in* der marktwirtschaftlichen Ordnung. Die erste Frage bezieht sich auf die Ebene der Gestaltung der Ordnung (4.2.1) und die zweite auf die Ebene der Handlungen innerhalb dieser Ordnung (4.2.2). Für Molitor ist klar, daß sich die Frage der Moral und damit der Ethik auf *beide* Ebenen bezieht und damit eine sozial- und eine individualethische Komponente einschließt[171].

4.2.1 Die sozialethische Begründung der Marktwirtschaft

Molitor nennt drei Argumente zur Begründung der marktwirtschaftlichen Ordnung. Diese drei Argumente können als Kriterien interpretiert werden, die er zur Beurteilung von Wirtschaftsordnungen heranzieht und durch deren Geltung er für die Marktwirtschaft und gegen die Zentralverwaltungswirtschaft votiert: Das Kriterium der Effizienz, das Kriterium des Freiheitsgrades und das Kriterium der Konsumentenorientierung[172].

1) Das Kriterium der Effizienz wird von Molitor durch mehrere Hinweise konkretisiert[173]:
– die Entwicklung zu hohem Pro-Kopf-Einkommen,
– der hohe allgemeine Versorgungsgrad,
– die permanente Produktivitätssteigerung (Anreiz zu Innovation und Investition),
– der optimale Einsatz der gegebenen Produktionsfaktoren.
Das Kriterium der Effizienz wird damit von Molitor zwar primär auf die Höhe der materiellen Versorgung mit wirtschaftlichen Gütern bezogen. Das Effizienzkriterium wird von ihm jedoch nicht darauf beschränkt; es schließt auch weitere

---

171. Vgl. schon Molitor (Moral, 1980).
172. Vgl. zum Folgenden Molitor (Wirtschaftsethik, 1989), S. 72 f., vgl. zu diesem Abschnitt auch Molitor (Wirtschaftspolitik, 1988, 1992), S. 22 ff.
173. Vgl. zum Folgenden Molitor (Wirtschaftsethik, 1989), S. 70 und 72 f.

Aspekte mit ein: die Art der Verteilung der wirtschaftlichen Güter, den damit verbundenen Ressourcenverbrauch und den Aspekt der wirtschaftlichen Dynamik.

2) Das zweite Kriterium, das Molitor nennt, ist das Kriterium des »Freiheitsgrades«. Es umfaßt für Molitor[174]:
- die wirtschaftliche Freiheit von privaten Haushalten und Unternehmen, die Teil der rechtlichen individuellen Freiheitsrechte sind,
- die Förderung der »Lebenssituation« und der »Entfaltungsmöglichkeiten gerade der breiten Masse der Wirtschaftsbürger«.

Zur Begründung zieht Molitor – etwas unpräzise – die »abendländische ›Tradition von Freiheit und Vernunft‹« heran, wobei er auf Karl R. Popper verweist. Molitor deutet somit zumindest an, daß er dieses Kriterium in einem weiteren weltanschaulichen und rechtshistorischen Kontext verstanden wissen will[175].

3) Das dritte Kriterium, die Konsumentenorientierung, hebt Molitor besonders hervor: Er sieht in der Erfüllung dieses Kriteriums die »zentrale *sozialethische* Begründung für eine Marktwirtschaftsordnung«[176]. Das Kriterium besagt:
- die Produktion richtet sich nach den Wünschen der Konsumenten,
- die »letzte Entscheidung über Erfolg und Mißerfolg« der Produzenten ruht bei den Konsumenten.

Das Kriterium setzt die Alternative zwischen zentraler und dezentraler Planung voraus. Molitor formuliert es, um eine spezifische Stärke der Marktwirtschaft gegenüber der Zentralverwaltungswirtschaft auszudrücken und bewerten zu können. Das Kriterium geht inhaltlich insofern über das Effizienzkriterium hinaus, als damit über die »organisatorische« Ausgestaltung der effizienten Erfüllung der drei Funktionserfordernisse entschieden wird. In einer Zentralverwaltungswirtschaft können diese Erfordernisse auch erfüllt werden, doch erfolgt die Produktion dort aufgrund einer Zuteilung, die nur mittelbar die Verbraucherinteressen berücksichtigen kann[177]. In der marktwirtschaftlichen Ordnung werden hingegen nach Molitor einerseits die Präferenzen der Konsumenten durch das Preissystem unmittelbarer ermittelt und andererseits ihre Nachfrageposition durch den Wettbewerb unter den Anbietern gestärkt.

---

174. Vgl. Molitor (Wirtschaftsethik, 1989), S. 71 und 72 f.
175. Vgl. Molitor (Wirtschaftsethik, 1989), S. 71.
176. Vgl. Molitor (Wirtschaftsethik, 1989), S. 73 (Hervorh. i. O. fett). Der Begriff »Konsumentenorientierung« findet sich S. 90.
177. Vgl. Molitor (Wirtschaftsethik, 1989), S. 73.

4.2.2 Individualmoral als Voraussetzung der Marktwirtschaft

Schon im Vorwort betont Molitor die bleibende Bedeutung der individuellen Moral, die nicht durch die Devise »Regeln statt Moral«, die auf der Ordnungsebene ihre Geltung hat, abgelöst werden kann[178]. Zur Begründung für individualethische Maximen nennt Molitor diejenigen »moralischen« Handlungsweisen, die für das Funktionieren der vorgeführten Institutionen »vorausgesetzt« sind.

1) Aus der Darstellung der Institution des Wettbewerbs leitet er die erste Maxime ab, »daß jedermann, der sich als Anbieter von Gütern oder Faktorleistungen im Wirtschaftssystem betätigen will, aus Ordnungsgründen sich dem Wettbewerb stellen muß und nicht versuchen darf, den Wettbewerb auszuschalten bzw. sich auf den Märkten anderer als leistungswettbewerblicher Methoden zu bedienen«[179]. Molitor formuliert die Maxime in strenger Allgemeinheit, doch die auch von ihm angesprochenen Einschränkungen des Wettbewerbs für bestimmte Märkte schränken den Geltungsbereich dieser Maxime ein[180].

2) »*Respektierung der* (gesetzmäßig erworbenen) *Eigentumsrechte* anderer« – mit dieser Formel gibt Molitor eine zweite individualethische Regel an, ohne sie als Maxime zu formulieren[181]. Er formuliert hier jedoch eine komplementäre Regel: »Umgekehrt gilt nicht minder, daß Eigentumsrechte nicht zur Schädigung anderer benutzt werden dürfen (etwa ›Schikanen‹)«[182].

3) »*Gewissenhaftigkeit* und *Zuverlässigkeit* bei der Anwendung und Weitergabe spezifischen Wissens« bilden für Molitor das moralische Pendant zur Institution der Gewerbe- und Berufsfreiheit[183]. Mit diesen beiden Stichworten sind zwei individualethische Regeln angedeutet, die nach Molitor *generell* geboten sind und die daher nicht nur eine »Art Lückenbüßer« sind, wenn »staatliche Satzungen und andere Außenkontrollen (noch) nicht hinreichen«[184]. Aufgrund dieser generellen Geltung spricht Molitor von der Gewissenhaftigkeit als einer »genuin ethische(n) Kategorie«[185]. Er unterscheidet zwischen der »Normbegründung« und dem »Normbefolgungsmotiv« (siehe oben 2.3). Die Geltung einer Norm besteht nach Molitor unabhängig von dem Motiv, ihr zu folgen. Er nennt drei mögliche Arten von Motiven: a) Befolgung aufgrund staatlicher Satzungen, b) Befolgung aufgrund der Kontrolle durch die Vertragspartner und schließlich c) die Befolgung nur durch die intrinsische Bindung an die moralische Regel«[186]. Diese Differenzierung ermöglicht es, in Situationen mit Informationsdifferenzen

---

178. Vgl. Molitor (Wirtschaftsethik, 1989), S. V.
179. Molitor (Wirtschaftsethik, 1989), S. 74 f.
180. Siehe oben Punkt 4.2.1 und vgl. Molitor (Wirtschaftsethik, 1989), S. 74, 76, 95.
181. Vgl. Molitor (Wirtschaftsethik, 1989), S. 79 (Hervorh. i. O. fett).
182. Vgl. Molitor (Wirtschaftsethik, 1989), S. 79.
183. Vgl. Molitor (Wirtschaftsethik, 1989), S. 80 (Hervorh. i. O. fett).
184. Vgl. Molitor (Wirtschaftsethik, 1989), S. 81.
185. Vgl. Molitor (Wirtschaftsethik, 1989), S. 81.
186. Vgl. Molitor (Wirtschaftsethik, 1989), S. 81.

zu prüfen, ob die Wettbewerbsbedingungen verbessert werden müssen (zum Beispiel durch eine verbesserte Informationspflicht), ob es einer »Stützung der Moral« durch gesetzliche Schutzmaßnahmen bedarf oder ob das Motiv der Gewissenhaftigkeit und Zuverlässigkeit allein in der Bindung an moralische Regeln bestehen muß. Es ist offensichtlich, daß Situationen dieses letzten Falles durch besondere Instabilität bedroht sind. Es sind Situationen, bei denen nicht kontrollierbare und damit nicht sanktionierbare Informationsdifferenzen zwischen Akteuren bestehen. In der neueren Theorie werden solche Problemlagen mit Hilfe des Prinzipal-Agent-Ansatzes interpretiert und Möglichkeiten der Veränderung von Situationsbedingungen erwogen[187]. Molitor greift diesen Ansatz hier jedoch nicht auf.

4) Die individuelle Moral der *Vertragstreue* korrespondiert mit der institutionellen Regelung der Vertragsfreiheit. Molitor versteht darunter, daß »einmal eingegangene Verpflichtungen oder Versprechen [...] eingehalten werden [müssen], auch wenn man nach Vertragsabschluß klüger geworden ist oder sich Daten verschieben« und daß Vertragsänderungen oder Auflösungen nur im Einvernehmen vorzunehmen sind[188]. Vertragstreue stabilisiert Erwartungen und bildet damit eine wichtige Voraussetzung für Tauschvorgänge. Diese Funktion der Vertragstreue kann auch mit Hilfe des Transaktionskostenansatzes erklärt werden[189]. Molitor macht dies durch den Verweis deutlich, daß Vertragstreue ein »Vertrauen« fundieren kann, durch das Transaktionskosten in Form von Kontrollkosten reduziert werden können[190].

Mit den genannten vier Punkten gibt Molitor an, welche »Moral« von der Wettbewerbsordnung vorausgesetzt wird. In den einzelnen Beschreibungen ist er jedoch im Gebrauch der formalen ethischen Kategorien begrifflich meist sehr unscharf. Es ist nicht klar, ob er von Maximen, Motiven, Regeln oder allgemein von Prinzipien spricht. In einer knappen Zusammenfassung wird erst deutlich, wie er die genannten Punkte formal versteht: Der »einzelne muß den Normen der Eigentums-, Gewerbe- bzw. Berufsausübungs-, Vertrags- und Wettbewerbsregeln gehorchen«[191]. Molitor kennzeichnet diese Regelbefolgung als »*Moral der Gegenseitigkeit*«[192]. Er hält diese »Moral der Gegenseitigkeit« für den spezifischen »Moraltyp«, der für einzelwirtschaftliches Verhalten in der Marktwirtschaft nötig ist[193]. Der Moraltyp unterstützt einerseits diese Wirtschaftsordnung, andererseits werden die Akteure dieser Ordnung zu einem solchen Moraltyp

---

187. Vgl. Picot (Ökonomische Theorien, 1991), S. 150, Schneider (Betriebswirtschaftslehre, 1985), S. 25 und Wenger/Terberger (Agent und Prinzipal, 1988), S. 507f.
188. Vgl. Molitor (Wirtschaftsethik, 1989), S. 81.
189. Vgl. Coase (Nature, 1937,1988), S. 33ff., Vgl. Williamson (Markets, 1975) und Picot (Transaktionskostenansatz, 1982).
190. Vgl. Molitor (Wirtschaftsethik, 1989), S. 82.
191. Vgl. Molitor (Wirtschaftsethik, 1989), S. 84.
192. Vgl. Molitor (Wirtschaftsethik, 1989), S. 84.
193. Vgl. Molitor (Wirtschaftsethik, 1989), S. 84.

angeregt. Es besteht also nach Molitor ein wechselseitiges Bedingungsverhältnis zwischen diesem Moraltyp und der Wettbewerbsordnung. Molitor verweist daher bei der Thematisierung des Problems von regelwidrigem Verhalten darauf, daß die Anreizwirkungen des Marktes (langfristige Kontrolle durch Vertragspartner, hohe Kosten der »Geheimhaltung«) in den meisten Fällen ausreichen und – wenn diese nicht greifen – darauf, daß der Staat die notwendigen Sanktionsmöglichkeiten ausschöpft[194]. Da für Molitor die Anreizwirkungen des Marktes unproblematisch funktionieren, sieht er die Hauptgefährdung für diesen Moraltyp folglich in unklaren und undeutlichen Gesetzen[195].

Das Eigeninteresse wird bei diesem Moraltyp nach Molitor zwar als Handlungsziel, nicht jedoch als Handlungsmotiv vorausgesetzt[196]. Molitor argumentiert hier sehr offensiv: Das Verfolgen dieses Moraltyps in der Wettbewerbsordnung muß nicht etwa bedauert werden, sondern es garantiert überhaupt erst die Funktionsfähigkeit der Wettbewerbsordnung[197]. Er macht jedoch ausdrücklich klar, daß er die Geltung dieses Moraltyps nicht ohne weiteres auf andere Bereiche »menschlicher Lebensäußerung« überträgt[198]. Er grenzt den Moraltyp, der für wirtschaftliches Verhalten Geltung hat, gegen ein »›heroisches Ethos‹« ab, das er eher vage kennzeichnet (Leistung ohne Gegenleistung erbringen, selbstlos handeln, lieben, glücklich machen wollen) und dessen Ort die »Familie, der Freundeskreis, der Nächste in Not, die Caritas, die Fürsorge« ist[199]. Molitor markiert jedoch mit einer Randbemerkung, daß der von ihm beschriebene Moraltyp, die Moral der Gegenseitigkeit, auch im Bereich Wirtschaft nicht allein hinreicht: »natürlich (ist) ein Mindestmaß an Gutwilligkeit oder allgemeinem Wohlwollen eingeschlossen«[200].

4.2.3 Einzelfragen der Wirtschaftsethik

Die Moral der Wirtschaftsordnung hat nach Molitor also zwei Orte: erstens die institutionelle Ebene der Ordnung der Wirtschaft und zweitens die individuelle Ebene der Regelbefolgung. In der weiteren Durchführung seines wirtschaftsethischen Entwurfs behandelt Molitor verschiedene Teilgebiete und Einzelfragen der Wirtschaftsethik: Entstehung und Beeinflußbarkeit der Konsumentenpräferenzen, Werbung, Unternehmensethik, Tariflohnverhandlungen, Möglichkeiten und Probleme der sozialen Sicherungssysteme, Richtlinien der Wirtschaftspolitik sowie Fragen der Entwicklungshilfe. Molitors Entwurf zur Wirtschaftsethik

---

194. Vgl. Molitor (Wirtschaftsethik, 1989), S. 86-89.
195. Vgl. Molitor (Wirtschaftsethik, 1989), S. 87.
196. Vgl. Molitor (Wirtschaftsethik, 1989), S. 82 f.
197. Vgl. Molitor (Wirtschaftsethik, 1989), S. 85.
198. Vgl. Molitor (Wirtschaftsethik, 1989), S. 84.
199. Vgl. Molitor (Wirtschaftsethik, 1989), S. 84 f.
200. Vgl. Molitor (Wirtschaftsethik, 1989), S. 85.

zeichnet sich durch diese Vielfalt der Einzelthemen aus. In der Darstellung dieser Teilfragen beschreibt Molitor jeweils zunächst den Funktionsmechanismus, der für den thematisierten Bereich maßgeblich ist. Hierbei greift er auf seine sonstigen Arbeiten zur Wirtschafts-, Arbeitsmarkt- und Sozialpolitik zurück[201]. Entsprechend seinem Konzept macht er dann bestimmte Gestaltungsvorschläge auf der Ordnungsebene und benennt entsprechende individuelle Regeln. Kriterium für diese Vorschläge ist die jeweilige Funktionalität der Bereiche innerhalb der Wettbewerbsordnung sowie vereinzelt explizit »ethische« Erwägungen. In der Behandlung dieser wirtschaftsethischen Einzelfragen verbindet er seinen ordnungstheoretischen Ansatz (Kapitel 4.1) mit der Darstellung der Hauptsektoren der Wirtschaft und den aufgezeigten Funktionszusammenhängen von Produktion, Investition und Konsumption (Kapitel 3). Molitor trägt auf knappem Raum sehr viele Gesichtspunkte zusammen und macht zum Teil sehr konkrete Vorschläge zur wirtschaftspolitischen Gestaltung. So nennt er zum Beispiel unternehmensethische Instrumente zur Verbesserung der Beziehung zwischen Unternehmensleitung und Mitarbeiterschaft[202], macht Vorschläge zum Verfahren zur Erarbeitung von Selbstverpflichtungen in Unternehmen[203] oder nennt Regeln für die Tarifpartner beim Arbeitskampf[204]. Am ausführlichsten geht Molitor auf Fragen der Unternehmensethik ein[205]. Auch hier geht er in seinen Überlegungen von einer klaren Zweckbestimmung der Unternehmen aus, die seiner Gesamtkonzeption von Wirtschaft entspricht: Aufgabe und Zweck der Unternehmen ist die Bedienung von Konsumentenpräferenzen[206]. Molitor formuliert das »moralische Problem«, das sich für ihn im Rahmen dieser institutionellen Zweckbestimmung stellt, als Frage, »wie die Beteiligten während der Betriebszeit miteinander umgehen, auf daß in der arbeitsteiligen Produktion selbst ein Stück guten Lebens in Selbstverwirklichung, kooperativer Gerechtigkeit und Erfolgserlebnissen erfahren werden kann«[207]. Diese gewichtigen Kriterien leitet Molitor *nicht* aus den Funktionserfordernissen der Unternehmung ab, obwohl er zumindest ihre Funktionskonformität herausstellen kann. Allerdings verzichtet Molitor hier wie an anderen Stellen auf die Herleitung dieser Kriterien[208]. Insgesamt kommt der Reflexion der ethischen Grundlagen und der Begründung

---

201. Vgl. Molitor (Wirtschafts- und Sozialpolitik, 1986), Molitor (Soziale Sicherung, 1987), Molitor (Lohn- und Arbeitsmarktpolitik, 1988) und Molitor (Wirtschaftspolitik, 1988, 1992).
202. Vgl. Molitor (Wirtschaftsethik, 1989), S. 111.
203. Vgl. Molitor (Wirtschaftsethik, 1989), S. 112 ff.
204. Vgl. Molitor (Wirtschaftsethik, 1989), S. 125 f.
205. Vgl. Molitor (Wirtschaftsethik, 1989), S. 100-113.
206. Vgl. Molitor (Wirtschaftsethik, 1989), S. 99.
207. Vgl. Molitor (Wirtschaftsethik, 1989), S. 110.
208. Vgl. Molitor (Wirtschaftsethik, 1989), S. 100 zu Gehorsam, S. 105 zu Fairneß, S. 122 zu »unmoralischen« Konsequenzen der Tarifvereinbarungen, S. 144 zur politischen Freiheit oder S. 151 zum Vernunftappell der Ethik.

der von ihm vertretenen Urteile in der Durchführung ein geringerer Stellenwert zu, so daß man nur schwerlich von dezidiert ethischen Urteilen sprechen kann. Dies dürfte die Konsequenz davon sein, daß sich Molitor weder mit der »Diskussion der verschiedenen ethischen Theorien« aufhalten will, noch sich von der analytischen Ethik und damit von metaethischen Erörterungen brauchbare Ergebnisse verspricht[209].

5. Kritische Würdigung

Die folgende kritische Würdigung von Molitors Wirtschaftsethik untergliedert sich in drei Hauptabschnitte. Zunächst wird sein Ethikverständnis (5.1), anschließend seine Darstellung des ›Sachgerüsts‹ der Wirtschaft (5.2) und schließlich seine Wirtschaftsethik im engeren Sinn (5.3) kritisch erörtert.

5.1 Die Moral des Faktischen

Molitors Darstellung der »Grundaspekte der Moral« beinhaltet bewußt noch keine Aussagen zu inhaltlichen Bestimmungen der Moral, sondern sie stellt die formale Einordnung und Abgrenzung dieses Gegenstands dar und entfaltet den formalen Prozeß der Normenbildung. Er kennzeichnet, wie bereits erwähnt, sein Verständnis von Moral als *funktionale* Betrachtung, das heißt er untersucht den Ort und die Funktion von Moral im Bereich der Wirtschaft. Damit nimmt er eine Außenperspektive auf den Gegenstand Moral ein; er stellt sich die Frage, »was sich mit *wissenschaftlichen Mitteln* am Moralproblem erkennen und damit als Tatsachenwissen objektivieren läßt«[210]. Unabhängig von der wissenschaftstheoretischen Problematik, ›objektives‹ Tatsachenwissen zu erhalten, wird deutlich, daß Molitor den Gegenstand Moral mit dem Wissenschaftsprogramm der Wirtschaftstheorie – wie er es vertritt – zu erfassen versucht. Die Ethik bzw. konkret Wirtschaftsethik, die Molitor damit vertritt, ist somit Ethik aus der Perspektive der Wirtschaftstheorie.

Meine kritische Auseinandersetzung mit Molitor setzt diese Perspektive Molitors zunächst erst einmal voraus, das heißt ich stelle sie nicht grundsätzlich in Frage. Kritik und Würdigung erfolgen zwar von einem anderen Ethikverständnis

---

209. Vgl. Molitor (Wirtschaftsethik, 1989), S. V und 6 mit Verweis auf Poppers (Die offene Gesellschaft 1945, 1992, S. 293, Anmerkung 88) abwertendes Urteil über die »wissenschaftliche Ethik«.
210. Vgl. Molitor (Wirtschaftsethik, 1989), S. 4 (Hervorh. i. O. fett).

aus, es sollen jedoch primär Stärken und Defizite benannt werden, die in der Durchführung der von Molitor beanspruchten Perspektive gesehen werden[211].

Im folgenden wird zunächst die handlungstheoretische Fundierung von Molitors Moralverständnis kritisch untersucht (5.1.1). Sodann wird die Hauptkritik an diesem Moralverständnis – die Reduktion der Moral auf Normen – ausgeführt (5.1.2). Anschließend wird eine Implikation dieser Kritik entfaltet: Molitors Vermeidung der ethischen Zieldiskussionen (5.1.3). Diese Implikation kann jedoch auch als Entlastungsstrategie Molitors interpretiert werden, so daß sich erst von hier aus seine Reduktion der Moral auf Normen verstehen läßt. Aufgrund seines Präferenzpositivismus vermeidet Molitor die Zieldiskussionen, weil er sie immer schon für entschieden hält oder weil er in ihnen den unlösbaren Streit der Ideologien sieht. Daher setzt sich der abschließende Abschnitt mit dem Problem der Ideologie auseinander (5.1.4).

5.1.1 Die handlungstheoretische Fundierung von Moral

Molitor verortet Moral in der vernunftgetragenen Willensentscheidung handelnder Personen. Mit der Unterscheidung der fünf »Komponenten« einer Handlung legt er jedoch noch keine ausgeführte Handlungstheorie vor. Aber er gibt Rechenschaft darüber, welche Aspekte der Handlung er wahrnimmt und betont. Das Hauptproblem seiner Handlungskonzeption besteht darin, daß nicht deutlich wird, wie ethisch-orientierende Gewißheiten gebildet werden und wovon sie abhängen. Seine Darstellung läßt offen, in welcher Weise die Affekte den Willen und die Zwecksetzungen bestimmen. Dies ist eine Frage, die in der Tugendethik eine zentrale Rolle spielt. Es muß geklärt sein, durch welche Bildungsprozesse eine Person in die Lage kommt, moralische Handlungen zu vollziehen. In der Darstellung mißt Molitor zwar dem Willen eine zentrale Rolle zu, aber es bleibt unklar, was den Willen inhaltlich bestimmt. Mit Recht nennt Molitor die Affekte. Ihre bloße Nennung und ihre Identifizierung mit dem Eigeninteresse oder Altruismus legt jedoch die Deutung nahe, daß die so beschriebenen Affekte die Zwecksetzung des Willens bestimmen. Damit liegt bei Molitor der für die Wirtschaftstheorie typische Präferenzpositivismus vor, nach dem das Gegebensein von Präferenzen nicht hinterfragt wird. Dies gilt auch für den Fall, daß wie bei Gary S. Becker nach tieferliegenden Präferenzen gefragt wird, weil auch Becker diese nur aufzählt und nicht ihre Entstehung untersucht (siehe unten die Kritik in Kapitel VI.5.2.3)[212]. Wenn der Präferenzpositivismus überwunden werden soll, muß die Bildung und die Funktion der Affekte in einer Affektenlehre entwickelt werden, in der die Prägung der Grundausrichtung des Lebensgefühls eines Men-

---

211. Vgl. zum Problem externer und interner Kritik Hartwig (Institutionenanalyse, 1987), S. 164.
212. Vgl. Becker (Ansatz, 1976, 1982), S. 4.

schen thematisiert wird (siehe dazu unten meine Ausführungen in Kapitel V. 5.1.1.2). Molitor unterläßt es also, die durch den Willen zu vollziehenden Zwecksetzungen zu untersuchen. Er erwähnt sie zwar, aber er reflektiert ihr Entstehen und ihre Wirkungsweise nicht weiter[213]. Auch im Kontext der Frage nach den Motiven der Normbefolgung geht Molitor auf diese Zusammenhänge nicht ein[214]. Diese Ausklammerung ist Ausdruck und eine Folge seiner *funktionalen Betrachtung der Moral*, durch die er sich in der Außenperspektive auf die Wahrnehmung von »Komponenten« von Handeln beschränkt. Molitor verzichtet darauf, vor dem Hintergrund einer Handlungs- und Subjektivitätstheorie den Zusammenhang der »Komponenten« zu erfassen.

Die Verortung der Moral im Handeln der Personen begründet Molitors Betonung der individualethischen Ebene in seiner Wirtschaftsethik. Die sozialethische Ebene kommt für ihn als Ordnungstheoretiker jedoch dadurch in den Blick, daß die wirtschaftlichen Institutionen, die die Rahmenbedingungen des individuellen Handelns bilden, durch politische Akteure gestaltet werden müssen. Wie die Darstellung von Molitors Ordnungstheorie gezeigt hat, zieht Molitor bei den Gestaltungsvorschlägen auf der Ordnungsebene nicht einfach individualethische Kriterien heran, sondern er argumentiert ordnungstheoretisch mit Funktionserfordernissen der Wirtschaftsordnung. Molitor gelingt so eine Gleichgewichtung von sozialethischer und individualethischer Perspektive und er legt eine nachvollziehbare Beziehung beider vor.

5.1.2 Rechtsregeln als Paradigma für moralische Regeln

Die wichtigste Konsequenz aus Molitors ökonomischer Perspektive auf den Gegenstand der Moral stellt seine Analogiebildung zwischen Recht und Moral dar. Molitor versteht die Moral vom Paradigma der Rechtsregeln her. Diese Übertragung ist ihm möglich, weil er *Moral überhaupt primär als Normen* thematisiert. Die funktionale Betrachtung Molitors legt diese Sichtweise nahe. Daß Recht und Moral (das »gerechte« Verhalten) in einem bestimmten Zusammenhang stehen, kann als unbestritten gelten. Der Inhalt eines Rechtssystems einer Gesellschaft *kann* teilweise oder weitgehend auf moralischen Normen basieren. Nach Molitor und Hayek kann der Unterschied zwischen den moralischen Regeln und den Rechtsregeln darin gesehen werden, daß der Verstoß gegen Rechtsregeln eine staatliche, also durch das Gewaltmonopol gestützte, Sanktion nach sich zieht, während beim Verstoß gegen Moralregeln mit gewaltlosen Sanktionen des näheren sozialen Umfeldes zu rechnen ist. Moral- und Rechtsregeln wirken dabei nach Molitor und Hayek jedoch formal gleichartig, nämlich *als Beschränkung*

---

213. Vgl. jedoch die Bedeutung der Zwecke, die ihnen nach Molitor (Wirtschaftsethik, 1989, S. 65f.) im Modell des homo oeconomicus zukommt.
214. Vgl. Molitor (Wirtschaftsethik, 1989), S. 25f.

von Handlungsmöglichkeiten und nicht in der Bestimmung von Handlungszielen.
Demgegenüber ist jedoch zu berücksichtigen, daß Rechtsregeln zwar in der Tat als Handlungsregeln wirken, daß aber moralische Regeln die Wahl von Handlungsoptionen nicht nur beschränken, sondern darüber hinaus aufgrund ihres Inhalts auch *orientieren*. Der Inhalt von Moralregeln steht in einem Zusammenhang mit den Motiven und den Zielen einer Handlung. Molitors Beschränkung auf den Aspekt der Regel hat zur Folge, daß er bei der Thematisierung der Motive nicht hinreichend differenziert und daß er präferenzpositivistisch auf Zieldiskussionen in seiner Wirtschaftsethik verzichtet.

5.1.3 Der Verzicht auf die Begründung von Zielen

Die *Funktion* der Normen wird von Molitor als Überwindung von Konflikten zusammengefaßt[215]. Einen Zusammenhang der Normen mit den Zielbestimmungen der Akteure wird von Molitor zwar angedeutet, aber nicht systematisch gewürdigt. Die Begründung von Normen wird vornehmlich in der »sachlichen« Analyse von Konfliktursachen gesehen, die durch logisch ableitbare Normen überwunden werden können. Entscheidend sind in diesem Prozeß nach Molitor »gute Gründe«. Eine Begründung von Normen durch eine Zieldiskussion kommt für ihn nicht in Betracht. Die Zieldiskussion muß nicht geführt werden, weil er sie aufgrund gleichgerichteter Zielvorstellungen immer schon für entschieden hält. Es kommen durchaus Konflikte vor, die (zunächst) der Beschreibung Molitors entsprechen. Molitor hat, so ist zu vermuten, die politischen Konflikte der praktischen Wirtschaftspolitik vor Augen. So besteht zum Beispiel beim Problem der Massenarbeitslosigkeit insofern Einigkeit über das Ziel, als daß alle Beteiligten (Politiker, Gewerkschaften und Unternehmer- und Sozialverbände, Initiativgruppen usw.) eine Reduktion der Arbeitslosigkeit anstreben. Der Streit hingegen dreht sich um die zu ergreifenden Maßnahmen und Instrumente der Finanz-, Sozial-, Steuer- und Arbeitsmarktpolitik. Allerdings macht dieses Beispiel auch deutlich, daß die Beurteilung der Maßnahmen und Instrumente zwar auch, aber nicht nur als »wertfreie Behandlung von Sachproblemen« zu begreifen ist. In die Beurteilung von Maßnahmen und Instrumenten, also in die Beurteilung von »Mitteln«, gehen demgegenüber auch Zielvorstellungen bezüglich der gesellschaftlichen Gestaltung, der Zumutbarkeit von Belastungen usw. ein, über die unter den Beteiligten keine Einigkeit besteht[216]. So kann über ein »isoliertes« Ziel ggf. leicht Einigkeit unterstellt werden. Dies ist aber abstrakt ge-

---

215. Vgl. Molitor (Wirtschaftsethik, 1989), S. 18 und 24.
216. Entsprechend hat Molitor (Werturteil, 1963, 1979, S. 279) in seinem frühen Aufsatz zum Werturteilsstreit akzentuiert: »Die Theorie ist außerstande, die Mittelproblematik – ›wenn immer nur die Ziele gegeben sind‹ – moralisch zu neutralisieren. Folglich kann sie dem Politiker auch hier nicht die *Entscheidung* abnehmen«.

dacht und läßt die Interdependenz einerseits der Ziele untereinander und andererseits der Ziele und Mittel unberücksichtigt. In der Anlage von Molitors Entwurf hat der Verzicht auf eine Zieldiskussion eine *Entlastungsfunktion*. Molitor verzichtet auf sie und marginalisiert sie auf diese Weise.

Molitor spricht zwar von der »Begründung« von Normen, aber genau besehen verzichtet er auf Begründungen im Sinne einer Herleitung von Normen. Dies steht in einer Spannung zu Molitors Bestimmung des Ortes der Moral, dem vernunftgetragenen Willen der einzelnen Person. Wenn der Wille diese Funktion für das Handeln hat, dann muß reflektiert werden, unter welchen Bedingungen eine Willensentscheidung gefällt wird. Für sie ist jedenfalls wesentlich, daß sie nur in einem spezifischen Zielhorizont als Wahlakt möglich ist. Anderenfalls liegt ein *reiner Dezisionismus* vor. Molitor stimmt diesem Sachverhalt prinzipiell zu. Er erwähnt die Bedeutung der »Überzeugung« der einzelnen Person für ihr Handeln[217] und er nennt Ziele einer Handlung prinzipiell moralrelevant[218]. Doch er räumt diesen Sachverhalten in seinem Entwurf keine systematische Bedeutung ein. Bei der Diskussion des homo oeconomicus, des Handlungsmodells der Wirtschaftstheorie, stößt Molitor auf die gleiche Fragestellung (siehe oben Kapitel 3.3.2). Nach Molitor wird in diesem Modell diejenige Handlungsalternative gewählt, die für die »Zwecke, die der einzelne verfolgt, am günstigsten erscheint (Wahlhandlung)«, wobei die »Zwecke« für Molitor – hier folgt er neueren Interpretationen – Wertkategorien oder Wertgrößen einschließen[219]. Molitor thematisiert hier also wiederum die Zweckfrage, aber er nimmt die Zwecke – entsprechend der gängigen Interpretation des Modells – als gegebene und nicht zu problematisierende Größen an. Dabei könnte gerade dieses Modell, in dem der Zwecksetzung (den Präferenzen) eine konstitutive Bedeutung zukommt, im Kontext einer Wirtschaftsethik auf die Frage der Ermöglichung der Zwecksetzung und der Begründung von Zwecken (Zielen) führen.

5.1.4 Zielbestimmung und Ideologisierung

Im Kontext der Problematik der Inkraftsetzung von Maßnahmen stößt Molitor noch einmal auf das Problem der Zielfindung. Er kann es jedoch umgehen, indem er die Alternative zwischen ideologischen und sachlichen Begründungen aufstellt. Diese Alternative hat sicherlich eine gewisse, jedoch beschränkte Berechtigung. Der Ideologiebegriff in negativer Konnotation ist stets dann notwendig, wenn eine Argumentation kenntlich gemacht werden soll, die offensichtlich eine Immunisierungsstrategie verfolgt. Die schlichte Alternative zwischen sachlicher oder ideologischer Begründung unterstellt jedoch die Möglichkeit einer

---

217. Vgl. Molitor (Wirtschaftsethik, 1989), S. 66 und 17.
218. Vgl. Molitor (Wirtschaftsethik, 1989), S. 30 f.
219. Vgl. Molitor (Wirtschaftsethik, 1989), S. 65 f.

rein sachlichen Entscheidung über Normen, die eine bestehende Konfliktsituation überwindet. Die neutrale Verwendung des Ideologiebegriffs zeigt demgegenüber, daß der Normfindungsprozeß immer von bestimmten Zielvorstellungen geleitet wird, die aufgrund von verschiedenen zugrundeliegenden Interessen kontrovers sind. – Man wird Molitor jedoch sicher aufgrund seiner Praxis in der Politikberatung zugestehen, daß er aus Erfahrung spricht, wenn er den praktischen Ertrag »ideologisch« geführter Gremiendiskussionen nicht hoch einschätzt. Diese müssen nämlich unter anderem dann unproduktiv sein, wenn der Zusammenhang von ethisch-orientierenden Gewißheiten und den zugrundeliegenden Daseinsverständnissen nicht hinreichend klar gesehen wird. Molitors Ansatz klärt diesen Zusammenhang jedoch gerade nicht auf.

In seinem frühen Aufsatz zu »Theorie der Wirtschaftspolitik und Werturteil« (1963) hat Molitor noch weitere systematische Gründe angeführt, warum er sich von einer expliziten Zieldiskussion nicht viel verspricht. *Zum einen* bereitet die Interpretation von Zielbestimmungen deshalb Probleme, weil sie so allgemein formuliert sein können, daß sich eine Bestimmung von Mitteln zur Erreichung des Zielzustandes aus der Zielbestimmung nicht ableiten läßt[220]. Erst die »*Artikulierung auf die gegebene Wirklichkeit*« macht für Molitor einen Wert zu einem »analytisch brauchbaren Ziel«[221]. Er stellt heraus, daß gerade in politischen Auseinandersetzungen statt konkreten, verwirklichbaren Zielen allgemeine »volltönende Leitbilder« propagiert werden, denen aufgrund ihrer Allgemeinheit nicht widersprochen werden kann[222]. *Zum anderen* führt für Molitor die Systematisierung von Werten und Zielen, die bei der Klärung von Zielkonflikten ein wichtiges Verfahren darstellt, zu keinen brauchbaren Ergebnissen[223]. Für ihn werden hierdurch nur leere Formalisierungen erreicht, die in einen unendlichen Regreß der Suche nach obersten »Wertaxiomen« führen[224]. Auch in seinem Entwurf zur Wirtschaftsethik stellt er bezüglich der Zweckrelationen skeptisch fest: »Der unendliche Regreß erscheint vorprogrammiert«[225].

Mit der Allgemeinheit von Zielen spricht Molitor ein wichtiges Problem der Ethik an. Ethische Ziele werden in einem ersten Schritt notwendig allgemein formuliert, weil sie von einem Wirklichkeitsverständnis abgeleitet werden. Dies kann, muß aber nicht, in einer Weise geschehen, daß eine Anwendbarkeit tatsächlich nicht möglich ist. Entscheidend ist, ob die Ziele in einem Zusammenhang zu der durch Normen zu gestaltenden Situation stehen und ob dieser Zusammenhang aufgewiesen werden kann. Molitors Vorbehalt gegen den Regreß

---

220. Vgl. Molitor (Werturteil, 1963, 1979), S. 275.
221. Vgl. Molitor (Werturteil, 1963, 1979), S. 275.
222. Vgl. Molitor (Werturteil, 1963, 1979), S. 291.
223. Vgl. Molitor (Werturteil, 1963, 1979), S. 285 ff.
224. Vgl. Molitor (Werturteil, 1963, 1979), S. 286 f., mit Verweis auf einen Vorschlag Max Webers, vgl. Weber (›Wertfreiheit‹, 1918, 1988), S. 510.
225. Vgl. Molitor (Wirtschaftsethik, 1989), S. 20.

in der Zielableitung provoziert die Frage, ob und in welcher Weise jeweils *ein* höchstes Ziel oder *ein* höchster Wert vorausgesetzt werden muß.

Molitor hält die Gremien des politischen Tagesgeschäfts für ungeeignet, Zieldiskussionen zu führen. Diese Einschätzung hat eine gewisse Plausibilität. Allerdings stellt sich dann die Frage, an welchen *anderen* institutionellen Orten »ideologische« Differenzen und ihre Hintergründe offengelegt und als Zielkonflikte ernst genommen werden können. Die »Sachfragen« lassen sich nicht als reine Mittelanalyse beantworten. Die mit ihnen verbundenen Zielfragen müssen in der Gesellschaft an bestimmten institutionellen Orten dem Diskurs zugänglich gemacht werden. Dies ist notwendig, damit gesellschaftsrelevante Zielkonflikte nicht nur machtpolitisch, sondern auch aufgrund von Verständigung entschieden werden.

5.2 Ethische Implikationen ökonomischer ›Tatsachen‹

Das Programm von Molitors wirtschaftsethischem Entwurf lautet: Dem wirtschaftlichen Verhalten werden keine Normen von außen »übergestülpt«, sondern sie werden, »aus den Tatbeständen einer Gesellschaftswirtschaft, ihren Zielsetzungen und Funktionserfordernissen« abgeleitet[226]. Der *Kern* seines Ansatzes ist somit darin zu sehen, daß er aus den Funktionsbedingungen der Wirtschaft die Funktionserfordernisse ableitet und diese abgeleiteten Erfordernisse als ethische Urteile versteht. Die Kritik an diesem Konzept verläuft auf drei Ebenen: Ich beginne mit der kritischen Untersuchung von Molitors ökonomischen Grundkategorien (5.2.1). Diese stellt sich dem Anspruch Molitors, die Grundtatsachen der Wirtschaft aufzuzeigen. Es folgt die kritische Würdigung des ökonomischen Funktionalismus und damit eine (erste) Auseinandersetzung mit Molitors zentralem Anspruch, die Moral aus den Funktionserfordernissen der Wirtschaft abzuleiten (5.2.2). Molitor entfaltet sein Verständnis von Wirtschaft in seiner Darstellung des »Sachgerüsts« Wirtschaft. Die hier vorgelegte Analyse hat *fünf* Bestimmungen von Wirtschaft bei Molitor herausgearbeitet, die aufeinander aufbauen und die nur insofern in Spannung zu einander stehen, als sie auf ein grundsätzliches Problem der *Gegenstandsbestimmung* der Wirtschaftstheorie verweisen. Damit muß schließlich die Kritik der ökonomischen Methodik in den Blick kommen, auf der letztlich auch die Kritik der Grundkategorien und des Funktionalismus basiert (5.2.3).

---

226. Vgl. Molitor (Wirtschaftsethik, 1989), S. V.

5.2.1 Ethische Implikationen ökonomischer Grundkategorien

Im folgenden untersuche ich Molitors wirtschaftliche Grundkategorien. Ich beginne mit seinem Güterbegriff und zeige, daß Molitor die Unterscheidung verschiedener Güterarten nicht hinreichend berücksichtigt (5.2.1.1). Es folgt eine Erörterung des für die Wirtschaftstheorie zentralen Begriffs der Knappheit, bei der ein kulturinvariantes und ein kulturvariantes Moment unterschieden werden (5.2.1.2). Im dritten Schritt zeige ich zunächst positiv den Gehalt des Begriffs des Tausches als Win-Win-Situation auf (5.2.1.3), um dann kritisch das Problem der Freiwilligkeit (5.2.1.4) und die Rolle der Wertvorstellungen beim Tausch zu untersuchen (5.2.1.5). Abschließend resümiere ich meine Thesen der ethischen Implikationen ökonomischer Kategorien (5.2.1.6).

5.2.1.1 Die Unterscheidung verschiedener Güterarten

Molitor steht in der Tradition Mengers, wenn er den Güterbegriff als einen Relationsbegriff zum Begriff des Bedürfnisses einführt. Der Güterbegriff teilt den unbegrenzten Bedeutungsinhalt des Bedürfnisbegriffs. Damit kann nicht ausgesagt werden, was bezogen auf die Bedürfnisse menschlichen Handelns, *nicht* ein wirtschaftliches Gut ist[227]. Denn für die Wirtschaftstheorie gilt: Ein Gut ist das, was ein Bedürfnis befriedigt und auf diese Weise einen Nutzen bringt. Es ist zwar auch eine sinnvolle Verwendung des Begriffs möglich, wenn er ganz formal im aristotelischen Sinn als reiner Zielbegriff des Handelns gebraucht wird[228]. Seine Intention ist daher auch nicht leer. Der Begriff schließt nur in bezug auf die Bedürfnisse nichts als mögliches wirtschaftliches Gut aus. Seine Intention kann aber erheblich gesteigert werden, wenn wirtschaftliche Güter zum Beispiel von politischen und kulturellen (wie etwa wissenschaftlichen und religiösen) Gütern unterschieden werden. Diese Unterscheidung wird dann relevant und notwendig, wenn die Kooperationsformen und institutionellen Bedingungen der Erlangung von wirtschaftlichen Gütern untersucht und unterschieden werden. Es müssen daher nicht nur, wie in der Mikroökonomie üblich, verschiedene Güterarten der Klasse ›wirtschaftliche Güter‹, sondern überhaupt verschiedene Güterklassen unterschieden werden, unter denen die wirtschaftlichen Güter eine Klasse bilden. Allen Gütern der verschieden Güterklassen kann dabei die Eigenschaft der Knappheit zukommen. Doch es wird mit verschiedenen Arten von Knappheit zu rechnen sein, denen auch mit unterschiedlichen Strategien begegnet wer-

---

227. Die Bedürfnisse beziehen sich nach Molitor auch auf »freie« Güter, nur daß diese dadurch gekennzeichnet sind, daß sie nicht knapp sind, wie etwa in früheren Verhältnissen die Luft.
228. Vgl. Aristoteles (Nikomachische Ethik), 1094 a 1: »Jede Kunst und jede Lehre, ebenso jede Handlung und jeder Entschluß scheint irgendein Gut zu erstreben. Darum hat man das Gute als dasjenige bezeichnet, wonach alles strebt.«

den muß oder die gegebenenfalls auch gar nicht mit menschlichen Mitteln zu überwinden sind. So können zum Beispiel nach evangelischem Verständnis Erschließungsgeschehen von Menschen gar nicht ›produziert‹ werden, obwohl sie ›knapp‹ sind. Es können allenfalls ihre notwendigen Bedingungen geschaffen werden. Auch Güter, die im Kontext von Erziehung und Bildung angestrebt werden, stehen unter Knappheitsbedingungen. Doch ihre Eigenart kann nur bestimmt werden, wenn Vergleichbarkeit *und* Differenz zu der Knappheit ökonomischer Güter bestimmt wird.

5.2.1.2 *Knappheit als Grundtatsache der Wirtschaft*

Bei der Analyse von Knappheit habe ich in Interpretation der knappen Ausführungen Molitors fünf verursachende Faktoren unterschieden (siehe oben 3.2): 1) die natürliche Begrenztheit der Ressourcen, 2) die Konkurrenz mehrerer Personen in der Nachfrage nach gegebenen Ressourcen und Gebrauchsgütern, 3) die Begrenztheit der Einsatzfaktoren, 4) die Restriktion durch die Zeit und schließlich 5) die Unbegrenztheit der Bedürfnisse. Die Erläuterungen dieser Faktoren hat gezeigt, daß die Knappheit *wirtschaftlicher* Güter einerseits einen situationsunabhängigen und andererseits einen situationsabhängigen Sachverhalt darstellt. Da die Handlungssituationen maßgeblich aufgrund von kulturellen Faktoren differieren, kann man sagen, daß Knappheit einen *kulturinvarianten* und einen *kulturspezifischen* Aspekt umfaßt. Kulturinvariant ist die Knappheit wirtschaftlicher Güter insofern, als die Naturgesetze, die Konkurrenzsituation der Nachfrager, die Unausweichlichkeit von Entscheidungssituationen und Bedürfnissen aufgrund der körperlichen Verfaßtheit des Menschen kulturübergreifend bestehen. Knappheit gehört somit zu den konstanten Bedingungen personalen Handelns. Knappheit ist jedoch auch ein kulturspezifischer und bei weiterer Differenzierung ein milieu- und personspezifischer Sachververhalt, weil die Bedürfnisse von Personen und Gruppen sich in einem sozial und kulturell vermittelten Bildungsprozeß ausbilden. Beide Momente müssen zugleich und in ihrem sachlichen Verhältnis gesehen werden. Die Betonung der *Relativität* der Knappheit darf nicht in einen Gegensatz zu dem kulturübergreifenden Moment gestellt werden und die Herausstellung als »*Grundtatsache*« darf nicht die kulturellen Entstehungsbedingungen von Bedürfnissen ausblenden. Die beiden Momente stehen jedoch auch nicht einfach nebeneinander. Ihr sachliches Verhältnis besteht darin, daß aufgrund der kulturinvarianten Faktoren die Knappheit wirtschaftlicher Güter in der Tat zu einem Grundsachverhalt des menschlichen Wirtschaftens gehört, daß aber diese Knappheit in ihrer konkreten Wirkung und vor allem in ihrer Wahrnehmung kulturell verschieden ist. Die Knappheit wirtschaftlicher Güter ist damit nicht einfach als ›empirische Tatsache‹ gegeben. Dieses Mißverständnis könnte Molitors Rede von einer »Grundtatsache« hervorrufen. Die Knappheit ist ein kulturinvarianter Sachverhalt, der nicht einfach als Beobachtungsgegenstand identifiziert werden kann, sondern dessen konkrete Wirkungen jeweils in einer bestimmten Perspektive wahrgenommen werden. Die Kennzeichnung der Knappheit als Sachverhalt ist notwendig, um einerseits deutlich zu machen, daß die Auswirkungen der Knappheit zwar kulturell verschieden auftreten, *daß* sie aber stets und in jeder wirtschaftlichen Handlungssituation vorkommen. Andererseits bleibt festzuhalten, daß die Auswirkungen der Knappheit kulturell verschieden wahrgenommen werden, daß sie sogar geleugnet werden können, daß ihre Auswirkungen die Handlungsbedingungen jedoch maßgeblich beeinflussen.

Es läßt sich zusammenfassen: Molitors Intention ist, unumstößliche Grundtatsachen der Wirtschaft aufzuzeigen, indem er das situationsunabhängige und kulturinvariante Moment der Knappheit herausstellt. Die Knappheit und damit die Spannung zwischen den (nicht einfach gegebenen) Bedürfnissen und den verfügbaren *wirtschaftlichen* Gütern stellt in der Tat eine solche Grundtatsache der Wirtschaft dar. Doch sie stellt sich, wie gezeigt wurde, differenzierter dar, als Molitor dies zumindest in diesem Kontext ausführt. Der Sachverhalt der Knappheit von Gütern kann jedoch ebensowenig mit dem Hinweis auf sozial und kulturell verschiedene Bedingungen überspielt und damit *geleugnet* werden. Die Knappheit wirtschaftlicher Güter hat ein kulturinvariantes und ein kultur-, milieu- und personenspezifisches Moment. Sie ist damit eine *interpretationsbedürftige* »Grundtatsache«, deren Klärung einerseits die Differenzierung der Güterarten und andererseits das kritische Hinterfragen der sozial und kulturell bedingten Bedürfnisse herausfordert. Die Bestimmung der Knappheit von sonstigen Güterarten bedarf einer eigenen Reflexion, bei der teils analoge Überlegungen und teils für die jeweiligen Güter spezifische Momente relevant sind.

5.2.1.3   Der Tausch als Win-Win-Situation

Da der Tausch die grundlegende Institution der Wirtschaft darstellt, soll er in den folgenden drei Abschnitten eingehender erörtert werden. Ich stimme Molitor grundsätzlich zu, wenn er behauptet, daß der Tausch den »Nutzen« und den »Wohlstand« der Tauschpartner *steigert*. Allerdings gilt dies nur unter bestimmten institutionellen Voraussetzungen, die Molitor seinerseits nicht thematisiert. Die Begriffe »Nutzen«, »Gesamtnutzen« und »Wohlfahrt« werden von Molitor in diesem Zusammenhang noch inhaltlich sehr unbestimmt gebraucht. Es ist zunächst vornehmlich an einen materiellen und monetär faßbaren Nutzen zu denken. Ein verbreitetes *Ressentiment* gegenüber ›der‹ Wirtschaft beruht darauf, die beiderseitige Nutzensteigerung durch Tausch zu verkennen. Im Gegensatz zum Tausch stellt die konfliktdominierte Bedürfnisbefriedigung auf Kosten anderer ein »Null-Summen-Spiel« dar[229]. Denn die konfliktdominierte Situation ist dadurch gekennzeichnet, daß ein Akteur etwas bekommt, was einem anderen Akteur entzogen wird. Der Gewinn und der Verlust entsprechen sich dabei und

---

229. Vgl. Molitor (Wirtschaftsethik, 1989), S. 40f.

gehen zu ›Null‹ auf[230]. Der Tausch ist dagegen eine ›Win-Win-Situation‹. Beide Akteure stehen im Tausch stets in der Doppelposition des Anbieters und Nachfragers. Sie gewinnen dadurch etwas, daß sie jeweils ein Gut im Tausch geben, dessen Wert sie subjektiv für ihren Gebrauch niedriger einschätzen als das Gut, das sie im Tausch nehmen[231]. Somit steigt auch der Gesamtnutzen, weil beide Akteure ihren subjektiv wahrgenommenen Nutzen steigern können. Diese Deutung des Tausches als Win-Win-Situation setzt jedoch bestimmte institutionelle Regelungen voraus. Um sich diesem Sachverhalt zu nähern, ist zu fragen, welchen methodischen Status Molitors Bestimmung des Tausches hat. Hierbei kommen das Problem der Freiwilligkeit des Tausches sowie die Rolle der Wertvorstellungen beim Tausch in den Blick, was im folgenden erörtert wird.

5.2.1.4 Das Problem der Freiwilligkeit des Tausches

Molitor versteht den Tausch als einen Transfer, der ›nur‹ zustande kommt, »wenn beide Partner sich von ihm je einen Vorteil versprechen«[232]. Der Wenn-Satz formuliert eine Bedingung, die erfüllt sein muß, damit ein Tausch vorliegt. Diese Bedingung impliziert ein wesentliches Kennzeichen des Tausches, nämlich die *Freiwilligkeit*. In diesem Sinn versteht auch Buchanan den ökonomischen Tausch: »Die Individuen können aufgrund freiwilliger Entscheidungen ohne Zwang oder Drohungen miteinander Handel treiben. [...] Die Tauschpartner unterscheiden sich möglicherweise in vieler Hinsicht. Beim Tausch selbst treten sie jedoch einander als gleichberechtigte Partner gegenüber«[233]. Molitor und Buchanan verstehen den »Tausch« nicht als ein Konstrukt unter Idealbedingungen, sondern als einen Sachverhalt der Erfahrungswelt. Dann ist jedoch zu fragen, unter welchen Bedingungen ein Transfer von Gütern wirklich freiwillig und »ohne Zwang oder Drohung« stattfindet. Buchanans Grundthese ist, daß der Tausch als freiwilliger Transfer nur aufgrund von festgelegten und garantierten Eigentumsrechten stattfinden kann[234]. Mit der Thematisierung der Voraussetzungen wirtschaftlicher Transfers greift Buchanan das Hauptanliegen der Property-Rights-Theorie auf. Property-Rights umfassen die Eigentumsrechte an einem Gut im juristischen Sinn, doch sie gehen darüber hinaus und umfassen auch die durch Sitte gewachsenen Regeln, durch die die Verfügungsrechte an Gütern bestimmt werden[235].

Wenn die Verfügungs- und Nutzungsrechte nicht eindeutig bestimmt sind, wird die Transfersituation von großen Unsicherheiten belastet. Es droht dann stets die gewaltsame Aneignung der gewünschten Güter, der mit kostspieligen

---

230. Allerdings ist dies auch nur eine grobe Beschreibung, denn in der Regel wird der Grenznutzen zweier konfligierender Akteure nur selten exakt gleich hoch sein.
231. Siehe auch Weise et al. (Neue Mikroökonomie, 1991), S. 100 ff.
232. Vgl. Molitor (Wirtschaftsethik, 1989), S. 41.
233. Buchanan (Grenzen, 1975, 1984), S. 25.
234. Vgl. Buchanan (Grenzen, 1975, 1984), S. 11 ff. und 24 f.
235. Vgl. Leipold (Wirtschafts- und Gesellschaftssysteme, 1975, 1988), S. 21.

Vorsichtsmaßregeln vorgebeugt wird. Aufgrund dieser Überlegungen ist deutlich, daß der Tausch nicht, wie Molitor es in *diesem* Kontext formuliert, die grundlegende Institution der Kooperation ist, sondern daß rechtliche – moralisch fundierte – Regelungen von Eigentums- und Nutzungsrechten eine noch fundamentalere Institution darstellen. *Das Rechtssystem garantiert erst, daß ein Transfer freiwillig erfolgt und damit der Transfer als Tausch vollzogen wird.* Das Rechtssystem funktioniert seinerseits wiederum nur aufgrund *der durch politische Macht gesicherten, faktischen Geltung* bestimmter moralischer Normen. Langfristig stabil sind diese durch Macht gesicherten Normen, wenn sie sich in Konsensprozessen bewähren.

Diese Überlegungen sind für den Kontext der Wirtschaftsethik deshalb wichtig, weil die Freiwilligkeit des Gütertransfers durch einseitige *Machtpositionen* gefährdet wird. Walter Eucken hat in seinem methodischen Hauptwerk, »Die Grundlagen der Nationalökonomie«, das Problem der wirtschaftlichen Macht thematisiert[236]. Wirtschaftliche Macht besteht in der Möglichkeit der Beeinflussung von Angebot oder Nachfrage und damit in der Möglichkeit der Beeinflussung des Preises[237]. In den Marktformen und damit den Marktsituationen des Monopols und des Oligopols bestehen die größten, in der Marktform der vollständigen Konkurrenz fast keine Möglichkeiten für Machtpositionen[238]. Entscheidend ist dabei jedoch die Position des potentiell Abhängigen. Macht hat nur, wer einen Transferpartner hat, dem sich keine Ausweichmöglichkeiten bieten. In der ökonomischen Theorie heißt dies: »Je größer die Elastizität der Nachfrage ist, um so geringer ist die Machtstellung des Anbieters« und: »Je weniger das Angebot elastisch ist, um so geringer ist die Macht des Anbieters«[239]. Beispiele sind für den ersten Fall der Kauf eines übersteuerten, aber notwendigen und nicht substituierbaren Produkts von einem Monopolisten und für den zweiten Fall die Situation eines Arbeiters, der gezwungen ist, seine Arbeitskraft als Gut anzubieten. Die fehlenden Ausweichmöglichkeiten können zu einem Güter- oder Nutzungstransfer nötigen, der zwar willentlich und ohne äußeren Zwang, aber nicht letztlich ›freiwillig‹ vollzogen wird. Nach der von Molitor und Buchanan gegebenen Bestimmung dürfte in diesen Fällen nicht von einem Tausch gesprochen werden.

---

236. Vgl. Eucken (Grundlagen, 1939, 1959), S. 196 ff.
237. Vgl. Eucken (Grundlagen, 1939, 1959), S. 201. Er behandelt das Thema, indem er die vielfältigen historischen Formen der Macht durch seine Marktformenlehre systematisiert und dann mit der ökonomischen Theorie die Auswirkungen der Macht generell bestimmt.
238. Vgl. Eucken (Grundlagen, 1939, 1959), S. 199 f. und 202.
239. Eucken (Grundlagen, 1939, 1959), S. 203. Die Elastizität drückt die Wirkung einer unabhängigen Größe (zum Beispiel der Preis) auf eine abhängige Größe aus (zum Beispiel die Menge). Die Wirkung ist groß, wenn ein Akteur nicht flexibel reagieren kann und keine Ausweichmöglichkeiten hat.

5.2.1.5 Die Rolle von Wertvorstellungen beim Tausch

In der Mikroökonomie stellt jeder Gütertransfer einen »Tausch« dar[240]. Auch die Situation, in der ein Verbrecher einen Spaziergänger vor die Alternative »Geld her oder das Leben!« stellt, kann somit als eine »Tauschsituation« interpretiert werden[241]. Nach Weise läßt sich der Begriff eines »freien Tausches« kaum positiv bestimmen. Sein Vorschlag zur Lösung des Problems entspricht dem Grundgedanken Buchanans. Es müssen Handlungsbeschränkungen vorliegen, durch die bestimmte, unerwünschte Tauschmöglichkeiten ausgeschlossen werden. Diese Handlungsbeschränkungen werden durch die »herrschenden Wertvorstellungen« festgelegt[242]. Innerhalb dieses Rahmens gelten alle Transfers als frei. Für Weise kommen wie bei Buchanan als Beschränkungen Eigentumsrechte, aber auch moralische Normen in Betracht. Buchanan spricht von »*gleichberechtigten*« Tauschpartnern[243]. Genau diese Gleichbe*rechtigung* zu garantieren, ist die Aufgabe des rechtlich-moralischen Rahmens.

Molitor problematisiert die Bedingungen der Gleichberechtigung der Tauschpartner nicht. Für ihn ist der Tausch eine friedliche kooperative Institution. Genau besehen stellt jedoch jeder Tausch *auch* einen Konflikt dar. Jeder Tausch enthält ein *kooperatives* und ein *kompetitives* Element, weil beide Partner durch den Tausch ihren subjektiven Nutzen erhöhen wollen[244]. Das kompetitive Element bewirkt in einem rechtlich und moralisch gesicherten Rahmen einen Anreiz zu kreativen und produktiven Angeboten und entsprechender Nachfrage. Der rechtliche und moralische Rahmen gewährleistet, wenn er durchgesetzt werden kann, einen Machtausgleich in den Verhandlungspositionen. Unter »unzureichenden« Rahmenbedingungen wird der Konflikt aufgrund von Regeln vollzogen, die im wesentlichen nur von einem Tauschpartner bestimmt werden. In dieser Situation kann das kompetitive Element aufgrund fehlender Gleichbe*rechtigung* zu Benachteiligungen führen. Diese Benachteiligungen werden zwar von den Tauschpartnern aufgrund fehlender Ausweichmöglichkeiten faktisch akzeptiert, von Freiwilligkeit des Tausches kann aber in diesen Fällen nicht uneingeschränkt geredet werden.

Jeder Transfer vollzieht sich in einem – wie auch immer gestalteten – rechtlich-moralischen Rahmen. Krisenphänomene, die Anlaß zu wirtschaftsethischer Reflexion geben, zeichnen sich unter anderem dadurch aus, daß in Frage steht, ob in bestimmten Tauschsituationen die Freiwilligkeit durch den gegebenen rechtlichen und moralischen Rahmen noch hinreichend garantiert wird. Was von den Beteiligten dabei unter Freiwilligkeit verstanden oder als Benachteiligung empfunden wird, hängt von den (nicht einfach herrschenden, sondern stets kontro-

---

240. Vgl. Weise et al. (Neue Mikroökonomie, 1991), S. 100 ff.
241. Zu dem Beispiel vgl. Weise et al. (Neue Mikroökonomie, 1991), S. 107.
242. Weise et al. (Neue Mikroökonomie, 1991), S. 109.
243. Buchanan (Grenzen, 1975, 1984), S. 25.
244. Vgl. Weise et al. (Neue Mikroökonomie, 1991), S. 107.

versen) Wertvorstellungen ab. Recht und Moral bestimmen, was eine Drohung ist und in welchem Fall von Abhängigkeit gesprochen werden muß. Recht und Moral werden jedoch nicht objektiv, sondern *perspektivisch* bestimmt. Selbst der Sachverhalt der Gleichberechtigung, der rein deskriptiv als Gleichbehandlung durch das Gesetz verstanden und geprüft werden kann, ist perspektivisch bestimmt, weil das, was Recht ist und wodurch die Verfügungs- und Nutzungsrechte festgelegt werden, nicht objektiv, zum Beispiel als Naturrecht, sondern perspektivisch aufgrund bestimmter Wertvorstellungen eines Wirklichkeitsverständnisses festgelegt wird. Es ist deutlich, daß damit in dieser Arbeit eine rechtspositivistische Auffassung vertreten wird: Geltendes Recht kann nicht von einem über dem Recht stehenden (naturrechtlichen, allgemeinen) Vernunftstandpunkt letztgültig bewertet werden. Seine faktische Geltung wird durch Machtverhältnisse bestimmt. Seine inhaltliche Ausformung setzt jedoch immer schon ein Wirklichkeitsverständnis voraus. Dieses Wirklichkeitsverständnis kann nur aufgrund eines anderen Verständnisses – also aus einer anderen Perspektive – kritisiert werden.

Die Frage der Vorzugswürdigkeit des rechtlich-moralischen Rahmens wird von Molitor im Kontext der Frage der Moral der Wirtschaftsordnung behandelt (siehe oben 4.2.1). An dieser Stelle soll jedoch schon auf eine *Unterscheidung* aufmerksam gemacht werden, die sich aus den vorstehenden Überlegungen ergeben hat: *Zum einen* wird die Vorzugswürdigkeit des Rahmens mit einem Kriterium beurteilt, das aufgrund der beschriebenen *Funktion* des Rahmens gewonnen wird. Der Rahmen soll durch die Garantie von Verfügungs- und Nutzungsrechten die Bedingung für Tauschvorgänge mit möglichst niedrigen Transaktionskosten ermöglichen. Der Rahmen erhöht die Erwartungssicherheit. Damit ist ein *sachliches Kriterium*, die Erfüllung einer Funktion, zur Beurteilung gewonnen. *Zum anderen* wird die Vorzugswürdigkeit des Rahmens, wie gezeigt wurde, aufgrund von stets kontroversen Wertvorstellungen beurteilt. Diese Beurteilung ist *perspektivisch*, da sich die Wertvorstellungen von einem Wirklichkeitsverständnis ableiten. Die Kriterien müssen daher auf der Grundlage dieses Wirklichkeitsverständnisses gewonnen werden. Das Verhältnis dieser beiden Aspekte der *einen* Beurteilung muß geklärt werden. *Weder* kann der Rahmen rein sachlich beurteilt werden, weil auch die Erkenntnis der Funktion des Rahmens und damit die Anwendung des sachlichen Kriteriums nicht einfach objektiv oder von einem neutralen Standpunkt erfolgt, *noch* beruht die Beurteilung auf rein perspektivischen Wertungen, eben weil der situationsunabhängige Funktionszusammenhang von Rahmen und Tauschvorgängen unabhängig von seiner Wahrnehmung besteht. Dieser Funktionszusammenhang kann zwar durch ein bestimmtes Menschen- und Gesellschaftsverständnis, das hinter bestimmten Wertvorstellungen liegt, verkannt oder geleugnet, aber *nicht unwirksam* gemacht werden. Die Klärung der Verhältnisbestimmung der Beurteilung einerseits aufgrund der sachlichen Funktion und andererseits aufgrund der Wertvorstellung ist eine der *Hauptaufgaben der Wirtschaftsethik*.

5.2.1.6 Ethische Voraussetzungen ökonomischer Kategorien

Wirtschaft als institutionalisierte Kooperation (3.4) stellt Molitors Bestimmung dessen dar, was für ihn Wirtschaft als *gesellschaftlicher Bereich* bedeutet. Diese Bestimmung führt über die ersten drei eher formalen Bestimmungen von Wirtschaft als Befriedigung unbegrenzter Bedürfnisse, als Mittel zur Überwindung von Knappheit und als rationales Verhalten hinaus. Durch die Skizzierung der drei grundlegenden Institutionen Tausch, Arbeitsteilung und Geld, die die wirtschaftliche Kooperation ermöglichen, hat sich, wenn auch vage, ein gesellschaftlicher *Bereich* »Wirtschaft« abgezeichnet, dem diese institutionalisierte Kooperation zuzuordnen ist. Dabei hat sich gezeigt, daß die Wirtschaft spezifische Leistungen anderer gesellschaftlicher Bereiche voraussetzt. Die Analyse und Kritik der Institution des Tausches hat deutlich gemacht, daß Tauschhandlungen immer schon die Geltung von Rechts- und Moralregeln voraussetzen, weil ihnen eine bestimmte durch ein spezifisches Daseinsverständnis geprägte Moral zugrunde liegt. Diese immer schon vorfindliche Moral kann in einem ethischen Reflexionsprozeß kritisch offengelegt werden. Die Wirtschaft setzt damit Bereiche voraus, in denen Rechts- und Moralregeln entwickelt werden. *Daß* dieser Funktionszusammenhang der Wirtschaft mit den genannten anderen gesellschaftlichen Bereichen besteht, wird allerdings von Molitor im Zusammenhang des »Sachgerüsts« Wirtschaft *nicht* eigens thematisiert. Molitors Ausführungen zu den grundlegenden Institutionen der Wirtschaft setzen diesen Zusammenhang jedoch implizit voraus – dies hat die Analyse gezeigt. Molitor thematisiert zwar die rechtlich-moralischen Voraussetzungen der Wirtschaft, doch er tut dies nicht im Rahmen des »Sachgerüsts« Wirtschaft, sondern an späterer Stelle unter der Fragestellung der institutionellen Voraussetzungen der Wettbewerbs*ordnung*[245]. Mit dieser Verortung leistet Molitor einer vereinfachten Sicht der Zuordnung von Wirtschaftstheorie und ethischen Fragestellungen Vorschub, derart daß die ›Moral‹ nämlich erst bei der Thematisierung von Ordnungsfragen ins Spiel kommt und daß sie nicht schon bei den grundlegenden Institutionen Tausch, Arbeitsteilung und Geld implizit vorhanden ist und offen gelegt werden muß. Es ergibt sich dabei bei Molitor die problematische Tendenz, *daß die rechtlich-moralischen Regelungen der Ordnungsebene dann einseitig der vorgegebenen Struktur der »Grundtatsachen« Wirtschaft angepaßt werden müssen.* Dagegen hat die durchgeführte Analyse gezeigt, daß der Funktionszusammenhang der Wirtschaft mit gesellschaftlichen Bereichen, in denen rechtliche und moralische Regeln – natürlich nicht unabhängig, sondern in Interdependenz zur Wirtschaft – entwickelt werden, selbst schon zu den »Grundtatsachen« der Wirtschaft gehört. Moral kommt also nicht erst bei Ordnungsfragen ›hinzu‹, sondern die institutionalisierte Kooperation ist immer schon eine durch ein Daseinsverständnis bestimmte und gestaltete Interaktion. Wirtschaften vollzieht sich somit immer

---

245. Vgl. Molitor (Wirtschaftsethik, 1989), S. 77 ff.

schon aufgrund von ›moralischen‹ Entscheidungen. Es ist eine der Aufgaben der Wirtschaftsethik, die ›Moral‹ dieser Entscheidungen zunächst explizit zu machen und dann auch kritisch zu reflektieren. Nur wenn dieser sachliche Zusammenhang von Moral und Wirtschaften gesehen wird, kann die scheinbare Unvereinbarkeit von Ethik und Wirtschaftstheorie überwunden werden und eine sinnvolle Zuordnung gelingen (siehe unten Kapitel VII und VIII).

5.2.2 Relevanz und Grenze des ökonomischen Funktionalismus

5.2.2.1 Die ökonomischen Funktionszusammenhänge

Mit der Bestimmung der Wirtschaft als institutionalisierte Kooperation hat Molitor zunächst nur eine erste und noch nicht hinreichende Bestimmung des Bereichs Wirtschaft gegeben. Die Institutionen Tausch, Arbeitsteilung und Geld konstituieren die Koordination im Bereich Wirtschaft, sie sind jedoch nicht auf diesen Bereich beschränkt, sondern haben auch in anderen gesellschaftlichen Bereichen eine Funktion, das heißt auch in anderen Gesellschaftsbereichen finden arbeitsteilige Tauschhandlungen wirtschaftlicher und nichtwirtschaftlicher Güter statt und das Medium Geld fungiert als Informationsträger. Die Wirtschaft als *gesellschaftlicher Funktionsbereich* bedarf daher noch einer näheren Darstellung, durch die die internen Strukturen dieses Bereichs weiter geklärt werden. Molitors Entwurf bietet gerade für diese Darstellung wichtige Ausführungen. Er beschreibt daher Wirtschaft als Bereich der Allokation von Produktionsfaktoren und der Verteilung und Verwendung von Einkommen (3.5). Die Wirtschaft erfüllt damit die Funktion der Produktion von wirtschaftlichen Gütern mit den beiden Hauptsektoren Produktion und Konsumption. Der Prozeß der Allokation hat einen realgüterwirtschaftlichen (3.5.1) und einen monetären Aspekt (3.5.2). Molitor faßt diesen Prozeß zusammen als ökonomisch-funktionalen »Zusammenhang zwischen Sparen, Kapitalbildung, Investition, Beschäftigung und Produktivitätsfortschritt«[246]. Die vier Hauptsektoren, deren Wirkungen in diesem Prozeß zu berücksichtigen sind, sind für Molitor der Staat, die Unternehmen, die privaten Haushalte und der Kapitalmarkt. Für Molitor sind Allokation und Distribution nicht zwei sich ergänzende Prozesse, sondern durch den Prozeß der Allokation vollzieht sich zugleich die Distribution der Einkommen als *primäre* Einkommensverteilung (3.5.3). Der Begriff der primären Einkommensverteilung wird damit von der Funktionsweise des Marktes abgeleitet. Molitor benennt jedoch auch die spezifischen Grenzen dieses Zusammenhangs in bezug auf die Verteilung und gelangt so zum Begriff der sekundären Einkommensverteilung. Das Problem seiner Argumentation liegt darin, daß er sich als Argumentationsbasis auf die ökonomisch erkennbaren Grenzen des Marktes beschränkt,

---

246. Vgl. Molitor (Wirtschaftsethik, 1989), S. 69.

daß er darüber hinaus aber keinen weiteren Begründungszusammenhang und keine Zielvorstellungen nennt, aufgrund deren beurteilt werden kann, wann und wie die Verteilungsergebnisse des Marktes zu korrigieren sind. Seine Hinweise auf die »moderne Zivilisation«, in der sich manches »von selbst« versteht, zeigen diese Verlegenheit[247].

In seiner Darstellung fundamentaler ökonomischer Zusammenhänge referiert Molitor auf knappem Raum *Grund*aussagen der Wirtschaftstheorie. Das grundsätzliche methodische Problem seiner Darstellung ist, daß Molitor zwar einerseits durch die Wirtschaftstheorie gut begründete wirtschaftliche Zusammenhänge darlegt, deren Kenntnis und Berücksichtigung für jedes wirtschaftsethische Urteil unerläßlich ist, daß er aber andererseits weder andeutet, daß die Erklärung vieler Sachverhalte auch innerhalb der Wirtschaftstheorie umstritten ist, noch daß er die methodischen Voraussetzungen und die mit diesen Voraussetzungen verbundenen inhaltlichen Einschränkungen thematisiert, sondern die modelltheoretischen Annahmen als direkte Tatsachenbeschreibungen wiedergibt. Es ist ohne Zweifel eine Stärke von Molitors wirtschaftsethischem Entwurf, daß er grundlegende ökonomische Zusammenhänge als für die Wirtschaftsethik *relevante Sachverhalte* aufzeigt. Stichhaltig und für ethische Fragestellungen unverzichtbar wird dieses Vorgehen jedoch erst, wenn die methodischen Grenzen – und damit auch die Reichweite – der wirtschaftstheoretischen Grundaussagen markiert werden. Exemplarisch soll dies im folgenden an der Behandlung des technischen Fortschritts bei Molitor untersucht werden.

5.2.2.2 Das ethische Problem des technischen Fortschritts

Eine wichtige Voraussetzung, die Molitor seiner Darstellung der Wirtschaft zugrunde legt, ist seine Annahme einer dynamischen Wirtschaft aufgrund des technischen Fortschritts. Er betrachtet primär die Wirkungen des technischen Fortschritts (3.5.1). Er nennt als Wirkungen, »die alle wollen«, einen hohen Beschäftigungsstand, hohes Lohnniveau und wachsenden allgemeinen Wohlstand[248]. Es ist offensichtlich, daß dies nicht nur Wirkungen des technischen Fortschritts, sondern auch Zielvorstellungen sind. Damit können sie nicht nur einfach konstatiert werden, sondern sie befinden sich als Ziele in einem *weiteren Zielhorizont* und somit muß die Möglichkeit eines Zielkonflikts erwogen werden. Desweiteren ist deutlich, daß insbesondere die Zielvorstellung eines »allgemeinen Wohlstands« als Platzhalter für eine Vielzahl überhaupt erst zu bestimmender Einzelziele steht. Eine Füllung dieses Begriffs wird immer auch von konfligierenden Daseinsverständnissen mit entsprechenden Gesellschaftsverständnissen abhängen. Es ist daher unzureichend, wenn Molitor mit einem anthropologischen ad hoc Hinweis den Menschen als »neugieriges Wesen« mit Liebe zu Verände-

---

247. Vgl. Molitor (Wirtschaftsethik, 1989), S. 59.
248. Vgl. Molitor (Wirtschaftsethik, 1989), S. 50 und auch S. 45 und 47.

rungen kennzeichnet, um dadurch den Zielkonflikt, der etwa durch den technischen Fortschritt *mit*ausgelöst wird, zu umgehen[249].

Der technische Fortschritt wird von Molitor meines Erachtens zu Recht metaphorisch als »Motor der steigenden Arbeitsproduktivität« bezeichnet und er kann damit als einer der entscheidenden Faktoren für steigenden Wohlstand ausgemacht werden[250]. Doch mit dieser Feststellung stellt sich gerade die Frage der *Verantwortung* des technischen Fortschritts, das heißt der Frage der Gestaltung des technischen Fortschritts und der Frage der Abschätzung seiner Folgen und Wirkungen. Diese Folgenabschätzung erfordert eine ethisch zu begründende *Güterabwägung*, die nur aufgrund bestimmter Zielvorstellungen erfolgt. In dieser Güterabwägung werden auch die Ziele Beschäftigungsstand, Lohnniveau und wachsender allgemeiner Wohlstand ihre Rolle spielen. Molitors Behandlung des technischen Fortschritts bestätigt, was als eines der Hauptdefizite seines Ethikverständnisses ausgemacht wurde, daß er Zielkonflikte immer schon für entschieden hält und dadurch marginalisiert.

Molitor hat den funktionalen Zusammenhang von Kapital und Arbeit aufgezeigt (siehe oben 3.5.1). Die Mobilität der Arbeitskräfte ist danach in wachsenden Wirtschaften mit innovativem technischen Fortschritt eine *Strukturnotwendigkeit*. Diese Strukturnotwendigkeit hat in jedem Fall Auswirkungen auf die Einsatzmöglichkeiten des »Faktors Arbeit«. Sie führt nur dann nicht zu dauerhafter Arbeitslosigkeit, wenn der Struktur*notwendigkeit* »Mobilität« durch die *Möglichkeit* von Mobilität entsprochen werden kann. Die Möglichkeit der Mobilität der Arbeitskräfte ist dabei von vielen Faktoren abhängig. An erster Stelle steht die sich wandelnde Qualifikation. Molitor nennt weitere Bedingungen, die sich auf den politischen und den tarifpolitischen Ordnungsrahmen beziehen: Flexibilisierung des Arbeitsrechts, Differenzierung der Tariflöhne und eine beschäftigungsorientierte Lohnpolitik[251]. Die Bedingungen, die Molitor nennt, zielen unter anderem darauf, daß durch Lohndifferenzen hinreichende Anreize bestehen, den Arbeitsplatz zu wechseln und daß das Arbeitsrecht Unternehmen genügend Spielraum gewährt, veränderten Marktentwicklungen ggf. auch durch Kündigungen zu entsprechen. Molitor formuliert damit Anforderungen an die Wirtschaftsordnung, die sich aus dem Funktionszusammenhang von Kapital und Arbeit in einer wachsenden Wirtschaft ergeben.

Mit dem Verweis auf die Qualifikation und den politischen und tarifpolitischen Ordnungsrahmen führt Molitor eine argumentative Ebene ein, die als ordnungstheoretische Perspektive über den unmittelbar modelltheoretischen Zusammenhang von Arbeit und Kapital hinausführt, die jedoch weiter geführt werden muß. Die faktische Mobilität des »Faktors Arbeit«, also von einzelnen Arbeitnehmern/innen, hat Voraussetzungen, die das ganze soziale Gefüge betreffen. Hier

---
249. Vgl. Molitor (Wirtschaftsethik, 1989), S. 47.
250. Vgl. Molitor (Wirtschaftsethik, 1989), S. 45.
251. Vgl. Molitor (Wirtschaftsethik, 1989), S. 46 und S. 56f.

ist insbesondere an die Institution der Familie, der sonstigen primären sozialen Beziehungen sowie an die Bildungsinstitutionen zu denken. Molitor verweist also auf den Ordnungsrahmen, durch den die Bedingungen für Mobilität gesetzt werden. Dieser Ordnungsrahmen umfaßt jedoch nicht nur die Wirtschaftsordnung, sondern das ganze Ensemble der gesellschaftlichen Institutionen, die in ihrer Gesamtheit die Handlungsbedingungen der Gesellschaftsmitglieder bestimmen. Es ist deutlich, daß Molitor ordnungspolitische Folgerungen nur von *einem* Funktionszusammenhang, nämlich dem wirtschaftlichen, ableitet.

5.2.2.3 Das Verhältnis von Deskription und normativem Gehalt

Ich stimme Molitor darin zu, daß die von ihm dargestellten ökonomischen Zusammenhänge notwendige Bestandteile wirtschaftsethischer Reflexion sind. Seine Darstellung enthält eine Reihe von ordnungspolitischen Vorschlägen. Dies muß so interpretiert werden, daß die *Deskription* des Zusammenhangs für Molitor einen *normativen* Gehalt impliziert. Dieser Schritt ist deshalb berechtigt, weil der Gegenstand der Deskription ein gesellschaftlicher Funktionszusammenhang ist, dessen Leistung – hier die Produktion wirtschaftlicher Güter – die Erfüllung einer *notwendigen* gesellschaftlichen Aufgabe ist. *Die Erbringung dieser Leistung ist eine grundsätzlich ethisch vorzugswürdige Option.* Wenn zu ihrer Erbringung eine bestimmte interne Struktur nötig ist, also der von Molitor aufgewiesene Funktionszusammenhang der Sektoren der Wirtschaft, dann hat der Erhalt dieses Zusammenhangs eine ethische Qualität. Die rechtliche Rahmenordnung und die Handlungen einzelner Akteure, die hinter der Aggregation von Sektoren (Staat, Unternehmen, private Haushalte, Kapitalmarkt) stehen, können diesem funktionalen Zusammenhang mehr oder weniger gut entsprechen, das heißt sie können mehr oder weniger funktional oder dysfunktional sein.

Diese Zustimmung zu Molitors Anliegen erfährt jedoch dadurch eine *Einschränkung*, daß die Art und Weise, in der Molitor diese Ergebnisse der ökonomischen Theorie verwertet, zu kurz greift: Molitor leitet von Strukturzusammenhängen *direkt* ethische Urteile – das heißt Aussagen über mehr oder weniger Vorzugswürdiges – ab. Molitor fällt seine ethischen Urteile hauptsächlich unter Berücksichtigung der Anforderungen des *einen* Funktionszusammenhangs Wirtschaft, ohne die Funktionserfordernisse, die sich aus weiteren gesellschaftlichen Institutionen ergeben, mit diesen abzuwägen (siehe oben 3.5.1). Dieser Abwägungsprozeß ist jedoch nötig, da die Wirtschaft in einem interdependenten Strukturzusammenhang mit anderen gesellschaftlichen Institutionen steht. Die Ableitung aus einem Funktionszusammenhang läßt die Folgerungen bei Molitor als rein ›sachliche‹ und wertneutrale Implikationen erscheinen. Eine solche Argumentationsstrategie findet sich häufig in politischen oder ethischen Diskursen und zwar auch in der Form, daß eine andere gesellschaftliche Institution (zum Beispiel die Familie) hervorgehoben wird und Folgerungen allein aus deren Funktionserfordernissen abgeleitet werden. Eine solche Argumentationsstrategie hat oftmals eine ›bestechende‹ Klarheit und Eindeutigkeit, die jedoch nur durch eine vereinfachende Sicht erreicht wird. Eine sinnvolle sozialethische und damit auch wirtschaftsethische Argumentation wird immer von dem Zusammenspiel interdependenter Ordnungen im Gesamtzusammenhang des sozialen Gefüges ausgehen, auch wenn damit eine oftmals gescholtene Ausgewogenheit in das sozialethische Urteil eingeht.

5.2.3 Probleme der ökonomischen Methodik

5.2.3.1 Der Anspruch einer allgemeinen Handlungstheorie

Wirtschaft als Bedürfnisbefriedigung (3.1), als Knappheitsüberwindung (3.2) und als rationales Verhalten (3.3) sind die drei »Versionen« des Sinnes von Wirtschaft, die Molitor mit explizit definitorischem Charakter vorlegt. Wirtschaft wird dabei von ihm genau besehen vom Handlungswort ›Wirtschaften‹ her verstanden. Wirtschaften bedeutet in den drei Versionen nicht einen gesellschaftlichen Funktionsbereich, sondern einen Aspekt menschlichen Handelns überhaupt. Insbesondere die Analyse und Kritik der zweiten »Version«, der Knappheitsüberwindung, hat das relative Recht dieser Betrachtungsweise aufgezeigt: Knappheit stellt eine Handlungsbedingung dar, die für jede Art von Handeln konstitutiv ist. Knappheit hat damit als Handlungsbedingung einen kulturinvarianten Aspekt, der neben der kulturbedingten Relativität der Knappheit stets zu berücksichtigen ist. Damit hat die Ausweitung des Gegenstandsbereichs der Wirtschaftstheorie insofern eine Basis, als sie mit ihrem Instrumentarium diese spezifische Handlungsbedingung erhellen kann. Die Analyse der drei »Versionen« hat jedoch auch die Grenzen und Probleme der Gegenstandsbestimmung der Wirtschaftstheorie als *allgemeiner* Handlungstheorie aufgezeigt. Problematisch wird sie dann, wenn sie über den Anspruch, *einen* bestimmten Aspekt der Handlungsbedingungen zu erklären, hinausgeht[252]. Denn der Begriff des Bedürfnisses ist zu unbestimmt und zu statisch gedacht, als daß er zur Zielbestimmung menschlichen Handelns ausreichte, und das Rationalprinzip ist zu formal auf den Ziel-Mittel-Zusammenhang bezogen, als daß es die Rationalität menschlichen Handelns hinreichend beschreiben könnte. Den Hintergrund der allgemeinen Fassung des Gegenstands Wirtschaft bildet der Anspruch der Wirtschaftswissenschaft als Leitwissenschaft der Sozialwissenschaften. Je allgemeiner der Gegenstand der Wirtschaftstheorie gefaßt wird, desto umfassender kann die Analytik der Wirtschaftstheorie angewendet werden. Die Formulierungen der drei »Versionen« des Sinnes von Wirtschaft zeigen, daß Molitor in der Tradition dieses Anspruchs der Wirtschaftstheo-

---

252. Die Mittelknappheit ist nach Molitor ein »ubiquitäres Erfahrungsphänomen«, vgl. Molitor (Wirtschaftsethik, 1989), S. 67.

rie steht, wenn er auch diesen Anspruch nicht in seinen letzten methodischen Konsequenzen durchhält.

5.2.3.2 Das Problem des Gegenstands der Wirtschaftstheorie

Die Herausarbeitung der *fünf* Bestimmungen von »Wirtschaft« hat Molitors Verständnis von »Wirtschaft« deutlich werden lassen. Es hat sich gezeigt, daß hierbei zwei zusammengehörige Aspekte unterschieden werden müssen: Erstens Molitors Verständnis von *»Wirtschaft«* und zweitens sein *Verständnis* von Wirtschaft. Beim ersten Aspekt geht es um den von Molitor intendierten *Gegenstand* »Wirtschaft«, beim zweiten hingegen um sein theoretisches *Verständnis* dieses Gegenstands, also um seine Wirtschaftstheorie[253]. Beide Aspekte gehören zusammen, weil einerseits das theoretische Verständnis die Wahrnehmung des intendierten Gegenstands und andererseits der intendierte Gegenstand seine theoretische Erfassung prägt. Beide Aspekte bedingen sich im Erkenntnisprozeß der Gegenstandsbestimmung wechselseitig. Der *Gegenstand* der Wirtschaftstheorie ist für Molitor zum einen »Wirtschaft« als gesellschaftlicher Bereich, traditionell auch als Ökonomie bezeichnet und zum anderen ist der Gegenstand ganz allgemein das rationale Handeln[254]. Diese ausgeweitete Gegenstandsbestimmung bringt jedoch das Problem mit sich, die Wirtschaftstheorie als allgemeine Handlungstheorie begreifen zu müssen. Dies ist deshalb problematisch, weil *eine* der allgemeinen Handlungsbedingungen, die Knappheit, zum zentralen Ansatzpunkt der Handlungstheorie wird, die dieser zentralen Stellung jedoch nicht Stand hält. Alle anderen Aspekte einer Handlung, wie Handlungsmotive und Bedürfnisse, Ziele und Güter, Rationalität usw., werden einseitig von diesem ›Zentrum‹ her verstanden[255]. Das »ökonomische Prinzip« impliziert nach Molitor ein »allgemein-grundlegendes Verhaltensmuster«, nach dem der »einzelne, wo immer er stehen mag, aus einer gegebenen Handlungssituation in seiner Entscheidung das Beste herauszuholen sucht«[256]. Diese vom Eigeninteresse geprägte Motivlage schließt für Molitor jedoch auch »moralische« Motive ein, so daß mit diesem Verhaltensmuster keine Differenzierung von Motiven möglich ist[257]. Daß die Bedürfnisse nicht zu sättigen sind, wird von ihm schließlich als »Unbegrenztheit der Ziele« interpretiert[258]. Eine begründete Differenzierung von Gütern und Werten und damit eine Zielwahl ist mit dieser Auffassung von Handeln jedoch nicht zu

---

253. Molitors Darstellung enthält nicht diese begriffliche Klarstellung, vgl. dazu Kirchgässner (Homo Oeconomicus, 1990), S. 2 f.
254. Zur Diskussion um den Gegenstand der Wirtschaftstheorie vgl. Biervert/Wieland (Gegenstandsbereich, 1990).
255. Vgl. Molitors (Wirtschaftsethik, 1989, S. 67) Deutung der Regel »Wirtschafte nicht unwirtschaftlich« als ethische Norm.
256. Vgl. Molitor (Wirtschaftsethik, 1989), S. 65.
257. Vgl. Molitor (Wirtschaftsethik, 1989), S. 66.
258. Vgl. Molitor (Wirtschaftsethik, 1989), S. 67.

erfassen. Die herausgearbeitete Kritik an Molitors Moralbegriff entspricht dem hier erhobenen Befund zu seinem Verständnis von Ökonomie und Wirtschaftstheorie. Moral wird von ihm vornehmlich als Einhaltung von Normen verstanden, wobei der Aspekt der Zielwahl systematisch vernachlässigt wird. Damit stellt sich die Frage nach dem wechselseitigen Verhältnis seines Verständnisses von Moral und Wirtschaftstheorie. Aufgrund seines Verzichts auf eine Auseinandersetzung mit ethischen Theorien kann vermutet werden, daß Molitors Moralverständnis von seinem Verständnis von Wirtschaftstheorie geprägt ist[259].

Abschließend soll nun nach dem Verhältnis der beiden Aspekte der Gegenstandsbestimmungen von Wirtschaftstheorie bei Molitor gefragt werden. Seine Ausführungen zur Moral der Wirtschaftsordnung zeigen, daß Molitor wirtschaftliches Handeln vom Handeln in anderen »Bereichen menschlicher Lebensäußerung« aufgrund verschiedener Motivlagen und leitender Zielvorstellungen deutlich unterscheidet[260]. Die Implikationen einer allgemeinen ökonomischen Handlungstheorie werden dabei von ihm nicht in Anschlag gebracht. Um bestimmte »heroische« Moralansprüche an die Wirtschaft abzuwehren, grenzt er »die Welt des Tauschbaren, mit der ›Wirtschaft‹ allein sich befaßt« von anderen »Feldern« wie »die Familie, der Freundeskreis, der Nächste in Not, die Caritas, die Fürsorge« ab[261]. Daher läßt sich festhalten, daß Molitor zwar – wie oben gezeigt wurde – in der Tradition des allgemeineren Erklärungsanspruchs der Wirtschaftstheorie steht, daß er aber diesen Anspruch nicht mit seinen methodischen Konsequenzen – anders als Karl Homann (siehe Kapitel VI) – durchhält. In der Durchführung seines Entwurfs zeigt sich, daß Molitors Verständnis von Wirtschaftstheorie letztlich auf den gesellschaftlichen Bereich Wirtschaft *zielt*, der mit Hilfe des ökonomischen Instrumentariums analysiert wird. Die Funktion und damit der *gesellschaftliche Zweck* dieses Bereichs ist damit, so kann zusammengefaßt werden, die Allokation von wirtschaftlichen Gütern und Leistungen, sowie der Verwendung von Einkommen.

5.3 Die Ordnungstheorie als Ausgangspunkt der Wirtschaftsethik

Um die Fragen der Moral der Wirtschaft beantworten zu können, stellt Molitor die Grundaussagen der *Ordnungstheorie* vor. Diese Theorie bietet ihm ein Konzept, sozial- und individualethische Fragen zu thematisieren. In seiner Darstellung des »Sachgerüsts« Wirtschaft ist Molitor zwar auf das wirtschaftsethische Grundmuster gestoßen, daß individuelle Handlungsmotive unbewußt gleichzeitig einem gesellschaftlichen Zweck dienen können (siehe oben 3.5.4), ansonsten versucht er, diesen Zugriff auf die »Grundtatsachen« von explizit ethischen

---
259. Vgl. Molitor (Wirtschaftsethik, 1989), S. V.
260. Vgl. Molitor (Wirtschaftsethik, 1989), S. 84f.
261. Vgl. Molitor (Wirtschaftsethik, 1989), S. 85.

Überlegungen weitgehend frei zu halten. In der Kritik dieses Vorgehens konnte gezeigt werden, daß Molitor den Anspruch einer wertfreien Tatsachendarstellung nicht erfüllt (5.2.1). Es ist auffällig, daß Molitor im Kontext der direkten Frage nach der Moral in der Wirtschaft *eine neue Art des Zugriffs* auf den Gegenstand Wirtschaft wählt. Diese neue Art seines Zugriffs stellt die Ordnungstheorie dar. Im folgenden soll der ethische Gehalt der von Molitor herangezogenen Ordnungstheorie auf zwei Ebenen kritisch untersucht werden. Zum einen wird der *implizite* (5.3.1) und zum anderen wird der *explizite* (5.3.2) ethische Gehalt dieses Ansatzes erhoben.

5.3.1 Der implizite ethische Gehalt des ökonomischen Funktionalismus

5.3.1.1 Die Ordnungstheorie als Rahmen der Frage nach der Moral

Die Ordnungstheorie stellt den Rahmen dar, in dem Molitor die Frage der Moral auf zwei Ebenen stellt: als Frage nach der Moral *der* Wirtschaftsordnung und als Frage der Moral *in* der Wirtschaftsordnung. Die beiden so formulierten Fragen akzentuieren zwar die Ordnungsebene, doch sie schließen für Molitor nicht nur die sozial-, sondern auch die individualethische Ebene ein[262]. Molitor vertritt in der breiten Diskussion der Ordnungstheorie nur eine Variante dieser Theorie. Dies zeigt sich an seiner Gewichtung und Formulierung der Funktionserfordernisse und seiner Darstellung der zentralen Institutionen. Trotzdem enthält seine Darstellung die Grundaussagen der Ordnungstheorie. Wie bereits erläutert wurde, hebt Molitor drei Funktionserfordernisse der Wirtschaft, die durch die Wirtschaftsordnung erfüllt werden müssen, hervor: die Koordinations-, die Informations- und die Motivationsfunktion. Die Stärke dieses Ansatzes ist, daß er über die Bestimmung von Funktionen der Wirtschaftsordnung eine Beurteilung der Gestaltung von verschiedenen konkreten Ausgestaltungen von Wirtschaftssystemen ermöglicht. Wirtschaftssysteme müssen durch ihre Ordnung so strukturiert sein, daß sie diese drei Funktionen erfüllen. Unter Ordnung versteht Molitor ein System von Verhaltensregeln, die von der Mehrzahl der Akteure dauerhaft eingehalten werden. Durch das Zusammenspiel der drei Funktionen wird der Gesamtzweck des gesellschaftlichen Funktionsbereichs Wirtschaft, die Versorgung mit wirtschaftlichen Gütern, erfüllt. Es geht also auch bei dieser Art des Zugriffs auf den Gegenstand Wirtschaft um den Aspekt der Überwindung von Knappheit, aber in der Konzeption der Ordnungstheorie wird deutlicher als in Molitors

---

262. Die Mesoebene der Unternehmen und Verbände wird von Molitor (Wirtschaftsethik, 1989, S. 99 ff. und 115 ff.) insofern berücksichtigt, als er auch spezifische Probleme der Unternehmensethik und der Tarifpartner anspricht.

Darstellung des »Sachgerüsts« Wirtschaft, daß dies eine *Interaktionsaufgabe* und damit eine Frage der Interaktionsordnung ist.

Die Gesamtfunktion der Wirtschaft, sowie die in ihr implizierten drei Funktionserfordernisse stellen im Kontext der wirtschaftsethischen Urteilsbildung Ziele dar, die bei der Güterabwägung eine wichtige Rolle spielen. Die drei Funktionserfordernisse können dabei so interpretiert werden, daß durch sie *kulturinvariante Anforderungen* ausgedrückt sind, die der Funktionsbereich Wirtschaft immer im Gesamtgefüge der gesellschaftlichen Funktionsbereiche erfüllen muß. Diese Anforderungen werden jeweils *kulturspezifisch* durch bestimmte Institutionen erfüllt. Dabei ist es jedoch von entscheidender Bedeutung, ob eine Subsistenzwirtschaft oder – wie bei Molitor – eine dynamische und damit wachsende Wirtschaft mit technischer Innovation vorausgesetzt wird (siehe oben 3.5.1). Im letzten Fall stellt sich dann die Frage, welche inhaltlichen Kriterien für wirtschaftliches Wachstum leitend sind (siehe oben 5.2.2.2). Die hier vorgenommene Charakterisierung als kulturinvariante Anforderungen macht deutlich, daß sie nicht zu umgehende Sachverhalte darstellen, die zwar von verschiedenen Perspektiven gedeutet werden können, deren Relevanz und Wirksamkeit jedoch nicht geleugnet werden kann. Damit ist eine ethische Argumentationsbasis für die Beurteilung der *Funktionalität* einer Wirtschaftsordnung gewonnen, die notwendig, wenn auch noch nicht hinreichend ist. Auch Molitor hält sie nicht für hinreichend, denn seine Interpretation der Funktionserfordernisse begründet zwar im wesentlichen sein Verständnis des Kriteriums der Effizienz, doch er zieht zur Explikation dieses Kriteriums und zur Explikation der beiden anderen Kriterien weitere Gesichtspunkte hinzu (siehe unten 5.3.2.3).

5.3.1.2 Die Bedeutung der Interdependenz der Institutionen

Die Grundaussage der von Molitor herangezogenen Ordnungstheorie besagt, daß die Funktionserfordernisse nicht in beliebiger Weise erfüllt werden können, sondern daß es mit der zentralen und dezentralen Ordnung zwei Grundtypen der Wirtschaftsordnung gibt. Molitor beschränkt sich in seiner Wirtschaftsethik auf die Darstellung und sozialethische Begründung der dezentralen marktwirtschaftlichen Ordnung. Die dezentrale Ordnung besteht aus einem Set von Institutionen, die in ihrem *Zusammenwirken* die wirtschaftlichen Interaktionen in bestimmter Weise restringieren und damit Erwartungssicherheit ermöglichen. Die Marktwirtschaftsordnung wird durch die grundlegenden Institutionen Preissystem, Privateigentum, Wettbewerb, Gewerbe- und Berufsfreiheit sowie Vertragsfreiheit gebildet (siehe oben 4.1.3).

Der Begriff der »preisgesteuerten Wettbewerbsordnung« zeigt, daß Molitor im Preissystem und im Wettbewerb die beiden entscheidenden Institutionen sieht, durch die die dezentrale Lenkung der Wirtschaft ermöglicht wird. Die anderen marktwirtschaftlichen Institutionen haben in bezug auf den preisgesteuerten Wettbewerb zwei grundsätzliche Aufgaben: sie *ermöglichen* und *begrenzen* den preisgesteuerten Wettbewerb. Diese Unterscheidung wird von Molitor vorausgesetzt und bei den einschränkenden Ausführungen zu den einzelnen Institutionen in Anspruch genommen, aber nicht eigens hervorgehoben. In der Tradition der Ordnungstheorie kommt dieser Aspekt durch die Unterscheidung Walter Euckens von konstituierenden und regulierenden Prinzipien der Wettbewerbsordnung zum Tragen. Nach Eucken bildet das *funktionierende Preissystem* das Grundprinzip der Wettbewerbsordnung; es wird durch sechs konstituierende und vier regulierende Prinzipien getragen[263]. Die konstituierenden Prinzipien sind: Primat der Währungspolitik, offene Märkte, Privateigentum, Vertragsfreiheit, Haftung, Konstanz der Wirtschaftspolitik[264]. Die regulierenden Prinzipien sind: Monopolkontrolle, Einkommenspolitik, Korrektur der »Wirtschaftsrechnung« einzelner Unternehmen mit dem Ziel der Internalisierung von externen Effekten, Vorkehrung gegen anomale Angebotsreaktionen auf dem Arbeitsmarkt[265]. Die konstituierenden Prinzipien begründen die Wirtschaftsordnung und die regulierenden Prinzipien erhalten die einmal begründete Ordnung. Eucken spricht zwar von »Prinzipien«, doch zum einen deutet schon der Wortlaut einzelner »Prinzipien« auf eine Institution und zum anderen zielt seine Ordnungstheorie darauf, die Geltung bestimmter Prinzipien durch geeignete Institutionen zu gewährleisten. Eines der Hauptanliegen Euckens ist die Herausarbeitung der *Interdependenz* dieser Prinzipien und der entsprechenden Institutionen. Eucken resümiert: »Alle Prinzipien – die konstituierenden und die regulierenden – gehören zusammen. Indem die Wirtschaftspolitik konsequent nach ihnen handelt, wird eine Wettbewerbsordnung aufgebaut und funktionsfähig gemacht. Jedes Prinzip erhält nur im Rahmen des allgemeinen Bauplanes der Wettbewerbsordnung seinen Sinn«[266]. Ein argumentativer Zielpunkt der Betonung der Interdependenz ist bei Eucken, daß er den wirtschaftspolitischen Aktionismus kritisiert und die *Grenzen* wirtschaftspolitischer Maßnahmen und den Weg zu begründbaren Regelungen aufzeigen will. Die Interdependenz soll die Abbildung 3 veranschaulichen.

5.3.1.3 Die Komplementarität der Ermöglichung und Begrenzung des Wettbewerbs

Euckens Konzept zeigt, in welcher Weise Molitors Darstellung der marktwirtschaftlichen Institutionen vervollständigt werden muß – diese Ergänzungen entsprechen jedoch dem Anliegen von Molitors Konzept. So stellt Eucken mit der Unterscheidung von konstituierenden und regulierenden Prinzipien und Institutionen deutlicher als Molitor heraus, daß das Funktionieren der Wettbewerbs-

---

263. Vgl. Eucken (Grundsätze, 1952, 1990), S. 254 ff.
264. Vgl. Eucken (Grundsätze, 1952, 1990), S. 255-291.
265. Vgl. Eucken (Grundsätze, 1952, 1990), S. 291-304.
266. Vgl. Eucken (Grundsätze, 1952, 1990), S. 304.

ordnung vom Zusammenspiel *komplementärer* Institutionen abhängt: Offene Märkte *und* Monopolkontrolle, Privateigentum *und* Einkommenspolitik, Vertragsfreiheit *und* Kontrolle externer Effekte (bei Eucken unter dem Stichwort »Wirtschaftsrechnung«)[267].

Abbildung 3: Die konstituierenden und regulierenden Prinzipien einer Wettbewerbsordnung

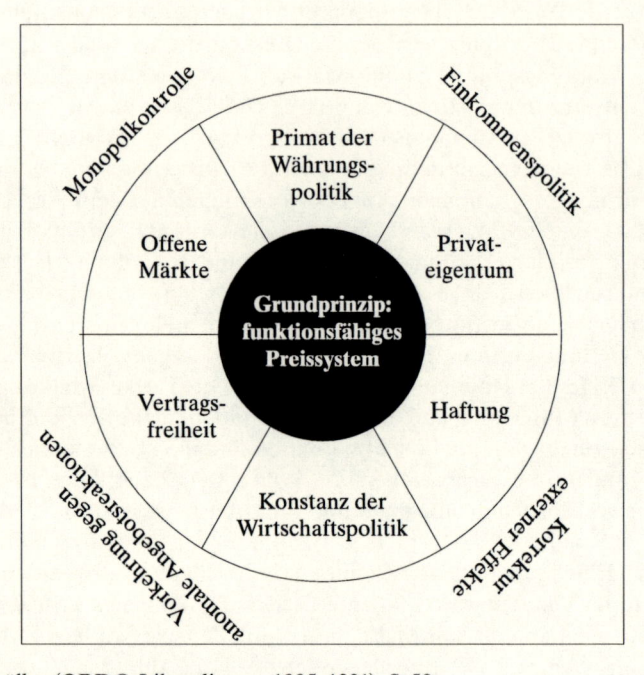

[Abbildung: Kreisdiagramm mit Grundprinzip: funktionsfähiges Preissystem im Zentrum; innerer Ring: Primat der Währungspolitik, Privateigentum, Haftung, Konstanz der Wirtschaftspolitik, Vorkehrung gegen anomale Angebotsreaktionen, Vertragsfreiheit, Offene Märkte, Monopolkontrolle; äußerer Ring: Monopolkontrolle, Einkommenspolitik, Korrektur externer Effekte, Vorkehrung gegen anomale Angebotsreaktionen]

Quelle: Schüller (ORDO-Liberalismus, 1985, 1991), S. 58.

Auch Molitors Darstellung hat diese komplementären Beziehungen implizit erkennen lassen: Gewerbefreiheit *und* Qualitätsstandards, Vertragsfreiheit *und* Schutz vor einseitigen Risikoverlagerungen[268]. Doch Molitor hat diese Systematik nicht als solche herausgearbeitet. Die einschränkenden Regelungen haben ohne diese systematische Einordnung bei Molitor den Charakter ad hoc eingebrachter Einschränkungen der ansonsten uneingeschränkten Wettbewerbsfreiheit. Sein Ansatz, in dem gegebene Präferenzen nicht hinterfragt werden, das Gute auf die Zweckrationalität reduziert wird und nur die Erfordernisse des Funktionsbereichs Wirtschaft ethisch relevant sind, erlaubt keine Reflexion auf die Grenzen des Wettbewerbs. Unter den ad hoc eingebrachten Einschränkun-

---

267. Eucken nennt ein Beispiel aus dem Umweltschutz (Zerstörung von Wäldern) und verschiedene Arbeitsschutzmaßnahmen, vgl. Eucken (Grundsätze, 1952, 1990), S. 302.
268. Vgl. Molitor (Wirtschaftsethik, 1989), S. 73 ff.

gen nennt Molitor zum Beispiel den Ausschluß von unlauterem Wettbewerb, doch dies bleibt eine knappe Bemerkung, ohne daß er problematisiert, welche ethische Verständigung über diesen offenen Rechtsbegriff geführt werden muß[269]. Ebenso setzt das Verbot der Kartellbildung, das Molitor nennt, eine Zielvorstellung über die Gestalt und Abgrenzung von Märkten voraus[270]. In die Entscheidung dieser Fragen gehen wiederum ethische Entscheidungen ein. Die Stärke von Molitors Darstellung ist die Explikation des Wirkungszusammenhangs des Institutionengefüges der Marktwirtschaftsordnung, doch er stellt nur die Ermöglichung des Wettbewerbs systematisch heraus. Die *Komplementarität* der Institutionen zeigt jedoch, daß sie den preisgesteuerten Wettbewerb einerseits ermöglichen und andererseits begrenzen. Diese Begrenzung ist bei dynamischen, das heißt bei sich durch Innovation permanent verändernden Märkten, auch eine permanente Frage nach der Reichweite und den wünschbaren Formen des Wettbewerbs. In die Klärung dieser Fragen gehen ethische Zielvorstellungen und damit auch Fragen nach verschiedenen Daseinsverständnissen ein. Molitor – so muß festgestellt werden – klammert diese Fragedimension der Institutionentheorie aus, obwohl sie durchaus im Rahmen der von ihm vertretenen Ordnungstheorie verortet werden kann und sie eine wichtige Aufgabe der Wirtschaftsethik bildet.

Damit ist eine bedeutende Grenze der ordnungstheoretischen Konzeption, wie sie Molitor, aber auch andere vertreten, angesprochen. In der Ordnungstheorie wird insbesondere das Verhältnis der Rechts- und der Wirtschaftsordnung zueinander reflektiert. Die Interdependenz und Komplementarität der Institutionen wird vor allem als Frage thematisiert, welche rechtlichen Regelungen von der Funktion der Wirtschaft vorausgesetzt werden. Diese Fragestellung hat zwar, wie gezeigt wurde, eine zentrale Bedeutung, die auch in der Wirtschaftsethik deutlich gesehen werden muß, aber sie verkürzt den interdependenten Zusammenhang, in dem die Wirtschaft und die Wirtschaftsordnung sich befinden. Die kritische Analyse hat gezeigt, daß die rechtlichen Regelungen ihrerseits ethische Entscheidungen voraussetzen. Dieser Sachverhalt hat institutionelle Implikationen. Es kommt ein gesellschaftlicher Funktionsbereich in den Blick, in dem ethische Orientierungen, die stets im Rahmen eines Wirklichkeitsverständnisses stehen, entwickelt und bereitgestellt werden. Die ökonomische Ordnungstheorie muß, wenn sie diesen Sachverhalt anerkennt, die Interdependenz nicht nur zum politischen Bereich, sondern auch zum Funktionsbereich ethischer Orientierungen reflektieren. Dies setzt jedoch die Unterscheidung – nicht Trennung – von rechtlichen und ethischen Fragen voraus.

---

269. Vgl. Molitor (Wirtschaftsethik, 1989), S. 76.
270. Vgl. Molitor (Wirtschaftsethik, 1989), S. 76.

5.3.2 Explizit ethische Implikationen der Ordnungstheorie

5.3.2.1 Das Kriterium der Ordnungskonformität

Im Konzept der Ordnungstheorie gibt es für die Frage der Umsetzung dieser Zielvorstellungen und damit für die Frage des Einsatzes der regulierenden Prinzipien ein zentrales Kriterium, auf das auch Molitor hinweist: Es ist das Kriterium der Ordnungskonformität[271]. Das Kriterium spielt in der Ordnungstheorie eine wichtige Rolle, um einzelne wirtschaftspolitische Maßnahmen beurteilen zu können. Es besagt, daß durch wirtschaftspolitische Maßnahmen »die Funktionsbedingungen [der Marktwirtschaftsordnung] zumindest nicht geschädigt werden« sollen[272]. Das Kriterium wird bei Molitor nicht primär von spezifischen inhaltlichen Zielen, sondern es wird funktional bestimmt, weil es darauf zielt, die Funktion der für die Marktwirtschaft zentralen Institutionen zu erhalten. Die Erhaltung der Funktion wird gewährleistet, wenn die Wirkung von einzelnen wirtschaftspolitischen Maßnahmen in dem interdependenten Gefüge untersucht wird. In Euckens Sprachregelung bedeutet dies, daß die *regulierenden* Prinzipien in ihrer konkreten institutionellen Umsetzung nicht die *konstituierenden* Prinzipien außer Kraft setzen dürfen. Daß diese Gefahr besteht, wird in der ordnungstheoretischen Debatte unter dem Stichwort der »wohlfahrtsstaatlichen Expansion« immer wieder hervorgehoben[273]. Das Kriterium der Ordnungskonformität hat eine klare inhaltliche Zielrichtung, es ist dabei inhaltlich jedoch nicht so gehaltvoll, daß es in der Güterabwägung als einziges Kriterium herangezogen werden könnte, um die Abwägung allein zu entscheiden. Die Ordnungskonformität stellt somit *ein* wichtiges Kriterium für die Gestaltung der Institutionen der Wirtschaftsordnung dar. Seine Beachtung trägt der Interdependenz der Institutionen Rechnung. *Es muß daher im ethischen Urteilsprozeß als wichtiges Kriterium berücksichtigt werden.*

Das Problem des Kriteriums der Ordnungskonformität besteht jedoch darin, daß es in einer institutionell verengten Sicht angewendet werden kann. Eine solche verengte Sicht liegt vor, wenn nur die Funktionalität *der Wirtschaft* Beachtung findet und nicht die Auswirkungen von Maßnahmen oder Unterlassungen auf die Funktionalität anderer gesellschaftlicher Bereiche in einer Güterabwägung kritisch untersucht wird. Daß Molitor in seinen wirtschaftsethischen Urteilen meist nur von den Anforderungen des Funktionsbereichs Wirtschaft ausgeht, wurde oben schon kritisch aufgezeigt (5.2.2.3).

---

271. Vgl. Molitor (Wirtschaftsethik, 1989), S. 78 und 150 f.
272. Vgl. Molitor (Wirtschaftsethik, 1989), S. 150.
273. Vgl. Leipold (Wirtschafts- und Gesellschaftssysteme, 1975, 1988), S. 54 und 132.

5.3.2.2 Die Bestimmung der Ordnungsform als ethischer Wahl

Molitor fällt aufgrund von drei Argumenten, die drei Kriterien implizieren, eine sozialethische Entscheidung für die Wettbewerbsordnung. Die ethische Entscheidung für diese Ordnungsform bezieht sich dabei auf eine *Wahlsituation*, in der zwischen dezentraler und zentraler Wirtschaftsordnung entschieden werden muß. Daß diese Wahlsituation besteht, ist eine Grundvoraussetzung der Ordnungstheorie[274]. Die Bestimmung der Ordnungsform als *Wahlakt* muß im Kontext der Wirtschaftsethik eigens hervorgehoben werden, da Ethik die Situation der Wahlmöglichkeit voraussetzt. Die Annahme der Entstehung einer Ordnung durch einen *rein* spontanen Prozeß würde diese Wahlsituation nicht voraussetzen – hier besteht eine wichtige Differenz zwischen Molitor und Hayek, deren sich Molitor jedoch nicht bewußt ist. Es besteht überhaupt eine Alternative zwischen zwei Ordnungstypen, weil mit der Entscheidung für zentrale oder dezentrale Planung jeweils zahlreiche verschiedene, aber interdependente institutionelle Regelungen verbunden sind und diese in ihrem *Zusammenwirken* die drei Grunderfordernisse jeden Wirtschaftens erfüllen. Sie können daher nur begrenzt ›gemischt‹ werden. Das für die Ordnungstheorie wichtige Problem der »gemischten Wirtschaftsform« tritt zum einen auf der Ebene der Theorie und zum anderen auf der Ebene der wirtschaftspolitischen Praxis auf[275]. Molitor stellt einerseits klar, daß man noch nicht von einer gemischten Wirtschaftsform sprechen kann, wenn in einer dezentralen Wirtschaftsordnung einzelne (abgrenzbare) Gütermärkte zentral reguliert werden (vor allem öffentliche Güter) oder in einer zentral regulierten Wirtschaft die Güterproduktion begrenzt »in privater Hand« bleibt[276]. Andererseits warnt er davor, daß eine Wirtschaftsordnung »auch in der Zeit verkommen kann«[277]. Dies muß im Kontext der Ordnungstheorie so interpretiert werden, daß auf der Ebene der wirtschaftspolitischen Gestaltung der Ordnung die Funktionalität der die Wirtschaftsordnung tragenden Institutionen gestört werden kann. Molitor verweist dabei auf den *»Summationseffekt«*, der durch zahlreiche einzelne ordnungsinkonforme Interventionen entstehen kann[278]. Eine steigende Zahl von ordnungsinkonformen Maßnahmen stellt deshalb ein Problem dar, weil dadurch eine *Dynamik* ausgelöst wird, durch die weitere Folgekor-

---

274. Vgl. Leipold (Wirtschafts- und Gesellschaftssysteme, 1975, 1988), S. 55 und Thieme (Wirtschaftssysteme, 1995), S. 14. Die Grundentscheidung besteht zwischen dezentraler und zentraler Ordnung. Die weitere Grundentscheidung bezüglich der Eigentumsordnung ist damit noch nicht entschieden; vgl. hierzu Leipold (Wirtschafts- und Gesellschaftssysteme, 1975, 1988), S. 167 ff. und Thieme (Wirtschaftssysteme, 1995), S. 38 ff.
275. Vgl. Leipold (Wirtschafts- und Gesellschaftssystem, 1975, 1988), S. 55 ff. und vgl. Thieme (Wirtschaftssysteme, 1995), S. 15, 26 ff., 37 f. und 41 ff.
276. Vgl. Molitor (Wirtschaftspolitik, 1988, 1992). S. 14; im gleichen Sinn argumentiert auch Leipold (Wirtschafts- und Gesellschaftssysteme, 1975, 1988), S. 57.
277. Vgl. Molitor (Wirtschaftsethik, 1989), S. 70.
278. Vgl. Molitor (Wirtschaftsethik, 1989), S. 151 (Hervorh. i. O. fett).

rekturen und -eingriffe notwendig werden. Leipold stellt fest: »Ein sachliches und räumliches Nebeneinander der beiden primären Koordinationssysteme führt mittel- und langfristig zu einem ökonomischen Lenkungs- und Rechnungschaos«[279]. Dies bedeutet, daß die Grundentscheidung für eine der beiden Typen von Wirtschaftsordnungen zwar historisch in einer bestimmten Situation gefällt wird und als solche eine ethische Entscheidung ist, daß aber die *Wahlsituation* insofern bestehen bleibt, als die Grundentscheidung in der wirtschaftsethischen Urteilsbildung und wirtschaftspolitischen Praxis permanent beibehalten werden muß oder auch – mehr oder weniger bewußt – geändert werden kann.

5.3.2.3 Die Inanspruchnahme ökonomisch nicht ableitbarer Kriterien

Wie oben gezeigt, sind die drei impliziten Kriterien, durch deren Anwendung Molitor die Grundentscheidung der Wirtschaftsordnung fällt, für ihn das Kriterium der Effizienz, das Kriterium des Freiheitsgrades und das Kriterium der Konsumentenorientierung. Bezüglich der Herleitung der drei Kriterien ist zu fragen, ob Molitor mit ihrer Einführung seinem Programm treu bleibt, die Normen aus den Zielsetzungen und Funktionserfordernissen der Wirtschaft »abzuleiten« (siehe oben Kapitel 1). Für das Kriterium der Effizienz trifft dies überwiegend zu, denn es gewinnt seine inhaltliche Füllung – weitgehend – aus seiner ordnungstheoretischen Herleitung. Die Effizienz einer Wirtschaftsordnung kann daran gemessen werden, ob und in welcher Weise die drei Funktionserfordernisse Koordinationsfunktion, Informationsfunktion und Motivationsfunktion erfüllt werden, damit das Gesamtziel der Erstellung wirtschaftlicher Güter effizient erreicht wird (zum Stellenwert des Kriteriums siehe unten).

Bei dem Kriterium des *Freiheitsgrades* ist der Sachverhalt noch deutlicher, daß Molitor dieses Kriterium *nicht* aus den Funktionserfordernissen ableitet. Er beruft sich hier auf die »abendländische Tradition von Freiheit und Vernunft« und damit auf das mit dieser Tradition verbundene Menschenbild. Damit votiert Molitor deutlich aufgrund eines externen Kriteriums für eine bestimmte Form der Funktionserfüllung. So hebt er auch hervor, daß der Wirtschaftstyp der Zentralverwaltungswirtschaft auch dann »aus ethischen Gründen« abgelehnt werden müßte, wenn er effizienter wäre[280]. Die Verwirklichung von Freiheit ist in der Tradition des Liberalismus das klassische Argument für die preisgesteuerte Marktwirtschaft. Auch in der Sicht einer christlich begründeten Wirtschaftsethik hat das Kriterium des Freiheitsgrades, den eine Ordnung ermöglicht, ein besonderes Gewicht. Gerade weil die Ermöglichung von Freiheit jedoch dieses Gewicht hat, stellt sich vom christlichen Menschenbild und Gesellschaftsverständnis her die Frage, was die weiterreichenden Bedingungen dieser Freiheit

---

279. Leipold (Wirtschafts- und Gesellschaftssysteme, 1975, 1988), S. 55.
280. Vgl. Molitor (Wirtschaftsethik, 1989), S. 70f.

sind, das heißt welche Bildungschancen und institutionellen Regelungen den Freiheitsgebrauch ermöglichen.

Molitors drittes Kriterium, die *Konsumentenorientierung*, ist insofern von der marktwirtschaftlichen Ordnung abgeleitet, als es einen bestimmten Zug dieser Ordnung hervorhebt. Dieses Kriterium schließt jedoch auch einen Aspekt des zweiten Kriteriums ein und damit von dessen Menschenbild, weil es die *freie* Durchsetzung der Konsumentenpräferenzen impliziert. In der Gewichtung zwischen den drei Kriterien kommt dem dritten nach Molitor die entscheidende Bedeutung zu, denn Molitor sieht in seiner Geltung die »zentrale *sozialethische* Begründung« für die Marktwirtschaft[281]. Die Hochschätzung dieses Kriteriums zeigt sich darin, daß Molitor seinen Inhalt unter dem Stichwort der »Gemeinwohlorientierung« zusammenfassen kann: »Mißt man die Zielerfüllung der Wirtschaft im Kern daran, daß die Produktion der Masse der Verbraucher und ihren Präferenzen dient, so ist die marktwirtschaftliche Organisationstechnik ein unüberbietbar zweckmäßiges Instrument, um den Wirtschaftsprozeß *gemeinwohlorientiert* zu regulieren«[282]. Molitor führt jedoch das Kriterium der »Gemeinwohlorientierung« nicht eigens ein, denn er vertritt die Ansicht, daß die Kategorie Gemeinwohl definitorisch »kaum zu fassen sein« dürfte[283]. Allerdings verwendet er den Begriff, bzw. das Kriterium der Gemeinwohlorientierung an verschiedenen Stellen als ethische Argumentationshilfe, ohne jedoch sein Verständnis von Gemeinwohl explizit auszuführen[284]. Die drei Kriterien, die er zur Beurteilung der Wirtschaftsordnung heranzieht, können jedoch so interpretiert werden, daß sich in ihnen sein Verständnis von Gemeinwohl ausdrückt, da er es in diesem Zusammenhang auch eigens nennt.

Es hat sich gezeigt, daß die drei Kriterien teils aus dem ökonomischen Funktionszusammenhang und teils aus anderen Begründungszusammenhängen abgeleitet werden, wobei Molitor die Ableitung nur per Stichwort andeutet oder ganz verschweigt. Molitor unterscheidet damit bei der Begründung der Marktwirtschaftsordnung zwei Argumentationsebenen: eine ökonomische und eine ethische. Nicht ganz eindeutig ist jedoch, wie er die drei Argumente mit ihren impliziten Kriterien diesen Ebenen zuordnet: Einmal begründet das Kriterium der Effizienz einen »Vorzug« der Marktwirtschaft, aber erst durch die Kriterien Freiheitsgrad und Konsumentenorientierung sieht er sich in einem ethischen Argumentationsgang[285]. An anderer Stelle zeichnen Freiheitsgrad und Effizienz die Marktwirtschaft aus, ihren »*moralischen Charakter*« erhält sie jedoch (erst) durch

---

281. Vgl. Molitor (Wirtschaftsethik, 1989), S. 73 und 90.
282. Vgl. Molitor (Wirtschaftsethik, 1989), S. 73.
283. Vgl. Molitor (Wirtschaftsethik, 1989), S. 84.
284. Vgl. Molitor (Wirtschaftsethik, 1989), S. 73, 77, 84, 139 und 149; vgl. auch seinen Rekurs auf das Interesse der Allgemeinheit S. 50 und 53. Zum Gemeinwohlbegriff vgl. Fetzer/Gerlach (Gemeinwohl, 1998) und Fetzer/Gerlach (10 Thesen, 1998).
285. Vgl. Molitor (Wirtschaftsethik, 1989), S. 71, Z. 1 ff. und 73, Z. 9 ff., sowie Molitor (Wirtschaftspolitik, 1988, 1992), S. 22.

die Konsumentenorientierung[286]. Diese Redeweise Molitors könnte so interpretiert werden, daß er die Heranziehung des ökonomischen Kriteriums der Effizienz *nicht* als integralen Bestandteil des ethischen Argumentationsgangs betrachtet. Dies würde jedoch eine Inkonsistenz in Molitors Ansatz bedeuten, da es gerade seinem Ethikverständnis entspricht, Moral aus den Funktionserfordernissen abzuleiten.

Für die individualethischen Regeln und Maßstäbe, die Molitor aufstellt, trifft am deutlichsten zu, daß er sie aus dem Funktionszusammenhang der Wirtschaft – und zwar dem speziellen Fall der Marktwirtschaft – ableitet (siehe oben 4.2.2). Die Einhaltung der Wettbewerbsregeln, die Respektierung der Eigentumsrechte, Gewissenhaftigkeit, Zuverlässigkeit und schließlich Vertragstreue faßt Molitor als Formen der *Regeltreue* auf, die in der Wettbewerbsordnung notwendig sind. Sie bilden die individualethischen Entsprechungen zu den von ihm beschriebenen Institutionen der Marktwirtschaft. Es stellt sich jedoch die Frage, ob sich die genannten Punkte inhaltlich sachgerecht unter die Kategorie der Regelbefolgung bringen lassen. Zumindest für die Gewissenhaftigkeit und Zuverlässigkeit gilt offensichtlich, daß sie mehr als nur Regeltreue darstellen. Die Reichweite der Vertragstreue kann verschieden interpretiert werden: Zum einen als Bindung an den wörtlichen Sinn des Textes, was ein bloßes Halten des Vertragstextes zur Folge hat, oder zum anderen darüber hinaus als moralische Bindung an den Sinn des Vertrages, durch den ein beiderseitiger Nutzen erzielt werden soll. Der Begriff der Regeltreue erinnert stark an ein rechtliches Verständnis der Einhaltung von Vorschriften. Es zeigt sich, daß Molitors Zusammenfassung der individualethischen Regeln und Maßstäbe als Regeltreue seinem grundsätzlichen *Moralverständnis* entspricht, denn Molitor entfaltet sein Verständnis von Moral primär als ein Verständnis von *Normen* (siehe oben 5.1.2). Die Normen werden dabei von ihm nach dem Paradigma von Rechtsregeln verstanden, die einzuhalten sind. Zu Molitors Moralverständnis wurde oben schon kritisch ausgeführt, daß bei einem rechtlichen Verständnis von moralischen Normen ihr spezifischer Charakter als ethisch-orientierende Normen nicht in den Blick kommt.

5.3.2.4 Die Moral der Gegenseitigkeit

Die Regelbefolgung wird von Molitor als »Moral der Gegenseitigkeit« gekennzeichnet (siehe oben 4.2.2). Sie stellt nach Molitor die für Funktionalität der Institutionen notwendige *Individualmoral* dar. Ihr Prinzip ist wechselseitige Gewährung von Leistungen aufgrund von Gegenleistungen. Molitor deutet mit seiner Abgrenzung von einem »heroischen Ethos« zwar an, daß es sich dabei um ein gemäßigtes Ethos handelt, aber diese Abgrenzung von dem ›extremen‹ Gegenüber klärt noch nicht den Kern dieses Ethos. Denn es besteht eine inhaltliche Spannung zwischen den von ihm genannten konkreten individualethischen Re-

---

286. Vgl. Molitor (Wirtschaftsethik, 1989), S. 73, Z. 21 ff. (Hervorh. i. O. fett).

geln und Maßstäben und der Moral der Gegenseitigkeit, die Leistung für Leistung gewährt. Die Moral der Gegenseitigkeit trägt ein Moment des ›Rechnens‹ in sich, das ohne moralische Bindung gerade nicht zu der Erwartungsstabilität führt, die Molitor von den individualethischen Regeln erwartet. Zur Moral der Gegenseitigkeit gehört für Molitor auch das Moment des Eigeninteresses. Das Eigeninteresse ist zwar auch für Molitor zunächst eine Annahme der Theorie, doch er verwendet den Begriff auch zu Beschreibungen auf der Handlungsebene[287]. Molitor deutet dabei den Begriff »Eigeninteresse« nicht als Handlungs*motiv*, sondern als Handlungs*ziel*. Damit nimmt er in gewissem Sinn eine Umdeutung des ökonomischen Verhaltensmodells vor, in dem das Eigeninteresse traditionell als Motiv aufgefaßt wird[288]. Doch auch bei seiner Deutung von Eigeninteresse als Handlungsziel ist zu fragen, in welcher Weise dieses Ziel mit den genannten individualmoralischen Regeln und Maßstäben korrespondiert. Das Ziel, für das nach Molitor das Eigeninteresse steht, lautet: »jeweils das Beste aus den Marktdaten herauszuholen«[289]. Die genannten individualmoralischen Regeln und Maßstäbe wie die Einhaltung der Wettbewerbsregeln, die Respektierung der Eigentumsrechte, Gewissenhaftigkeit, Zuverlässigkeit und schließlich die Vertragstreue führen jedoch alle ein Moment der moralischen Bindung mit sich, das nicht im Kalkül von Leistung und Gegenleistung aufgeht und das über die Maximierung des Nutzens – freilich bei Einhaltung der Regeln – hinausgeht. Molitors Anmerkung, daß »natürlich ein Mindestmaß an Gutwilligkeit oder allgemeinem Wohlwollen eingeschlossen« ist, deutet diese Diskrepanz an. Doch da sich Molitor hier auf eine Anmerkung beschränkt, hört er da auf, wo eine Aufgabe der Wirtschaftsethik beginnen könnte, um die Bedingungen, Formen und Grenzen dieser »Gutwilligkeit« zu bestimmen[290].

---

287. Vgl. Molitor (Wirtschaftsethik, 1989), S. 83: »Es ist zu beachten, daß die Verfolgung des Eigeninteresses in der Wirtschaft nicht ›umstandslos‹ auch der Allgemeinheit dient«.
288. Vgl. Kirchgässner (Homo Oeconomicus, 1991), S. 45 ff.
289. Vgl. Molitor (Wirtschaftsethik, 1989), S. 82.
290. Vgl. Molitor (Wirtschaftsethik, 1989), S. 85.

IV. Ethische Ökonomie: Wirtschaftsethik als Kulturtheorie – die Wirtschaftsethik Peter Koslowskis

»Nichts ist gewisser, als dass Religion, Wissenschaft und Kunst ursprünglich Hand in Hand gingen, und dass nur unsere moderne falsche Aufklärung sie trennte und in ihrer Trennung verderbte. Wie denn das Schlechte, was sie in ihrer Trennung produciren, das ist, was man das Moderne nennt«.
(Franz von Baader)[1]

Die Wirtschaft in ihrem kulturellen Gesamtzusammenhang zu sehen ist das Spezifikum des wirtschaftsethischen Entwurfs von Peter Koslowski. Er zielt darauf, diesen Zusammenhang, in dem die Wirtschaft steht, aufzudecken und hieraus ethische Kriterien abzuleiten. Peter Koslowski, Jahrgang 1952, ist Volkswirt und Philosoph. Er ist Gründungsdirektor des katholischen Forschungsinstituts für Philosophie in Hannover und Professor für Philosophie an der Universität Witten/Herdecke. Koslowski kommt das Verdienst zu, mit seinem Beitrag »Ethik des Kapitalismus« (1982) als einer der ersten Ökonomen die neuere Wirtschaftsethikdiskussion in Deutschland angestoßen zu haben. In dem Band »Prinzipien der Ethischen Ökonomie« (1988) hat er seine anfänglichen Anstöße zu einem systematischen Entwurf ausgearbeitet. Koslowski hat das Anliegen, Ethik und Wirtschaftstheorie in einer kulturphilosophischen Gesamttheorie zu integrieren. Dazu versucht er die Methodiken verschiedener Theorietraditionen (Ethik, Kulturwissenschaft und Wirtschaftstheorie) miteinander in Beziehung zu bringen[2].

---

1. Baader (Fermenta Cognitionis, 1824, 1963), S. 432.
2. Vgl. Koslowski (Ethische Ökonomie, 1991), S. 115 ff. und Koslowski (Wirtschaftsphilosophie, 1991), 149 ff. und 158 ff.

1. Anliegen und Ansatz

Koslowski entwirft Wirtschaftsethik als Ethische Ökonomie[3]. Der Begriff ist dem klassischen Begriff der Politischen Ökonomie nachgebildet[4]. Die Politische Ökonomie ist nach Koslowski als »Vereinigung der politischen Philosophie und der Ökonomie« zu verstehen, bei der positive und normative Methodiken vereint sind[5]. Dementsprechend zielt nach Koslowski die *Ethische Ökonomie* auf eine *Synthese* von Praktischer Philosophie (Ethik), Kulturwissenschaft und ökonomischer Theorie. Die Ethische Ökonomie umfaßt die beiden Teilgebiete einer positiven Theorie der Wirtschaftskultur und einer normativen Wirtschaftsethik. Sie bildet zusammen mit der Wirtschaftsontologie (die wirtschaftswissenschaftliche Kategorienlehre) die Schnittstelle zwischen Philosophie und Wirtschaftswissenschaft. Als Synthese von ethischer, kulturwissenschaftlicher und ökonomischer Theorie kann die Ethische Ökonomie nach Koslowski einerseits im weiten Sinn als »philosophischer und geisteswissenschaftlicher Ansatz der Ökonomie« bezeichnet werden, andererseits stellt sie im engeren Sinn eine Ergänzung der »reinen Ökonomie« dar[6]. Unter der reinen Ökonomie versteht Koslowski die neoklassische Wirtschaftstheorie. Seine Argumentation ist meist als Abgrenzung zu dieser Theorierichtung zu sehen. Allerdings muß dabei berücksichtigt werden, daß die moderne Wirtschaftstheorie nicht auf diese eine Richtung reduziert werden kann, auch wenn sie die Lehrbücher dominiert.

Koslowski verwendet nicht die in der wirtschaftsethischen Diskussion üblich gewordene Unterscheidung von Wirtschaftstheorie (Ökonomik) und Ökonomie bzw. die Unterscheidung zwischen Ethik und Moral[7]. Er tut dies jedoch bewußt und programmatisch. Die Zweideutigkeit des Begriffs Ökonomie zum Beispiel verweist nach Koslowski darauf, daß die Institution Wirtschaft nicht unabhängig von den normativen Gehalten der Reflexionsform Wirtschaftstheorie besteht. »Institutionen« wie Ökonomie und Ethik sind für Koslowski »nicht nur Sachverhältnisse, sondern zugleich geistige Verhältnisse, Definitionen von Wirklich-

---

3. Eine knappe Darstellung seiner Konzeption von Wirtschaftsethik findet sich in: Koslowski (Grundlinien, 1989), S. 345-383 und Koslowski (Wirtschaftsethik – ein neues Paradigma, 1992), S. 9-17. Als Sekundärliteratur zu Koslowski vgl. Zwierlein (Postmoderne Kultur, 1993).
4. Vgl. Koslowski (Prinzipien, 1988), S. 2f.; vgl. auch Koslowski (Ordnung der Wirtschaft, 1994), S. 23.
5. Vgl. Koslowski (Prinzipien, 1988), S. 2 und Koslowski (Ordnung der Wirtschaft, 1994), S. 23 sowie Schumpeter (Kapitalismus, 1942, 1993) und Hayek (Knechtschaft, 1944, 1991).
6. Vgl. Koslowski (Ordnung der Wirtschaft, 1994), S. 411 und 21.
7. Vgl. die Sprachregelung der temporären Arbeitsgruppe »Wirtschaftswissenschaft und Ethik« im Verein für Socialpolitik: Hesse/Homann et al. (Wirtschaftswissenschaft, 1989), S. 10.

keit [...]«[8]. Auch wenn die sachliche Intention dieser Begründung der Begriffsbildung verständlich ist, wird im folgenden, wenn nicht ausdrücklich Koslowskis Diktion zitiert wird, Ökonomie von Wirtschaftstheorie (Ökonomik) sowie Moral von Ethik unterschieden. Denn diese analytisch generell sinnvolle Unterscheidung von Handlungs- und Reflexionssebene ermöglicht gerade die ethische Reflexion der im wirtschaftlichen Handeln stets wirksamen Normen[9].

Koslowski integriert die Ethische Ökonomie in ein sozialphilosophisches Gesamtkonzept, das wiederum Teil seiner umfassenden »Theorie der Gesamtwirklichkeit von Kultur und Natur« ist[10]. Die Abbildung 4 gibt einen Ausschnitt von Koslowskis Wissenschaftssystematik wieder[11]. Das Gesamtkonzept einer Sozial- und Kulturphilosophie bleibt bei Koslowski eher Programm, als daß schon ein ausgearbeiteter Entwurf vorliegen würde. Doch seine gesamten Arbeiten bewegen sich seit seiner politiktheoretischen Dissertation zu »Gesellschaft und Staat« (1982) im Kontext einer theologisch-philosophischen Sozial- und Kulturtheorie[12]. Diese Kulturtheorie kennzeichnet Koslowski in kritischer Auseinandersetzung mit dem Szientismus der Moderne als Theorie der Postmoderne[13].

Wichtige Begriffe und Argumente seiner Ethischen Ökonomie, wie zum Beispiel *»Einheit der Kultur«* oder *»Durchdringung«* der Kulturbereiche, müssen auf dem Hintergrund dieser Theorie der Postmoderne interpretiert werden[14]. Koslowskis Spezifikum in der wirtschaftsethischen Diskussion, die Thematisierung von Religion, ist ebenfalls auf diesem Hintergrund zu verstehen: Religion ist diejenige Dimension der Gesellschaft, die die Einheit der Kulturbereiche ermöglicht[15]. Das Konzept einer *Einheit der Kultur*, das Konzepten gesellschaftlicher Multikulturalität entgegensteht, weist Koslowski als einen der katholischen Tradition zugehörigen Denker aus[16].

---

8. Vgl. Koslowski (Wirtschaftsethik als Synthese, 1990), S. 279.
9. Siehe oben die methodischen Überlegungen im Kapitel II.3.
10. Vgl. Koslowski (Wirtschaftsphilosophie, 1991), S. 148f., Koslowski (Gesellschaftliche Koordination, 1991), S. 1-10 und Koslowski (Ordnung der Wirtschaft, 1994), S. 178-181, S. 411 ff.
11. Vgl. Koslowski (Ordnung der Wirtschaft, 1994), S. 411 und Koslowski (homo oeconomicus, 1992), S. 10-13.
12. Vgl. Koslowski (Die postmoderne Kultur, 1987), Koslowski (Wirtschaft als Kultur, 1989), Koslowski (Prüfungen, 1989), Koslowski (Sozial- und Kulturphilosophie, 1991) und Koslowski (Ordnung der Wirtschaft, 1994).
13. Zur Einordnung von Koslowskis Position in der Diskussion um die Postmoderne vgl. Ollig (Philosophische Zeitdiagnose, 1991), S. 348 ff.; siehe auch Koslowski (Die postmoderne Kultur, 1987), S. 26f. und Koslowski (Risikogesellschaft, 1989).
14. Vgl. Koslowski (Prinzipien, 1988), S. 15-19 und Koslowski (Wirtschaft als Kultur, 1989), S. 78-99.
15. Vgl. Koslowski (Religion, Ökonomie, Ethik, 1985).
16. Vgl. Koslowski (Die postmoderne Kultur, 1987), S. 90f. und Koslowski (Wirtschaft als Kultur, 1989), S. 97 mit Bezug auf den katholischen Philosophen der Romantik und Kritiker der Moderne Franz von Baader (Fermenta Cognitionis, 1824, 1963), S. 432.

2. Ethik – Naturrechtliches Ethikverständnis

2.1 Tugend-, Pflichten- und Güterlehre

Ethik meint bei Koslowski eine Theorie, die die »Haltungen, Vorzugshandlungen und Regeln für die Koordination von Handlungen« analysiert und die präskriptive Aussagen über deren »Gesolltheit« macht[17]. Bei der Zielbestimmung der Ethik verbindet Koslowski den individuellen und institutionellen Aspekt der Ethik: Die Ethik »zielt ab auf die Klärung und Verbesserung der Gewohnheiten der Individuen, ihrer Präferenzen und der Regeln, durch die sie ihre Handlungen mit denen anderer koordinieren«[18]. Im Gegensatz zu Homann und noch weitaus stärker als Ulrich entwickelt Koslowski sein Ethikverständnis in Aufnahme und Auseinandersetzung mit der Tradition der ethischen Theorie, deren Gehalte er zum Teil mit der Begrifflichkeit der ökonomischen Theorie interpretiert und reformuliert. Die Tradition der Ethik umfaßt in unterschiedlichen Schwerpunktsetzungen die Tugend-, Pflichten- und Güterlehre. Nach Koslowskis Systematik umfaßt die Pflichtenlehre die formale Ethik, und die Tugend- und Güterlehre bilden den materialen Teil[19]. Mit *Tugenden* sind nach Koslowski die individuellen Haltungen und Prägungen von Personen gemeint, *Pflichten* beziehen sich auf die Einhaltung der Regeln, die eine koordinierte Interaktion ermöglichen, und *Güter* stellen Wertqualitäten dar, die die Zwecksetzungen und Präferenzen von Personen bestimmen[20].

2.2 Naturrechtliche Begründung

In der Begründung der normativ-ethischen Aussagen wird von Koslowski eine naturrechtliche Position vertreten: Eine Handlung oder Handlungsregel ist ethisch gut, wenn sie der »Natur der Sache«, die sie betrifft, umfassend und bezüglich aller Aspekte »gerecht« wird[21]. »Ethisch gut« meint demnach nicht eine Qualifizierung neben anderen, sondern eine umfassende Beurteilung, bei der alle Aspekte einer Handlung oder Institution hinsichtlich ökonomischer, ästhetischer oder moralischer Gesichtspunkte abgewogen werden. Die Ethik muß daher nach Koslowski verschiedene Methodiken integrieren, um etwa Fragen der ökonomi-

---

17. Vgl. Koslowski (Ethik der Banken, 1997), S. 16.
18. Vgl. Koslowski (Ethik der Banken, 1997), S. 16. Diese Unterscheidung findet sich auch schon in Koslowskis frühem Ethikwerk: »Ethik des Kapitalismus« (1982/1984).
19. Vgl. Koslowski (Prinzipien, 1988), S. 131.
20. Vgl. Koslowski (Prinzipien, 1988), S. 129 ff. und Koslowski (Ethik der Banken, 1997), S. 16 mit Verweis auf die philosophische Ethik Schleiermachers.
21. Vgl. Koslowski (Ethik des Kapitalismus, 1982), S. 50 f.; Koslowski (Prinzipien, 1988), S. 128, 136 und Koslowski (Ethik der Banken, 1997), S. 18, 20.

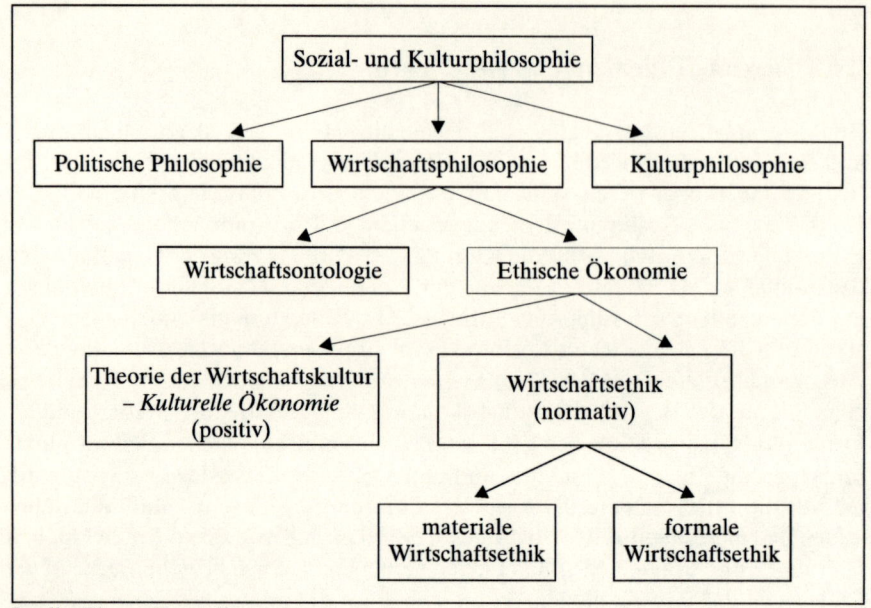

Abbildung 4: Koslowskis Wissenschaftssystematik (ein Ausschnitt)

```
                    Sozial- und Kulturphilosophie
                   ↙              ↓              ↘
    Politische Philosophie   Wirtschaftsphilosophie   Kulturphilosophie
                            ↙              ↘
                 Wirtschaftsontologie   Ethische Ökonomie
                            ↙              ↘
              Theorie der Wirtschaftskultur   Wirtschaftsethik
              – Kulturelle Ökonomie                (normativ)
                    (positiv)
                                           ↙              ↘
                                      materiale        formale
                                   Wirtschaftsethik  Wirtschaftsethik
```

Quelle: Eigene Darstellung

schen Effizienz, der Ästhetik und der gerechten Zuteilung miteinander verbinden zu können.

3. Wirtschaftstheorie – die Ausweitung der Wirtschaftstheorie zur Wirtschaftsphilosophie

Koslowskis Verständnis von Wirtschaftstheorie leitet sich von einer spezifischen Gegenstandsbestimmung ab: Die Wirtschaft ist neben Kunst und Wissenschaft der dritte »Kultursachbereich« der Gesellschaft, in dem Gebrauchsgüter produziert und ausgetauscht werden[22]. Ihr Hauptwesenszug besteht darin, daß sie einen Interaktionszusammenhang von frei wählenden Individuen bildet, die auch in ihren wirtschaftlichen – weil kulturellen – Entscheidungen wertend »Stellung nehmen« und sich selbst verwirklichen[23]. Die »Stellungnahme« wird nach Kos-

---

22. Vgl. Koslowski (Gesellschaftliche Koordination, 1991), S. 83.
23. Vgl. Koslowski (Prinzipien, 1988), S. 108, 197, Koslowski (Wirtschaftsphilosophie, 1991), S. 152 ff. und Koslowski (Gesellschaftliche Koordination, 1991), S. 82 ff.

lowski durch Erziehung und Bildung ermöglicht und besteht im »Sinnverstehen, Werterleben, Sich-Besinnen und Sich-Entscheiden«[24].

3.1 Das Methodenensemble der Wirtschaftstheorie

Damit die Wirtschaftstheorie ihrem Gegenstand in ihrer Theoriebildung gerecht werden kann, muß sie sich nach Koslowski neben der rein ökonomischen auch ihrer philosophischen, kulturwissenschaftlichen und ethischen Dimensionen bewußt sein und dieser Vielfalt durch ein Methodenensemble entsprechen. Die Hauptmethodik der Wirtschaftstheorie besteht auch für Koslowski in einer mikroökonomischen Theorie der rationalen Handlung, mit der die Allokation knapper Mittel für gegebene Zwecke erklärt wird[25]: »Aufgrund der meist zutreffenden Präsumtion dafür, daß ökonomische, lokal maximierende Rationalität die Zielverfolgung der Individuen bestimmt, ist erwerbswirtschaftliches Handeln eindeutiger und leichter zu ›verstehen‹ als anderes soziales Handeln«[26]. Weil jedoch wirtschaftliche Entscheidungen immer auch kulturgeprägt, also durch ästhetische und moralische Wertsetzungen geprägt sind, kann die Methodik der ›reinen‹ Theorie nach Koslowski nicht alleinige Anwendung finden[27]. Ein bedeutendes Vorbild für dieses umfassende Verständnis von Wirtschaftstheorie sieht Koslowski in der Volkswirtschaftslehre Gustav Schmollers. Schmoller ist der Hauptvertreter der neueren Historischen Schule und verstand Wirtschaftstheorie als ethische und kulturelle Theorie[28]. Während Schmoller jedoch die Psychologie als Grundwissenschaft der Wirtschaftstheorie ansah, ordnet Koslowski die Wirtschaftstheorie in ein von ihm entwickeltes Gesamtkonzept von *Wirtschaftsphilosophie* ein[29]. Diese umfaßt zum einen eine *Wirtschaftsontologie*, in der die Grundbegriffe wie Individuum, Koordination und Ökonomie-Prinzip geklärt werden und zum anderen die *Ethische Ökonomie* mit ihren beiden Teilen der deskriptiven Kulturwissenschaft und der normativen Wirtschaftsethik (siehe oben Abbildung 4).

---

24. Vgl. Koslowski (Gesellschaftliche Koordination, 1991), S. 83 f.
25. Vgl. Koslowski (Gesellschaftliche Koordination, 1991), S. 63 und Koslowski (Ethik der Banken, 1997), S. 22.
26. Koslowski (Gesellschaftliche Koordination, 1991), S. 74.
27. Vgl. Koslowski (Gesellschaftliche Koordination, 1991), S. 81.
28. Vgl. Koslowski (Gesellschaftliche Koordination, 1991), S. 66 ff.
29. Vgl. Koslowski (Wirtschaftsphilosophie, 1991), S. 149 ff. und Koslowski (Ordnung der Wirtschaft, 1994), S. 4 ff. und 411 ff. mit Bezug auf Sombart (Nationalökonomien, 1930), S. 411 und Schmoller (Grundriß, 1919).

3.2 Wirtschaftsontologie und Ökonomie-Prinzip

Die Grundfrage der Wirtschaftsontologie zielt auf das Verständnis der wirtschaftlichen Akteure. Sie wird von Koslowski mittels einer Auseinandersetzung mit dem Ökonomie-Prinzip geklärt. Das Ökonomie-Prinzip hat zwei Fassungen: die Minimierung des Aufwands bei gegebenen Zielen und die Maximierung des Nutzens bei gegebenen Mitteln. Der Geltungsbereich des Ökonomie-Prinzips reicht nach Koslowski über den Kultursachbereich der Wirtschaft hinaus. Er stellt die Alternative auf, das Ökonomie-Prinzip als ein mechanistisches »Naturgesetz« oder als »Verstandesregel, als eine Logik der Wahl«, zu interpretieren[30]. In der neoklassischen Wirtschaftstheorie erkennt Koslowski eine mechanistische Deutung, der er zwar eine begrenzte Analogiefunktion zugesteht, die er aber als ontologische Annahme ablehnt[31]. Im Rückgriff auf die Monadenlehre Leibniz' vertritt Koslowski eine personale Deutung des Ökonomie-Prinzips: Die Maximierung wird zwar von den Individuen in ihren intentionalen Akten angestrebt, doch sie kann zum einen aufgrund von *Irrtum* verfehlt werden, und sie kann zum anderen nicht objektiv bestimmt werden, weil die Individuen unableitbar *subjektive* Vorstellungen des zu maximierenden Nutzens haben[32].

3.3 Theorie der Wirtschaftskultur – Kulturelle Ökonomie

Wirtschaft, Wissenschaft und Kunst bilden nach Koslowski die drei Kultursachbereiche der Gesellschaft[33]. Die Theorie der Wirtschaftskultur – von Koslowski auch Kulturelle Ökonomie oder ethische Volkswirtschaftslehre genannt – bildet den (überwiegend) positiv-deskriptiven Teilbereich der Ethischen Ökonomie[34]. Sie reflektiert die »Wechselbeziehungen zwischen den kulturellen Lebensordnungen und Daseinsdeutungen einer Gesellschaft einerseits und ihrer Wirtschaftsordnung, ihrem Wirtschaftsstil und ihren wirtschaftlichen Praxisformen andererseits«[35]. Das Bestehen dieser Wechselbeziehungen wird in der Neoklassi-

30. Vgl. Koslowski (Wirtschaftsphilosophie, 1991), S. 154 und Koslowski (Gesellschaftliche Koordination, 1991), S. 31 f.
31. Vgl. Koslowski (Gesellschaftliche Koordination, 1991), S. 34.
32. Vgl. Koslowski (Wirtschaftsphilosophie, 1991), S. 154 ff., Koslowski (Gesellschaftliche Koordination, 1991), S. 41 und Koslowski (Ordnung der Wirtschaft, 1994), S. 124 ff.
33. Vgl. Koslowski (Wirtschaft als Kultur, 1989), S. 172 und 195, Anm. 1 sowie Koslowski (Die postmoderne Kultur, 1987), S. 31-33.
34. Die Einschränkung ›(überwiegend) positiv-deskriptiv‹ ist notwendig, da nach Koslowski (Prinzipien, 1988, S. 107 ff.) eine rein positive Darstellung von Werten nicht möglich ist, sondern die Wahrnehmung von Werten stets eine Stellungnahme nötig macht; vgl. auch Koslowski (Gesellschaftliche Koordination, 1991), S. 63 ff. und Koslowski (Wirtschaftsphilosophie, 1991), S. 158 und 165.
35. Vgl. Koslowski (Wirtschaftsphilosophie, 1991), S. 149 und vgl. auch Koslowski (Prinzipien, 1988), S. 100 ff. und 138 ff.

schen Wirtschaftstheorie nach Koslowski nicht geleugnet, aber es wird nicht weiter untersucht. Damit entfällt jedoch die Möglichkeit, den Begriff des ökonomischen Gutes konkreter zu fassen, als es der abstrakte Begriff des Nutzens zu leisten vermag. Koslowskis grundlegende These lautet, daß der ökonomische Wert eines Gutes nicht unabhängig von seinem »ästhetischen, ethischen und kulturellen Wert« besteht und wahrgenommen werden kann und daß daher die auf Verstehen ausgerichtete Methodik der Kulturwissenschaft in die Ökonomie integriert werden muß[36]. Die Qualität eines Gutes kann durch die verstehende Methode der Kulturwissenschaft zunächst differenzierter beschrieben werden, um hierauf aufbauend normative Überlegungen anstellen zu können[37]. Koslowski bezieht sich hierin auf Schmollers *ethische* Volkswirtschaftslehre[38]. Schmoller vertritt jedoch bezüglich der kulturellen Werte einen historistischen Relativismus, über den Koslowskis normatives Konzept hinausgeht[39].

3.4 Die Koordinationsleistung des Marktes

Die wichtigste Konsequenz der ontologischen Grundbestimmungen besteht für Koslowski im Verständnis der wirtschaftlichen Koordination und damit des Marktprozesses. Koordination soll nicht wie in der Neoklassischen Wirtschaftstheorie als bloß kausal determinierter und mechanischer Prozeß verstanden werden, der je zu einem allgemeinen Gleichgewichtszustand strebt, sondern als ein Anpassungsprozeß, bei dem »ein wechselseitiges Abtasten der Präferenzen, Erwartungen, der Kompromißbereitschaft und selbst gesetzten, nicht überschreitbaren Schwellenwerte im Vertrags- bzw. Tauschgeschäft« von freien Individuen vollzogen wird[40]. Trotz aller Kritik an der Österreichischen Schule sieht Koslowski in deren Wertlehre und in deren Marktverständnis eine Ökonomietradition, die mit seiner Ontologie vereinbar ist[41]. Zwei Parallelen hebt er hervor: Die Annahme der Subjektivität der Kosten- und Nutzeneinschätzungen entspricht in gewisser Weise der kulturbedingten, aber freien Stellungnahme; und der Marktprozeß wird als nicht vorhersehbares und planbares »Entdeckungsverfahren« (Hayek) verstanden[42]. Aufgrund der Fähigkeit des Marktes, Präferenzen über

---

36. Vgl. Koslowski (Wirtschaftsphilosophie, 1991), S. 159; vgl. auch Koslowski (Prinzipien, 1988), S. 109 und Koslowski (Gesellschaftliche Koordination, 1991), S. 63 ff.
37. Vgl. Koslowski (Wirtschaftsphilosophie, 1991), S. 159 und Koslowski (Prinzipien, 1988), S. 138-150.
38. Vgl. Koslowski (Ethische Ökonomie, 1991). S. 116 mit Bezug auf Schmoller (Grundriß, 1919).
39. Vgl. Koslowski (Gesellschaftliche Koordination, 1991), S. 67 ff. und 91-97.
40. Vgl. Koslowski (Gesellschaftliche Koordination, 1991), S. 34.
41. Vgl. Koslowski (Prinzipien, 1988), S. 82 und 188 f., Koslowski (Gesellschaftliche Koordination, 1991), S. 8, 39 ff., 43 und 89.
42. Vgl. Hayek (Wettbewerb, 1968, 1969).

den Preismechanismus *nicht*autoritär miteinander abzustimmen und zu koordinieren, sieht Koslowski im Markt die wichtigste Form gesellschaftlicher Entscheidungssysteme[43]. Die *Grenze* der Marktkoordination sieht er allerdings in der Absolutsetzung der gegebenen subjektiven Präferenzen und in der Absolutsetzung der Verteilungsergebnisse.

Die konkrete Wirtschaftsform des Kapitalismus, in der die Koordinierungsleistung des Marktes voll zur Geltung kommt, ist nach Koslowski durch drei Strukturmerkmale geprägt[44]:

a) Privateigentum über Güter und Produktionsmittel, b) Gewinn- und Nutzenmaximierung als Handlungsmotive und Wirtschaftszweck und c) Märkte und Preissystem als Koordinationsmechanismen der Wirtschaft. Das spezifische Kennzeichen des Kapitalismus ist nach Koslowski »nicht so sehr« das Vorliegen dieser drei Merkmale, sondern der hohe Grad ihrer »*Freisetzung*« aus den sozialen und kulturellen Normen der Gesellschaft[45]. Die Kritik dieser hohen Freisetzung bildet eines der zentralen Themen seiner Ethischen Ökonomie.

4. Wirtschaftsethik – Moral als Korrektiv von Marktversagen

Die Analyse von Koslowskis Verständnis der Wirtschaftsethik erfolgt im folgenden in vier Abschnitten. Da Koslowski die Moral als Korrektiv von Marktversagen versteht, muß zunächst dargestellt werden, wie er Marktversagen definiert (4.1). Koslowskis Analyse des Marktversagens führt ihn zum Aufweis der Notwendigkeit von Moral in der Wirtschaft (4.2). Die Funktion, die der Moral in der Situation des Marktversagens zukommt, bestimmt Koslowski zunächst als Vor-Koordination der Präferenzen (4.3). Diese Bestimmung faßt die Moral jedoch nur in einem formalen und noch nicht inhaltlichen Sinn. Mit Hilfe der Wertethik versucht Koslowski das inhaltliche Defizit einer nur formalen Koordinationsethik zu überwinden (4.4).

4.1 Die Kompensation des Marktversagens

4.1.1 Das Modell vollständiger Konkurrenz

Das Ideal einer freien Marktgesellschaft basiert auf dem ökonomischen Modell der vollständigen Konkurrenz. Die Kritik dieses Modells führt ihn zu einer Er-

---

43. Vgl. Koslowski (Gesellschaftliche Koordination, 1991), S. 52.
44. Vgl. zum folgenden Koslowski (Ethik des Kapitalismus, 1984), S. 15 ff.
45. Vgl. Koslowski (Ethik des Kapitalismus, 1984), S. 17.

weiterung des Modells und ermöglicht ihm die Entfaltung seiner Verhältnisbestimmung von Ethik und Wirtschaftstheorie. Das Modell der vollständigen Konkurrenz setzt für Koslowski drei Bedingungen voraus, die er in der »Wirklichkeit der Marktwirtschaft« nicht oder nur bedingt erfüllt sieht: (a) Die Zahl der Anbieter und Nachfrager muß sehr hoch sein, (b) Anpassungen an Preissignale erfolgen ohne Kosten und Zeitverlust, und (c) die vertraglichen Vereinbarungen werden ohne Kosten eingehalten und durchgesetzt, d. h. es fallen keine Transaktionskosten an[46]. Die Transaktionskosten umfassen die Kosten der Einigung, Durchsetzung und Kontrolle von wirtschaftlichen Verträgen[47].

Mit dieser Kritik am Modell der vollständigen Konkurrenz verweist Koslowski zwar auf drei Differenzen zur »Wirklichkeit«, doch das könnte mit dem Hinweis auf die stets notwendigen Abstraktionen von Modellbildungen leicht abgewiesen werden. Seine Argumentation liegt deshalb auf kategorialer Ebene: Er zieht ein anderes ökonomisches Modell heran, das seines Erachtens nicht nur einen Spielraum für die moralischen Regeln läßt, sondern sie sogar zur notwendigen Bedingung von effizienter Koordination macht. Es ist das Modell des Marktes als »Interaktionszusammenhang« im Gegensatz zum neoklassischen Gleichgewichtsmodell[48]. Wird der Markt als Interaktionszusammenhang verstanden, so ist damit der Charakter des Marktes in spezifischer Weise bestimmt: Der Markt wird durch die Entscheidungen der Marktteilnehmerinnen und Marktteilnehmer konstituiert, die zwar immer auch Anpassungsprozesse sind, die jedoch nicht mechanistisch ablaufen. Auf der Objektebene macht Koslowski dies an dem Stellenwert von Einstellungen wie Vertrauen und Zuverlässigkeit deutlich. Unbestimmtheiten und Unsicherheiten der realen Entscheidungssituationen machen Vertrauen und Zuverlässigkeit zu Faktoren, die Transaktionskosten senken. Koslowski argumentiert auf der Objektebene, also quantitativ: Der Markt funktioniert zwar auch ohne Vertrauen und Zuverlässigkeit und somit nur aufgrund von bloßem Eigeninteresse der Akteure, doch dies führt zu *nicht*optimaler Effizienz[49]. Als *Ökonomieversagen* und damit als Marktversagen versteht Koslowski alle diejenigen Situationen, in denen ohne Vertrauen Verträge gar nicht oder nur sehr schwer, also mit hohen Transaktionskosten zustande kommen würden[50]. Als Beispiele nennt er die Situationen, in denen ein Vertragspartner über ein ungleich höheres Wissen verfügt, und Situationen, in denen ein Verhandlungspartner eine Monopolstellung über bestimmte Güter inne hat[51].

In seiner Kritik an dem Modell der vollständigen Konkurrenz greift Koslowski auf Erkenntnisse zurück, die in der neueren ökonomischen Theorie entwickelt

---

46. Vgl. Koslowski (Prinzipien, 1988), S. 24.
47. Vgl. Koslowski (Religion, Ökonomie, Ethik, 1985), S. 79.
48. Vgl. Koslowski (Prinzipien, 1988), S. 24 f.
49. Vgl. Koslowski (Prinzipien, 1988), S. 26.
50. Vgl. Koslowski (Prinzipien, 1988), S. 26.
51. Vgl. Koslowski (Prinzipien, 1988), S. 26 ff.

worden sind. Er bezieht sich im wesentlichen auf den Transaktionskostenansatz, der in enger Verbindung mit dem Property-Rights-Ansatz steht[52]. Beide Ansätze basieren auf der Modellannahme der Neoklassik. Sie verstehen sich jedoch als eine kritische Weiterführung dieser Theorie, in dem sie die institutionellen Voraussetzungen des Wirtschaftens thematisieren.[53]. Der Transaktionskostenansatz wird durch den Dualismus von Markt und Hierarchie (Organisation) geprägt. Wenn die Transaktionskosten in einer bestimmten Marktsituation so groß sind, daß Transaktionen über den Markt ausbleiben oder stark eingeschränkt werden, kann man von Marktversagen sprechen[54].

Koslowski teilt das Grundanliegen dieses Ansatzes: die Thematisierung der institutionellen Rahmenbedingungen. Er konzentriert dies Anliegen jedoch insbesondere auf die Funktion von moralischen Regeln. In der Perspektive des Dualismus von Markt und Hierarchie bietet sich bei Marktversagen eine hierarchische Lösung durch Organisationen an. Koslowskis Argumentation zielt darauf, daß auch durch die *Befolgung von moralischen Regeln* Transaktionskosten gesenkt werden können. Koslowski rezipiert dabei die mit dem Transaktionskostenansatz verbundene Kritik an der Neoklassik, ohne jedoch die enge Verhaltensannahme des Ansatzes, das opportunistische Verhalten, mitzuübernehmen. Außerdem teilt er auch nicht die Gleichgewichtsannahme, die dem Transaktionskostenansatz immer noch zugrunde liegt[55].

4.1.2 Vertrauen versus Tit-For-Tat-Strategie

Da Koslowski selbst ein Modell entwirft, um die Funktion moralischer Regeln darzulegen, profiliert er dieses Modell in Abgrenzung zu Axelrod, der in seinen spieltheoretischen Überlegungen die *Tit-For-Tat-Strategie* analysiert[56]. In dieser Strategie beginnt der Akteur mit einer kooperativen Strategie. Wird auf diese Kooperation mit Kooperation reagiert, setzt er diese Strategie fort. Erfolgt jedoch auf die Kooperation eine Defektion, wird entsprechend mit Defektion reagiert. Es ist die Regel ›Wie du mir, so ich dir‹, durch die bei den Mitspielern ein Lerneffekt ausgelöst werden soll[57]. Koslowski kritisiert, daß Axelrods Ansatz einerseits nur einen »Minimalismus« an Kooperation erkläre und daß Axelrod anderseits in einer unzutreffenden Polarität von strategischem und ethischem Handeln stecken bleibe. Koslowski argumentiert wiederum quantitativ: Vertrauen vermag ein Mehr an Kooperation zu ermöglichen, deren positiver Output für

---

52. Vgl. Picot (Ökonomische Theorien, 1991) und Schüller (Property Rights, 1983).
53. Vgl. Picot (Ökonomische Theorien, 1991).
54. Vgl. Williamson (Institutionen, 1985, 1990), S. 9, 19, 21, Anm. 8.; vgl. auch Coase (Nature, 1937, 1988), S. 37 ff. und 43 ff.
55. Vgl. Koslowski (Categorial, 1990).
56. Vgl. Axelrod (Evolution der Kooperation, 1984, 1988).
57. Vgl. Axelrod (Evolution der Kooperation, 1984, 1988), S. 12 und S. 25 ff.

beide oder mehrere Akteure spürbar wird. Das Vertrauen stellt für Koslowski keine rein altruistische Einstellung dar, sondern eine solche, die den gemeinsamen Vorteil sucht. Für Koslowski gibt es daher »ein eindeutiges volkswirtschaftliches Argument« für moralisches Verhalten[58]. Und dieses Vertrauen hat die Funktion, Marktversagen zu kompensieren.

4.2 Die strukturelle Notwendigkeit von Moral

Es gehört zu den Grundproblemen der Wirtschaftsethik, daß das volkswirtschaftliche Argument für moralisches Verhalten zwar analytisch abgeleitet werden kann, daß mit dieser Analyse jedoch noch nicht die Frage der Motivation der einzelnen Person zu diesem moralischen Handeln geklärt ist. Koslowski formuliert diesen Übergang zu der Ebene der Entscheidungssituation als ein Problem der inhaltlichen Bestimmtheit der Maximen von Personen. Herrschaftsfreie Koordination erreicht für ihn »ihr Optimum nur dort, wo nicht nur das besondere, sondern auch das allgemeine Interesse in die Maximen der Handelnden aufgenommen wird, wo das Allgemeine mit zum Motiv des individuellen (Wirtschafts-)Handelns wird«[59]. Zur Analyse dieser Entscheidungssituation unterscheidet Koslowski drei Fälle, die drei mögliche Optionen für handelnde Personen beschreiben[60]: Fall 1: Die einzelne Person handelt unbedingt moralisch, unabhängig vom Verhalten der anderen. Fall 2: Die Person handelt bedingt moralisch, das heißt je nach dem Verhalten der Mehrheit der anderen. Hierbei gibt es einen subjektiv wahrgenommenen Schwellenwert, ab dem eine einzelne Person das Ausmaß der Defektion in einem Kollektiv zum Anlaß der eigenen Defektion nimmt. Der Fall 2 ist der Tit-For-Tat-Strategie vergleichbar. Fall 3: Die Person handelt auch dann unmoralisch, wenn sich alle anderen an die Regeln halten. Dieser Fall wird nach Koslowski im Modell des Gefangenendilemmas dargestellt: Der höchste individuelle Nutzen liegt noch über dem durch eine Kooperation erreichbaren. Wie für Homann stellt das Gefangenendilemma für Koslowski ein analytisch sinnvolles Modell der Kooperations- und Tauschsituationen in einer anonymen Gesellschaft dar[61].

Die drei Optionen verdeutlichen das Problem des Übergangs von der Einsicht in das »volkswirtschaftliche Argument« zum Motiv des Handelns: Der gemeinsame Vorteil, der durch Kooperation entsteht, ist durch zwei strukturelle Bedingungen der Situation bedroht: Einerseits dadurch, daß jede einzelne Person iso-

---

58. Koslowski (Prinzipien, 1988), S. 30f. und 209ff.
59. Koslowski (Prinzipien, 1988), S. 30f.
60. Vgl. Koslowski (Religion, Ökonomie, Ethik, 1985), S. 80ff.
61. Vgl. Koslowski (Prinzipien, 1988), S. 32 und 81. Zur ausführlichen Darstellung des Modells des Gefangenendilemmas siehe unten die Analyse von Homann Kapitel VI.3.2.

liert von der anderen über deren Handlungsentscheidung stets in Unsicherheit bleibt und andererseits dadurch, daß einzelne ihren individuellen höchsten Nutzen dadurch erreichen, daß sie selbst defektieren, während alle anderen sich an die Kooperationsregeln halten. Koslowskis Analyse der drei Fälle zeigt deren inhärente Dynamik, die sich aufgrund dieser Unsicherheit und der individuellen Nutzenmaximierung entwickelt: Bei einem Übergewicht der Optionen des Falles 3 (immer mehr einzelne defektieren) entstehen die Situationen des Falles 2, bei denen wiederum ein Schwellenwert besteht, ab dem die Regeln moralischen Verhaltens fast vollständig erodieren. Koslowski sieht zwei Bedingungen, unter denen die Dynamik aufzuhalten ist: (a) durch das Bestehen eines Zwangssystems mit strenger Kontrolle oder (b) durch die moralische Selbstbindung der Personen: »Die Ethik ist ein Mittel, die Situation des Prisoner's Dilemma, das einen Fall von Ökonomieversagen darstellt, in die Situation von Vertrauen oder Zusicherung zu überführen«[62].

Inwiefern die ›Ethik‹ – bzw. genauer die Moral – dieses Mittel darstellt, muß im folgenden noch weiter ausgeführt werden. Es muß an dieser Stelle jedoch darauf hingewiesen werden, daß Koslowski auch die Grenzen der Funktion der Moral thematisiert. Er diagnostiziert nicht nur Ökonomieversagen, sondern auch eine spezifische Form von Ethikversagen, da mit dem Aufweis der Notwendigkeit von Moral noch nicht das Problem der Motivationsbasis moralischen Handelns geklärt ist[63]. Die Lösung des Problems des Ethikversagens sieht Koslowski in der Funktion der Religion (siehe unten Abschnitt 5.1).

4.3 Vor-Koordination von Präferenzen als Funktion der Moral – formale Wirtschaftsethik

Diese Funktion der Moral, durch die sie Marktversagen überwinden kann, besteht für Koslowski in der »Vor-Koordination der eigenen Handlung mit derjenigen aller anderen im Inneren des Handelnden«[64]. Die Vor-Koordination findet durch »Reflexion auf und Antizipation von Verallgemeinerbarkeit des eigenen Handelns bereits vor der Handlung statt«[65]. Durch diesen Reflexionsakt soll der im Gefangenendilemma isolierte Akteur die Brücke zu den Mitakteuren schlagen, um das »Allgemeininteresse« verwirklichen zu können[66].

---

62. Koslowski (Prinzipien, 1988), S. 33.
63. Vgl. Koslowski (Prinzipien, 1988), S. 37.
64. Vgl. Koslowski (Prinzipien, 1988), S. 83.
65. Vgl. Koslowski (Prinzipien, 1988), S. 83.
66. Vgl. Koslowski (Prinzipien, 1988), S. 78.

4.3.1 Das Ideal der Koordination – eine Interpretation von Kants Kategorischem Imperativ

Koslowski setzt bei Kants Kategorischem Imperativ an: »Der kategorische Imperativ ist also nur ein einziger, und zwar dieser: *handle nur nach derjenigen Maxime, durch die du zugleich wollen kannst, daß sie ein allgemeines Gesetz werde*«[67]. Koslowski sieht in diesem Kategorischen Imperativ einen Formalismus und Universalismus angelegt, der ihn für die ethische Problemstruktur von modernen Großgruppen besonders gut qualifiziert[68]. Der Grund für diese Eignung liegt für Koslowski in der Entsprechung der Formalität der Rationalität des Marktes und der Formalität des Verallgemeinerungsprinzips des Kategorischen Imperativs. Die formale Rationalität des Marktes zielt – so Koslowskis Interpretation – »auf das Nebeneinanderbestehen-können der individuellen Ansprüche und Erwartungen an das Sozialprodukt und auf die Koordination der Handlungen im Austausch des Marktes«[69]. Der Ordnungsrahmen des Preissystems legt damit für die Marktteilnehmer nicht einzelne materiale Zwecke fest, sondern er schließt nur Handlungsweisen aus, die dem Nebeneinanderbestehen-Können widersprechen[70]. Das Prinzip der (gelungenen) Koordination der Marktteilnehmer ist somit der einzige Zweck, der durch den Ordnungsrahmen gesetzt wird. Er ist in Relation zur Vorgabe materialer Zwecke als ein formaler zu betrachten. Er ist jedoch – so Koslowski – nicht rein formal, da in der dominanzfreien Koordination ein erstrebenswerter materieller Wert gesehen wird.

Koslowskis Interpretation des Kategorischen Imperativ zielt darauf, die strukturelle Entsprechung zu der formalen Rationalität des Marktes herauszustellen. Er interpretiert den Imperativ durch die Regel: »Handle so, daß deine individuelle Maximen mit der gleichen Maxime aller anderen zusammenbestehen und die aus ihr fließenden Handlungen koordinierbar sind«[71]. Die Entsprechung besteht in der Formalität des Ziels: Nicht ein materiales Ziel soll verwirklicht werden, sondern die Koordination, das Zusammenbestehen-Können ist das Ideal. Der Kategorische Imperativ zielt nach Kant nicht auf die Verwirklichung einzelner Zwecke, sondern er bezieht sich nur auf die Form des Willens: Er dient der Prüfung der Maximen auf ihre Verallgemeinerbarkeit hin. Koslowski hebt hervor, daß sich die Prüfung der Verallgemeinerbarkeit nicht auf die Handlungen als solche, sondern auf die Maximen bezieht[72]. Es ist nicht zu prüfen, ob es wün-

---

67. Kant (Metaphysik der Sitten, 1785, 1974), BA 52 (Hervorh. i. O. gesperrt), siehe auch BA 17, BA 81 und Koslowski (Prinzipien, 1988), S. 73 ff. und 78 ff.
68. Vgl. Koslowski (Prinzipien, 1988), S. 81.
69. Vgl. Koslowski (Prinzipien, 1988), S. 73.
70. Vgl. Koslowski (Prinzipien, 1988), S. 73 f.; ohne auf Hayek Bezug zu nehmen, steht hier dessen klassische Konzeption der »Arten der Ordnung« im Hintergrund; vgl. Hayek (Arten, 1963, 1969), S. 40 ff.
71. Koslowski (Prinzipien, 1988), S. 84.
72. Vgl. Koslowski (Prinzipien, 1988), S. 76 f.

schenswert ist, daß alle eine bestimmte Handlung vollziehen, sondern ob die Maxime, die einer Handlung zugrunde liegt, verallgemeinert werden soll. Der entscheidende Vorzug, den die Verallgemeinerung der Maxime gegenüber der Verallgemeinerung der Handlungen hat, besteht in der Möglichkeit, der Begründung einer Ausnahme von der Regel den Boden zu entziehen: Bezüglich einer einzelnen Handlung kann leichter argumentiert werden, daß jeder in einer solchen spezifischen Situation so handeln könne bzw. – was auf das Gleiche hinausläuft – daß die spezifische Situation nicht verallgemeinert werden könne. Die Verallgemeinerung der Maxime erfordert die Zuordnung der Handlung zu einem Handlungstypus[73].

4.3.2 Das Ideal des Nebeneinanderbestehen-Könnens

Koslowskis Interpretation des Kategorischen Imperativ hebt ganz auf den Aspekt des Nebeneinanderbestehen-Könnens von Handlungen ab, also auf ein Koordinationsideal. Zur Vermittlung dieses Koordinationsideals mit der Marktkoordination interpretiert Koslowski den Begriff der Maxime mit dem in der ökonomischen Theorie gebräuchlichen Begriff der Präferenzen: Während die Marktkoordination auf die »Koordinierbarkeit von Handlungen und bereits fest gebildeten Pläne und Präferenzen« zielt, sollen nach dem Kategorischen Imperativ durch gedankliche *Vor-Koordination* der sich bildenden Präferenzen »vernünftige, d.h. verallgemeinerbare Präferenzen« erreicht werden[74]. An diesem Punkt zeigt sich, worauf die Synthese der ökonomischen Theorie und der Ethik hinzielt: Koslowski versteht unter einer umfassenden Theorie wirtschaftlichen Handelns, daß sie die Koordination, die am Markt geschieht, unverkürzt versteht und die »ethischen Normen als handlungsleitende oder zumindest handlungsbeeinflussende Motive und als Faktoren der Präferenzbildung« mit berücksichtigt und integriert[75]. Diese Synthese ist dabei keineswegs nur theoretisch bedeutsam. Denn sie kann – wie die spieltheoretischen Modellüberlegungen gezeigt haben – auf der Ebene moralisch orientierter Handlungen als *Steigerung* der Koordination wirksam werden. Diese Steigerung umfaßt zwei Aspekte: Sie bedeutet zum einen die Kompensation von Marktversagen, da die Vor-Koordination der Präferenzen die Gefangenendilemma-Situationen überwindet[76], und zum anderen bedeutet sie über die Kompensation hinaus »zusätzliche Koordination«, da die moralische Selbstbindung – so Koslowski – die Erwartungssicherheit erhöht und somit Unsicherheiten reduziert[77].

---

73. Vgl. Koslowski (Prinzipien, 1988), S. 67f. und 80f.
74. Vgl. Koslowski (Prinzipien, 1988), S. 73.
75. Vgl. Koslowski (Prinzipien, 1988), S. 88.
76. Vgl. Koslowski (Prinzipien, 1988), S. 78, vgl. auch 82, 85.
77. Vgl. Koslowski (Prinzipien, 1988), S. 85.

4.4 Der Präferenzbildungsprozeß – materiale Wirtschaftsethik

Koslowski hinterfragt selbst die Reichweite des von ihm herausgearbeiteten Leitbegriffs der Koordination[78]. Es ist die Frage nach dem »Sinn der sozialen Koordination«, die nach Koslowski nicht wieder mit dem Hinweis auf »(maximale) Koordination« beantwortet werden kann, sondern eine Güterlehre notwendig macht: »*Der Sinn der ökonomisch-sozialen Koordination ist es, daß in der Gesellschaft die materiellen Wertqualitäten und höherrangigen Güter der menschlichen Kultur verwirklicht werden* und daß im einzelnen Menschen das Wachstum des inneren Menschen ermöglicht wird«[79]. Dies zu explizieren ist die Aufgabe der materialen Wirtschaftsethik.

Die Synthese von Ethik und Wirtschaftstheorie wird von Koslowski im *materialen* Teil der Wirtschaftsethik über den für die Wirtschaftstheorie und Ethik gleichermaßen bedeutsamen Begriff des Gutes entwickelt[80]. Wie im *formalen* Teil setzt Koslowski mit einer Bestimmung der ökonomischen Theorie ein. Er bezieht sich auf eine Definition des österreichischen Ökonomen Richard Strigl, nach der ein ökonomisches Gut dadurch bestimmt ist, daß »es alternative Nutzungsmöglichkeiten eröffnet«[81]. Koslowski setzt sich kritisch mit dem Nutzenbegriff der subjektiven Werttheorie auseinander. Er greift auf die – für philosophisches Denken typische – Argumentationsfigur des regressus ad infinitum zurück, um zu zeigen, daß das konsequente Fragen nach dem Nutzen von bestimmten Nutzungsmöglichkeiten notwendigerweise auf eine Bestimmung von »gut« führt, die das »Gute selbst« und nicht »gut für etwas anderes« ausdrückt[82]. Zur Konkretion des Gedankens des ›Guten an sich‹ greift Koslowski auf Max Schelers materiale Wertethik zurück. Koslowski unterscheidet sich mit der Integration einer materialen Ethik signifikant von den sonstigen ökonomischen Entwürfen zur Wirtschaftsethik. Die Probleme, die sich aus einer nur formalen Ethik ergeben, haben hinreichend deutlich gemacht, daß Koslowski in der Tat damit eine notwendige Fragerichtung aufwirft[83]. Um Koslowskis Rückgriff auf Scheler sinnvoll analysieren zu können, wird im folgenden Schelers Ansatz skizziert.

---

78. Vgl. Koslowski (Prinzipien, 1988), S. 79.
79. Koslowski (Prinzipien, 1988), S. 98; vgl. auch Koslowski (Wirtschaft als Kultur, 1989), S. 119 ff.
80. Vgl. zur materialen Wirtschaftsethik Koslowski (Prinzipien, 1988), S. 100 ff., Koslowski (Wirtschaft als Kultur, 1989), S. 118 ff., Koslowski (Grundlinien, 1989), S. 373 ff. und Koslowski (Materiale Wertethik, 1989), S. 31 ff.
81. Vgl. Koslowski (Prinzipien, 1988), S. 101; Koslowski bezieht sich allerdings nicht direkt auf ein Werk von Strigl, sondern auf ein Zitat von Albert (Marktsoziologie, 1967), S. 42.
82. Vgl. Winkel (Volkswirtschaftslehre, 1985), S. 102.
83. Vgl. Wils (Ethik, 1993), S. 67.

4.4.1 Max Schelers materiale Wertethik

Max Scheler (1874 – 1928) entwickelte in »Der Formalismus in der Ethik und die materiale Wertethik« (1913) einen der profiliertesten Versuche einer materialen Wertethik.[84] Er wendet die phänomenologische Methode Edmund Husserls auf die Erkenntnis von Werten an[85]. Er versucht eine »*Wertphänomenologie* und *Phänomenologie des emotionalen Lebens*« zu entfalten[86]. Die emotionalen Grundakte, die Scheler untersucht, sind das »Fühlen, das Vorziehen und Nachsetzen, das Lieben und Hassen«, deren »*apriorischen* Gehalt« er unabhängig von aller »induktiven Erfahrung« durch eine »*Wesensschau*« bzw. eine »phänomenologische Erfahrung« zu ermitteln sucht[87]. Scheler setzt sich – theoriegeschichtlich betrachtet – einerseits mit Kants Ethik auseinander, deren »Formalismus« und Beschränkung auf eine abstrakte Vernunftethik er einer grundlegenden Kritik unterzieht, andererseits versucht er, gegenüber dem grundsätzlichen Wertrelativismus der empirischen Psychologie und Anthropologie, die in der Wissenschaftsauffassung des 19. Jahrhunderts zunehmend eine dominierende Stellung einnahmen, die *Absolutheit* von Werten neu zu begründen[88]. Die Auseinandersetzung mit dem Empirismus hat Scheler zu einem spezifischen Verständnis von Absolutheit geführt, das der nicht abzuweisenden historischen Relativität von Gütern, Normen und Ethosformen Rechnung trägt[89]. Scheler erhebt den Anspruch, eine »*materiale* Wertreihe, und eine Ordnung in ihr, aufzufinden, die von der Güterwelt und ihren wechselnden Gestaltungen *völlig* unabhängig ist und ihr gegenüber *a priori* ist«[90].

Scheler kommt mit anderen Vertretern einer materialen Wertethik darin überein, daß die Werterkenntnis eine besondere Art der Sinneswahrnehmung und von der Vernunft unterschiedene Erkenntnisart darstellt[91]: »Der eigentliche Sitz aller Wertapriori (und auch des sittlichen) ist die im Fühlen, Vorziehen, in letzter Linie im Lieben und Hassen sich aufbauende *Werterkenntnis* resp. *Wert-Erschauung*, sowie die der Zusammenhänge der Werte, ihres ›Höher-‹ und ›Niedrigerseins‹, d.h. die ›*sittliche Erkenntnis*‹. Diese Erkenntnis erfolgt in *spezifischen* Funktionen und Akten, die von allem Wahrnehmen und Denken toto coelo ver-

---

84. Vgl. zur materialen Wertethik den Überblick von Henckmann (Materiale Wertethik, 1992).
85. Vgl. Scheler (Formalismus, 1913, 1954), S. 11 und Schnädelbach (Philosophie, 1991), S. 225-228.
86. Vgl. Scheler (Formalismus, 1913, 1954), S. 85; vgl. zur Stellung der Wertlehre in dem gesamten philosophischen Werk Max Schelers den Überblick von Frinks (Max Scheler, 1973) und von Stegmüller (Hauptströmungen, 1965), S. 96-134.
87. Vgl. Scheler (Formalismus, 1913, 1954), S. 85f. und 70f.
88. Vgl. Scheler (Formalismus, 1913, 1954), S. 278ff., 309ff. und 497ff.
89. Vgl. Scheler (Formalismus, 1913, 1954), S. 14, 229ff. und 314ff.
90. Vgl. Scheler (Formalismus, 1913, 1954), S. 46.
91. Vgl. Henckmann (Materiale Wertethik, 1992), S. 89f.

schieden sind und den einzig möglichen *Zugang* zur Welt der Werte bilden«[92]. Dieses Fühlen wird dabei von Scheler nicht als ein neutrales Wahrnehmen verstanden, sondern es ist zugleich stets ein Vorziehen (bzw. Nachsetzen) der jeweils höheren Werte und der niedrigeren Werte[93]. Der Wertbegriff Schelers ist damit in dem Sinn relational zu verstehen, als die Wahrnehmung der Werte von der Fühlfähigkeit der Personen abhängt. Während jedoch Lotze und der Neukantianismus (Windelband und Rickert) einen Dualismus vertreten: *(Seiendes ist und Werte gelten),* gelten die Werte für Scheler nicht nur, sondern ihnen kommt auch ein eigenes Sein zu[94]. Er versteht sie als »*materiale Qualitäten*«, die objektiv und unabhängig von Gütern bestehen, die aber erst wirklich werden, wenn sie an einem Gut wahrgenommen werden[95]. In der Durchführung des Programms, der »emotionalen *epoché*«, wie Schnädelbach dies in Anlehnung an Husserl deutet[96], sieht Scheler sich dazu gezwungen, den Wertbegriff von allen sonstigen ethischen Begriffen wie Gut, Norm, Zweck streng abzuheben[97].

Scheler differenziert zwei Arten von Ordnungen, mit denen er die Vielfalt der Werte und ihre Rangfolge zu strukturieren versucht. Die erste besteht aus einer Phänomenologie menschlicher Handlungsweisen wie Erkennen, Fühlen oder Entschließen. Die zweite und grundlegendere Art von Ordnung umfaßt die »*Rangordnung* zwischen den Qualitätssystemen der materialen Werte, die wir als *Wertmodalitäten* bezeichnen. Sie bilden das eigentliche *materiale Apriori* für unsere Wert- und Vorzugseinsicht«[98].

Abbildung 5: Die Rangfolge der Wertmodalitäten bei Max Scheler

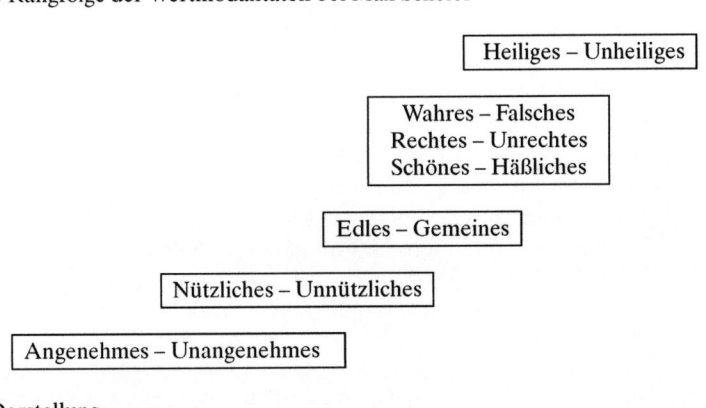

```
                                    Heiliges – Unheiliges

                               Wahres – Falsches
                               Rechtes – Unrechtes
                               Schönes – Häßliches

                                 Edles – Gemeines

                         Nützliches – Unnützliches

                  Angenehmes – Unangenehmes
```

Quelle: Eigene Darstellung.

92. Scheler (Formalismus, 1913, 1954), S. 88.
93. Vgl. Scheler (Formalismus, 1913, 1954), S. 107 ff.
94. Vgl. Schnädelbach (Philosophie, 1991), S. 199, 225.
95. Vgl. Scheler (Formalismus, 1913, 1954), S. 40 und 43.
96. Vgl. Schnädelbach (Philosophie, 1991), S. 227.
97. Vgl. Scheler (Formalismus, 1913, 1954), S. 35 ff., 52 ff. und 229 ff.
98. Vgl. Scheler (Formalismus, 1913, 1954), S. 125.

Den verschiedenen Wertmodalitäten entsprechen jeweils spezifische emotionale Akte[99]: (a) das sinnliche Fühlen nimmt die Wertreihe des Angenehmen und Unangenehmen wahr; die Wertträger sind alle Dinge oder Zustände, die Lust oder Schmerz bereiten; (b) Fühlen des Nützlichen (alle »Zivilisationswerte«)[100], (c) das Lebensgefühl empfindet die Werte des Edlen und Gemeinen; die Wertträger sind Lebewesen; Gefühlszustände sind »Gesundheits- und Krankheitsgefühl«, Mattheit, Angst oder Wut; (d) das geistige Fühlen empfindet die drei Geisteswerte des Schönen/Häßlichen, des Rechten/Unrechten und des Wahren/Falschen; (e) der Akt des Liebens erfaßt den Wert des Heiligen; das Hassen erfaßt das Unheilige; die Gefühlszustände sind Seligkeit oder Verzweiflung.

4.4.2 Koslowskis Rezeption von Schelers materialer Wertethik

4.4.2.1 Die Rangfolge der Werte

Koslowski nimmt vor allem auf die von Scheler konstatierten materialen Wertmodalitäten Bezug: Das Angenehme, das Nützliche, das Edle und das Heilige[101]. Der Vergleich mit Schelers Systematik zeigt, daß Koslowski die Reihe um die Wertmodalität der Geisteswerte verkürzt, und zwar ohne daß er dies näher begründet. Die Wertmodalitäten geben nach Koslowski an, »was an den Gütern erstrebt wird und was das Gute der Güter ausmacht. Sie stellen nicht nur alternative Nutzungs- oder Verwertungsgesichtspunkte dar, sondern repräsentieren die apriorischen Qualitäten des Guten selbst, die die letzten Willens- und Strebensziele bilden«[102]. Die Rangfolge der Wertmodalitäten bringt damit sozusagen eine vertikale Dimension in den Wert des Nutzens, die über das mehr oder weniger von Nutzen-Haben hinausgeht. Koslowski übernimmt den für die materiale Wertethik Schelers zentralen – aber auch problematischen – Gedanken, daß die Wertqualität unabhängig von der subjektiven Einschätzung des wertenden Menschen in der »intrinsischen Eigenschaft des Wertes« besteht[103]. Diese Eigenschaften der Werte begründen dann folglich auch deren Rangfolge. Koslowski interpretiert: »Der höhere Wert offenbart nach Max Scheler seine Größe dadurch, daß er sich nicht aufbraucht wie materielle Werte, sich nicht abnutzt wie die sinn-

---

99. Vgl. Scheler (Formalismus, 1913, 1954), S. 125 ff., 507, 584 ff.
100. Im Teil I seiner Ethik aus dem Jahr 1913 unterscheidet Scheler zunächst nur die vier Modalitäten des Angenehmen, des Edlen, der Geisteswerte und des Heiligen. Die Wertmodalität des Nützlichen wird in dieser Zeit noch als Wert des Mittels des Angenehmen verstanden und diesem nachgeordnet; vgl. Scheler (Formalismus, 1913, 1954), S. 125. Ebenso wie in den Kölner Vorlesungen erhebt Scheler im Teil II seiner Ethik die Modalität des Nützlichen in die Hauptrangfolge der Wertmodalitäten; vgl. Scheler (Formalismus, 1913, 1954), S. 618 die Anmerkung der Herausgeberin zur S. 507.
101. Vgl. Koslowski (Prinzipien, 1988), S. 105.
102. Vgl. Koslowski (Prinzipien, 1988), S. 105 f.
103. Vgl. Koslowski (Prinzipien, 1988), S. 105.

lichen Werte, und sich nicht verrechnen läßt wie die Werte des Nützlichen«[104]. – Beachtlich ist, daß Koslowski diese Interpretation wortwörtlich von Wilhelm Korff übernommen hat, ohne dies als Zitat zu kennzeichnen[105].

4.4.2.2 Bildung als Voraussetzung der Werterkenntnis

Wie sich bei Scheler gezeigt hat, nötigt die Behauptung des Wertobjektivismus, daß die Wertqualitäten unabhängig vom wertenden Subjekt bestehen, angesichts der historisch relativen Ethosformen zur Annahme einer je und je unterschiedlich ausgebildeten »Fühlfähigkeit für Werte«[106]. Scheler trägt damit dem auch von ihm nicht geleugneten »subjektiven Element in der Wertgegebenheit« Rechnung und wird hierdurch zum Problem der Stufen der *»sittlichen Bildung«* geführt[107]. Bildung tritt als Bildung durch andere oder als Selbstbildung auf. Der Begriff Bildung ist eine notwendige Voraussetzung des ethischen Hinterfragens der gegebenen Präferenzen, denn nur veränderbare Präferenzen und ihnen zugrundeliegende veränderbare Werte sind korrigierbar. In Koslowskis Ausführungen lassen sich beide Möglichkeiten von Bildung herausarbeiten.

Die erste Möglichkeit entfaltet Koslowski unter Rückgriff auf Eduards Sprangers Theorie des Verstehens: Das Verstehen von Geistes- und Kulturgütern vollzieht sich durch freie Stellungnahme[108]. Da sich die Fähigkeit zur Stellungnahme im einzelnen stets erst entwickeln muß, kommt der Erziehung eine zentrale Rolle zu, deren Aufgabe als »Anleitung zur Stellungnahme« begriffen wird[109]. Erziehung stellt dabei keine Indoktrination bestimmter Wertüberzeugungen dar, sondern sie setzt die freie Aneignung der zu Erziehenden voraus[110].

Die zweite Möglichkeit der Bildung und damit der Wandelbarkeit von Wertüberzeugungen besteht nach Koslowski in der Korrektur von Wertüberzeugungen durch Erfahrung. Die handlungstheoretische Voraussetzung dieser Korrektur besteht in der Unterscheidung zwischen erwartetem, imaginierten Erfolg einer Handlung und den – nicht vollständig zu beeinflussenden – tatsächlich eintretenden Wirkungen und Nebenwirkungen[111]. Werte sind nach Koslowski die Grundlage für die Präferenzen bezüglich verschiedener Handlungsoptionen, das heißt, daß die jeweiligen Optionen nach bestimmten Wertgesichtspunkten ausgewählt

---

104. Koslowski (Prinzipien, 1988), S. 106.
105. Vgl. Korff (Entscheidungskonflikte, 1982), S. 79.
106. Vgl. Scheler (Formalismus, 1913, 1954), S. 257.
107. Vgl. Scheler (Formalismus, 1913, 1954), S. 281 und 319.
108. Vgl. Koslowski (Prinzipien, 1988), S. 107 f.; »Stellungnahme heißt nach Spranger das Leitwort der geistigen Welt: das Vermögen, anzunehmen und abzulehnen«, Koslowski (Prinzipien, 1988), S. 108.
109. Vgl. Koslowski (Prinzipien, 1988), S. 108.
110. Vgl. Koslowski (Prinzipien, 1988), S. 108.
111. Vgl. Koslowski (Prinzipien, 1988), S. 110-113 und Koslowski (Nebenwirkungen, 1989).

werden[112]. Treten nun unerwünschte Wirkungen und Nebenwirkungen auf und zeigen sich dadurch unbeachtete natürliche oder soziale Regelmäßigkeiten, kann dies auf die den Präferenzen zugrundeliegenden Wertmaßstäbe zurückwirken[113]. Koslowskis Argument lautet, daß die Kenntnis von Sachverhalten Einstellungsänderungen bewirken können und daß daher die »Wertsphäre« nicht unabhängig von der »Seinssphäre« besteht[114]. Koslowski liegt daran, die Wechselwirkung und Parallelität der Reflexionsgänge des Wertens und der Wahrnehmung von Sachverhalten zu begründen.

4.4.3 Die Theorie öffentlicher Güter als Interpretation der Wertlehre

Definitorisch hat Koslowski festgelegt: Güter tragen Wertqualitäten. Im Gegensatz zu Scheler, der Werte begrifflich von Gütern streng trennt, gebraucht Koslowski beide Begriffe, ebenso wie Wertlehre und Güterlehre, fast synonym[115]. Scheler ist daran gelegen, mit Kant die Kritik an einer Güterlehre, die nur relativistisch sein könne, zu betonen. Koslowski gibt diese Intention auf und spricht geradezu von der »materialen Wertethik als Strebens- und Güterethik« oder parataktisch von »Güterlehre oder materialer Ethik«[116]. Trotz der Berücksichtigung des subjektiven Moments ist sich Koslowski bewußt, daß er mit der Übernahme von Schelers objektiver Wertethik in Gegensatz zu der Grundannahme der subjektiven Werttheorie der Wirtschaftstheorie steht. Da Koslowski jedoch gerade die Synthese von Wirtschaftstheorie und Ethik zu begründen versucht, zieht er eine ökonomische Theorie heran, die die Annahmen der objektiven Wertethik unterstützen soll. Die Theorie, die dies leisten kann, ist für Koslowski die ökonomische Theorie der öffentlichen Güter. Mit ihr interpretiert er die objektive Wertethik.

Die Theorie der öffentlichen Güter thematisiert nach Koslowski den einzigen Fall in der Wirtschaftstheorie, bei dem die objektive Qualität der Güter und nicht die subjektive Einschätzung für die »Nutzungsweise« und die »Knappheitsverhältnisse« der Güter und damit auch für die »sozioökonomische Koordination« von Bedeutung sind[117]. Die beiden in der ökonomischen Theorie genannten Kriterien für öffentliche Güter, Nichttrivalität im Konsum und das Fehlen der Aus-

---

112. Vgl. Koslowski (Prinzipien, 1988), S. 112.
113. Vgl. Koslowski (Prinzipien, 1988), S. 111;
114. »Deshalb können auch ökonomische Überlegungen Einstellungsänderungen bewirken, und Einstellungsänderungen ökonomische Argumente verändern«, Koslowski (Prinzipien, 1988), S. 111.
115. Vgl. Koslowski (Prinzipien, 1988), S. 106, 109 und 114.
116. Vgl. Koslowski (Prinzipien, 1988), S. 108 f.
117. Vgl. Koslowski (Prinzipien, 1988), S. 113 f.; zur Theorie der öffentlichen Güter verweist Koslowski auf den Ansatz von Musgrave/Musgrave, hier zitiert nach Musgrave/Musgrave/Kullmer (Finanzen 1, 1973, 1994).

schlußmöglichkeit, implizieren bestimmte Güterqualitäten (wie etwa Dauerhaftigkeit), die ihnen unabhängig von den subjektiven Wertschätzungen der Wirtschaftssubjekte zukommen. Die Bedeutung und die Rangfolge der Werte kann somit für Koslowski auch ökonomisch interpretiert werden: »Der höhere Wert offenbart seine Höherrangigkeit und Überlegenheit dadurch, daß er in einem höheren Maß öffentliches Gut ist, einen höheren Grad an Öffentlichsein aufweist«[118].

Entsprechend den beiden Kriterien des öffentlichen Gutes bewirkt die Qualität des höheren Wertes, daß dieser sich nicht »aufbraucht«, »abnutzt« und »verrechnen« läßt wie »materielle Güter« und Werte des »Nützlichen«[119]. Diese Entgegensetzung zeigt, worauf die ganze Argumentation zielt: Koslowski versucht durch den Aufweis von Güterqualitäten, die sich vom »bloß« Materiellen unterscheiden, die für die ökonomische Theorie der Neoklassik und der Neuen Politischen Ökonomie typische Engführung des formalen Begriffs der Nützlichkeit auszuweiten[120]. Als Beispiele nennt Koslowski personale Wertqualitäten (er versteht darunter Tugenden wie »Tapferkeit, Güte, Gerechtigkeit«) und »bestimmte geistige Werte und Güter wie Kunst, Wissenschaft und Religion«, also kulturelle Güter[121].

Für Koslowski gilt, daß die höheren Werte und Güter in einem höheren Maß öffentliche Güter sind als andere niedrigere Werte und Güter[122]. Die Tugenden und höheren kulturellen Werte und Güter sind nach Koslowski weder rein private noch rein öffentliche Güter. Er macht geltend, daß entgegen der »im allgemeinen« angenommenen Zweiteilung in öffentliche oder private Güter verschiedene Grade des Öffentlichseins vorliegen können[123]. Für Koslowski weisen Tugenden und kulturellen Güter Qualitäten auf, nach denen sie zwar »durch Anstrengung und Bildung« privat angeeignet werden müssen, aber eben positive »öffentliche Nebenwirkungen« haben[124]. Die positiven Nebenwirkungen basieren nach Koslowski maßgeblich auf der Nichtrivalität des Konsums kultureller Güter und sie bestehen für ihn in der die materiellen Ressourcen schonenden Produktionsweise der kulturellen Güter sowie in deren »sozialen Vereinigungspotential«. Nur »die kulturelle Gemeinsamkeit von Wertschätzungen läßt Sprache und gemeinsames Ethos möglich sein, die wiederum Voraussetzungen eines intensiven ökonomischen Austausches und Tauschverkehrs der Individuen sind«[125].

118. Koslowski (Prinzipien, 1988), S. 106 und vgl. 114.
119. Vgl. Koslowski (Prinzipien, 1988), S. 114.
120. Zur Entgegensetzung zum »bloß« Materiellen vgl. Koslowski (Prinzipien, 1988), S. 106, 114, 115, 117 und 133.
121. Vgl. Koslowski (Prinzipien, 1988), S. 115;
122. Vgl. Koslowski (Prinzipien, 1988), 106 und 113-116.
123. Vgl. Koslowski (Prinzipien, 1988), S. 113f.
124. Vgl. Koslowski (Prinzipien, 1988), S. 115.
125. Koslowski (Prinzipien, 1988), S. 118.

4.4.4 Tugendlehre als Teil der materialen Wertethik

Im Zusammenhang mit der Wirtschaftsethik stellt Koslowski institutionelle Überlegungen zurück. Anstelle dessen führt ihn die Frage der Realisierung der materialen Werte und kulturellen Güter auf den Begriff der *Tugend*. Koslowski verfolgt wiederum die für ihn typische Argumentationsweise, daß er Termini und Gehalte aus der philosophisch-ethischen Tradition mit ökonomischer Begrifflichkeit interpretiert. Eine Tugend ist nach aristotelischer Tradition eine Eigenschaft der »Seele« (hexis: Zustand, Beschaffenheit, Haltung), die durch Belehrung, Erfahrung und Gewohnheit gebildet wird: »Die Tugenden erwerben wir, in dem wir sie zuvor ausüben«[126]. Koslowski greift dieses aristotelische Verständnis auf: Die Tugend ist eine »durch Übung erworbene und gefestigte seelische Haltung (hexis)«[127]. Sie entsteht aus der im Kontext der Verstehenslehre beschriebenen »Wechselwirkung zwischen Einstellung, Handeln und Erfahren bzw. Erleiden des Handlungserfolges«[128]. Die Tugend hat nach Koslowski damit einen intentionalen Aspekt. Der Schwerpunkt des Tugendbegriffs liegt jedoch auf der charakterlichen Disposition: »Die Tugend ist Disposition zur guten Handlung, die gute Handlung schafft die Disposition zur Tugend und richtigen Haltung«[129]. Koslowski nähert sich mit der Entwicklung einer Tugendlehre dem Motivationsproblem, denn die Tugenden wie etwa Güte, Tapferkeit und Gerechtigkeit bilden die Motivation für die Ausübung der Pflichten und der Bereitstellung der (öffentlichen) ethischen und kulturellen Güter[130]. In der Interpretation Koslowskis entstehen durch die Tugenden öffentliche Güter, und die Tugenden stellen ihrerseits selbst Wertqualitäten und öffentliche Güter dar, die externe positive Nutzen haben. Durch die Tugenden kommt es – so Koslowski – zur »Versöhnung von Pflicht und Neigung« und von »Allgemeininteresse und Selbstinteresse«, da durch die Disposition gewollt wird, was gesollt wird[131]. Das in der ökonomischen Theorie vorausgesetzte unmittelbare Selbstinteresse, das allerdings jenseits der Alternative von egoistischem und altruistischem Interesse steht, wird durch die Ausbildung von Tugenden eingeschränkt[132]. Durch die Tugenden werden die Mittel, die der Erfüllung der Zwecke der Pflichten dienen, ihrerseits zu Zwecken, die gewollt werden und für die daher die Motivation besteht, sie zu erfüllen[133].

---

126. Aristoteles, (Nikomachische Ethik), 1103 a 14 – a 33
127. Vgl. Koslowski (Prinzipien, 1988), S. 119.
128. Vgl. Koslowski (Prinzipien, 1988), S. 119.
129. Vgl. Koslowski (Prinzipien, 1988), S. 119.
130. Vgl. Koslowski (Prinzipien, 1988), S. 119.
131. Vgl. Koslowski (Prinzipien, 1988), S. 120.
132. Vgl. Koslowski (Prinzipien, 1988), S. 120; vgl. auch Koslowskis (Prinzipien, 1988, S. 50) Bestimmung der ethischen Strategie als ›Warten-können‹ und als »indirekte Strategie des Verzichts auf die kurzfristig vorteilhafte Strategie«.
133. Vgl. Koslowski (Prinzipien, 1988), S. 121-123.

Die Tugendlehre wird von Koslowski der materialen Wertlehre zugeordnet. In ihr wird nicht nur die Motivationsbasis der Pflichterfüllung beschrieben, die Tugendlehre ergänzt die Pflichtenlehre auch noch in dem Sinn, daß sie nach Koslowski besonders in »singulären Situationen des Verhältnisses zu sich selbst und zu den anderen« der Besonderheit eines Einzelfalles besser gerecht wird als die auf Verallgemeinerung zielende Pflichtenethik[134]. Koslowski führt den Gedanken am Beispiel der Tugend der Gerechtigkeit aus, die er in gewisser Spannung zur Regel der Gerechtigkeit in der Pflichtenethik sieht[135]. Dem Problem des Einzelfalles kommt in Koslowskis Ansatz eine besondere Rolle zu. Standardsituationen lassen sich besser und kostengünstiger kontrollieren, daher kommt bei ihnen dem Recht eine besondere Funktion zu. Die Aufgabe der Ethik und Moral sieht Koslowski demgegenüber primär in der Regelung von nicht kontrollierbaren Einzelsituationen.

5. Religion als Korrektiv von Moralversagen

5.1 Das Problem der Motivation moralischen Handelns

Im formalen Teil der Wirtschaftsethik arbeitet Koslowski die Vor-Koordination der Präferenzen als spezifische Aufgabe der Moral heraus, durch die einerseits die erodierende Dynamik des (nicht kontrollierbaren) bloß selbstinteressierten Handelns aufgehalten werden kann und andererseits eine Steigerung der Marktkoordination ermöglicht wird. Moral hat hier die Funktion, ein Korrektiv von Marktversagen sein[136].

Koslowski macht geltend, daß die Moral das »Isolationsparadox«[137], in dem die Akteure im Gefangenendilemma stehen, letztlich *nicht* lösen kann. Das Argument lautet: Die Moral ist nur ein *potentielles* Mittel zur Überwindung des Dilemmas. Damit es aktualisiert wird, bedarf es einer Motivation. Diese Motivation zu moralischem Handeln ist keineswegs selbstverständlich, weil die Akteure keine Sicherheit darüber gewinnen können, ob sich die Mitakteure auch an die Regeln halten. Das »Isolationsparadox«, das Sen durch Moral zu überwinden

---

134. Vgl. Koslowski (Prinzipien, 1988), S. 124 ff.
135. Vgl. Koslowski (Prinzipien, 1988), S. 125 ff.
136. Vgl. Koslowski (Prinzipien, 1988), S. 30 mit Bezug auf Arrow (Evaluation, 1971); vgl auch Sen (Ökonomische Ungleichheit, 1973).
137. Das Isolationsparadox besagt, daß eine einzelne Person, wenn sie isoliert von anderen ist, stets in einer Unsicherheit darüber bleibt, wie sich die anderen verhalten, und daher selbst entgegen ihrer eigentlichen moralischen Intention vorsorglich nichtkooperativ handeln muß, um nicht übervorteilt zu werden; vgl. Sen (Isolation, 1967), S. 112.

glaubt, bleibt damit bestehen[138]. Mit der Tugendlehre hat Koslowski einen Ansatz gezeigt, mit dem das Motivationsproblem in einem ersten Schritt angegangen werden kann (siehe oben Abschnitt 4.4.4). In einem weiteren, jedoch grundlegenderen Schritt expliziert Koslowski Religion als Mittel, das Moralversagen zu überwinden.

5.2 Der funktionale Religionsbegriff

Koslowski verwendet einen funktionalen Religionsbegriff, wenn er der Religion die Kompensation von Ethikversagen zuschreibt: »Entweder wird das Ethikversagen durch Religion kompensiert oder durch vollständige, äußere Kontrolle der Menschen in einer Gesellschafts- und Wirtschaftsordnung beseitigt«[139]. Zur Referenz dieser Position verweist er neben Plato auf Kant, der einen »transzendenten Ausgleich von Sittlichkeit und Glückseligkeit« postuliert[140]. Der Religionsbegriff – wie er im Rahmen des Modells eingeführt wird – kann zwar auch mit einem überzeitlich verstandenen Transzendenzbegriff expliziert werden (und Koslowski vertritt dies auch persönlich[141]), doch impliziert der Begriff dies auf dieser Ebene nicht notwendigerweise[142]: »Es ist deutlich, daß Religion in diesem Sinn nicht an eine Konfession gebunden ist. Selbst ein Atheist kann in diesem Sinn Religion haben, wenn er sein Leben unter einen Ganzheitsgesichtspunkt zu bringen vermag und als Ganzes zu rechtfertigen bereit ist«[143]. Die ethische Unbedingtheit, die zur Überwindung von Gefangenendilemma-Situationen notwendig ist und die sich auf der Handlungsebene in moralischen Vorleistungen zeigt, vermag Koslowski damit in diesem Konzept als religiöses Phänomen zu deuten[144].

Die funktionale Deutung der Religion kann für Koslowski als eine formale Bestimmung von Religion aufgefaßt werden, die inhaltlich verschiedene Ausformungen erlaubt[145]. Sie ist durch die formale Bestimmung nur insoweit bestimmt,

---

138. Vgl. Koslowski (Prinzipien, 1988), S. 34f.
139. Koslowski (Prinzipien, 1988), S. 47.
140. Vgl. Koslowski (Prinzipien, 1988), S. 37f.; vgl. Kant (Kritik der praktischen Vernunft, 1788, 1974), A 199, A 220.
141. Koslowski (Prüfungen, 1989), S. 142f., 148ff.: Koslowski entwirft hier die Grundlinien einer christlichen Gnosis und Mystik, die er »unter den Bedingungen der Postmoderne« als »Brücke zwischen dem christlichen Glauben und der säkularen Kultur der Moderne« versteht, Koslowski (Prüfungen, 1989), S. 148; vgl. auch Koslowski (Christlicher Liberalismus, 1992), S. 75ff.
142. Vgl. Koslowski (Prinzipien, 1988), S. 38; er argumentiert jedenfalls nicht mit »Strafen im Jenseits«, wie Homann unkorrekt wiedergibt; vgl. Homann/Blome-Dress (Wirtschaftsethik, 1992), S. 105, Anm. 114.
143. Koslowski (Prinzipien, 1988), S. 38, Anm. 25.
144. Vgl. Koslowski (Prinzipien, 1988), S. 63.
145. Koslowski macht zwar die Einschränkung auf monotheistische Religionen, doch liefert er hierfür kein Argument; vgl. Koslowski (Prinzipien, 1988), S. 41.

als sie nach Koslowski »Grundannahmen über die Wirklichkeit« enthält und in diesem Sinn auch als »Metaphysik« verstanden werden kann[146]. Die funktionale Religionsbegründung, die auf der Ebene der spieltheoretischen Modellanalyse verbleibt, hat für Koslowski darin ihre Grenze, daß sie die Religion zwar als ein den volkswirtschaftlichen Gesamtnutzen steigerndes Strukturmoment ausweist, daß sie damit aber noch nicht den der Religion eigentümlichen Wahrheitsanspruch begründet[147]. Die einzelne Person kann die Notwendigkeit oder zumindest die Nützlichkeit der »Sozialmetaphysik« anerkennen, ohne sich selbst durch dieses System verpflichtet zu fühlen; es liegt damit ein dem Moralversagen analoges »Religionsversagen« vor[148].

Koslowski bezieht sich in seiner Kritik des funktionalen Religionsbegriffs positiv auf Kant[149]. Aber er kritisiert auch an Kant, daß dessen postulatorische Konzeption wiederum auf einer Funktionalisierung der Religion für die Moral basiert und die Funktionalisierung also letztlich nicht überwindet. Diese Funktionalisierung besteht für Koslowski darin, daß bei Kant die »Autonomie und sittliche Selbstgesetzgebung« die Begründungslast für die Metaphysik tragen sollen, obwohl sie dies nach Koslowski nicht vermögen[150]. Sein Argument lautet: Die »Selbsterfahrung der Gebrochenheit der sittlichen Natur zeigt, daß wir nicht die Möglichkeit des Sittlichen autonom hervorbringen und ergreifen«[151]. Dies führt Koslowski zu einer Deutung von Kants Religionsbegründung, nach der diese letztlich nicht zu einem Glauben an Gott führt: Weil die Implikationen der Sittlichkeit für ihren praktischen Vollzug nicht notwendigerweise gezogen werden müssen, glaubt »der Mensch am Ende nur an sich selbst«, das heißt seine eigene Autonomie[152].

6. Kritische Würdigung

Koslowski zielt mit seinem wirtschaftsethischen Entwurf auf die Synthese der Ethik und Wirtschaftstheorie zu einer Ethischen Ökonomie. Er interpretiert dazu in seiner Wirtschaftsethik traditionelle ethische Gehalte mit neueren ökonomischen Theorien neu. In der folgenden kritischen Würdigung wird zunächst

---

146. Vgl. Koslowski (Prinzipien, 1988), S. 45.
147. Vgl. Koslowski (Religion, Ökonomie, Ethik, 1985), S. 88.
148. Vgl. Koslowski (Prinzipien, 1988), S. 88 und vgl. Koslowski (Prinzipien, 1988), S. 40.
149. Vgl. Kant (Kritik der praktischen Vernunft, 1788, 1974), A 232; Koslowski (Religion, Ökonomie, Ethik, 1985), S. 89.
150. Vgl. Koslowski (Religion, Ökonomie, Ethik, 1985), S. 89f. und vgl. 92.
151. Koslowski (Religion, Ökonomie, Ethik, 1985), S. 90.
152. Vgl. Koslowski (Religion, Ökonomie, Ethik, 1985), S. 90f. mit Verweis auf Franz von Baaders Kant-Kritik; vgl. Baader (Kant's Deduction, 1796, 1963).

Koslowskis Verständnis von Wirtschaftstheorie kurz erörtert (6.1). Anschließend werden seine formale und seine materiale Wirtschaftsethik einer eingehenden Kritik unterzogen (6.2 und 6.3). In der Auseinandersetzung mit seiner formalen Wirtschaftsethik wird Koslowskis Kantinterpretation kritisch untersucht. In Erörterung seiner materialen Wirtschaftsethik wird die Begründung der phänomenologischen Wertethik Schelers, auf die Koslowski rekurriert, hinterfragt. Eine Stärke Koslowskis besteht in seiner Rezeption der Theorie der öffentlichen Güter, aufgrund deren ethische Fragestellungen innerhalb der ökonomischen Theorie aufgedeckt werden können (6.4). Koslowski zeichnet sich unter den ökonomischen Entwürfen zur Wirtschaftsethik dadurch aus, daß er Religion für das Verständnis von Ethik thematisiert (6.5). Dies ist grundsätzlich zu würdigen. Allerdings wirft seine Argumentation kritische Fragen auf. Zunächst fallen zwei Äquivokationen auf, die Koslowski bei der Einführung der Religion in seinen Argumentationsgang unterlaufen (6.5.1). Koslowski setzt sich in der Entwicklung seines Religionsverständnisses primär kritisch mit Kant auseinander. Daher wird zweitens seine Kantkritik ihrerseits kritisch untersucht (6.5.2). Koslowski Hauptthese besteht – in Abgrenzung zu Kant – in der Umkehrung des Begründungsverhältnisses von Religion und Ethik. Es ist zu prüfen, ob diese These überzeugt (6.5.3). Abschließend wird auf Koslowskis naturrechtliche Methode eingegangen (6.6).

6.1 Die methodologische Erweiterung der Wirtschaftstheorie

Die Stärke von Koslowskis Ansatz ist, daß er die Wirtschaftstheorie in ihrem umfassenden Wissenschaftszusammenhang einordnet. Durch die Thematisierung der Wirtschaftsphilosophie bringt er verlorengegangene Themen der modernen Wirtschaftstheorie in Erinnerung. In seiner Wirtschaftsontologie reflektiert er die Grundkategorien der Wirtschaftstheorie und macht damit deutlich, daß dies eine für die Wirtschaftstheorie notwendige Aufgabe ist, die nur als philosophische Aufgabe zu lösen ist. Es ist offensichtlich, daß sich an der Klärung der kategorialen Fragen entscheidet, ob die Möglichkeitsbedingungen einer Ethik der Wirtschaft überhaupt gegeben sind.

Koslowski kritisiert die Methodik der reinen Wirtschaftstheorie und deckt deren Reduktionen auf, ohne jedoch ihren Geltungsanspruch für spezifische Fragen aufzugeben. Unklar bleibt jedoch, in welcher Weise die ökonomischen Theorie rationaler Entscheidung mit philosophischer und kulturwissenschaftlicher Wertlehre konkret vermittelt oder ergänzt werden soll. Wirtschaftliches Handeln hat zwar immer auch andere die rein ökonomische Dimension; fraglich ist jedoch gerade, wie die ästhetischen und moralischen Anliegen methodisch nachvollziehbar mit dem Effizienzkriterium vermittelt werden können.

Bei der Rezeption des Theorieentwurfs der Österreichischen Schule bezieht sich Koslowski vor allem auf die dynamische Markttheorie von Hayek. Koslowski sieht in dieser Theorie eine Bestätigung seiner Theorie des Selbst. Es ist jedoch fraglich, ob Hayeks eigene kategoriale Annahmen diese Verbindung zulassen. Denn Hayek vertritt ein Akteursmodell, das freies Handeln ausschließt, und zwar in dem Sinn, daß er abweist, daß eine Person in einer bestimmten Situation »anders hätte handeln können«[153].

6.2 Die Formalität der Kantschen Ethik – Kritik der formalen Wirtschaftsethik

Koslowski entfaltet seine formale Wirtschaftsethik mit einer Interpretation von Kants Kategorischem Imperativ. Er trifft dabei insofern Kants Intention, als im Begriff der allgemeinen Gesetzgebung eine Koordination von Handlungen impliziert ist[154]. Koslowski versteht Koordination als Zusammenbestehen-Können von Handlungen und bezieht dies auf Koordinierungsleistung des Marktes. Koslowski entspricht mit seiner Fassung des Kategorischem Imperativs einem Grundsatz des Liberalismus, wie ihn auch August Friedrich von Hayek vertritt (siehe oben 4.3). Hayek bezieht sich in seiner Formulierung eines Kriteriums der Gerechtigkeitsregeln des Liberalismus ebenfalls auf Kant. »Letztlich wird also die Verträglichkeit oder Widerspruchsfreiheit des ganzen Systems von Regeln geprüft, nicht nur im logischen, sondern auch in dem Sinne, daß in dem durch Regeln erlaubten System von Handlungen keine Konflikte entstehen«[155]. In bezug auf den Marktzusammenhang hat Koslowski damit ein zentrales normatives Kriterium gewonnen, das auf die Handlungssituationen des Marktes als Ort des Tausches aufgrund freiwilliger Vertragsbeziehungen anwendbar ist. Das Kriterium ist anwendbar aufgrund der Entsprechung des formalen Charakters des Kriteriums mit dem formalen Charakter der Zielbestimmung des Marktes, nicht von einer zentralen Instanz befehligte Güter herzustellen, sondern freien Austausch zu ermöglichen. Diese Anwendbarkeit ist nach Koslowski gegeben, obwohl das Kriterium aufgrund seiner nicht hinreichenden materialen Bestimmtheit nur eine notwendige und noch keine hinreichende Bedingung der Handlungsorientierung darstellt.

Koslowskis Kritik an Kant besteht darin, daß er die Formalität von dessen Ethik heraushebt, um dieses Defizit dann mit seiner materialen Ethik auszugleichen. Demgegenüber kann jedoch deutlich gemacht werden, daß Kant selbst auf eine materiale Interpretation des Kategorischen Imperativs zielt. Kant entwik-

---

153. Vgl. Hayek (Freiheit, 1960, 1991), S. 94 und die Analyse und Kritik von Herms (Theoretische Voraussetzungen, 1991), S. 200.
154. An einer Stelle läßt Kant diesen Aspekt des Nebeneinanderbestehen-Könnens direkt anklingen. Es ist eine in Klammern stehende Erläuterung zum »Prinzip der Menschheit«, welches »die oberste einschränkende Bedingung der Freiheit der Handlung eines jeden Menschen ist«; vgl. Kant (Metaphysik der Sitten, 1785, 1974), BA 69f.
155. Hayek (Grundsätze, 1967, 1969), S. 116.

kelt ihn aus dem Gedanken eines notwendigen Beweggrunds des Willens, durch den sich eine Person zu dem Imperativ in seiner formalen Fassung selbst bestimmt. Dieser Beweggrund kann nach Kant kein Zweck sein, der wiederum selbst nur Mittel zu einem anderen Zweck ist, der also nur bedingt gültig ist[156]. Kant fragt damit nach »etwas, dessen *Dasein an sich selbs*t einen absoluten Wert hat, was, *Zweck an sich selbst*« ist[157]. Seine Antwort lautet: »Nun sage ich: der Mensch, und überhaupt jedes vernünftige Wesen, *existiert* als Zweck an sich selbst, *nicht bloß als Mittel* zum beliebigen Gebrauch für diesen oder jenen Willen«[158]. Der formale Kategorische Imperativ wird daher von ihm mit einem »praktischen« Kategorischen Imperativ in einer ersten Konkretionsstufe *material* interpretiert: »*Handle so, daß du die Menschheit, sowohl in deiner Person, als in der Person eines jeden anderen, jederzeit zugleich als Zweck, niemals bloß als Mittel brauchest*«[159]. Den Grund für den absoluten Wert des Menschen beschreibt Kant mit dem Begriff »*Würde*«[160]. Würde kommt dem Menschen dadurch zu, daß er zur Klasse der vernünftigen Wesen gehört. Ein vernünftiges Wesen ist unter anderem dadurch gekennzeichnet, daß es »keinem fremden Gesetz gehorcht, als dem, das es sich zugleich selbst gibt«[161]. Für den wirtschaftsethischen Zusammenhang ist es bedeutsam, daß Kant den Begriff der Würde in Abgrenzung zum Begriff des Preises präzisiert: »Was einen Preis hat, an dessen Stelle kann auch etwas anderes, als *Äquivalent*, gesetzt werden; was dagegen über allen Preis erhaben ist, mithin kein Äquivalent verstattet, das hat Würde«[162]. Diese Nichtaustauschbarkeit des Menschen kann Kant natürlich nicht auf einer empirischen Ebene begründen, sondern nur mit einer transzendentalen Bestimmung des Menschen, das heißt mit der Bestimmung der Bedingung, »unter der allein etwas Zweck an sich selbst sein kann«[163]. Diese Bedingung sieht Kant in der Moralität, die ihrerseits in der Autonomie begründet ist: »Autonomie ist also der Grund der

---

156. Vgl. Kant (Metaphysik der Sitten, 1785, 1974), BA 64 f.
157. Kant (Metaphysik der Sitten, 1785, 1974), BA 64 (Hervorh. i. O. gesperrt).
158. Kant (Metaphysik der Sitten, 1785, 1974), BA 64 (Hervorh. i. O. gesperrt).
159. Kant (Metaphysik der Sitten, 1785, 1974), BA 66 f. (Hervorh. i. O. gesperrt); zur dritten Art Kants, das »Prinzip der Sittlichkeit vorzustellen« vgl. Kant (Metaphysik der Sitten, 1785, 1974), BA 70 ff.: es ist das Prinzip der Autonomie, das Prinzip »*eines jeden menschlichen Willens, als eines durch alle seine Maxime allgemein gesetzgebenden Willens*«, so Kant (Metaphysik der Sitten, 1785, 1974), BA 71 (Hervorh. i. O. gesperrt); vgl. auch seine Zusammenfassung der »drei Arten, das Prinzip der Sittlichkeit vorzustellen«, Kant (Metaphysik der Sitten, 1785, 1974), BA 79 ff.
160. Vgl. Kant (Metaphysik der Sitten, 1785, 1974), BA 77 (Hervorh. i. O. gesperrt).
161. Kant (Metaphysik der Sitten, 1785, 1974), BA 77.
162. Kant (Metaphysik der Sitten, 1785, 1974), BA 77 (Hervorh. i. O. gesperrt); Kant unterscheidet dabei zwischen dem, was ein Bedürfnis befriedigt und das daher einen »*Marktpreis*« hat, und dem, was »einem gewissen Geschmacke« gemäß ist und daher einen »*Affektionspreis*« hat, Kant (Metaphysik der Sitten, 1785, 1974), BA 77 (Hervorh. i. O. gesperrt).
163. Kant (Metaphysik der Sitten, 1785, 1974), BA 78.

Würde der menschlichen und jeder vernünftigen Natur«[164]. Das Verhältnis der beiden Fassungen des Kategorischen Imperativs wird von Kant so bestimmt, daß die formale Fassung den Grund des Imperativs im Sinne von Begründung und daß die »praktische« Fassung den Grund im Sinne von Beweggrund angibt[165].
Die Kantische Fassung des praktischen Imperativs wirft nun jedoch weitreichende Fragen auf. Es ist zu klären, unter welchen Bedingungen die Würde eines Menschen geachtet wird, unter welchen Bedingungen er also nur als Mittel mißachtet wird und unter welchen Bedingungen er nicht bloß als Mittel, sondern auch als Zweck geachtet wird. Kant selbst führt dies nicht weiter aus. In seinen vier exemplarischen Fällen, mit denen er auch die Verallgemeinerung verdeutlicht[166], argumentiert er mit dem Begriff der Glückseligkeit[167]. Dieser Begriff dient in der ganzen vorhergehenden Argumentation zur Abgrenzung seiner Ethik gegenüber der empirisch zufälligen Moral der »*gemeinen Menschenvernunft*«[168]. Dies zeigt, daß der praktische Imperativ zwar einerseits formal ist, indem er sich in seiner Allgemeinheit auf alle vernünftigen Wesen bezieht, daß er aber andererseits einen materialen Gehalt hat, der aus der Bestimmung der »*menschlichen Natur*« abzuleiten ist, um überhaupt ein aussagefähiges Kriterium zu sein[169].

Damit ist der Übergang von einer nur formalen zu einer materialen Ethik angezeigt, den Kant selbst freilich nicht vollzieht. *Den aber auch Koslowski nicht sieht, weil er mit Scheler Kant auf den bloßen Formalismus der Koordination festlegt.* Koslowski begibt sich damit aber eines wichtigen Ansatzpunktes der Ableitung materialer Normen. Sie können aus der Reflexion auf die menschliche Natur begründet werden, allerdings nicht in einer objektiven Wesensschau, sondern perspektivisch auf dem Hintergrund eines spezifischen Daseinsverständnisses von Mensch und Welt (siehe oben Kapitel II.3.3 und unten Kapitel V. 5.1.1 und V. 5.1.3).

---

164. Kant (Metaphysik der Sitten, 1785, 1974), BA 79.
165. Vgl. Kant (Metaphysik der Sitten, 1785, 1974), BA 70.
166. Vgl. Kant (Metaphysik der Sitten, 1785, 1974), BA 53 ff.: Selbsttötung, Brechen eines Versprechens, Entwicklung eigener Fähigkeiten, Helfen in Notlagen.
167. Vgl. Kant (Metaphysik der Sitten, 1785, 1974), BA 69.
168. Kant (Metaphysik der Sitten, 1785, 1974), BA 23, BA 1, BA 4 (Hervorh. i. O. gesperrt); aus dem Zweck der Glückseligkeit lassen sich nur hypothetische Imperative ableiten; vgl. Kant (Metaphysik der Sitten, 1785, 1974), BA 42.
169. Zu dem Begriff vgl. Kant (Metaphysik der Sitten, 1785, 1974), BA 59 (Hervorh. i. O. gesperrt).

6.3 Kritik der phänomenologischen Wertethik Schelers als Basis der materialen Wirtschaftsethik

6.3.1 Koslowskis Bezugnahme auf Scheler

Koslowski referiert und übernimmt Grundaussagen von Schelers Wertethik und baut seine eigene Wertethik darauf auf. Koslowski lehnt sich dabei in seiner Scheler Rezeption sehr stark an Korffs Interpretation von Scheler an. Koslowski übernimmt in großen Teilen Sätze, Satzteile und prägnante Formulierungen von Korff, ohne dies als Zitate kenntlich zu machen. Er fügt nur an den letzten Satz des folgenden Absatzes die Anmerkung an: »Vgl. Korff (1982), S. 79«[170]. Dies kann darauf schließen lassen, daß Koslowski auf eine eigene Interpretation von Scheler verzichtet. Deutlich ist jedoch, daß er auf eine kritische Auseinandersetzung mit Scheler verzichtet hat, obwohl dessen Ethik in seinem Ansatz eine besondere Rolle zukommt. Es kann vermutet werden, daß er sich eher aus traditionsgeschichtlichen Gründen auf Scheler beruft und also Scheler für seine Position reklamiert. Es fehlt jedoch eine eigene kritische Auseinandersetzung mit der Frage der Begründung von Werten.

6.3.2 Kritik der Methode Schelers

Die fünf Wertmodalitäten stehen nach Scheler in einer *apriorischen* Rangordnung. Dies besagt, daß die Wertreihen des Heiligen höher stehen als die der geistigen Werte, diese wiederum höher als die der vitalen Werte usw. Die Begründung, die Scheler gibt, klingt jedoch eher vage: »So scheinen die Werte um so ›höher‹ zu sein, je dauerhafter sie sind; desgleichen um so höher, je *weniger* sie an der ›*Extensität*‹ und *Teilbarkeit* teilnehmen; auch um so höher, je *weniger* sie *durch andere Werte ›fundiert‹* sind; um so höher auch, je ›*tiefer*‹ die ›*Befriedigung*‹ ist, die mit ihrem Fühlen verknüpft ist; endlich auch um so höher, je *weniger* ihr Fühlen *relativ* ist auf die *Setzung* bestimmter wesenhafter Träger des ›Fühlens‹ und ›Vorziehens‹«[171]. Scheler beansprucht eine Evidenz für das Aufscheinen der Werte, der Wertreihen und ihrer Rangordnung und spricht ihnen Absolutheit und Objektivität zu[172]. Dieser Anspruch ist problematisch[173]. Scheler behauptet eingehend die Anwendbarkeit der Phänomenologie auf den Bereich der Wer-

---

170. Entsprechendes gilt für Koslowski (Wirtschaft als Kultur, 1989), S. 122-124 und Koslowski (Materiale Wertethik, 1989), S. 33 ff.
171. Scheler (Formalismus, 1913, 1954), S. 110.
172. Vgl. Scheler (Formalismus, 1913, 1954), S. 119; vgl. auch S. 40, 72, 86; zur Objektivität vgl. oben die Anm. 88.
173. Vgl. Topitsch (Kritik, 1951, 1979), Kraft (Wertlehre, 1937, 1951) und Schnädelbach (Philosophie, 1991), S. 229 ff.

te[174], doch führt er – genau betrachtet – keine phänomenologische Analyse der Werte durch. Er konstatiert sie eher und führt begriffliche Analysen vor. Zentral ist sein Aufweis der Unzulänglichkeiten der formalen Ethik Kants und der psychologischen Wertlehre, gegen die Scheler die Selbständigkeit des Wertens (und Vorziehens und Nachsetzens) als Akt herausarbeitet. Die fünf Wertmodalitäten, die die zentralen materialen Wertreihen darstellen, werden daher von ihm auch eher behauptet, als daß sie hergeleitet werden. Scheler sieht diesen Mangel selbst und macht daher die Einschränkung, daß er die Wertmodalitäten nicht »eingehend zu entwickeln und zu begründen« versucht[175].

Die Vielfalt der verschiedenen materialen Wertethiken ist zwar an sich noch kein Argument für ihre Relativität, sie verweist jedoch auf die nicht zu hintergehende *Perspektivität*, in der bestimmte Wert als solche wahrgenommen werden. Das entscheidende Argument, das Ernst Topitsch gegen Scheler einwendet, lautet, daß dieser »kein Kriterium für das Vorliegen einer echten Evidenz anzugeben« wisse[176]. Dem könnte entgegengehalten werden, daß Scheler ein nachvollziehbares, phänomenologisches Kriterium für die »*Wesens*natur eines vorgegebenen Gehaltes« angibt, daß sich nämlich im Versuch diesen Gehalt »zu ›beobachten‹, zeigt, daß wir ihn immer schon *erschaut* haben müssen, um der Beobachtung die gewünschte und vorausgesetzte Richtung zu geben«[177]. Scheler führt dieses Kriterium jedoch bei der Werterkenntnis nicht durch. So kann Topitsch, der der phänomenologischen Methode freilich als ganzer kritisch gegenübersteht[178], Scheler eine zirkuläre Argumentation vorwerfen, da Scheler in der Anwendung der Phänomenologie auf den Bereich der Werte einen Gegenstandsbegriff benötige, dessen Merkmale wie etwa »Dauerhaftigkeit, Allgemeingültigkeit, Unveränderlichkeit, ›Absolutheit‹ usw.« immer schon vorausgesetzt werden müßten, wenn das intentionale Fühlen – als eigene Erkenntnisart – Werte als solche identifizieren können soll[179].

Victor Kraft, ein zum logischen Empirismus zählender Philosoph[180], zeigt, daß die Ablehnung eines Wertabsolutismus nur zum Preis eines radikalen Wertrelativismus zu haben ist. Er sieht trotz seiner Ablehnung und Widerlegung des Anspruches der Absolutheit von Werten das relative Recht der phänomenologischen Wertlehre[181]. Er setzt sich in seinem Hauptwerk zur Wertlehre »Die Grundlagen einer wissenschaftlichen Wertlehre« sowohl kritisch mit dem Wert-

---

174. Vgl. Scheler (Formalismus, 1913, 1954), S. 66-101.
175. Scheler (Formalismus, 1913, 1954), S. 125.
176. Vgl. Topitsch (Kritik, 1951, 1979), S. 22; zur Kritik am Evidenzbegriff vgl. auch Kraft (Wertlehre, 1937, 1951), S. 221 f.
177. Vgl. Topitsch (Kritik, 1951, 1979), S. 70.
178. Vgl. Topitsch (Kritik, 1951, 1979), S. 23, Anm. 22.
179. Vgl. Topitsch (Kritik, 1951, 1979), S. 24.
180. Nida-Rümelin (Rationale Ethik, 1992), S. 158.
181. Vgl. Kraft (Wiener Kreis, 1968), S. 11, 41, 59, 65, 190, 198, 208 f.

Absolutismus als auch mit dem Wert-Empirismus auseinander[182]. Kraft führt die kritische Grundintention der phänomenologischen Wertlehre insofern weiter, als er deren Suche nach einer Wertbegründung gegenüber dem Wertrelativismus teilt[183]. Er sucht jedoch nach einer empirischen Basis für den Geltungsanspruch der Werte und kann daher als ein »Vorläufer« einer rationalen Ethik verstanden werden[184]. Da Kraft kein reiner Positivist ist, vermeidet er jedoch bestimmte Reduktionen der neueren rationalen Ethik[185]. Kraft bemüht sich um eine genaue Grenzziehung zwischen der wissenschaftlich begründbaren Wertlehre und dem nicht-wissenschaftlichen Wertsetzen[186].

Die Frage nach der Geltung von Werten führt Kraft aufgrund der Analyse der Wertbegriffe über die Frage der Geltung von Wertungen und Werturteilen zum Aufweis der Möglichkeit der bedingt-absoluten Geltung der obersten Wertungen. Das Begründungsproblem wird dabei nicht mehr auf die Werte als solche, sondern auf die mit ihnen vorgenommen normativen Wertungen bezogen. Die ganze Analyse wird dabei von der Grundintention getragen, eine plausible, auf empirischen Befund ruhende Begründung für Wertungen zu liefern. Dieser Begründungsversuch letzter bzw. oberster Wertungen führt Kraft dabei zu anthropologischen Grundbestimmungen und zu daraus abgeleiteten *allgemeinen* kulturellen Zielen. Begründbar sind damit für ihn nur allgemeine Grundwertungen, nicht konkret historisch vorliegende Wertungen. Die kulturellen Ziele werden von ihm als kulturelle Bereiche expliziert, die in der Perspektive dieser Arbeit als notwendige Basisinstitutionen des menschlichen Zusammenlebens und damit als notwendige gesellschaftliche Funktionsbereiche interpretiert werden können (siehe oben Kapitel II.4.3)[187].

Kraft reklamiert für die Bestimmung des Menschlichen und des Kulturellen den Status wissenschaftlicher Erkenntnis: »Wenn man von der Bedingtheit von Wertungen durch die allgemeinen und spezifischen Kulturbedingungen absieht,

---

182. Vgl. Kraft (Wertlehre, 1937, 1951), S. 7-10; sein Werk über den Wiener Kreis läßt erkennen, daß er sich bezüglich der Diskussion im Wiener Kreis insbesondere kritisch mit den positivistischen Positionen von Rudolf Carnap und Moritz Schlick auseinandersetzt; vgl. Kraft (Wiener Kreis, 1986), S. 167, 171.
183. »In Wertfragen herrscht ein individualistisches Chaos«, so Kraft (Wertlehre, 1937, 1951), S. 257; vgl. auch S. 198 und 208 f.
184. Vgl. Nida-Rümelin (Rationale Ethik, 1992), S. 157-159; vor allem Albert knüpft bei seinem ethischen Ansatz an Krafts Entwurf an; vgl. Albert (Ethik, 1972), S. 145 und Albert (Max Weber, 1972), S. 53 f. Er setzt sich jedoch auch kritisch von Krafts rationaler Moralbegründung ab; vgl. Albert (Traktat, 1991), 93 f., Anm. 33.
185. Vgl. Nida-Rümelin (Rationale Ethik, 1992), S. 159 ff.
186. Vgl. Krafts Resümee in: Kraft (Wertlehre, 1937, 1951), S. 257 ff.
187. Kraft spricht von den »allgemeinen« und »speziellen Kulturbedingungen« (Kraft (Wertlehre, 1937, 1951), S. 261); siehe auch oben Krafts Reihung der kulturellen Werte Wirtschaft, Technik, Recht, Moral ... Krafts Analyse in »Die Grundlagen der Erkenntnis und der Moral« von 1968 zeigt, daß Kraft diesem Ansatz und seiner Durchführung im wesentlichen treu geblieben ist.

dann steht wissenschaftlicher Werterkenntnis nur das Feld der Wertableitung offen, aber nicht das der Wertaufstellung«[188]. Doch der einschränkende Wenn-Satz läßt erkennen, daß auch dem Aufweis der menschlichen Grundbestimmungen und den daraus abgeleiteten allgemeinen und speziellen Kulturbedingungen der Status wissenschaftlicher Erkenntnis zukommt. Nur das Wertsetzen im engeren Sinn, das heißt der Schritt über die allgemeinen kulturellen Ziele und Grundwertungen hinaus, kann nicht mit dem gleichen wissenschaftlichen Anspruch vertreten werden, da hier die »speziellen Bedingungen einer konkreten historischen Kultur« zu berücksichtigen sind. Die Wertungen innerhalb dieser regionalen Kulturen sind auf das Kriterium der intersubjektiven Verständigung auf Grundwertungen verwiesen, die sich wiederum an den allgemeinsten kulturellen Zielen zu orientieren haben. Diese Verständigung ist dadurch gekennzeichnet, daß sie in einem ständigen Wandlungsprozeß begriffen ist. Da das Wertsetzen somit nicht die originäre Aufgabe der Wissenschaft ist und daher nach anderen Instanzen gefragt werden muß, verweist Kraft auf die Funktion von »Reformatoren« und »geistigen Führern«, die, »wenn sie Persönlichkeiten sind«, das Wertbewußtsein einer bestimmten Region und Zeit beeinflussen[189].

In Abgrenzung gegen den Wertrelativismus greift Kraft auf Ergebnisse der empirischen und philosophischen Anthropologie zurück, aus der er Annahmen über das »Wesen« des Menschen ableitet[190]. Der Mensch ist »seinem Wesen nach Kulturmensch«; seine wesentlichen Merkmale sind seine Sozialität und die Lernfähigkeit[191]. Der neue übergeordnete Maßstab, den Kraft hieraus ableitet, besagt, daß alles, »was für die Kultur unumgänglich ist, als wertvoll« anerkannt werden muß[192]. Die für einen dem Positivismus zuzurechnenden Philosophen vielleicht überraschende Rede vom »Wesen des Menschen« zeigt, daß die Grundfragen der Wertlehre und damit auch der Ethik, als eines der wichtigsten Wertbereiche, nur auf der Basis einer Verständigung auf dieser Ebene gelingen kann[193]. Daß Kraft den Begriff der Kultur hervorhebt, macht deutlich, daß eine rein biologistische Sicht zur Wesensbestimmung des Menschen nicht hinreicht. Die Deutung der natürlichen Leiblichkeit des Menschen ist die Basis, doch erst unter dem Gesichtspunkt der »kulturellen Gestaltung« kommt die »allseitige Entwicklung des spezifisch Menschlichen« in den Blick[194]. Die Art und Weise, wie Kraft die

---

188. Kraft (Wertlehre, 1937, 1951), S. 261.
189. Vgl. Kraft (Wertlehre, 1937, 1951), S. 256, 258; Kraft nennt als Beispiel zwei herausragende Kulturwissenschaftler, den »Religionsstifter« und den »Prophet« und großen »Philosoph«, aber auch »politische Führer, Priester und Gelehrte, Künstler und Dichter und Schriftsteller«; vgl. Kraft (Wertlehre, 1937, 1951), S. 229.
190. Vgl. Kraft (Wertlehre, 1937, 1951), S. 245 ff., 247, 249 und 250.
191. Vgl. Kraft (Wertlehre, 1937, 1951), S. 246 f.
192. Vgl. Kraft (Wertlehre, 1937, 1951), S. 246 f.
193. Kraft ist sich der Nähe dieses – sich empirisch verstehenden – Verfahrens zur naturrechtlichen Begründungsart bewußt; vgl. Kraft (Grundlage, 1968), S. 132 f.
194. Vgl. Kraft (Wertlehre, 1937, 1951), S. 255.

Grundbestimmungen des Menschlichen und Kulturellen entfaltet, könnte so verstanden werden, als würden diese rein empirisch gewonnen. Nach Krafts erkenntnistheoretischer Position setzt jedoch die Sichtung eines empirischen Befundes einen Allgemeinbegriff, hier den des Menschen und der Kultur, voraus[195]. Dieser Allgemeinbegriff setzt seinerseits eine vorrangige *theoretischen Perspektive* voraus, aufgrund derer er gebildet wird. Kraft vertritt die Auffassung, daß der allgemeine Begriff eine »gedankliche Neuschöpfung« ist. Er verweist damit auf die für alle Theoriebildung notwendige Kreativität[196]. Doch geschieht diese nicht im luftleeren Raum, sondern stets vor dem Hintergrund eines theoretischen Vorverständnisses[197].

Die oben für die erste Ebene festgestellte *Perspektivität* gilt also auch für die Begründung der Grundbestimmungen des Menschlichen und der daraus abgeleiteten Grundwertungen. Diese *Perspektivität* kann nicht übersprungen werden. Wie Krafts Durchführung zeigt, bedeutet diese Perspektivität jedoch nicht, daß der Erkenntnisakt der Beliebigkeit ausgeliefert ist. Es liegt zwar bei den Grundwertungen nicht die Klarheit einer nur logisch-deduktiven Analyse vor; doch daß diese allein wissenschaftlich genannt werden dürfte, wäre eine nur konventionelle Einschränkung des Wissenschaftsverständnisses. Bestimmte Fragestellungen fielen dann aus einer methodisch nachvollziehbaren Klärung heraus. Logische Deduktionen führen letztlich immer zu semantischen Fragen, deren Klärung nur durch Rekurs auf theoretisch geleitete Erfahrung gelingt. Eine theoretische Gesamtsicht des Menschen leitet die Interpretation des empirischen anthropologischen Befundes, wodurch sich die Grundwertungen ableiten. Dieses Menschenverständnis wird seinerseits durch Erfahrung gebildet und ist somit durch Erfahrung widerlegbar. Theorie und Erfahrung sind auf diese Weise gegenseitig aufeinander verwiesen.

Zusammenfassend läßt sich festhalten: Was Scheler als Ergebnis einer phänomenologischen Werterkenntnis vorführt, wird von Kraft als rationale Begründung von Grundwertungen versucht. Beide gelangen zu einer Differenzierung und Strukturierung der Hauptaspekte des menschlichen Wertens. Krafts Kritik der phänomenologischen Wertlehre hat deren Begründungsprobleme aufgezeigt. Die Wertqualitäten und -modalitäten bei Scheler und die Grundwertungen bei Kraft reduzieren sich nicht auf einen einzigen Wert, sondern sie enthalten eine begrenzte Reihe von Grundwerten. Scheler unterscheidet mit den Wertmodalitäten verschiedenen Wertarten. Krafts Analyse hat nicht einzelne konkrete Werte ergeben, sondern allgemeine kulturelle Ziele, die in spezifischen Kulturbereichen erreicht werden. Als wichtiger Ertrag für die Wirtschaftsethik können diese kulturellen Ziele als eine mögliche Differenzierung des für die utilitaristi-

---

195. Vgl. Kraft (Grundlagen, 1968), S. 26 f.
196. Vgl. Kraft (Grundlagen, 1968), S. 27.
197. Vgl. Albert (Traktat, 1991, S. 64 f.) zur theoriegeleiteten Erfahrung. Vgl. auch Herms (Mensch, 1993), Sp. 676 ff.).

sche Ethik und die ökonomische Theorie zentralen Wertes des Nutzens interpretiert werden[198]. Die formale Fassung des Nutzenbegriffs ist ohne inhaltlichen Gehalt, wenn er alles umfassen soll, was handelnde Personen als Wert auffassen und erstreben, und auch zu undifferenziert, um verschiedene Aspekte des Wertens zu unterscheiden.

Koslowski rekurriert auf die materiale Wertethik Schelers, ohne sich mit deren Begründungsproblemen auseinanderzusetzen. Die hier an Hand von Kraft entwickelte Kritik, hat deutlich gemacht, daß ein Versuch, materielle Werte zu begründen, auf Fragen der Anthropologie führt. Dieser Befund deckt sich mit der von mir oben durchgeführten Kantinterpretation, die – im Unterschied zu Koslowski – auf den materialen Gehalt des Kategorischen Imperativs in seiner praktischen Fassung hingewiesen hat (siehe oben 6.2). Koslowski greift hier auf Scheler zurück, weil dessen Ansatz objektiver Werterkenntnis seinem eigenen naturrechtlichen Konzept allgemeiner Vernunfterkenntnis entspricht. Dieses Konzept überspringt die individuelle und weltanschauliche Perspektivität, aufgrund derer eine bestimmte Sicht des Wesens des Menschen zur Formulierung kultureller Werte und Ziele führen kann.

6.4 Die Rezeption der Theorie öffentlicher Güter

6.4.1 Der ethische Gehalt der Theorie öffentlicher Güter

Im Rahmen seiner materialen Ethik interpretiert Koslowski die ökonomische Theorie öffentlicher Güter (siehe oben 4.4.3). Mit der Theorie der öffentlichen Güter hat Koslowski auf ein für die Synthese von Ethik und Wirtschaftstheorie wichtiges ökonomisches Theorieelement hingewiesen. Es ist bezeichnend, daß dieses Theorieelement seinen Ort im normativen Teil der Finanzwissenschaft hat[199]. Die Wirtschaftstheorie weist an dieser Stelle über die Bestimmungen der ›reinen‹ Theorie hinaus, und es kommt die Notwendigkeit nichtökonomischer Koordinationsmechanismen in den Blick. Koslowskis Überlegungen bedürfen jedoch noch einer Zuspitzung. Während die Theorie der öffentlichen Güter auf Güter reflektiert, bezüglich derer vorhandene, aber verhüllte Präferenzen bestehen, thematisiert die Theorie der meritorischen Güter den Fall verzerrter Präferenzen[200]. Die Theorie der meritorischen Güter kann als Spezialfall der Theorie öffentlicher Güter oder – je nach Interpretation dessen, was verhüllte Präferen-

---

198. Vgl. die Kennzeichnung und Einordnung des Wertes der »Nützlichkeit« (mit der speziellen Unterart des ›wirtschaftlichen Wertes‹) in die Reihe der Hauptwertarten bei Viktor Kraft (Wertlehre, 1937, 1951), S. 14f.
199. Vgl. Zimmermann/Henke (Finanzwissenschaft, 1994), S. 42ff.
200. Vgl. Zimmermann/Henke (Finanzwissenschaft, 1994), S. 48.

zen sind – als die umfassendere Theorie aufgefaßt werden[201]. Erst mit der Thematisierung der meritorischen Güter müssen explizit normative Fragen gestellt werden. Meritorisch meint verdienstlich, und so werden mit meritorischen Gütern diejenigen Güter bezeichnet, die durch einen »verdienstvollen Eingriff des Staates« gegen die unmittelbaren Präferenzen der Konsumentinnen und Konsumenten angeboten werden[202]. Die Begründung für die Korrektur des Marktergebnisses beruht in diesem Fall nicht auf der Verhüllung, sondern in der »Korrekturbedürftigkeit der individuellen Präferenzen« [203]. Als wichtigstes Beispiel für ein meritorisches Gut gilt die allgemeine Schulpflicht, die zunächst von staatlichen Behörden gegen die verschiedensten Widerstände durchgesetzt worden ist. Ein weiteres Beispiel für die Einschränkung der Konsumentensouveränität ist das staatliche Verbot bestimmter Rauschmittel[204]. Die Begründung dieser Einschränkungen sowie die möglichen Ableitungen von staatlichen Aufgaben sind in der ökonomischen Diskussion natürlich überaus umstritten[205].

Musgrave/Musgrave/Kullmer vertreten einen Ansatz, bei dem bestimmte »Gemeinschaftsbedürfnisse« angenommen werden[206]. Sie betonen die Ambivalenz dieser Annahme, die »erschreckende Implikationen diktatorischen Mißbrauchs« haben kann, insbesondere wenn abstrakt von einem »Interesse der Gemeinschaft als solcher« gesprochen wird und eine politische Klasse das Privileg hat, die aus diesem Interesse folgenden meritorischen Güter zu bestimmen und zu erzwingen[207]. Ihrer eigenen Begründung versuchen sie daher eine empirische Basis zu geben und verweisen auf die »Feststellung, daß die Menschen kraft ständigen Miteinanders und gegenseitigem Verständnis dazu gelangen, gemeinsame Interessen zu entwickeln. [...] Solche Gemeinschaftsinteressen und Werte können Anlaß zu Gemeinschaftsbedürfnissen bilden, d. h. Bedürfnissen, die die Individuen als Teil der Gemeinschaft zu unterstützen sich verpflichtet fühlen«[208]. Sie nennen fünf Situationen, in denen die »individuelle Entscheidungsfreiheit«

---

201. Zur Frage der Zuordnung vgl. Priddat (Gemeinschaftsbedürfnisse, 1992), S. 246.
202. Vgl. Zimmermann/Henke (Finanzwissenschaft, 1994), S. 49, mit Verweis auf Musgrave – im Original fett gedruckt.
203. Vgl. Zimmermann/Henke (Finanzwissenschaft, 1994), S. 49, – im Original fettgedruckt.
204. Mit Priddat (Gemeinschaftsbedürfnisse, 1992), S. 244f.) sind öffentlich-meritorische Güter als reine Zwangsverpflichtungen von meritorisch-privaten Gütern zu unterscheiden, die Optionen für bestimmte Nutzergruppen eröffnen (zum Beispiel Schulfrühstück).
205. Vgl. Zimmermann/Henke (Finanzwissenschaft, 1994), S. 49ff., Priddat (Gemeinschaftsbedürfnisse, 1992), S. 238-246 und vor allem Lith (Markt, 1985).
206. Vgl. Musgrave/Musgrave/Kullmer (Finanzen 1, 1973, 1994), S. 89.
207. Vgl. Musgrave/Musgrave/Kullmer (Finanzen 1, 1973, 1994), S. 88f. und ähnlich S. 90.
208. Musgrave/Musgrave/Kullmer (Finanzen 1, 1973, 1994), S. 89; ein analoger Verweis auf die Empirie findet sich in ihrer abschließenden Bemerkung:»Auf jeden Fall existieren gewisse Gemeinschaftsbewertungen und ein Verantwortungsbewußtsein für das Ganze in einer solidarischen Gesellschaft; ihre Existenz kann der konventionellen Dok-

begrenzt sein kann, in denen »die Gesellschaft die Korrektur von Fehlern« unternimmt und zwar – und damit versuchen sie sich gegen die diktatorische Interpretation abzugrenzen – »in einem Prozeß, mit dem der individuellen Entscheidung zum Durchbruch verholfen wird«[209]. Musgrave ist sich darüber im Klaren, daß er mit diesem Ansatz Grundfragen der Wirtschaftstheorie berührt, weil er einen Sachverhalt thematisiert, der »not readily fits into the conventional framework of microtheory as based on a clearly designed concept of free consumer choice«[210].

Musgrave/Musgrave/Kullmer argumentieren nicht mit verzerrten Präferenzen, sondern mit dem Verweis auf den historischen Vergemeinschaftsprozeß, in dem faktisch Gemeinschaftsbedürfnisse ausgebildet werden, die zum Teil (zunächst) gegen individuelle Bedürfnisse stehen können. Dieser Beschreibung ist zunächst zuzustimmen. Sie entspricht der von Victor Kraft vorgelegten Analyse menschlicher Interaktion, in der sich überindividuelle Wertungen bilden[211]. Damit ist zumindest ein Sachverhalt markiert, der eine normativ zu lösende Problemlage aufwirft. Ein Kriterium, mit dem zwischen berechtigten und unberechtigten Korrekturen individueller Präferenzen entschieden werden könnte, ist damit jedoch noch nicht gegeben, denn aus einem so beschriebenen Sein folgt zwar ein Sollen, aber noch kein Maß für ein Sollen. Die von Musgrave/Musgrave/Kullmer genannten fünf Situationen sollen in gewisser Weise Kriterien darstellen, sie sind jedoch genau besehen allgemeine Situationstypen, die daraufhin untersucht werden müssen, ob und in welcher Form Korrekturen der individuellen Präferenzen vorgenommen werden müssen. Die Intention von Musgrave/Musgrave/Kullmer ist deutlich: Der Zielpunkt ihrer Argumentation sind die individuellen Präferenzen, damit binden sie sich an Grundannahmen der ökonomischen Theoriebildung. Die individuellen Präferenzen sind jedoch derart, daß ihnen in bestimmten Fällen »zum Durchbruch verholfen« werden muß[212].

Musgrave/Musgrave/Kullmer zeigen damit eine Spannung auf, die zwischen der Notwendigkeit der Geltung individueller Präferenzen und der Notwendigkeit ihrer Korrektur besteht. Sie lösen diese Spannung jedoch nicht. Sie sprechen nur die Warnung vor dem diktatorischen Mißbrauch aus, wenn Gemeinschaftsbedürfnisse durchgesetzt werden. Die Argumentation von Musgrave/Musgrave/

---

trin der individuellen Entscheidung gewisse Begrenzungen auferlegen«, so Musgrave/Musgrave/Kullmer (Finanzen 1, 1973, 1994), S. 90.
209. Musgrave/Musgrave/Kullmer (Finanzen 1, 1973, 1994), S. 90. Die fünf Situationen sind: 1. Leitung von Kindern und Behinderten, 2. Bereitstellung von Informationen, durch die Entscheidungsmöglichkeiten erweitert werden (z.B. Ausbildung), 3. Korrektur »irreführender Werbemaßnahmen«, 4. Subventionen für Güter mit externem Nutzen und 5. Schutz von Minderheiten bei Mehrheitsentscheidungen.
210. Musgrave (Merit Goods, 1987), S. 452, zitiert bei Priddat (Gemeinschaftsbedürfnisse, 1992), S. 247.
211. Vgl. Kraft (Wertlehre, 1937, 1951), S. 219-245, bes. 243 ff.
212. Vgl. Musgrave/Musgrave/Kullmer (Finanzen 1, 1973, 1994), S. 90.

Kullmer setzt eine Theorie handelnder Personen voraus, die die prinzipielle Möglichkeit und Notwendigkeit einer Korrektur von Präferenzen aufzeigt. Dies müßte eine Theorie der Bildung und Entwicklungsfähigkeit des Menschen sein, wie sie Koslowski zumindest andenkt. Das Ziel der Bildung kann als die *Ermöglichung von Autonomie und Handlungskompetenz* verstanden werden, wobei die Autonomie und Handlungskompetenz einerseits sich immer erst entwickeln müssen und andererseits immer wieder gefährdet sein können. In diesem Sinn interpretiert auch Priddat Musgraves Theorie der meritorischen Güter. Nach Priddat zeigen Musgraves Beispiele, daß es um die »Lebens- und Handlungsfähigkeitserhaltung« geht, »die minimalia der Kompetenz, als rational handelndes Individuum dauerhaft Auftreten zu können«[213]. Dem Staat kommt in dieser Interpretation eine Allokationsaufgabe zu, durch die nicht irgendein Güterbedarf gedeckt wird, sondern durch die überhaupt Ausgangspositionen hergestellt werden, die durch die ökonomische Tauschwirtschaft nur bedingt hergestellt werden[214]. Die meritorischen Güter dienen nach dieser Interpretation der Herstellung einer Chancengleichheit und damit einem wichtigen Aspekt sozialer Gerechtigkeit. Daß die Finanzierung der meritorischen Güter aber ihrerseits Probleme aufwirft, die unter den gegenwärtigen politischen Verhältnissen keineswegs einfach gerecht gelöst werden, darauf weisen mit Recht die Kritiker der Meritorik hin[215].

Priddat hebt die Bildung der Handlungskompetenz hervor, doch er vermeidet es in seiner Interpretation, das eigentliche Problem zu betonen, das mit der Theorie der meritorischen Güter immer verbunden ist. Die Annahme der Notwendigkeit der Korrektur von Präferenzen stellt immer eine Infragestellung des Konzepts der freien Konsumentenwahl dar. Priddat wendet sich gegen den Anspruch Musgraves, mit der Theorie der meritorischen Güter eine alternative Norm zur sonstigen Mikroökonomie aufgezeigt zu haben[216]. Priddat sieht darin den Versuch einer »ethischen Konfundation der Ökonomie«, den er ablehnt, denn es ist für ihn »nur« ein besonderer »Produktionsakt der Voraussetzungen konventioneller mikroökonomischer Standards« erwiesen worden[217]. Die ethische Konfundation der Ökonomie ist hierdurch sicher nicht geleistet worden; darin ist Priddat zuzustimmen. Aber die Theorie der meritorischen Güter wirft Fragen auf, die mit dem reinen mikroökonomischen Instrumentarium nicht hinreichend zu beantworten sind und die damit mit außerökonomischen Erkenntnismethoden reflektiert werden müssen.

---

213. Vgl. Priddat (Gemeinschaftsbedürfnisse, 1992), S. 254, mit Verweis auf die Arbeit von Riese.
214. Vgl. Priddat (Gemeinschaftsbedürfnisse, 1992), S. 254f.
215. Siehe Lith (Markt, 1985), S. 81 ff.
216. Vgl. Priddat (Gemeinschaftsbedürfnisse, 1992), S. 246 ff.
217. Vgl. Priddat (Gemeinschaftsbedürfnisse, 1992), S. 255 f.

6.4.2 Die institutionellen Bedingungen der höheren Werte

Die von Koslowski beschriebenen höheren Werte und Güter können nicht nur mit der allgemeinen Theorie der öffentlichen Güter, sondern darüber hinaus mit der spezielleren Theorie der meritorischen Güter interpretiert werden. Bildung ist nicht zufällig das wichtigste Beispiel für ein meritorisches Gut, denn die Theorie meritorischer Güter setzt gerade – wie sich gezeigt hat – bildungsbedürftige und bildungsfähige Individuen voraus. Die höheren Werte und Güter, Tugenden und kulturelle Werte sind nach Koslowski dadurch ausgezeichnet, daß ihre Wahrnehmung eine bestimmte Bildung und eine zu entwickelnde Erlebnisfähigkeit voraussetzt. Im finanzwissenschaftlichen Kontext wird in der Regel der Staat als die Instanz angeführt, die die öffentlichen und meritorischen Güter bereitstellt. Es ist zu fragen, an welche institutionelle Instanz Koslowski denkt.

Im Zusammenhang mit seinen Erörterungen des Marktversagens hat Koslowski deutlich gemacht, daß die Thematisierung von Marktversagen im Kontext der Wirtschaftsethik nicht *primär* auf eine Aufgabenzuweisung an staatliche Instanzen zielt, sondern daß »Ethik als Korrektiv von Ökonomieversagen« begründet werden soll[218]. Im formalen Teil der Wirtschaftsethik legt Koslowski dar, wie ›Ethik‹ Gefangenendilemma-Situationen überwindet. Doch es wurde schon angedeutet, daß damit das Motivationsproblem letztlich noch gelöst werden muß (siehe unten 6.5.1). Koslowski verweist dazu auf die Funktion der Religion (siehe unten). Er stößt im materialen Teil der Wirtschaftsethik auf das Problem des Wirksamwerdens der ethischen Überlegungen. Während in der ökonomischen Theorie der öffentlichen Güter der Staat und seine Organe als handelnde gesellschaftliche Institutionen benannt werden, die öffentliche und meritorische Güter bereitstellen, ist Koslowski an diesem Punkt weniger deutlich. Er nennt nicht konkret den Staat oder andere Handlungsakteure, sondern abstrakt eine Theorie: »Die materiale Wertethik schafft die Motivationen, die nötig sind, damit die Regeln der formalen oder Pflichtethik eingehalten und Ökonomieversagen als Koordinationsversagen vermieden wird«[219]. Auch wenn dies wohlwollend als abgekürzte Redeweise verstanden werden kann, ist es stark erklärungsbedürftig, in welcher Weise von der ›materialen Ethik‹ als einer aktiven Instanz gesprochen werden kann.

Wie oben erwähnt wurde, unterscheidet Koslowski (aus sachlichen Gründen) nicht zwischen Ethik als Reflexionsform und Moral bzw. Ethos als Handlungsebene (siehe oben 1.1). Ethik und Moral sind für Koslowski beides Institutionen. Zur Klärung des Institutionenbegriffs greife ich auf Viktor Vanberg zurück, der zwei Institutionenbegriffe unterscheidet: Einerseits bezeichnet der Begriff Institution »*korporative Gebilde*« oder »*kollektive* Handlungseinheiten« wie Staat, Parteien, Gewerkschaften und Unternehmen, andererseits bezeichnet er »*nor-*

---

218. Vgl. Koslowski (Prinzipien, 1988), S. 30.
219. Koslowski (Prinzipien, 1988), S. 118.

mative Muster« oder »*komplexe normative Regelungen,* die der Ordnung des Verkehrs unter den Individuen dienen. Diese Bedeutung ist gemeint, wenn etwa Recht, Eigentum, oder Geld als Institutionen bezeichnet werden«[220]. Vanberg führt aus, wie in den Sozialwissenschaften die individualistisch-vertragstheoretische Konzeption primär zur Erklärung von *organisiertem, korporativem* Handeln und die individualistisch-evolutionäre Konzeption primär zur Erklärung der sich vorwiegend – jedoch nicht ausschließlich! – spontan bildenden normativen Regelungen herangezogen wird[221]. Vanberg fügt eine Bemerkung an, in der er darauf hinweist, daß »diese Prozesse in der sozialen Realität in der Regel ineinander verwoben sein werden« und daß man daher zur Erklärung »konkreter Institutionen« beide Institutionenbegriffe und beide Erklärungsweisen heranziehen muß[222]. Dieser vage Hinweis auf die Verwobenheit beider Prozesse kann dahingehend präzisiert werden, daß zur Erklärung der Entwicklung der normativen Regelungen nach bestimmten korporativen Gebilden Ausschau gehalten werden muß, die als gestaltende Instanzen auftreten, weil sie bestimmte Verhaltensmotive haben. Die Pointe der These der spontan-evolutionären Entwicklung von Institutionen ist nicht, daß keine Instanzen auftreten, sondern daß die Institutionen, »zwar das Ergebnis menschlichen Handelns, aber nicht menschlichen Entwurfs« sind[223].

Mit dem Hinweis auf Ethik und Moral hat Koslowski auf zwei Institutionen verwiesen, die zu den fundamentalen institutionellen Regelungen jeder Gesellschaft gehören. Er redet dabei insofern abstrakt, als er damit noch keine gestaltenden korporativen Institutionen angegeben hat. Es kann nur als uneigentliche Rede gedeutet werden, wenn er formuliert, daß die »materiale Wertethik und die ethisch-kulturelle Bildung« die »Ansprechbarkeit und Wahrnehmungsfähigkeit für Wertqualitäten« steigern[224]. Konkret wird der ganze Gedankengang erst, wenn bestimmte Bildungsinstanzen oder Bildungsträger, also verschiedene Korporationen, angegeben werden. Hierbei ist dann an staatliche Instanzen, aber auch an sonstige korporative Institutionen des kulturellen Sektors zu denken. James M. Buchanan hat diese institutionelle Ebene in seiner Kritik an Koslowski eingeklagt[225]. Auf Basis seiner Unterscheidung der »konstitutionellen und nachkonstitutionellen Wahl« ist für Buchanan der Ort des Diskurses über die »›besseren‹ Präferenzen« natürlich die institutionelle Ebene[226]. Buchanan hebt in diesem Zusammenhang das Bildungswesen hervor. Buchanan erkennt dabei an, daß

---

220. Vanberg (Der individualistische Ansatz, 1983), S. 55 f.
221. Vgl. Vanberg (Der individualistische Ansatz, 1983), S. 60-64, mit Verweis auf Menger und Hayek.
222. Vgl. Vanberg (Der individualistische Ansatz, 1983), S. 64.
223. Vgl. Vanberg (Der individualistische Ansatz, 1983), S. 57, Vanberg zitiert damit eine Formulierung des schottischen Moralphilosophen Ferguson.
224. Vgl. Koslowski (Prinzipien, 1988), S. 119.
225. Vgl. Buchanan (Kommentar, 1984), S. 85 ff.
226. Vgl. Buchanan (Kommentar, 1984), S. 89 f.

es sich bei den institutionellen Regelungen nicht nur um Restriktionen für gegebene Präferenzen handelt, sondern einerseits um Regelungen für den Klärungsprozeß über vorzugswürdige Präferenzen und andererseits um Regelungen einer konstitutionellen Struktur, die »gewünschte Ziele« fördert[227].

Im Kontext der Wirtschaftsethik stellt Koslowski diese Überlegungen zu den institutionellen Bedingungen und institutionellen Möglichkeiten der Umsetzung kaum an. Ausführlicher behandelt er nur die Fragen der Unternehmenskultur[228]. In anderem Zusammenhang, vor allem bei explizit kulturtheoretischen Überlegungen, kommt Koslowski auf die institutionell-korporative Ebene zu sprechen[229]. Unter dem Stichwort einer »postmodernen Staatstheorie« versucht er die ethisch-kulturellen Aufgaben des Staats und nichtstaatlicher Institutionen zu bestimmen[230]. Der Staat ist nach Koslowski kein »Kulturstaat«, er hat keine kulturellen Inhalte zu bestimmen, aber er kann »Religion und philosophische Ethik als Kultur der Selbstfindung und Selbsterkenntnis fördern«, um so seine ethischen und kulturellen Voraussetzungen zu wahren[231]. Weitere korporative Institutionen mit Bildungsauftrag sind für Koslowski die Kirche, die Schule und Universitäten[232].

6.5 Kritische Würdigung von Koslowskis Religionsverständnis

6.5.1 Das Motivationsproblem in der Ethik

Koslowski teilt in gewissem Sinn den Realismus Homanns, der die Unwirksamkeit ethischer Appelle in Gefangenendilemma-Situationen betont[233]. Hiermit ist ein wesentliches Problem der Wirtschaftsethik im Blick: Das moralisch Vorzügliche kann gewußt werden, doch dieses Wissen löst weder das Isolationsproblem noch das damit verbundene Motivationsproblem. Koslowski zieht hieraus die Schlußfolgerung: »Zusicherung und Vertrauen in den Sinn sittlichen Handelns sind nämlich nicht aus der Ethik allein, sondern nur durch die religiöse Begründung von Sittlichkeit zu gewinnen. Die Religion leistet [...] die Versicherung des

---

227. Vgl. Buchanan (Kommentar, 1984), S. 90f.
228. Vgl. Koslowski (Prinzipien, 1988), S. 138ff.
229. Vgl. Koslowski (Die postmoderne Kultur, 1987), Koslowski (Wirtschaft als Kultur, 1989) und Koslowski (Ordnung der Wirtschaft, 1994).
230. Vgl. Koslowski (Ordnung der Wirtschaft, 1994), S. 340ff. und Koslowski (Wirtschaft als Kultur, 1989), S. 51ff.
231. Koslowski (Ordnung der Wirtschaft, 1994), S. 343 und vgl. Koslowski (Wirtschaft als Kultur, 1989), S. 143.
232. Vgl. Koslowski (Ordnung der Wirtschaft, 1994), S. 340 und Koslowski (Wirtschaft als Kultur, 1989), S. 62.
233. Vgl. Homann/Blome-Drees (Wirtschaftsethik, 1992), S. 36 und 28.

Subjektes, daß Sittlichkeit und Glück langfristig konvergieren«[234]. Koslowski setzt der erodierenden Dynamik der Isolation des Falles 2 seines Modells eine positive Dynamik entgegen (siehe oben 4.2): Das Vertrauen in den Sinn sittlichen Handelns erhöht die Bereitschaft zu moralischen Vorleistungen, die es wiederum »wahrscheinlicher« machen, daß sich tatsächlich auch andere regelkonform verhalten[235].

Koslowski unterlaufen bei seiner Argumentation zwei Äquivokationen, durch deren Klärung der Funktionszusammenhang von Moral und Religion differenzierter gesehen werden kann. (a) Er nimmt den spieltheoretisch wichtigen Begriff der *Zusicherung* (assurance) des isolierten Akteurs doppeldeutig auf: Zum einen als Zusicherung der »religiös-transzendenten ›Entlohnung‹ für die Vorleistungen ethischen Verhaltens« und zum anderen auf der Handlungsebene als Zusicherung des regelkonformen Verhaltens der Mitakteure[236]. Denn diese Zusicherung des regelkonformen Verhaltens hat er als das zentrale Problem einer nur ethischen Betrachtung ausgemacht: »Der ethisch Handelnde kann jedoch nicht im letzten sicher sein, daß diese indirekte Strategie vorteilhaft sein wird, weil die Allgemeinheit der Regelbefolgung zusammenbrechen kann, wenn es zuviel Regelbrecher unter den *anderen* gibt«[237]. Mit der Äquivokation verstellt Koslowski jedoch den Blick darauf, daß auch die religiös begründeten Vorleistungen noch nicht per se ein regelkonformes Verhalten der Mitakteure garantieren. Es besteht zwar ein gewisser Zusammenhang, denn *Vorleistungen* erhöhen die »Wahrscheinlichkeit«, daß sich moralische Normen allgemein durchsetzen und nicht erodieren[238]. Sie haben damit, wie Koslowski überzeugend darlegt, eine zentrale Funktion für die Stabilität moralischer Standards. Ihre Wirksamkeit hängt jedoch von weiteren institutionellen Bedingungen der Handlungssituation ab, deren Bestehen erst darüber entscheidet, wie ›wahrscheinlich‹ dieser Zusammenhang ist. Koslowski blendet diese Fragestellung aus, wenn er die religiöse Zusicherung begrifflich nicht von der Zusicherung des Verhaltens der anderen unterscheidet und somit einen quasi ›mechanischen‹ Zusammenhang suggeriert.

(b) Die zweite Äquivokation liegt bei dem Begriff der Geltung bzw. der Gültigkeit von Normen vor. »Wenn die Gültigkeit eines ethischen Kodex in einer Gruppe sicherstellt, daß sich die meisten an eine bestimmte Regel halten, antizipiert der Handelnde die Allgemeinheit dieser Regel und die Koordinierbarkeit der aus ihr fließenden Handlungen, bevor er selbst handelt und sich für eine bestimmte Handlungsgestalt entscheidet. Er ist zugleich bereit, seine eigene Handlung am Verallgemeinerungsprinzip auszurichten«[239]. Koslowski unter-

---

234. Koslowski (Prinzipien, 1988), S. 37 f.
235. Vgl. Koslowski (Prinzipien, 1988), S. 38 f.
236. Koslowski (Prinzipien, 1988), S. 40, siehe auch S. 42; Koslowski (Ethik und Religion als Korrektiv, 1992), S. 234.
237. Koslowski (Prinzipien, 1988), S. 50.
238. Vgl. Koslowski (Prinzipien, 1988), S. 39.
239. Koslowski (Prinzipien, 1988), S. 84.

scheidet im Verlauf seiner Argumentation nicht deutlich genug zwischen der praktischen Geltung einer ethischen Norm im Sinne ihres tatsächlichen Befolgtwerdens und ihrer inhaltlichen Gültigkeit im Sinne ihrer ethischen Begründetheit[240]. Es ist jedoch demgegenüber festzuhalten, daß aus der inhaltlichen Gültigkeit noch nicht die praktische Geltung folgt und umgekehrt. Es soll nicht unterstellt werden, daß Koslowski diese Differenz nicht kennt oder sich ihrer nicht bewußt ist, er trägt ihr jedoch in seinem Argumentationsgang nicht hinreichend Rechnung[241].

Eine Folge dieser beiden Äquivokationen ist eine zu enge Bestimmung der Aufgabe der – durch Religion unterstützten – Ethik und Wirtschaftsethik: »Die Aufgabe der Ethik besteht wesentlich darin, das Individuum durch die Allgemeingültigkeit eines ethischen Kodex zu versichern, daß sich die anderen auch an die Regeln halten werden. Die Aufgabe einer speziellen Wirtschaftsethik liegt darin, dem einzelnen die Zusicherung zu geben, daß allgemeine Regelbefolgung auch für das Handeln in der Wirtschaft [...] gilt [sic!; JG] und damit seinen Willen und seine Anreize zu stärken, sich an die gemeinwohlfördernden Regeln des Wirtschaftslebens zu halten. Durch die allgemeine und die Wirtschaftsethik wird der mittelmäßig moralische Mensch des Falles 2, der nur moralisch handelt, wenn es die anderen auch tun, versichert, daß die meisten anderen sich auch ethisch verhalten«[242]. Der Schluß auf das Verhalten der »meisten anderen« ist jedoch ohne die Reflexion der weiteren Situationsbedingungen nicht hinreichend begründet. Die Frage, ob inhaltlich gültige Regeln auch praktische Geltungskraft erlangen oder behalten, verweist gerade auf die Struktur von Gefangenendilemma-Situationen. Zu deren Überwindung – jedenfalls dort, wo sie notwendig erscheint – sind moralische Vorleistungen einzelner notwendig, doch es kann geradezu als eine spezifische Form eines »Religionsversagens«[243] bezeichnet werden, wenn die Wirksamkeit religiös motivierter Vorleistungen überschätzt wird. Zu den weiteren Situationsbedingungen, die analysiert werden müssen, gehören alle Instanzen und Institutionen, die die Rahmenbedingungen von Gefangenendilemma-Situationen prägen und damit einerseits die Anreizstrukturen setzen und andererseits die Motivlagen der Akteure bestimmen. Wenn Homann Koslowskis Wirtschaftsethik den *»präferenztheoretischen Ansätze(n)«* zuordnet, die systematisch vorwiegend an der Motivlage der Wirtschaftsakteure ansetzen, so ist dieser Zuordnung aufgrund der beschriebenen Zusiche-

---

240. Zur Begrifflichkeit vgl. Herms (Kirchenrecht, 1983), S. 219, 234; vgl. auch Kraft (Wertlehre, 1937, 1951), S. 204.
241. Weitere Belegstellen bei Koslowski (Prinzipien, 1988), S. 33 und 87 im Sinne praktischer Geltung, sowie Äquivokationen: Koslowski (Prinzipien, 1988), S. 38, 42, 43, 58, 81, 82 und 85.
242. Koslowski (Prinzipien, 1988), S. 41 f.
243. Der Begriff wird von Koslowski (Prinzipien, 1988, S. 40) verwendet. Er bezeichnet hier jedoch (in kritischer Intention) einen anderen Sachverhalt.

rungs- und Geltungsproblematik zuzustimmen[244]. Koslowski vernachlässigt in seiner Wirtschaftsethik den institutionellen Aspekt.

6.5.2 Koslowskis Kantkritik

Nach Koslowski überfordert Kant den Begriff der Autonomie und der sittlichen Selbstgesetzgebung, wenn Kant aus ihr letztlich doch metaphysische Konsequenzen zieht. In seinem eigenen Argument, daß die Selbsterfahrung der Gebrochenheit der sittlichen Natur zeige, daß Menschen nicht die Möglichkeit des Sittlichen autonom hervorbringen und ergreifen, verweist Koslowski auf die Selbsterfahrung. Im folgenden wird gezeigt, daß Koslowskis Kritik Kants Ansatz nicht trifft.

Kant profiliert seine Ethik der reinen praktischen Vernunft gegen alle Versuche, die Ethik aus empirischen Bestimmungsgründen des Willens abzuleiten[245]. Dieses Abweisen der Empirie bedeutet bei Kant jedoch nicht, daß er nicht auch im gewissen Sinn auf Selbsterfahrung rekurriert. Er stellt sich die Frage, wovon »unsere *Erkenntnis* des unbedingt-Praktischen *anhebe*« und schließt dabei die Freiheit, deren Begriff für ihn nur negativ ist, und die Erfahrung, die »nur das Gesetz der Erscheinungen« zeigt, aus: »Also ist es das *moralische Gesetz*, dessen wir uns unmittelbar bewußt werden (so bald wir uns Maximen des Willens entwerfen), welches sich uns *zuerst* darbietet«[246]. Kants Begriff »unmittelbar« meint kein unmittelbares Innesein, sondern er enthält ein Moment der Reflexion, nämlich der Reflexion auf praktische Grundsätze[247]. Kant nennt das Bewußtsein des Kategorischen Imperativs ein »Faktum der Vernunft«. Es ist kein »empirisches, sondern das einzige Faktum der reinen Vernunft [...], die sich dadurch als ursprünglich gesetzgebend (sic volo, sic iubeo) ankündigt«[248]. Kant spricht vom Faktum, weil sich das Sittengesetz »für sich selbst uns aufdringt als synthetischer Satz a priori« und als moralisches Bewußtsein gegeben und »unleugbar« ist[249].

244. Vgl. Homann/Blome-Drees (Wirtschaftsethik, 1992), S. 103 ff.
245. Vgl. Kant (Kritik der praktischen Vernunft, 1788, 1974), A 41 ff.; Kant (Kritik der reinen Vernunft, 1781, 1974), B 375; »*Empirische Prinzipien* taugen überall nicht dazu, um moralische Gesetze darauf zu gründen«, so Kant (Metaphysik der Sitten, 1785, 1974), BA 90 (Hervorh. i. O. gesperrt).
246. Kant (Kritik der praktischen Vernunft, 1788, 1974), A 52 f. (Hervorh. i. O. gesperrt).
247. Vgl. Kant (Kritik der praktischen Vernunft, 1788, 1974), A 53:»Wir können uns reiner praktischer Gesetze bewußt werden, [...] indem wir auf die Notwendigkeit, womit sie uns die Vernunft vorschreibt, und auf die Absonderung aller empirischen Bedingungen, dazu uns jene hinweist, Acht haben«. Vgl. dagegen den Gebrauch von »*unmittelbar*« bei Schleiermacher (Glaube I, 1830, 1960), § 3, S. 16), der als Bedingung von reflexiven Bewußtsein, ein unmittelbares Selbstbewußtsein annimmt.
248. Kant (Kritik der praktischen Vernunft, 1788, 1974), A 56; die Übersetzung des lateinischen Diktums: »So will ich, so befehle ich«, Kant (Kritik der praktischen Vernunft, 1788, 1974), A 56 vom Herausgeber.
249. Vgl. Kant (Kritik der praktischen Vernunft, 1788, 1974), A 56.

Dieser Hinweis auf das moralische Bewußtsein kann – in anderer Begrifflichkeit – als Verweis auf die Selbsterfahrung interpretiert werden, wobei dieser Begriff der Selbsterfahrung vom Kantischen Begriff der »Erfahrung« kontingenter empirischer Bedingungen zu trennen ist[250]. Kants philosophische Ethik enthält damit einen »induktiv-hermeneutischen Schritt«, der dazu dient, der begrifflichen und transzendentalen Argumentation eine erfahrungsgestützte Basis zu geben[251].

Das Bewußtsein der unbedingten Verpflichtung schließt nur das prinzipielle Vermögen der Befolgung und nicht den tatsächlichen Vollzug des Befolgens ein[252]. Daher trifft Koslowskis Verweis auf die »Gebrochenheit der sittlichen Natur« Kants Argumentation nicht, und zwar nicht weil Kant überhaupt nicht auf die Selbsterfahrung rekurriert, sondern weil das tatsächliche sittliche Vermögen und Scheitern nicht das Bewußtsein der Unbedingtheit des ethischen Imperativs berührt[253]. Koslowskis Deutung von Kants Religionsbegründung zeigt, daß seine Kritik im Kern darauf zielt, daß er Kants Begründungsbasis für die *Religion* für zu schwach hält. Die Schwäche besteht für Koslowski darin, daß die Postulate nicht notwendigerweise aufgestellt werden müssen. Er schließt sich damit Schellings Kant-Kritik an: Wer »den Glauben an die menschliche Sittlichkeit hat, benötigt den Gottesglauben nicht mehr«[254]. Für Kant gilt in der Tat, daß die Sittlichkeit ihre Grundlage nur im Bewußtsein des moralischen Gesetzes hat und daß das Postulat des Daseins Gottes eine abgeleitete »Annehmung« ist, die für die reine Vernunft nur eine »*Hypothese*« ist, für die praktische Vernunft jedoch ein »Bedürfnis in praktischer Absicht« und damit »*Glaube* und zwar reiner Vernunftglaube*, heißen kann«[255]. Die »Annehmung« hat bei Kant einen teleologischen Charakter, denn sie wird notwendig aufgrund des Postulates der Möglichkeit der Verwirklichung »des *höchsten abgeleiteten Guts* (der besten Welt)«, die in der Übereinstimmung der Sittlichkeit und Glückseligkeit besteht[256]. Diese Übereinstimmung macht für Kant die Annahme einer »obersten Ursache der Natur« notwendig, die eine »der moralischen Gesinnung gemäße Kausalität« hat[257]. Kant spricht im Zusammenhang der Notwendigkeit der Annahme eines Postulates von einem subjektiven »Bedürfnis«. Dieser Begriff sowie die moderne

---

250. Vgl. Kant (Kritik der praktischen Vernunft, 1788, 1974), A 53; Kant (Metaphysik der Sitten, 1785), BA VIII.
251. Vgl. Höffe (Kant, 1983), S. 205.
252. Vgl. Kants Beispiel des falschen Zeugnisses »wider einen ehrlichen Mann«, Kant (Kritik der praktischen Vernuft, 1788, 1974), A 54.
253. Kant weiß um die »Neigung« und den »kontinuierlichen Hang zur Übertretung«, Kant (Kritik der praktischen Vernuft, 1788, 1974), A 54, A 230.
254. Koslowski (Religion, Ökonomie, Ethik, 1985), S. 91 mit Bezug auf Schelling (1798, 1965), S. 475 ff.
255. Kant (Kritik der praktischen Vernuft, 1788, 1974), A 227 (Hervorh. i. O. gesperrt).
256. Vgl. Kant (Kritik der praktischen Vernuft, 1788, 1974), A 226, siehe auch A 225 (Hervorh. i. O. gesperrt).
257. Vgl. Kant (Kritik der praktischen Vernuft, 1788, 1974), A 225.

Konnotation des Begriffs »Postulat« (als einer unbegründeten, willkürlichen Forderung) können ein Mißverständnis bezüglich Kants Intention nahelegen. Kant versteht die Notwendigkeit der Annahmen nicht nur als eine mögliche oder subjektiv beliebige, sondern als eine zwingende. Während die spekulative Vernunft für die drei Ideen Freiheit, Unsterblichkeit der Seele und Existenz Gottes nur die *Möglichkeit* eines Objektbezugs zu begründen vermag, »bekommen sie durch ein apodiktisches praktisches Gesetz, als notwendige Bedingung der Möglichkeit dessen, was dieses sich *zum Objekte zu machen* gebietet, objektive Realität, d. i. wir werden durch jenes angewiesen, *daß sie Objekt haben*«[258]. Kant fragt damit beim Postulat Gottes nicht nach der Bedingung der Möglichkeit des Bewußtseins des moralischen Gesetzes, sondern – dieses voraussetzend – teleologisch nach der Bedingung der Möglichkeit der Verwirklichung des höchsten Gutes und damit nach der Konsistenz des moralischen Bewußtseins. Koslowskis Argumente gegen Kants Religionsverständnis sind daher nicht stichhaltig.

6.5.3 Die Umkehrung des Begründungsverhältnisses von Religion und Moral

Kant vermeidet in seiner Religionsbegründung, das Dasein Gottes aufgrund der Frage nach der Möglichkeitsbedingung des moralischen Bewußtseins zu postulieren[259]. Genau in dieser Fragerichtung schlägt nun jedoch Koslowski – in Aufnahme eines Arguments des Kantkritikers Baader – die Religionsbegründung vor: Die Verwirklichung des Sittlichen setzt »die Anwesenheit und Assistenz des Göttlichen voraus«; das Vermögen des »sittlich Allgemeinen« gilt ihm als »ein unerklärliches Faktum«, das nur – in Hegelscher Begrifflichkeit – »als Wirklichkeit des Geistes zu begreifen« ist[260]. Mit Bezug auf dieses »ontologische Argument« gibt Koslowski vor, das »Begründungsverhältnis« von »Ethik und Religion« gegenüber Kant umgekehrt zu haben. Zentral ist seine These: »Nicht wer sittlich ist, wird zur Religion geführt, sondern nur weil das Göttliche und das Vermögen des Sittlichen, das Vermögen des Guten und Bösen, immer schon im Menschen ist, kann derjenige, der sich der Religion in irgendeiner Weise öffnet, erst im Kantischen Sinn sittlich sein«[261]. Koslowski geht mit dieser These, die eine

---

258. Kant (Kritik der praktischen Vernuft, 1788, 1974), A 243 (Hervorh. i. O. gesperrt); vgl. auch Kant (Religion, 1794, 1968), S. 6: »Moral also führt unumgänglich zur Religion, wodurch sie sich zur Idee eines machthabenden moralischen Gesetzgebers außer dem Menschen erweitert, in dessen Willen dasjenige Endzweck (der Weltschöpfung) ist, was zugleich der Endzweck des Menschen sein kann und soll«.
259. Vgl. Kant (Kritik der praktischen Vernunft, 1788, 1974), A 219 ff., A 223 ff., A 233, A 238 f. und Kant (Religion, 1794, 1968), S. 6.
260. Vgl. Koslowski (Religion, Ökonomie, Ethik, 1985), S. 92 f. und vgl. auch Baader (Kant's Deduction, 1796, 1963).
261. Koslowski (Religion, Ökonomie, Ethik, 1985), S. 92.

praktische Schlußfolgerung aus dem ontologischen Argument darstellt, jedoch über den Inhalt dieses Arguments hinaus. Denn *zum einen* hat er die Umkehrung des Begründungsverhältnisses von Moral und Religion nicht wirklich vollzogen: Auch für sein ontologisches Argument gilt, daß die Erfahrung des Vermögens der Sittlichkeit erst den Anlaß gibt, nach der Möglichkeitsbedingung der Sittlichkeit zu fragen. Damit fällt Koslowskis eigene Kantkritik auf ihn zurück: Koslowski vertritt kritisch gegenüber Kant, daß gerade die Erfahrung des Vermögens der Sittlichkeit aufgrund der »Selbsterfahrung der Gebrochenheit« keine Basis für theoretische Schlußfolgerungen bietet. Wobei daran erinnert werden muß, daß Kant selbst eine weniger voraussetzungsreiche Annahme macht und nur das Bewußtsein, nicht das Vermögen der Sittlichkeit voraussetzt (siehe oben). *Zum anderen* ist aus der transzendentalen Argumentation, daß Sittlichkeit auf die Wirksamkeit Gottes schließen läßt, noch nicht die Schlußfolgerung möglich, daß gelebte Religiosität die Bedingung für praktizierte Sittlichkeit ist.

Koslowski entwickelt seinen eigenen Versuch der Religionsbegründung in kritischer Auseinandersetzung mit Kant. Es überzeugt, daß er dabei transzendental argumentiert und an einem Punkt ansetzt, den Kant in Bezug auf die Religion übergeht: Die Möglichkeitsbedingungen der Sittlichkeit oder (für Kant genauer) des moralischen Bewußtseins. Koslowski gerät dabei jedoch zu schnell und damit nicht hinreichend begründet in eine ontologische Argumentation. Eine konsistente Religionsbegründung muß von der Selbsterfahrung des Subjekts ausgehen; daß es hierzu keine Alternative gibt, hat Kant aufgezeigt. Damit ist ein Sachverhalt anvisiert, dessen Beschreibung sich stets im Rahmen einer Subjektivitätstheorie bewegen muß, um die Phänomene der Selbsterfahrung thematisieren zu können. Diese Theorie kann ihre Stichhaltigkeit nur an der Selbsterfahrung erweisen. Sie ist daher im strengen Sinn nicht empirisch beweisbar, aber deshalb ist sie nicht ohne Erfahrungsbezug.

Religionstheorien müssen sich daraufhin befragen lassen, inwieweit sie sich dieser methodischen Herausforderung stellen und sich auf phänomenologische Deutung der Selbsterfahrung einlassen. Es ist deutlich, daß mit der Thematisierung von Selbsterfahrung eine prinzipielle Perspektivität nicht übersprungen werden kann, wobei auch in individueller Perspektive die verallgemeinerbaren Grundstrukturen der Selbsterfahrung beschrieben werden können[262]. Für die evangelische Theologie und Dogmatik hat als erster Schleiermacher diese Methode der ›Begründung‹ in seiner »Glaubenslehre« durchgeführt und damit die durch Kant gesetzte methodische Herausforderung ernst genommen[263]. Der

---

262. Vgl. Herms (Glaube, 1992), S. 458.
263. Vgl. Schleiermacher (Der christliche Glaube 1, 1821, 1984), §8-§13 und Schleiermacher (Glaube I, 1830, 1960), §3-§6. »Die Glaubenslehre beruht also auf zweierlei: einmal auf dem Bestreben, die Erregungen des christlich frommen Gemütes in Lehre darzustellen; und dann auf dem Bestreben, was als Lehre ausgedrückt ist, in genauen Zusammenhang zu bringen«, so Schleiermacher (Der christliche Glaube 1, 1821, 1984), §3.

Kerngedanke der Religionsbegründung Schleiermachers besteht darin, daß sich der Mensch im unmittelbaren Selbstbewußtsein inne ist, daß »unser ganzes Dasein« nicht »aus unserer Selbsttätigkeit hervorgegangen« ist und daß dieses Innesein ein »Bewußtsein schlechthinniger Abhängigkeit« ist«[264]. Die »unmittelbarste Reflexion« über dieses Bewußtsein bildet der »Ausdruck Gott«[265]. Schleiermacher thematisiert somit die Möglichkeitsbedingungen der »Selbsttätigkeit« des Subjekts, die jedoch nicht erst vom Subjekt durch Reflexion erschlossen werden, sondern die vorgängig im unmittelbaren Selbstbewußtsein gegenwärtig sind[266]. Er reflektiert damit die Struktur von Selbstbewußtsein: Der Hauptgedanke besteht – ebenso wie bei Fichte[267] – in der Erkenntnis, daß das gegenständliche Bewußtsein vom unmittelbaren Selbstbewußtsein unterschieden werden muß und daß aller Reflexionsfähigkeit – im Sinne gegenständlichen Bewußtseins – eine vorreflexive Bewußtseinsebene als Möglichkeitsbedingung zugrunde liegt[268]. Auch wenn Religion zum Gegenstand von Reflexion werden kann, ordnet Schleiermacher die Religion – bzw. in seinem Sprachgebrauch »Frömmigkeit« – der vorreflexiven Ebene zu: Sie ist zu verstehen als eine »Bestimmtheit des unmittelbaren Selbstbewußtseins«[269].

Auch dieses Religionsverständnis impliziert ontologische Annahmen, doch sind diese nicht einfach qua Religion gegeben, sondern sie sind abhängig von der jeweiligen Bestimmtheit des unmittelbaren Selbstbewußtseins: Das »in diesem Selbstbewußtsein mitgesetzte *Woher* unseres empfänglichen und selbsttätigen Daseins«, das durch den Ausdruck Gott bezeichnet wird, kann je nach Entwicklungsstufe des historisch und individuell bedingten unmittelbaren Selbstbewußtseins als ein bestimmtes innerweltliches Gegenüber oder ungegenständlich als »transzendenter Grund« repräsentiert werden[270]. Der Religion kommt damit im Schleiermacherschen Sinn der Status eines Grundaspektes und Strukturmomentes menschlicher Subjektivität zu und zwar in einer Weise, die die Vielfalt religiöser Ausprägungen als individuelle Spielarten und Entwicklungsstufen eines allgemeinen Phänomens verstehen läßt – und selbst das atheistische Bewußtsein

---

264. Vgl. Schleiermacher (Glaube I, 1830, 1960), § 4, S. 28.
265. Vgl. Schleiermacher (Glaube I, 1830, 1960), § 4, S. 29 f.
266. Was Schleiermacher hier in wissenschaftlicher Begrifflichkeit beschreibt, sieht er umgangssprachlich im Ausdruck »Gefühl« wiedergegeben: »Die Frömmigkeit, welche die Basis aller kirchlichen Gemeinschaften ausmacht, ist rein und für sich betrachtet weder ein Wissen noch ein Tun, sondern eine Bestimmtheit des Gefühls oder des unmittelbaren Selbstbewußtseins«, so Schleiermacher (Glaube I, 1830, 1960), § 3, S. 14 und vgl. S. 16; Schleiermacher (Über die Religion, 1799, 1985), S. 35, 40.
267. Vgl. Henrich (Fichtes ursprüngliche Einsicht, 1966), S. 188 ff. und Frank (Theorie des Selbstbewußtseins, 1991), S. 161.
268. Vgl. Schleiermacher (Dialektik, 1822, 1976), S. 286 ff.
269. Siehe Anm. 266 und vgl. Scholtz (Philosophie Schleiermachers, 1984), S. 129 f.
270. Vgl. Schleiermacher (Glaube I, 1830, 1960), § 4, S. 28, siehe auch § 6 bis § 8; Schleiermacher (Dialektik, 1822, 1976), S. 289 und 291.

unter das Allgemeine (freilich als unvollkommene Entwicklung des Selbstbewußtseins) fassen kann[271].

Koslowski vermeidet in seinem Versuch der Religionsbegründung diesen Rekurs auf die Subjektivität. Er bekommt jedoch mit seinem methodischen Ansatz der allgemeinen Vernunfterkenntnis die Phänomene der durch Reflexion erschlossenen Selbsterfahrung nicht in den Blick. In seinem Ansatz allgemeiner Vernunfterkenntnis erweist sich Koslowski abermals ein der katholischen Tradition verpflichteter Denker.

6.6 Der allgemeine Standpunkt der Naturrechtsethik

Koslowski beruft sich in seiner Ethikkonzeption auf Schleiermacher. Er gibt zwar dessen Grundintention adäquat wieder, vor allem die Zuspitzung, daß jeder der drei Aspekte des Sittlichen (Tugend, Pflichten, Güter) »in sich das Ganze und die Einheit des Sittlichen repräsentiert«[272], aber Koslowski wird diesem Anspruch selbst nur zum Teil gerecht. Er nimmt – wie sich gezeigt hat – zu disparate Ethiktraditionen auf, deren Differenzen er zwar selbst thematisiert, die er jedoch nicht überwindet[273]. Koslowski rezipiert und interpretiert in der Pflichtenlehre im wesentlichen Kants Kategorischen Imperativ, in der Güterlehre Max Schelers Wertethik und in der Tugendlehre Aristoteles[274]. Es zeigen sich Schwächen in Koslowskis Kantinterpretation, und es wurden die Begründungsprobleme der materialen Ethik im Sinne Schelers aufgewiesen.

Die Stärke von Koslowskis naturrechtlichem Ansatz ist es, deutlich zu machen, daß das ökonomische Kriterium der Effizienz selbst als ein ethisches Kriterium betrachtet werden muß und bei Abwägung aller Aspekte einer Handlungssituation berücksichtigt werden muß. Koslowskis naturrechtliche Ethikbegründung wird allerdings fraglich, wenn sie unterstellt, daß die »Natur einer Sache« von einem allgemeinen Vernunftstandpunkt aus erkannt werden kann. Koslowski geht damit über die grundsätzliche Perspektivität der Wahrnehmung hinweg.

---

271. Schleiermacher spricht vom schlechthinnigen Abhängigkeitsgefühl als einem »allgemeinen Lebenselement«; vgl. Schleiermacher (Glaube I, 1830, 1960), §33, S. 174; zum Atheismus vgl. Schleiermacher (Glaube I, 1830, 1960), §33, S. 176f. und Schleiermacher (Dialektik, 1822, 1976), S. 268f. und 312.
272. Vgl. Koslowski (Prinzipien, 1988), S. 129.
273. Vgl. Koslowski (Prinzipien, 1988), S. 131f.
274. Vgl. Koslowski (Prinzipien, 1988), S. 78ff., 105ff., 118ff. und 132.

V. Diskursethik als Basis der Integration von Ethik und Wirtschaftstheorie – die Wirtschaftsethik Peter Ulrichs

»Dies sind die Nachteile kommerzieller Gesinnung. Der Geist der Menschen wird eingeengt und unfähig, sich zu erheben. Bildung wird gering geschätzt oder jedenfalls vernachlässigt, und heroische Gesinnung wird beinahe gänzlich erstickt. Wie diese Schäden zu beheben sind, wäre ein ernster Aufmerksamkeit würdiges Thema«.
(Adam Smith)[1]

Die Diskursethik gehört zu den wichtigsten philosophischen Ethikansätzen der letzten Jahrzehnte. Sie wurde von Karl-Otto Apel und Jürgen Habermas entwickelt und hat eine breite Wirkungsgeschichte entfaltet[2]. Verwandte Konzepte wurden von der Erlanger Schule (Konstruktive Ethik und Wissenschaftstheorie) entwickelt[3]. Ich habe den Entwurf von Peter Ulrich ausgesucht, weil er am profiliertesten die Aufnahme der Diskursethik in der Diskussion der Wirtschaftsethik vertritt[4]. Peter Ulrich, Jahrgang 1948, ist Professor für Wirtschaftsethik an der Hochschule St. Gallen für Wirtschafts-, Rechts- und Sozialwissenschaften. Seit 1989 ist er Direktor des neu gegründeten Instituts für Wirtschaftsethik der Hochschule St. Gallen. Zuvor hat er mehrere Jahre in der betriebswirtschaftlichen Unternehmensberatung gearbeitet. 1986 legte er seinen wirtschaftsethischen Entwurf »Transformation der ökonomischen Vernunft – Fortschrittsperspektiven der modernen Industriegesellschaft« vor, den er in den folgenden Jahren weiter konkretisierte[5]. 1997 erschien sein zweites Hauptwerk »Integrative

---

1. Smith (Lectures, 1896), S. 259; zitiert und übersetzt bei Hirschman (Leidenschaften, 1977, 1987), S. 115.
2. Vgl. Apel (Transformation 2, 1973), Apel (Diskurs, 1988), Habermas (Theorie 2, 1981), S. 141 ff., Habermas (Moralbewußtsein, 1983), Habermas (Erläuterungen, 1991), Habermas (Faktizität, 1992) und Habermas (Einbeziehung, 1996).
3. Vgl. Lorenzen/Schwemmer (Konstruktive Logik, 1973, 1975).
4. Auch Steinmann/Löhr nehmen in ihrer Unternehmensethik die Diskursethik auf, vgl. Steinmann/Löhr (Grundlagen, 1991), 67 ff. Mit direktem Bezug auf Ulrich vgl. Kreikebaum (Grundlagen, 1996).
5. Ulrich (Transformation, 1986) und siehe die Übersicht der Aufsätze im Literaturverzeichnis.

Wirtschaftsethik. Grundlagen einer lebensdienlichen Ökonomie«, in dem er seine Position weiterentwickelt hat[6].

1. Anliegen und Ansatz

Peter Ulrich geht von der gesellschaftskritischen Diagnose aus, daß sich in der Moderne ein ökonomischer Rationalisierungsprozeß vollzogen hat, bei dem die ökonomische »Sachlogik« in gravierendem Gegensatz zu den Anforderungen der ethischen Vernunft getreten ist. Die gegenwärtige »Mainstream Economics« leistet nach Ulrich diesem Auseinandertreten von ökonomischer Funktionslogik und ethisch verantwortbaren Folgen selbst noch Vorschub, indem sie sich als wertfreie, reine Wirtschaftstheorie versteht. Ulrich setzt dieser aus seiner Sicht verkürzten Wirtschaftstheorie ein Konzept *integrativer Wirtschaftsethik* entgegen, mit dem eine *»ethisch-vernünftige [...] Orientierung im politischen-ökonomischen Denken«* erreicht werden kann[7]. Der Ansatz wird von ihm als *integrativer* verstanden, weil die Ethik nicht von außen auf die Ökonomie angewandt wird, sondern weil die Normativität, die *»in der ökonomischen ›Sachlogik‹ immer schon drin«* ist, nur kritisch aufgedeckt werden muß[8]. Ein verändertes Denken ist nach Ulrich die Voraussetzung für eine ethisch vernünftige Wirtschaftspraxis, in der die Wirtschaft wieder ihrem Ziel, der *Lebensdienlichkeit*, entspricht[9].

Ulrich kennzeichnet in seinem *ersten Hauptwerk* seinen Entwurf als Versuch »eines pragmatisch abgestützten Brückenschlags von der neueren praktischen Philosophie zur politischen Ökonomie«[10]. Mit der »neueren praktischen Philosophie« ist insbesondere die Diskursethik gemeint. Auf der Grundlage dieser »kommunikativen Ethik« sollen »regulative Ideen für die lebenspraktisch vernünftige Fortsetzung des industriegesellschaftlichen Rationalisierungsprozesses« gewonnen werden[11]. Das praktische Ziel ist die »systematische Wiederankoppelung der ökonomischen Rationalisierungsdynamik an die externalisierten Kriterien lebenspraktischer Vernunft«[12]. Zur Erreichung dieses gesellschaftspoliti-

---

6. Ulrich (Integrative Wirtschaftsethik, 1997). Ein wichtiger Beitrag stellt auch die empirische Arbeit zu moralischen Denkmustern von Führungskräften dar, die Ulrich zusammen mit Ulrich Thielemann durchgeführt hat, vgl. Ulrich/Thielemann (Ethik und Erfolg, 1992).
7. Vgl. Ulrich (Integrative Wirtschaftsethik, 1997), S. 13.
8. Vgl. Ulrich (Integrative Wirtschaftsethik, 1997), S. 13.
9. Mit dem Begriff der Lebensdienlichkeit nimmt Ulrich Bezug auf Rich (Wirtschaftsethik II, 1990), S. 322.
10. Vgl. Ulrich (Transformation, 1986), S. 5.
11. Vgl. Ulrich (Transformation, 1986), S. 5.
12. Vgl. Ulrich (Transformation, 1986), S. 12.

schen Ziels hat Ulrich in seinem ersten Hauptwerk die Grundlinien einer Praktischen Sozialökonomik entwickelt und erste Bausteine der Umsetzung zur Diskussion gestellt. Diese Linie hat er in seinem *zweiten Hauptwerk* fortgesetzt und ein Konzept einer integrativen Wirtschaftsethik entwickelt. Die Basis dieses Konzepts stellt eine »*Vernunftethik des Wirtschaftens*« dar, aus der Ulrich drei Grundaufgaben ableitet und entfaltet[13]: Erstens eine Grundlagenkritik der Wirtschaftstheorie, zweitens die »Klärung einer umfassenden, (diskurs-) ethisch fundierten regulativen Idee ökonomischer Vernunft« und drittens die Bestimmung der Orte der Moral des Wirtschaftens[14].

Ulrich grenzt seinen Entwurf gegenüber den meisten anderen Konzeptionen von Wirtschaftsethik dadurch ab, daß er seinen theoretischen Vermittlungsversuch von ökonomischer Rationalität und Ethik durch eine Grundlagenkritik der Wirtschaftstheorie anstrebt[15]. Bei dieser Grundlagenkritik kann sich Ulrich weitgehend auf die innerökonomische Diskussion beziehen. Darüber hinaus wendet er die kritische Perspektive der Diskursethik auf die normativen Grundlagen der Wirtschaftstheorie an[16]. Über die Grundlagenkritik der Wirtschaftstheorie und die regulativen Ideen der Diskursethik gelangt Ulrich zu einem wirtschaftsethischen Konzept »integrativer Wirtschaftsethik«, bei der der ethische »Vernunftanspruch« und der ökonomische »Rationalitätsanspruch« vermittelt werden[17].

2. Ethik – Diskursethik als humanistische Vernunftethik

Ulrich kennzeichnet seinen Ethikansatz selbst als »*humanistische Vernunftethik*«[18]. Er entwickelt diesen Ansatz zum einen im Rahmen einer Geschichtskonzeption und zum anderen in Aufnahme von und Auseinandersetzung mit verschiedenen philosophischen Ethiken, unter denen der Diskursethik die Schlüsselstellung zukommt. Ulrich entwickelt damit eine historisch-rekonstruk-

13. Vgl. Ulrich (Integrative Wirtschaftsethik, 1997), S. 15 ff.
14. Vgl. Ulrich (Integrative Wirtschaftsethik, 1997), S. 117. Das Konzept wird zuvor schon skizziert in: Ulrich (Suche, 1990), S. 214 f., Ulrich (Rahmenkonzept, 1994) – ein Vortrag aus dem Jahr 1991, Ulrich (Wirtschaftsbürger, 1993), S. 10 ff., Ulrich (Institutionenethik, 1994).
15. Vgl. Ulrich (Suche, 1990), S. 181 ff. und 184 ff., Ulrich (Kritik, 1990), S. 112 ff. und Ulrich (Integrative Wirtschaftsethik, 1997), S. 97 ff.
16. Vgl. Ulrich (Transformation, 1986), S. 173 ff. und Ulrich (Integrative Wirtschaftsethik, 1997), S. 131 ff.
17. Vgl. Ulrich (Integrative Wirtschaftsethik, 1997), S. 95 f.
18. Vgl. Ulrich (Integrative Wirtschaftsethik, 1997), S. 21 und 25, Ulrich (Transformation, 1986), S. 269 ff., Ulrich (Wirtschaftsbürger, 1993), S. 4 ff. und Ulrich (Rahmenkonzept, 1994), S. 82 ff.

tive und eine theoriegeschichtliche Argumentationslinie. Dementsprechend unterscheidet er zwei Ebenen der »Transformation der ökonomischen Vernunft« (2.1). In seiner Geschichtskonzeption entwirft Ulrich eine Rekonstruktion des historischen Rationalisierungsprozesses (2.2). In seinem ersten Hauptwerk bezeichnet Ulrich die Darstellung der theoriegeschichtlichen Entwicklung hin zur Diskursethik und ihre Entfaltung als das »Herz« seiner Arbeit[19]. Die theoriegeschichtliche Darstellung zeichnet dabei die Geschichte des ethischen Defizits in der Entwicklung der Wirtschaftstheorie nach (2.3). In seinem zweiten Hauptwerk nimmt Ulrich diese historisch-systematische Kritik der Wirtschaftstheorie zwar auch wieder auf, er ergänzt jedoch die Darstellung um eine Nachzeichnung von philosophischen Entwicklungslinien der Vernunftethik hin zur Diskursethik[20]. Diese Rekonstruktion dient dazu, einen »Standpunkt der Moral« zu begründen (2.4), mit dem und von dem aus Wirtschaftsethik als *Diskursethik* konzipiert werden kann (2.5).

2.1 Zwei Ebenen der Transformation der ökonomischen Vernunft

Ulrich unterscheidet zwei aufeinander bezogene Ebenen: die historische Entwicklung des ökonomischen Rationalisierungsprozesses und die theoriegeschichtliche Entwicklung der Herauslösung der Wirtschaftstheorie aus der Tradition der Praktischen Philosophie. Beide Prozesse werden von Ulrich »rekonstruiert« und ihre wechselseitige Bedingtheit aufgewiesen. Als *Ausgangsthese* seines ersten Entwurfs bezeichnet Ulrich die Annahme, daß sich auf der historischen Ebene ein »epochale(r) *Richtungswechsel*« abzeichnet[21]. Er besteht darin, daß der ökonomische Rationalisierungsprozeß aufgrund seines inneren »Rationalitätsdefizits« nicht nur zu untragbaren negativen Wirkungen für die Lebenswelt, sondern auch zu internen Funktionsdefiziten des ökonomischen Systems geführt hat[22]. Diese Entwicklung macht nach Ulrich eine »Wiederankoppelung« des ökonomischen Systems an die Lebenswelt notwendig[23]. Der Richtungswechsel bedeutet für Ulrich jedoch kein Ende des historischen Rationalisierungsprozesses, sondern es ist für ihn »*eine vernünftige Fortsetzung des ökonomischen Rationalisierungsprozesses*« *angezeigt*, die allerdings nach »*tragfähigen Orientierungsmustern*« verlaufen soll[24].

Die programmatische Formel, unter die Ulrich sein erstes Hauptwerk stellt, die »Transformation der ökonomischen Vernunft«[25], hat zum einen eine histori-

---

19. Vgl. Ulrich (Transformation, 1986), S. 15.
20. Vgl. Ulrich (Integrative Wirtschaftsethik, 1997), S. 57-77.
21. Vgl. Ulrich (Transformation, 1986), S. 12.
22. Vgl. Ulrich (Transformation, 1986), S. 12.
23. Vgl. Ulrich (Transformation, 1986), S. 12 und 347.
24. Vgl. Ulrich (Transformation, 1986), S. 13.
25. Das Stichwort der Transformation hat Ulrich zum einen von dem Wirtschaftshistori-

sche und zum anderen eine theoretisch-normative Bedeutungsebene[26]. Im historischen Sinn wird sie von Ulrich als Umgestaltung des Verhältnisses des Subsystems Wirtschaft zur Lebenswelt interpretiert. Die Notwendigkeit dieser Umgestaltung wird zwar nach Ulrich durch Krisenphänomene angezeigt, ihre inhaltliche Ausrichtung wird jedoch nur durch eine Neuorientierung auf der theoretischen Ebene geleistet. Im zweiten Sinn ist die programmatische Formel nach Ulrich als normatives Postulat zu verstehen, das diese Neuorientierung fordert: die »Transformation des selbst immer schon normativen Fundaments der ökonomischen Rationalitätskonzeption *von der utilitaristischen zur kommunikativen Ethik*«[27]. Diese Umformung auf der theoretischen Ebene expliziert sich nach Ulrich als Kritik der »reinen« Wirtschaftstheorie. Sie besteht darin, daß deren vergessenes, normatives Fundament aufgedeckt und kritisch beleuchtet wird[28]. Auf dieser theoretischen Ebene geht es darum, sich – Ulrich spricht hier als Wirtschaftswissenschaftler – »der praktischen Philosophie, von der sich die moderne Wirtschaftstheorie emanzipieren zu können und zu müssen glaubte, unbefangen wieder zuzuwenden«[29]. Dies ist möglich, weil für Ulrich in der Diskursethik auf eine praktische Philosophie zurückgegriffen werden kann, deren Rationalitätsverständnis den Ansprüchen der modernen – historisch notwendig gewordenen – politischen Ökonomie genügt[30].

Ulrich bezeichnet die »konzeptionelle Schlüsselidee« seines ersten wirtschaftsethischen Hauptwerks als *Vermittlung* zwischen der Ebene des realen sozialökonomischen Rationalisierungsprozesses und der Ebene des wirtschaftstheoretischen und praktischphilosophischen Transformationsprozesses[31]. Die Vermittlung zwischen diesen beiden Ebenen ermöglicht für ihn die »Transformation der ökonomischen Vernunft«, so daß sich – entsprechend seiner Titelunterschrift – »Fortschrittsperspektiven der modernen Industriegesellschaft« abzeichnen.

2.2 Rekonstruktion des historischen Rationalisierungsprozesses

Ulrich zeichnet den historischen Rationalisierungsprozeß nach, um zu einer Deutung des gegenwärtigen sozialökonomischen Rationalitätsdefizits zu gelan-

    ker Karl Polanyi (Transformation, 1944, 1978) und zum anderen von dem Philosophen Karl-Otto Apel (Transformation 1/2, 1973) entlehnt.
26. Die Unterscheidung und Bezugnahme auf diese beiden Ebenen findet sich auch in Ulrichs zweitem Hauptwerk; vgl. Ulrich (Integrative Wirtschaftsethik, 1997), Kap. 4., S. 131 ff. und Kap. 5. 165 ff.
27. Vgl. Ulrich (Transformation, 1986), S. 13.
28. Vgl. Ulrich (Transformation, 1986), S. 14 und Ulrich (Integrative Wirtschaftsethik, 1997), S. 165 ff.
29. Vgl. Ulrich (Transformation, 1986), S. 14.
30. Vgl. Ulrich (Transformation, 1986), S. 14 und 167.
31. Vgl. Ulrich (Transformation, 1986), S. 14.

gen. Bei der Methode, zu einer solchen Deutung zu kommen, lehnt sich Ulrich an Habermas an. Habermas hat eine Methode der *rationalen Rekonstruktion* entwickelt, die er als Weiterentwicklung der »verstehenden Sozialwissenschaft« begreift[32]. Denn diese – so sein Vorwurf – kann ohne ein Konzept der Rationalität die Objektivität der historischen Interpretation nicht begründen[33]. Bei der rationalen Rekonstruktion werden für alle Menschen und Situationen gültige »Universalien« rekonstruiert. Durch die Bestimmung von kulturinvarianten Strukturen kann gegenüber vorfindlichen historischen Formen eine *kritische* Perspektive eingenommen werden[34]. Habermas greift hier auf die Forschungen Jean Piagets zurück, der in seiner Ontogenese die Unterscheidung von Entwicklungslogik und Entwicklungsdynamik eingeführt hat: ersteres als Ausweis von sich potentiell entwickelnden formalen Strukturmustern und letzteres als empirisch beschreibbare reale Vorgänge[35]. Dem hypothetischen Status der Rekonstruktionen von kulturell invarianten Strukturen und Entwicklungsmustern wird dadurch Rechnung getragen, daß sich die theoretischen Annahmen in empirischen Forschungen zu bewähren haben. Empirische Forschungen setzen jedoch ihrerseits stets eine normative Theorie voraus. Empirie und Theorie stehen somit nach Habermas in einem gegenseitigen Verwendungszusammenhang[36].

Ulrich bezieht sich in seiner historischen Rekonstruktion auf diese Methodik Habermas'. Sein Ziel ist der Aufweis von kulturgeschichtlichen Entwicklungsstufen der Rationalität. Dabei wird von ihm kein Geschichtsdeterminismus behauptet, denn das Stufenmodell erlaubt es ihm, den historischen Rationalisierungsprozeß einzuordnen und die nicht realisierten »kulturgeschichtlich verlorengegangenen« Rationalitätspotentiale zu benennen[37]. Das organisierende Zentrum dieses Rekonstruktionskonzepts ist ein Rationalitäts- bzw. Vernunftbegriff, der gegenüber der realen Entwicklung als kritischer Bezugspunkt fungiert. – Ulrich gebraucht die Begriffe »Vernunft« und »Rationalität« prinzipiell gleichbedeutend; nur bei spezifischen Kennzeichnungen, wie zum Beispiel ökonomische Rationalität, stellt der Vernunftbegriff den weiteren Begriff dar und kann kritisch gegen eine eindimensionale Rationalität gewendet werden. – Die besondere Pointe des Rationalitätsbegriffs ist nach Ulrich die *Erweiterung* des wissenschaftlich und ökonomisch herrschenden Begriffs von Rationalität als Zweckrationalität.

32. Vgl. Habermas (Sozialwissenschaften, 1983), S. 40 ff., vgl. auch Habermas (Theorie 2, 1981), S. 587 f.
33. Vgl. Habermas (Sozialwissenschaften, 1983), S. 36 ff.
34. Habermas hebt die Methode von der transzendentalen Analyse ab, die er als Aufweis von nicht bestreitbaren Voraussetzungen auffaßt; jedoch können sich tranzendentale Argumente an rationale Rekonstruktionen anschließen.
35. Vgl. Habermas (Rekonstruktion, 1976), S. 154 ff.
36. Vgl. Habermas (Sozialwissenschaften, 1983), S. 49 ff. vgl. auch Habermas (Theorie 2, 1981), S. 587 f.
37. Vgl. Ulrich (Transformation, 1986), S. 15 und 21 ff.

2.2.1 Die Entwicklung der Vernunft

Vernunft ist Ulrichs anthropologischer Grundbegriff: Er bezeichnet das Vermögen des Menschen zu rationalem Handeln[38]. Ulrich versteht seinen Vernunftbegriff als ein Postulat, das er in Abgrenzung zur metaphysischen Idee einer absoluten Vernunft durch Hinweis auf die *geschichtliche Erfahrung vernünftigen Handelns* aufstellt[39]. Menschliche Vernunft wird nach Ulrich zum einen durch den Naturprozeß, zum anderen durch einen Bildungsprozeß begründet: Die »Natur hat den Menschen im Lauf seiner Gattungsgeschichte« mit der Fähigkeit zur Vernunft, aber auch mit der Veranlagung zur Unvernunft ausgestattet[40]. Damit ist nur eine Tendenz zur Vernunft angelegt[41]. Der Bildungsprozeß ist offen, in ihm konstituiert sich der homo sapiens nach Ulrich selbst als vernünftige Gattung[42].

Ulrich benennt konkrete moderne Auswirkungen der Unvernunft wie etwa global-bedrohliche Kriege, ökologische Zerstörung, Hunger und Gefährdung der Lebensqualität[43]. Damit umreißt er das Kontrastbild zum sozioökonomischen Fortschritt um zu zeigen, woran er dessen fundamentale Krise erkennt. Entgegen den Krisendiagnostikern, die das Ende der Vernunft konstatieren, vertritt Ulrich als eine der Grundthesen seines Werkes (ganz im Sinne von Habermas), daß »die Krise der Modernität nicht durch einen Rückfall hinter die modernen Rationalitätsansprüche bewältigt werden kann, sondern nur indem wir ihre irrationalen Beschränkungen und Verzerrungen durchschauen und überwinden«[44]. Diese neue Vernunft muß »lebenspraktisch« sein, verstanden als Bezogenheit auf das Ganze des Lebens, entgegen einer spezialisierten Vernunft bzw. Rationalität der Einzelwissenschaften, insbesondere der Ökonomie[45]. Im Hintergrund steht Habermas' Kritik am »Expertentum«. Seine Diagnose lautet, daß das Expertentum die Verbindung zur Lebenswelt verloren hat und somit auch keine Lösung für die Krisensymptome bieten kann[46]. Der potentielle Ausweg aus der Krise verläuft nach Ulrich über die Freilegung der in der Kulturgeschichte verlorengegangenen Rationalitätspotentiale und nicht durch den Entwurf einer geschichtslosen Utopie. Aus der geschichtlichen Rekonstruktion sollen die Kriterien für eine vernünftige Fortsetzung der Geschichte gewonnen werden[47].

Ulrich referiert die Hauptentwicklungsschritte des Menschen, wie sie in der

---

38. Vgl. Ulrich (Transformation, 1986), S. 21.
39. Vgl. Ulrich (Transformation, 1986), S. 29.
40. Vgl. Ulrich (Transformation, 1986), S. 21.
41. Vgl. Ulrich (Transformation, 1986), S. 29.
42. Vgl. Ulrich (Transformation, 1986), S. 29.
43. Vgl. Ulrich (Transformation, 1986), S. 21 f.
44. Vgl. Ulrich (Transformation, 1986), S. 26 f.
45. Vgl. Ulrich (Transformation, 1986), S. 28 f.
46. Vgl. Habermas (Theorie 2, 1981), S. 521.
47. Vgl. Ulrich (Transformation, 1986), S. 28.

paläontologischen Anthropologie unterschieden werden: der Übergang von den Primaten zu den Hominiden (Tier-Mensch-Übergang, arbeitsteilige Jagd) und der Übergang von den Hominiden zum homo sapiens (Sprache, Dorfkultur)[48]. In Aufnahme neuerer Ergebnisse der Anthropologie und Altertumsforschung wagt er eine kulturphilosophische Interpretation dieser Ergebnisse. Er zeichnet die Hauptentwicklungsstufen des Hominisationsprozesses nach und verbindet sie mit zwei von ihm vorausgesetzten Rationalitätstypen: einer männlichen und einer weiblichen Rationalität. Beide Rationalitätstypen sind mit spezifischen Handlungsprinzipien verbunden. Ein erster Entwicklungsschub der Menschwerdung reicht von den Primaten zu den Hominiden. Er führt zur Ausbildung der Fähigkeit zur Zweckrationalität in den Bereichen Arbeit (Jagd) und Herrschaft[49]. Ein zweiter Entwicklungsschub führt von den Hominiden zum homo sapiens. Durch die neolithische Revolution (Seßhaftigkeit mit Gartenbau) kommt es zur Weiterentwicklung der sozialen Organisation, insbesondere im Verhältnis von Mann und Frau[50]. Durch die für das Gehirnwachstum notwendige »Vorverlegung« der Geburt kommt der Mutter-Kind-Beziehung eine zentrale Funktion zu, in der es zur Ausbildung sprachlich-emotionaler Fähigkeiten kommt, die weit über die Notwendigkeiten des Arbeits- und Herrschaftsbereichs hinausgehen[51]. War bei den Hominiden das Machtprinzip vorherrschend, so tritt hier nun das Gegenseitigkeitsprinzip hinzu: Anerkennung des anderen als mündige, ansprechbare Person. Hierin wird von Ulrich die *gattungsgeschichtliche und entwicklungspsychologische Wurzel aller ethischen Vernunft* gesehen[52]. Entwicklungsgeschichtlich ist hier die Familisierung des Mannes wesentlich; sie beinhaltet das Inzesttabu für Vater und Tochter und die Ausbildung der Sprache im komplexeren sozialen Rollensystem[53].

In der archaischen Dorfkultur kommt es zur Vorherrschaft des Moralprinzips vor dem Machtprinzip. Ökonomische Funktionserfordernisse sowie die Labilität der psychischen Struktur des jungen homo sapiens (Pubertätskrise) führen zur erneuten Vorherrschaft des Machtprinzips in den hierarchisch strukturierten Hochkulturen[54]. Humanismus und Aufklärung bilden den nächsten epochalen Schub einer »Verweiblichung« der Kultur mit ihren »Vernunft-, Mündigkeits- und Demokratie-Idealen«[55]. Wie schon die Ideale der griechischen Polis wurden sie nur fragmentarisch verwirklicht und von Prozessen wirtschaftlicher und politischer Machtzentralisation überholt[56]. Aus der Entwicklung der Vernunft – ihrer

---

48. Ulrich beruft sich auf Edgar Morin, Lewis Mumfort und Jürgen Habermas.
49. Vgl. Ulrich (Transformation, 1986), S. 33-38.
50. Vgl. Ulrich (Transformation, 1986), S. 39.
51. Vgl. Ulrich (Transformation, 1986), S. 42.
52. Vgl. Ulrich (Transformation, 1986), S. 42 f.
53. Vgl. hierzu auch Habermas (Rekonstruktion, 1976), S. 150 ff.
54. Vgl. Ulrich (Transformation, 1986), S. 50 und 52 ff.
55. Vgl. Ulrich (Transformation, 1986), S. 51.
56. Vgl. Ulrich (Transformation, 1986), S. 51.

Labilität und ihren kommunikativ-ethischen Potentialen – ergibt sich für Ulrich eine Gestaltungsaufgabe für die Menschen: Es ist ihnen aufgegeben, die Vernunftbegabung zu kultivieren, damit sich die kommunikative Vernunft gegenüber der strategischen durchsetzt[57].

2.2.2 Rationalisierung der Lebenswelt

Der fortschreitende historische Rationalisierungsprozeß führt nach Ulrich zur *Rationalisierung der Lebenswelt*. Die Lebenswelt wird von ihm mit Bezug auf Habermas verstanden als der immer schon fraglos gegebene kulturelle, institutionelle und sozialisationsbedingte Hintergrund aller Handlungen (zum genaueren Verständnis des Begriffs siehe unten Abschnitt 3.1)[58]. Die Rationalisierung der Lebenswelt stellt nach Habermas die notwendige Vorbedingung der Ausbildung und Ausdifferenzierung von Subsystemen dar. Kern der Rationalisierung der Lebenswelt ist die Freisetzung des im kommunikativen Handeln angelegten Rationalitätspotentials[59]. Konkret bedeutet dies die Infragestellung von Traditionen und die Notwendigkeit kommunikativer Verständigung mit dem Ziel, Einverständnis zu erzielen. Die sich aufgrund von Funktionserfordernissen abkoppelnden Subsysteme sind nach Ulrich die Ökonomie, die Staatsbürokratie und die Wissenschaft[60]. Unter der Voraussetzung dieser Entwicklungslogik kann es zu auf die Lebenswelt zurückschlagenden Folgen der Eigendynamik der Subsysteme kommen. Deren faktisches Eintreten zeigen die oben genannten Krisensymptome der Moderne. Über Habermas hinaus geht Ulrichs Deutung der kulturellen Evolution als quasi notwendige Wellenbewegung zwischen der jeweiligen Dominanz einer der beiden Rationalitätsprinzipien (Zweckrationalität oder kommunikative Vernunft)[61]. Ansätze für eine zur Zeit stattfindende Gegenbewegung sieht Ulrich in den neuen sozialen Bewegungen, deren Anliegen in der Verteidigung der Lebenswelt gegenüber Systemerfordernissen zusammengefaßt werden kann[62].

Damit ist die erste Ebene der Transformation der Vernunft, wie sie Ulrich in historisch-rekonstruktiver Perspektive entwickelt, knapp skizziert. Auf einer zweiten Ebene beschreibt Ulrich die Transformation in theoriegeschichtlicher Perspektive. Sie wird im folgenden nachgezeichnet.

---

57. Vgl. Ulrich (Transformation, 1986), S. 54f.
58. Vgl. Habermas (Theorie 2, 1981), S. 204f.
59. Vgl. Ulrich (Transformation, 1986), S. 71.
60. Vgl. Ulrich (Transformation, 1986), S. 74.
61. Vgl. Ulrich (Transformation, 1986), S. 76.
62. Vgl. Ulrich (Transformation, 1986), S. 86. Zur genaueren Bestimmung des Lebensweltbegriffs siehe unten V. 3.1.

2.3 Das ethische Defizit in der Entwicklung der Wirtschaftstheorie

2.3.1 Teleologische Weltinterpretation und utilitaristische Ethik

Ulrich zeichnet die wesentlichen Entwicklungslinien des wirtschaftstheoretischen Denkens von der utilitaristischen zur kommunikativ-ethischen Rationalitätskonzeption kritisch nach. Dabei rekonstruiert er den geistesgeschichtlichen Hintergrund dieser Entwicklung. Zielpunkt der Darstellung ist die Kritik der neueren wirtschaftstheoretischen Diskussionslage, die durch die Theorie der Property-Rights bestimmt ist und die ihrerseits schon die Defizite der Tradition einzuholen versucht. Der Rationalitätsbegriff dieser neueren Theorie verweist nach Ulrich selbst »auf die Notwendigkeit seiner kommunikativ-ethischen Grundlegung«[63]. In der Property-Rights-Theorie kommt zwar unter dem Zentralbegriff der Verfügungsrechte der *soziale* Interaktionszusammenhang in den Blick und damit auch die Verschränkung von System und Lebenswelt, doch bleiben sie für Ulrich in der »funktionalistischen Perspektive der effizienten Verhaltens- und Systemsteuerung« verhaftet[64].

Das ökonomische Grundproblem besteht für Ulrich im rationalen Wirtschaften, verstanden als Befriedigung menschlicher Bedürfnisse mit knappen Mitteln. Entgegen ihren Anfängen entwickelte sich die Nationalökonomie nach Ulrich zur reinen Wirtschaftstheorie, die die wirtschaftstechnische Frage der Mittel-Ziel-Relation zum Ganzen der ökonomischen Rationalität erklärte. Diese für Ulrich eindimensionale Sicht muß um eine zweite Dimension ergänzt werden. Hierdurch kommt die wirtschaftsethische Frage in den Blick, deren Ziel die Rationalität der Zwecke und Grundsätze ist[65].

Im Utilitarismus, der auf Jeremy Bentham und John Stuart Mill zurückgeht, sieht Ulrich »die moralisch-philosophische Einkleidung des technischen Kriteriums der Zweckrationalität«[66]. Als teleologische Ethik gilt ihr als Handlungskriterium die Orientierung am Nutzen einer Handlung. Selbst das Sozialprinzip des Utilitarismus (das größte Glück der größten Zahl) wird im Wohlfahrtsprinzip der modernen Nationalökonomie festgehalten. Ulrichs Kritik richtet sich gegen den Anspruch des Utilitarismus, naturrechtliche und metaphysische Annahmen (Adam Smith) überwunden zu haben: Der Konflikt zwischen psychologischem Hedonismus des einzelnen und dem ethischen Hedonismus des Sozialprinzips wird nach Ulrich von Bentham und Mill nur durch eine unterschwellige »metaphysische Harmonieprämisse« überbrückt[67]. Dies ist auch die Basis für Ulrichs

---

63. Vgl. Ulrich (Transformation, 1986), S. 16.
64. Vgl. Ulrich (Transformation, 1986), S. 179.
65. Vgl. Ulrich (Transformation, 1986), S. 173.
66. Vgl. Ulrich (Transformation, 1986), S. 182 und auch Ulrich (Integrative Wirtschaftsethik, 1997), S. 179 ff.
67. Vgl. Ulrich (Transformation, 1986), S. 194.

Kritik am modernen Gemeinwohlgedanken: Die Maximierung des Gemeinwohls läßt die soziale Verteilung der Bedürfnisbefriedigung – aufgrund einer »rein additiven Betrachtung von Nutzenquanten« – aus dem Blick geraten[68].

2.3.2 Die hedonistische Ethik des homo oeconomicus

Was sich bei Habermas im Schlußkapitel seiner Theorie des kommunikativen Handelns noch sehr knapp und postulierend als Dilemma des Wohlfahrtsstaates liest, versucht Ulrich durch eine Auseinandersetzung mit der Tradition der Wohlfahrtsökonomik argumentativ einzuholen[69]. Er setzt dabei an den anthropologischen Grundlagen der Nationalökonomie an, die im Begriff des homo oeconomicus zusammengefaßt werden können[70]. Nach Ulrich entwarf David Ricardo den homo oeconomicus als »methodische Hilfsfigur, um die wirtschaftlichen Probleme von den Problemen der Wirklichkeit abzugrenzen und zu vereinfachen«[71]. Der homo oeconomicus ist dabei der Idealtyp rationalen, eigeninteressierten Verhaltens. Der homo oeconomicus »verfolgt« als Unternehmer das interessenneutrale Formalziel der Gewinnmaximierung und als Konsument das Ziel der Nutzenmaximierung. Nach Ulrich trennt Ricardo zwar zwischen Idealtyp und Wirklichkeit, aber er erhebt auch den Idealtyp zum normativen Postulat. Damit vertritt Ricardo nach Ulrich einen »ethischen Hedonismus«[72]. Die klassische Wirtschaftstheorie lehrte nach Ulrich, daß der homo oeconomicus durch sein »ungehemmtes Gewinnstreben zugleich den größtmöglichen Beitrag zum ›Gemeinwohl‹ leiste«[73]. In seiner Kritik bezieht sich Ulrich auf den Ökonomen Gunnar Myrdal, der diese Annahme als *kommunistische Fiktion* der Nationalökonomie bezeichnet hat[74]. Ulrich selbst deutet die Grenze des Modells als Grenze des eindimensionalen Rationalitätsbegriffs. Als theoriegeschichtlichen Beleg kann er anführen, daß die Weiterentwicklung des Modells zur Sozialwahltheorie auf die Notwendigkeit eines »fundamentalen Konsenses über die Sozialordnung« verweist[75].

Ein anderer Weg zur Lösung des Rationalitätsproblems wurde nach Ulrich durch die Weiterentwicklung des homo oeconomicus versucht. Die Entscheidungs- und Spieltheorie trägt der Erfahrung Rechnung, daß Entscheidungen immer unter begrenzter Information gefällt werden müssen. Nach Ulrich stößt der

---

68. Vgl. Ulrich (Transformation, 1986), S. 194f. und Ulrich (Integrative Wirtschaftsethik, 1997), S. 181f.
69. Vgl. Habermas (Theorie 2, 1981, 1988), S. 110ff. und 114ff.
70. Vgl. Ulrich (Transformation, 1986), S. 195ff.
71. Vgl. Ulrich (Transformation, 1986), S. 196.
72. Vgl. Ulrich (Transformation, 1986), S. 196.
73. Vgl. Ulrich (Transformation, 1986), S. 198.
74. Vgl. Ulrich (Transformation, 1986), S. 200.
75. Vgl. Ulrich (Transformation, 1986), S. 212.

Rationalitätsbegriff dieser Theorie an seine Grenzen, da die Entscheidung der individuellen Nutzenmaximierung unter Interessengegensätzen nicht mehr rational gefällt werden kann. Die Spieltheoretiker verweisen selbst auf »Verhandlungsmöglichkeit« und damit auf die kommunikative Vernunft[76].

2.3.3 Das Kriterium der Lebensqualität

Die Aporien der theoretischen Lösung des Problems der Integration von individuellem Nutzenkalkül und Gesamtnutzenmaximum versuchen pragmatisch orientierte Ansätze nach Ulrich damit zu überwinden, daß sie eine *»totale Nutzen/ Kosten-Analyse«* anstreben, in der Sozialindikatoren der Lebensqualität mit in die Analyse einbezogen werden[77]. Trotz Zustimmung im einzelnen kann Ulrich in diesen Konzepten jedoch nur den Versuch einer gesteigerten Sozialtechnologie sehen. Seine Kritik zielt auf den zu weitreichenden theoretischen Anspruch dieser Konzepte, normative Kriterien der Lebensqualität vorauszusetzen und vorzugeben: »Es ist grundsätzlich nicht möglich, irgendwelche inhaltlich bestimmten Kriterien lebenspraktischer Vernunft mit universaler Gültigkeit zu bestimmen; ein (nicht-selektives) Konzept praktischer Vernunft kann somit nur formalen und prozessualen Charakter haben«[78]. Das von Ulrich anvisierte Konzept muß auf kommunikative Willensbildungsprozesse zielen, denen nur Verfahrensnormen, nicht aber inhaltliche Zielbestimmungen vorgegeben sein dürfen. Der Regelutilitarismus – mit der Unterscheidung von Institutionenebene und Handlungsebene (John Rawls) – zielt in diese Richtung, doch fehlt ihm – so Ulrich – ein hinreichend begründetes Rationalitätskriterium[79].

2.3.4 Die Ethik des Vertragsschlusses

Die institutionalistische Wende stellt für Ulrich den vorläufigen Endpunkt der innertheoretischen Entwicklung des ökonomischen Rationalitätsverständnisses dar, da sie einerseits durch ihren inhaltlichen Fortschritt und andererseits durch ihre Theoriedefizite auf die von ihm selbst anvisierte *Transformation der ökonomischen Vernunft* verweist[80]. Die Property-Rights-Theorie weist ebenso wie die Vertragstheorie James M. Buchanans auf die Notwendigkeit eines gesellschaftlichen Konsenses hin. Buchanans Kritik an John Rawls, daß dieser mit seinen theoretisch hergeleiteten Gerechtigkeitsgrundsätzen *Gott spiele* und den

---

76. Vgl. Ulrich (Transformation, 1986), S. 218.
77. Vgl. Ulrich (Transformation, 1986), S. 220.
78. Vgl. Ulrich (Transformation, 1986), S. 228.
79. Vgl. Ulrich (Transformation, 1986), S. 230.
80. Vgl. Ulrich (Transformation, 1986), S. 231 ff.

praktischen Konsens der Gesellschaftsmitglieder überspringe, kann nach Ulrich so gedeutet werden, daß er auf die Nichthintergehbarkeit der »praktischen Präferenzabstimmung der Akteure« verweist[81]. Im Sprachgebrauch von Habermas zeigt dies Argument von Buchanan die Notwendigkeit der Zustimmung aller Betroffenen zu den sie betreffenden Belangen. Das pragmatische Anwendungspotential liegt nach Ulrich darin, daß die geäußerten Präferenzen der Akteure nicht einfach als gegeben hingenommen werden, sondern sich im Diskurs durch Argumente rechtfertigen müssen.

Die »fundamentale Inkonsistenz« des Ansatzes von Buchanan liegt jedoch nach Ulrich darin, daß er »eine vernünftige gesellschaftliche Praxis ohne eine regulative Idee praktischer Vernunft zu begründen« sucht[82]. Wenn der faktische Konsens zum Kriterium rationaler Verständigung gemacht wird, dann liegt nach Ulrich ein naturalistischer Fehlschluß vom Sein aufs Sollen vor. Der Grund dieser Inkonsistenz ist in dem von Buchanan in Anspruch genommenen Menschenbild zu suchen. Dies ist zwar nicht mehr der homo oeconomicus, sondern der weiterentwickelte REMM (der resourceful, evaluative, maximizing man), der bei unvollkommener Information einfallsreich abschätzend sein Nutzenmaximum kalkuliert und den Gesellschaftskontrakt wählt[83]. Aber auch dem REMM fehlt nach Ulrich die kommunikativ-ethische Dimension. Damit wird der Kontrakt nur zur möglichen, nicht zur unbedingten Wahl. Dem Ansatz fehlt somit nach Ulrich seine normative Kraft.

2.4 Humanistische Vernunftethik

Ulrichs Selbstkennzeichnung seiner Ethik als *humanistische* Vernunftethik ist auf dem Hintergrund seiner Abgrenzung gegenüber einer Ethik zu verstehen, die auf metaphysische Annahmen oder auf bloß autoritativ gesetzte Vorgaben zurückgreift. Ulrich stellt sich insofern auf den Boden des Positivismus und des Kritischen Rationalismus, als er deren Zurückweisung aller »metaphysischen Autoritäten« teilt. Damit sind für Ulrich Instanzen wie etwa »Gott als Person, die Natur als Gottes Schöpfung (Naturrechtslehre)« oder der »von Gott in Gang gesetzte Geschichtsprozess (historizistische Ethik, speziell Marxismus)« gemeint[84]. Allerdings teilt Ulrich nicht die positivistischen Konsequenzen des Positivismus und des Kritischen Rationalismus. Ulrich diagnostiziert angesichts dieser – von ihm geteilten – Destruktion der traditionellen Ethik die Gefahr eines Nihilismus und Relativismus, die überhaupt keine Ethikbegründung mehr er-

---

81. Vgl. Ulrich (Transformation, 1986), S. 263.
82. Vgl. Ulrich (Transformation, 1986), S. 266.
83. Vgl. Ulrich (Transformation, 1986), S. 240.
84. Vgl. Ulrich (Transformation, 1986), S. 274 und vgl. Ulrich (Integrative Wirtschaftsethik, 1997), S. 39.

möglichen. Den Ausweg sieht Ulrich in einer »möglichst *metaphysikfreien, humanistischen Ethik*«, und dies bedeutet für Ulrich eine Ethik, »die den Menschen als ethisches Subjekt wieder einsetzt«[85]. Diese »Wiedereinsetzung« des Menschen als ethisches Subjekt *durch die Ethik* geschieht nach Ulrich dadurch, daß das Mensch-Sein in einer bestimmten Weise gedeutet wird. Der Mensch soll nicht »zum Objekt degradiert« werden, sondern als »(potentielles) selbstverantwortliches, praktisch vernünftiges Subjekt seines Handelns« ernst genommen werden[86]. In diesem »Ernstnehmen« besteht nach Ulrich der »Kern jedes echten Humanismus«[87]. Diese Bestimmung des Menschen und der geforderten Sichtweise des Menschen durch die Ethik enthält zwei Momente: erstens der Mensch als *vernünftiges und urteilsfähiges* Subjekt (2.4.1) und zweitens der Mensch als sittliches und mit *freiem Willen* begabtes Subjekt (2.4.2). Beide Aspekte faßt Ulrich im Begriff der Moralität zusammen. Moralität gilt nach Ulrich als Wesensbestimmung des Menschen. Sie ist eine Disposition, die unter bestimmten kulturellen und sozialisatorischen Bedingungen zum Tragen kommt (2.4.3). Inhaltlich handlungsleitend wird sie durch das universale Moralprinzip (2.4.4).

2.4.1 Die sich selbst begründende Vernunft

In seinem ersten Hauptwerk zur Wirtschaftsethik hebt Ulrich primär den Vernunftaspekt in der Bestimmung des Menschen hervor, um zu interpretieren, was für eine *humanistische* Sichtweise wesentlich ist (siehe oben 2.2.1). Er deutet den Vollzug der Selbstverantwortung als Vernunftakt[88]. Ulrich vertritt mit Emphase, daß Ethik jenseits von Metaphysik »*nur noch als praktische Philosophie im Sinn der sich methodisch selbstbegründenden (und ihre Begründungsdefizite selbst kritisierenden) praktischen Vernunft*« möglich ist[89]. Das Begründungsproblem, das sich jeder Ethik stellt, wird bei Ulrich durch die Formulierung der »methodisch sich selbstbegründenden Vernunft« angezeigt. Der methodische Weg der sich selbstbegründenden Vernunft ist für Ulrich erstmals bei Kant eingeschlagen und für die Ethik fruchtbar gemacht worden. Nach Ulrich nimmt Kant jedoch durch seine Annahme eines »Faktums der reinen Vernunft« eine erneute metaphysische Konstruktion vor[90]. Die konsequente Durchführung einer Vernunftethik sieht Ulrich erst in der Diskursethik von Apel und Habermas gelungen,

---

85. Vgl. Ulrich (Transformation, 1986), S. 274f. und vgl. Ulrich (Integrative Wirtschaftsethik, 1997), S. 24f.
86. Vgl. Ulrich (Transformation, 1986), S. 275.
87. Vgl. Ulrich (Transformation, 1986), S. 275.
88. Ulrich bezieht sich hier auf den Philosophen Otfried Höffe, der aufgrund seiner Aristotelesinterpretation Sittlichkeit als die »Vernünfigkeit von Praxis« versteht, vgl. Ulrich (Transformation, 1986), S. 275 und Höffe (Ethik, 1979), S. 59.
89. Vgl. Ulrich (Transformation, 1986), S. 275.
90. Vgl. Ulrich (Transformation, 1986), S. 277f.

deren Ausgangspunkt die Verständigungshandlungen aller Personen einer Kommunikationsgemeinschaft bildet. Mit diesem für jeden *erfahrbaren* Ausgangspunkt ist nach Ulrich ein Standpunkt gewonnen, der eine nichtmetaphysische und humanistische Ethik möglich sein läßt. Was »Vernunft« ist, läßt sich nach diesem Ansatz nur aus den Geltungsansprüchen von Kommunikationsteilnehmern erheben (siehe zur Entfaltung der Diskursethik unten 2.5).

2.4.2 Der gute Wille

In seinem zweiten Hauptwerk nimmt Ulrich eine Akzentverschiebung vor. Vernunft bleibt weiterhin der zentrale anthropologische Begriff; doch Ulrich stellt in Auseinandersetzung mit dem Philosophen Ernst Tugendhat ein »*Primat des moralischen Wollens vor jedem begründbaren normativen Sollen*« fest[91]. Das Primat besteht darin, daß ein Mensch einen »guten Willen« haben muß, bevor ihn die Begründung von moralischen Ansprüchen erreichen kann. Die Vermittlung von gutem Wollen und vernünftigem, das heißt begründetem Sollen versucht Ulrich dadurch festzuhalten, daß er die *Identität* von guten Gründen und rationalen Motiven konstatiert: Die guten Gründe sind nach Ulrich genau die Motive für das, was Personen als mit sich selbst »einverstandene« tun wollen[92]. Das Problem der sich methodisch selbstbegründenden Vernunft tritt beim Willen analog als Frage nach dem »Grund« für einen »guten Willen« wieder auf. Um das Phänomen des »guten Willens« aufzuzeigen, schließt sich Ulrich der Argumentation Tugendhats an: Menschen haben sozialisationsbedingt ein »Interesse« daran, sich als Mitglieder einer moralischen Gemeinschaft zu verstehen[93]. Ulrich kann diesen Sachverhalt auch mit dem Bedürfnisbegriff beschreiben: Jeder Mensch hat ein »Bedürfnis nach Selbstachtung ebenso wie nach Zugehörigkeit zu einer ... sozialen Gemeinschaft«; dieses Bedürfnis führt dazu, daß jeder Mensch sein Leben »im Prinzip nach moralischen Grundsätzen führen *will*«[94]. Wie angedeutet begründet Ulrich diese Annahme sozialisationstheoretisch: Die für ein heranwachsendes Kind wichtigen Bezugspersonen vermitteln Erwartungshaltungen, die in der persönlichen Entwicklung zur »*Unausweichlichkeit unserer moralischen Gefühle*« und zur »*Unbestreitbarkeit unseres Moralbewußtseins*« führen[95].

Für Ulrich ist damit ein »grundlegendes, wenn auch ein unter Umständen schwaches Motiv zu moralischem Handeln aufgedeckt«, das die Basis dafür dar-

---

91. Vgl. Ulrich (Integrative Wirtschaftsethik, 1997), S. 25. Bei seiner Metaphysikkritik verweist Ulrich in seinem zweiten Hauptwerk auf das Konzept von »Ethik ohne Metaphysik« von Günter Patzig (Ethik, 1971, 1983).
92. Vgl. Ulrich (Integrative Wirtschaftsethik, 1997), S. 25 f.
93. Vgl. Ulrich (Integrative Wirtschaftsethik, 1997), S. 26 sowie Tugendhat (Vorlesungen, 1993), S. 96 f. und Tugendhat (Moral, 1996), S. 331.
94. Vgl. Ulrich (Integrative Wirtschaftsethik, 1997), S. 26.
95. Vgl. Ulrich (Integrative Wirtschaftsethik, 1997), S. 26 -30.

stellt, daß Menschen auf moralische Ansprüche überhaupt ansprechbar sind[96]. Diese Ansprechbarkeit aber festzuhalten, ist eine Grundbedingung für die von ihm vertretene Diskursethik. Mit dieser Annahme zumindest einer Ansprechbarkeit auf moralische Ansprüche vertritt Ulrich eine vorsichtige Deutung eines »guten Willens«. Diese Vorsicht verträgt sich daher auch mit seiner Annahme, daß im Menschen auch »selbstsüchtige Neigungen« vorhanden sind, die ihn dazu veranlassen, Free-Rider-Positionen auszunutzen[97].

2.4.3 Moralität als conditio humana

Beide Momente, Vernunft und guter Wille, machen nach Ulrich das Wesen der Autonomie des Menschen aus. Diese Autonomie herauszustellen und ihren Gebrauch in spezifischer Weise zu bestimmen, zeichnet nach Ulrich eine humanistische Ethik aus. Der humanistischen Ethik liegt damit eine Bestimmung des Menschen zugrunde, die – so Ulrichs Schlüsselbegriff – von seiner *Moralität* im oben explizierten Sinn ausgeht. Ulrich definiert Moralität als eine »grundlegende *Disposition* des Menschen«, die folgende Aspekte umfaßt[98]:
– einen Anspruch auf moralische Selbstbestimmung (Autonomie),
– die moralische Empfindsamkeit (Verletzlichkeit),
– ein moralisches Urteilsvermögen (Gewissen) und
– die Kulturunabhängigkeit.
Die Moralität beinhaltet also ein *affektives* und eine *kognitives* Moment und äußert sich in einem moralischen Bewußtsein. Moralität gehört nach Ulrich zur conditio humana, also der »Natur« des Menschen[99]. Ulrich nimmt mit dieser Definition und ihrer inhaltlichen Entfaltung bewußt eine Wesensbestimmung des Menschen vor. Sein anthropologischer Grundbegriff »Vernunft« wird damit in spezifischer Weise interpretiert: Vernunft ist zur Moralität angelegte Vernunft, bzw. im Sprachspiel der Diskursethik: Sie ist wesentlich kommunikative Vernunft. Ulrichs Bestimmung der Moralität als »Disposition« unterstreicht ihren potentiellen Charakter. Moralität besteht nicht aus naturgesetzlichen Ursachen, sondern sie muß durch Interaktion vermittelt werden. Es besteht nach Ulrich die Notwendigkeit einer »unablässigen Kultivierung« der praktischen Vernunft des Menschen[100]. Entsprechend Ulrichs Sozialisationskonzept und seinem Verständnis des historischen Rationalisierungsprozesses (siehe oben 2.2) müssen die Bedingungen zu dieser Kultivierung auf zwei Ebenen gewährleistet sein: zum einen auf der individuellen Ebene der Interaktion mit Heranwachsenden (ontogeneti-

---

96. Vgl. Ulrich (Integrative Wirtschaftsethik, 1997), S. 26.
97. Vgl. Ulrich (Integrative Wirtschaftsethik, 1997), S. 27.
98. Vgl. Ulrich (Integrative Wirtschaftsethik, 1997), S. 23 f. und 43.
99. Vgl. Ulrich (Integrative Wirtschaftsethik, 1997), S. 43 und 23.
100. Vgl. Ulrich (Integrative Wirtschaftsethik, 1997), S. 29.

sche Ebene) und zum anderen auf der Ebene der gesamtgesellschaftlichen Interaktion (phylogenetische Ebene). Die Sicherung oder zumindest die Unterstützung der Moralität auf diesen beiden Ebenen macht institutionelle Regelungen notwendig, deren Explikation in Ulrichs Stufenkonzept von »Orten« der Moral in der Gesellschaft zu erwarten ist (siehe unten 4.3).

2.4.4 Das universale Moralprinzip

Moralität ist in dem von Ulrich verstandenen Sinn eine kulturübergreifende Kategorie, während Moral und Ethos nur in kulturspezifischen Formen auftreten[101]. Unter Moral versteht Ulrich die in einer Gemeinschaft überwiegend geltenden Regeln, die das solidarische Miteinander ermöglichen. Ethos ist hingegen das subjektive moralische Selbstverständnis von Personen, das eine bestimmte Grundhaltung (Tugend) und eine »Idee des guten Lebens« impliziert. Ethos und Moral sind einerseits miteinander verschränkt, da das Ethos den motivationalen Hintergrund des moralischen Handelns bildet. Andererseits sind sie hinsichtlich ihrer Begründungsbedürftigkeit unterschiedlich; denn die verschiedenen Ethosformen können für Ulrich, soweit sie nicht in Konflikt miteinander treten, in einer Gesellschaft nebeneinander bestehen. Sie können und brauchen nicht eigens intersubjektiv begründet zu werden[102]. Nur die aus Ethosformen abzuleitenden moralischen Regeln des Zusammenlebens müssen nach Ulrich durch eine kritische Ethik reflektiert werden, damit ein gerechtes und solidarisches Zusammenleben möglich ist. Der Maßstab, mit dem die Ethik die kulturell differenten Moralkonzepte kritisch mißt, ist für Ulrich ein kulturinvariantes – durch die allgemeinmenschliche Vernunft begründetes – Moralprinzip, das er aus der *normativen Logik der Zwischenmenschlichkeit* ableitet[103]. Inhaltlich besteht das Moralprinzip im »Grundsatz universaler moralischer Achtung und Reziprozität zwischenmenschlicher Ansprüche«[104]. Ulrich verwendet den Begriff »Moralprinzip« erst in seinem zweiten Hauptwerk ohne Einschränkung als wichtigen Begriff der Ethik. Das Moralprinzip ist ein *Vernunftprinzip*, für dessen Aufstellung nach Ulrich keine extern vorgegebene materielle Norm nötig ist, sondern das nur die Struktur der Relationen in einer moralischen Gemeinschaft reflexiv aufdeckt[105]. Es stellt nach Ulrich als *humanistische Minimalethik* einen für alle Menschen prinzipiell einsehbaren »Standpunkt der Moral« dar. Es ist deutlich, daß zwar bei diesem Moralprinzip keine externe Norm die Autonomie

---

101. Vgl. Ulrich (Integrative Wirtschaftsethik, 1997), S. 30 ff.
102. Vgl. Ulrich (Integrative Wirtschaftsethik, 1997), S. 35 und 207 f.
103. Vgl. Ulrich (Integrative Wirtschaftsethik, 1997), S. 44.
104. Vgl. Ulrich (Integrative Wirtschaftsethik, 1997), S. 48.
105. Vgl. Ulrich (Integrative Wirtschaftsethik, 1997), S. 49.

des Menschen einschränkt, daß aber die von Ulrich postulierte – sich durch Sozialisation entwickelnde – Moralität des Menschen vorausgesetzt wird.

2.5 Die diskursethische Begründung des Moralprinzips

Das Moralprinzip kann zwar nach Ulrich phänomenologisch aus der Logik des Zusammenlebens aufgedeckt werden, seine *Begründung* gelingt jedoch erst der Diskursethik. Sie stellt für Ulrich diejenige moderne Theorie der Moral dar, deren Explikation des allgemeinen Moralprinzips eine hinreichende Begründung enthält[106]. Durch die Diskursethik werden nach Ulrich zwei Aporien der Praktischen Philosophie überwunden, die nicht unerheblich zum normativen Defizit der ökonomischen Theorie beigetragen haben[107]: *Erstens* der Kritische Rationalismus, der die Irrationalität aller Wertentscheidungen behauptet[108] und *zweitens* Kants transzendentale Moralbegründung. Gegen Kants Kategorischen Imperativ wendet Ulrich – bei aller Würdigung Kants – ein, daß er aufgrund des methodischen Solipsismus seiner Herleitung nur zu einer abstrakten Gesinnungsethik des einsamen autonomen Subjekts führt[109]. Der Schritt vom transzendentalen Subjekt zum Apriori der Kommunikationsgemeinschaft kann nach Ulrich als »pragmatischer« gelten, weil nicht mehr – wie bei Kant – vom metaphysischen »Faktum« der absoluten Vernunft ausgegangen wird, sondern von den Wahrnehmungs- und Argumentationsvoraussetzungen des Menschen, die ihre reale Basis in der Evolution der Gattung haben[110].

Bei der Begründung des transzendentalpragmatischen Ansatzes der Diskursethik argumentiert Ulrich mit dem Unterschied zwischen Reflexion und Deduktion. Jede Letztbegründung, verstanden als *Deduktion*, endet im unendlichen Regreß. Einen Ausweg bietet nur die *Reflexion* der Bedingungen des Argumentierens. Diese führt zur Einsicht in die »Alternativlosigkeit« der normativen Voraussetzung jedes Argumentierens, wobei diese Einsicht – so lautet das Argument der Diskursethik – nur um den Preis des Selbstwiderspruchs verweigert werden kann[111]. Auch wenn Ulrich die transzendentale Reflexion für unabdingbar hält – bezüglich der Absolutheit des Begründungsanspruchs des transzendentalpragmatischen Ansatzes genügt Ulrich die »schwächere« Position Habermas' gegenüber der Apels: Auf einen Letztbegründungsanspruch kann verzichtet werden, wenn nur die »Unausweichlichkeit bestimmter normativer Voraussetzungen ra-

---

106. Vgl. Ulrich (Integrative Wirtschaftsethik, 1997), S. 57 und 78 ff. und Ulrich (Transformation, 1986), S. 15 f. und 269 ff.
107. Vgl. Ulrich (Transformation, 1986), S. 269 und 279.
108. Vgl. Ulrich (Transformation, 1986), S. 272.
109. Vgl. Ulrich (Transformation, 1986), S. 278.
110. Vgl. Ulrich (Transformation, 1986), S. 277 und 281 mit Bezug auf Kant (Kritik der praktischen Vernunft, 1788, 1974), A 56 und A 81.
111. Vgl. Ulrich (Transformation, 1986), S. 285.

tionalen Argumentierens plausibel« gemacht werden kann[112]. Die transzendentalpragmatische Reflexion führt nach Ulrich zur Erhellung von zwei Aspekten: dem Apriori der »idealen« und der »realen« Kommunikationsgemeinschaft.

2.5.1 Die ideale Kommunikationsgemeinschaft

Der erste Aspekt wird durch folgendes Argument vorbereitet: »Wer ernsthaft zu argumentieren beginnt, der unterstellt implizit schon, dass Argumentieren sinnvoll, dass heisst einer rationalen Verständigung dienlich ist«[113]. Hieraus leitet Ulrich drei nach seiner Auffassung implizit gegebene Sachverhalte ab: Erstens folgert er, daß die Anerkennung von Verständigung ein »*Vorgriff auf eine ideale Sprechsituation*« darstellt, die dadurch gekennzeichnet ist, daß in ihr der faktische Konsens auch als rationaler gelten kann[114]. Dies ist die Voraussetzung dafür, daß »die Bedingungen der Möglichkeit rationaler Verständigung [...] zumindest im Prinzip erfüllt sein könnten«[115]. Daraus folgt nach Ulrich zweitens, daß diese Anerkennung die schon von ihm gattungsgeschichtlich aufgewiesene »*wechselseitige() Anerkennung* der Menschen als Argumentationssubjekte« beinhaltet, wodurch sich die Gesprächspartner als »gleichberechtigte Subjekte« anerkennen[116]. Und drittens schließt Ulrich daraus, daß mit dem Anspruch auf Argumentation auch die Anerkennung der Rechtfertigungsfähigkeit gegenüber jedermann enthalten ist und damit den Gedanken einer unbegrenzten Öffentlichkeit einschließt[117]. Mit diesen drei implizit gegebenen Folgerungen ist nach Ulrich eine universale Minimalethik aufgestellt, deren Grundnorm mit Apel lautet: In »jeder Angelegenheit, welche die Interessen (die virtuellen Ansprüche) Anderer berührt, [ist] eine Übereinkunft zwecks solidarischer Willensbildung anzustreben«[118]. Ulrich geht auf den Einwand ein, daß der Eintritt in die Kommunikationsgemeinschaft kontingent sei. Doch er hält ihn nicht für stichhaltig, da auch der »einsame« Denker bei seinem inneren Sprechen immer schon das Sprachspiel der Gemeinschaft voraussetzt[119].

In der genannten dritten Schlußfolgerung steckt nach Ulrich der normative Gehalt des Apriori der idealen Kommunikationsgemeinschaft. Es ist das »*Verall*-

---

112. Vgl. Ulrich (Transformation, 1986), S. 282. Zur Auseinandersetzung zwischen Apel und Habermas in diesem Punkt vgl. die Argumentationskette in: Apel (Standpunkt, 1988), S. 117 ff. und Habermas (Diskursethik, 1983), S. 106 ff.
113. Vgl. Ulrich (Transformation, 1986), S. 286.
114. Vgl. Ulrich (Transformation, 1986), S. 286.
115. Vgl. Ulrich (Transformation, 1986), S. 286.
116. Vgl. Ulrich (Transformation, 1986), S. 287.
117. Vgl. Ulrich (Transformation, 1986), S. 287
118. Vgl. Apel (Transformation 2, 1973), S. 426 und Ulrich (Transformation, 1986), S. 288.
119. Vgl. Ulrich (Transformation, 1986), S. 290 mit Verweis auf Apel (Transformation 2, 1973), S. 223.

gemeinerungsprinzip«, das Ulrich als Rechtfertigungsfähigkeit von Argumenten versteht[120]. In seinem ersten Hauptwerk zur Wirtschaftsethik betont er noch, daß das Verallgemeinerungsprinzip im strengen Sinn *kein* »Moralprinzip«, sondern eine »regulative Idee« darstellt. Der Grund für diese Unterscheidung hat für ihn eine zentrale Bedeutung: Durch den Begründungsanspruch des transzendentalpragmatischen Ansatzes sollen nicht irgendwelche *Wertprämissen* begründet, sondern nur eine regulative Idee aufgezeigt werden. Diese zeigt »gleichsam die Richtung der rationalen Normenbegründung« an – und mehr nicht[121]. Das normative Potential der regulativen Idee gibt an, wonach die Gestaltung von Kommunikationsprozessen auszurichten ist[122]. In seinem zweiten Hauptwerk verwendet Ulrich zwar den Begriff »Moralprinzip« ohne irgend eine Einschränkung, aber der Sache nach hält Ulrich an der gemachten Unterscheidung fest und präzisiert sie gegenüber anderen Interpretationen der Diskursethik – Ulrich setzt sich hier auch kritisch mit der Interpretation der Diskursethik durch deren Begründer Apel und Habermas auseinander[123]. Es geht in der Diskursethik nach Ulrich nicht um operationalisierbare Kriterien oder eine direkte Anwendung der Diskursethik. Es gilt die Regel: *»Diskurse müssen praktisch geführt werden, sie lassen sich nicht in theoretischer Analyse einholen«*[124]. Also müssen nach Ulrich alle praktischen Gestaltungsfragen selbst im Diskurs durch faktischen Konsens ermittelt werden. Norm ist nur, so kann interpretiert werden, daß sich jede Person diesem Prozeß mit der Verpflichtung auf das Verallgemeinerungsprinzip aussetzt. Der positive Gehalt, der in der regulativen Idee steckt, wird von Ulrich mit zwei Stichworten explizert: Diskurse sollen unbeschränkt und unverzerrt sein, damit in ihnen »allein der ›eigentümlich zwanglose Zwang des besseren Arguments‹ herrscht«[125]. Allerdings können mit dieser regulativen Idee, so Ulrich, auch Defizite einer Kommunikationssituation aufgedeckt werden. Er nennt als Beispiele, die »für jedes vernunftgewillte Subjekt einsichtig« gemacht werden können[126]: Beschränkungen der Kommunikation, Verzerrungen der erfolgreichen Symmetrie der Redesituation, strategische Rhetorik statt verständigungsorientierter Argumentation, fehlende kommunikative Kompetenz oder Voreingenommenheit der Beteiligten. Dieser normative Gehalt wird von Ulrich in seinem zweiten Hauptwerk in Form von vier normativen Leitideen expliziert (siehe unten 4.2) und durch die Entfaltung der Orte der Moral des Wirtschaftens konkretisiert (siehe unten 4.3).

---

120. Vgl. Ulrich (Transformation, 1986), S. 291.
121. Vgl. Ulrich (Transformation, 1986), S. 292.
122. Vgl. Ulrich (Transformation, 1986), S. 292 f.
123. Vgl. Ulrich (Integrative Wirtschaftsethik, 1997), S. 81 und 98-101.
124. Vgl. Ulrich (Transformation, 1986), S. 292.
125. Vgl. Ulrich (Transformation, 1986), S. 294, Ulrich zitiert hier Habermas (Bemerkungen, 1971), S. 137.
126. Vgl. zum Folgenden Ulrich (Transformation, 1986), S. 294.

2.5.2 Die reale Kommunikationsgemeinschaft

Die Erfahrung der »realen Kommunikationsgemeinschaft«, in der jede Person durch ihre Sozialisation steht, ist nach Ulrich ein »*Faktum*«, das von den Personen nur anerkannt und nicht nachträglich – es sei denn um den Preis des Selbstwiderspruchs – geleugnet werden kann[127]. Die Integration in eine Gemeinschaft hat nach Ulrich für Personen zwei Aspekte: einerseits einen phylogenetischen Aspekt, denn jede Person findet sich in einem gattungsgeschichtlichen Entwicklungsstadium wieder, andererseits einen ontogenetischen Aspekt, denn jede Person ist entwicklungspsychologisch auf eine gelungene personale »Bewußtseins- und Identitätsbildung« hin angelegt[128]. Die oben gegebene Erläuterung zur »regulativen Idee« der *idealen* Kommunikationsgemeinschaft hat schon deren Erfahrungsbasis, nämlich die reale Kommunikationssituation, herausgestellt. Diese Erfahrungsbasis wird nun an dieser Stelle von Ulrich durch den Gedanken der *Sozialintegration* expliziert. Das Hauptmerkmal der Sozialintegration ist, daß sie eine kulturelle Aufgabe darstellt. Sie stellt für Ulrich ein nicht zu leugnendes *Faktum* dar, aber zugleich ist sie etwas Aufgegebenes[129]. Die kulturelle Aufgabe hat nach Ulrich wiederum sowohl einen gattungsgeschichtlichen als auch einen entwicklungspsychologischen Aspekt, die wechselseitig aufeinander verweisen. Sie bestehen darin, daß einerseits die »kulturgeschichtliche Errungenschaft« der realen Kommunikationsgemeinschaft in jeder Generation wieder verloren gehen kann und daß andererseits jede individuelle Bildungsgeschichte »riskant« ist, weil das Bildungsziel der Mündigkeit scheitern kann[130]. Im Hintergrund dieser Auffassung steht Ulrichs Stufenmodell der historischen Entwicklung, mit dem er eine historische Stufenlogik rekonstruiert hat (siehe oben 2.2). Zur Interpretation der entwicklungspsychologischen Stufen greift Ulrich auf die Arbeiten von Jean Piaget und Lawrence Kohlberg zur moralischen Entwicklung zurück. Damit beschränkt sich Ulrich in dem weiteren Feld der Sozialisation und der Integration in eine Kommunikationsgemeinschaft auf den Aspekt der Moralentwicklung. Er unterscheidet eine präkonventionelle, konventionelle und postkonventionelle Ebene des moralischen Bewußtseins, wobei die postkonventionelle Ebene die drei Teilstufen legalistisches, prinzipiengeleitetes, kommunikatives Bewußtsein enthält[131]. Potentielles Ziel der moralischen Entwicklung ist das »Niveau des mündigen und kritischen, aus bloss konventionellen Rollen- und Normenbindungen emanzipierten Erwachsenen«, das nach Ulrich jedoch nur von wenigen oder

---

127. Vgl. Ulrich (Transformation, 1986), S. 295.
128. Vgl. Ulrich (Transformation, 1986), S. 295f. Ulrich bezieht sich hier wiederum auf Habermas' Rekonstruktion des Historischen Materialismus, vgl. Habermas (Rekonstruktion, 1976), S. 194.
129. Vgl. Ulrich (Transformation, 1986), S. 296.
130. Vgl. Ulrich (Transformation, 1986), S. 296.
131. Vgl. Ulrich (Transformation, 1986), S. 297-299.

nur partiell erreicht wird[132]. Dieser fragmentarische Charakter der realen Kommunikationsgemeinschaft ist der Grund für die Normativität der transzendentalen Reflexion: Sie kann expliziert werden als »*evolutionäre Fortschrittsidee der Modernität*«, die noch in den Anfängen der posttraditionellen Moralentwicklung steckt; es ist die »*regulative Idee der bestmöglichen Verwirklichung der idealen in der realen Kommunikationsgemeinschaft*«[133].

3. Wirtschaftstheorie – die Aufhebung der reinen Wirtschaftstheorie

Ulrichs Verständnis von Wirtschaftstheorie ist geprägt von seiner Abweisung der Mainstream Economics. Diese reproduziert nach Ulrich in der Theorie, was sich in der Praxis als Abkoppelung des Systems der Wirtschaft von der Lebenswelt vollzogen hat. Daher wird im folgenden zunächst Ulrichs Konzept von System und Lebenswelt umrissen (3.1), um dann anschließend sein Verständnis von Wirtschaftstheorie darzustellen (3.2).

3.1 System und Lebenswelt

Ulrich setzt die Handlungs- und Gesellschaftstheorie von Jürgen Habermas voraus, die dieser in seiner »Theorie des kommunikativen Handelns« zusammenfassend vorgelegt hat. Er übernimmt damit ein zweistufiges Gesellschaftskonzept, für das die Unterscheidung von »System« und »Lebenswelt« grundlegend ist[134]. Lebenswelt wird von Ulrich definiert als »jener Erfahrungsbereich der Alltagspraxis, der uns zunächst mehr oder weniger ›fraglos gegeben‹ ist, da wir mit ihm aufgewachsen sind«[135]. Die Lebenswelt wird damit von Ulrich als gesellschaftlicher Bereich verstanden, der von den funktionalen Subsystemen Wirtschaft, Staat und Wissenschaft abgegrenzt werden kann[136]. Ulrich stimmt hierin insoweit mit Habermas überein, als dieser Lebenswelt *auch* als Handlungssphäre in Ab-

---

132. Vgl. Ulrich (Transformation, 1986), S. 299.
133. Vgl. Ulrich (Transformation, 1986), S. 301.
134. Vgl. Habermas (Theorie 2, 1981), S. 180: »Ich möchte deshalb vorschlagen, Gesellschaften *gleichzeitig* als System und Lebenswelt zu konzipieren«, vgl. auch ebd. S. 380.
135. Vgl. Ulrich (Transformation, 1986), S. 70; er zitiert hier einen Begriff von Schütz und Luckmann.
136. Vgl. Ulrich (Transformation, 1986), S. 68 ff., 73 f., 92 ff., 132 und 145 ff. Ulrich hält an diesem Konzept prinzipiell fest, vgl. Ulrich (Integrative Wirtschaftsethik, 1997), S. 145.

grenzung zu funktionalen Subsystemen versteht[137]. Habermas führt den Begriff Lebenswelt als »Korrelat zu Verständigungsprozessen« und damit als Korrelat zu seinem Grundbegriff »kommunikatives Handeln« ein: Er transformiert diesen Begriff jedoch so, daß er als gesellschaftstheoretischer Gegenbegriff zu System fungieren kann: »Nach diesem Kriterium [Rechtsnormen ersetzen überlieferte Sittlichkeit; JG] verlaufen die Grenzen zwischen System und Lebenswelt, grob gesagt, zwischen den Subsystemen der Wirtschaft und der bürokratisierten Staatsverwaltung einerseits, der (von Familie, Nachbarschaft, freien Assoziationen getragenen) privaten Lebenssphären sowie der Öffentlichkeit (der Privatleute und der Staatsbürger) andererseits.«[138]. System und Lebenswelt sind für Habermas durch zwei verschiedene Mechanismen der Handlungskoordinierung gekennzeichnet, durch die entweder primär eine Sozial- oder primär eine Systemintegration geleistet wird. In der Sozialintegration vollzieht sich dies, indem die »*Handlungsorientierungen* der Beteiligten« kommunikativ aufeinander abgestimmt werden. In systemischen Kontexten wie Wirtschaft und Staatsbürokratie geschieht dies, indem »nicht-intendierte Handlungszusammenhänge über die funktionale Vernetzung von *Handlungsfolgen*« stabilisiert werden[139].

Habermas intendiert mit diesem Konzept eine theoretische Basis zur Gesellschaftskritik, die eine systematische Einordnung von gesellschaftlichen Krisenphänomenen erlaubt. Die systematischen Schritte zu dieser Gesellschaftskritik verlaufen (a) über die Beschreibung der Rationalisierung der Lebenswelt, (b) über die Analyse der Ausdifferenzierung und der »Entkoppelung« der gesellschaftlichen Subsysteme (Wirtschaft und Staatsbürokratie) von der Lebenswelt und (c) über die kritische Diagnose der Rückwirkungen der entkoppelten Subsysteme auf die Lebenswelt. Die negativen Rückwirkungen der entkoppelten Subsysteme auf die Lebenswelt bestehen nach Habermas darin, daß Konsensbildungsprozesse, die die Lebenswelt kennzeichnen, zunehmend durch Steuerungsmedien wie Geld und Macht umgangen werden, so daß eine »strategische Einflußnahme auf die Entscheidungen anderer Interaktionsteilnehmer« möglich ist[140]. Die Folge der fortschreitenden »Verselbständigung systemisch integrierter Handlungszusammenhänge« bildet die *Kolonialisierung* der Lebenswelt und damit deren Deformierung[141].

Ulrich lehnt sich – trotz spezifischer Abweichungen, auf die unten unter 5.2.2 und 5.2.3 noch eingegangen wird – im wesentlichen an Habermas' Beschreibung des Rationalisierungsprozesses und dessen kritischer Gesellschaftsdiagnose an und verbindet sie mit der Analyse des Wirtschaftshistorikers Karl Polanyi[142]. Da-

---

137. Vgl. zur Interpretation Joas (Hermeneutik und Funktionalismus, 1986), S. 170f.
138. Vgl. Habermas (Theorie 2, 1981), S. 458 und S. 182-228.
139. Vgl. Habermas (Theorie 2, 1981), S. 179 und 226.
140. Vgl. Habermas (Theorie 2, 1981), S. 273.
141. Vgl. Habermas (Theorie 2, 1981), S. 452 und 470ff., vgl. Ulrich (Transformation, 1986), S. 83f.
142. Vgl. Ulrich (Transformation, 1986), S. 71-98 und Polanyi (Transformation, 1944, 1978).

mit übernimmt er mit der starken Anbindung an Habermas' Konzept auch dessen Probleme (siehe unten 5.2.1). Die generelle These der Abkoppelung des Systems von der Lebenswelt bei Habermas wird von Ulrich auf das Subsystem Wirtschaft fokussiert und für diesen Bereich systematisch ausgearbeitet. Auch für Habermas ist der Markt in »kapitalistischen« Gesellschaften »das wichtigste Beispiel für eine normfreie Regelung von Kooperationszusammenhängen«[143]. Habermas veranschaulicht und belegt seine These in der »Theorie des kommunikativen Handelns« jedoch primär am Beispiel der Verrechtlichung der Lebenswelt[144]. Es ist daher forschungsgeschichtlich und sachlich konsequent, daß Ulrich in seiner Wirtschaftsethik die Gesellschaftskritik Habermas' auf das Verhältnis von Lebenswelt und Wirtschaft konzentriert und weiterführt. Diese Konzentration ist keine Beschränkung, weil Ulrich die Gesamtperspektive der kritischen Gesellschaftstheorie mit berücksichtigt, indem er Wirtschaftsethik als politische Ethik expliziert.

3.2 Ökonomie im Dienst vitaler Zwecke

Ulrich arbeitet kein von seiner Wirtschaftsethik unterscheidbares Verständnis von Wirtschaftstheorie aus. »Ökonomik« (Wirtschaftstheorie) wird bei ihm fast ausschließlich negativ als »reine Ökonomik« der neoliberalen Mainstream Economics thematisiert, die er aus seinem diskursethischen Ansatz einer ausführlichen Grundlagenkritik unterzieht. Er deckt die normative Logik der reinen Ökonomik auf, die für ihn in Konkurrenz zum Moralprinzip steht. Nur selten reklamiert er den Begriff »Ökonomik« für seine eigene neue Sichtweise, nach der die »Ökonomik [...] im Kern immer schon eine normative Idealtheorie vernünftigen Wirtschaftens ist«[145]. Gleichwohl entwickelt Ulrich ein erneuertes und normatives Verständnis von Ökonomie und Wirtschaften, also des Gegenstands seiner »Idealtheorie« Ökonomik. Ulrich definiert: »Arbeitsteiliges Wirtschaften ist eine gesellschaftliche Veranstaltung zur Befriedigung menschlicher Bedürfnisse der Lebenserhaltung und der Lebensqualität«[146]. Ihr vernünftiger Vollzug ist am Kriterium der *Lebensdienlichkeit* zu messen. Ulrich vertritt somit eine »*instrumentelle Sicht der Wirtschaft*«: Sie ist nur »Mittel im Dienst höherer, buchstäblich *vitaler* Zwecke«[147]. Das Wirtschaften vollzieht sich dabei in einem Rahmen von unterschiedlichen Institutionen (vor allem Wirtschaftsordnung und Unternehmensordnung). In diesen sollen zwar *möglichst* umfassend die Beteiligungsrechte von Betroffenen berücksichtigt werden, aber da sie aus pragmati-

---

143. Vgl. Habermas (Theorie 2, 1981), S. 226.
144. Vgl. Habermas (Theorie 2, 1981), S. 522 ff.
145. Vgl. Ulrich (Integrative Wirtschaftsethik, 1997), S. 116.
146. Vgl. Ulrich (Integrative Wirtschaftsethik, 1997), S. 11.
147. Vgl. Ulrich (Integrative Wirtschaftsethik, 1997), S. 208.

schen Gründen durch Verfahrensregeln gekennzeichnet sind, müssen sie die Diskurse begrenzen. Doch die Wirtschaft ist nach Ulrich kein moralfreier Raum, in dem die Akteure nur durch eine Rahmenordnung beschränkt sind und ansonsten rein strategisch und eigeninteressiert handeln könnten (so in Kritik an Homann). Sondern Ulrich fordert entsprechend der genannten normativen Leitideen seines Ansatzes, daß die Akteure eine »verständigungsorientierte *Grundhaltung*« einnehmen, die stets die »*normative Bedingung* der Legitimation der Interessen (ist), die sie in gerechtfertigter Weise verfolgen dürfen«[148]. Wie es auf der Ebene der Individuen ein legitimiertes Verfolgen von Eigeninteressen gibt, so gibt es nach Ulrich auf der Ebene der Wirtschaftsordnung dementsprechend auch Raum für eine legitimierte, das heißt bewußt gesetzte und begrenzte Marktsteuerung, die eine Lenkungs- und Anreizfunktion übernimmt[149].

Die Ökonomie, das heißt das Wirtschaften, wird von Ulrich also immer schon normativ bestimmt. Er unterscheidet zwei Stufen, die eine Interpretation des Kriteriums der Lebensdienlichkeit darstellen: Erstens eine *Ökonomie des Lebensnotwendigen*, in der es um die Bereitstellung von elementaren Versorgungsgütern geht, und zweitens eine *Ökonomie der Lebensfülle, in* der die Bedürfnisse nicht einfach unkritisch als gegeben hingenommen, sondern kritisch reflektiert werden[150].

4. Wirtschaftsethik – die methodischen Grenzen der Diskursethik

Der Entfaltung der Wirtschaftsethik sind aufgrund der von Ulrich zugrunde gelegten und in spezifischer Weise ausgelegten Diskursethik enge methodische Grenzen auferlegt. Denn Ulrich betont immer wieder, daß die Theorie den praktischen Diskurs nicht vorwegnehmen kann. Die Diskursethik begründet nach Ulrich keine normativ-materiale Wirtschaftsethik, sondern nur ein Moralprinzip. Allerdings lassen sich nach Ulrich aus diesem Moralprinzip Implikate ableiten, durch die sich zumindest ein wirtschaftsethisches Rahmenkonzept skizzieren läßt. Dieses Rahmenkonzept weist Ulrichs Wirtschaftsethik als ein Konzept politischer Ethik aus. Wenn die Diskursethik – wie sie Ulrich interpretiert – der materialen Entfaltung enge Grenzen auferlegt, so beinhaltet sie doch ein kritisches Potential. Daher sollen im folgenden zunächst die kritischen Abgrenzungen skizziert werden, mit denen Ulrich sein Verständnis von integrativer Wirtschaftsethik gegenüber anderen Konzepten profiliert (4.1). Sodann werden vier

---

148. Vgl. Ulrich (Transformation, 1986), S. 104.
149. Vgl. Ulrich (Integrative Wirtschaftsethik, 1997), S. 334.
150. Vgl. Ulrich (Integrative Wirtschaftsethik, 1997), S. 209 ff.

normative Leitideen dargestellt, die Ulrich als Implikate des Moralprinzips ableitet (4.2). Schließlich werden die drei Grundaufgaben der integrativen Wirtschaftsethik, wie sie Ulrich konzipiert, vorgestellt (4.3).

4.1 Abgrenzungen

Ulrich grenzt sein Konzept der Wirtschaftsethik gegen zwei Alternativen ab: Zum einen gegen ein Konzept angewandter Ethik, bei dem Ethik von außen an eine moralfrei gedachte ökonomische Rationalität herangetragen wird (Koslowski und Steinmann/Löhr). Für Ulrich erliegt die Ethik hier einem Reflexionsstopp, durch den die scheinbaren Grundbedingungen der Wirtschaft und der ökonomischen Rationalität akzeptiert und nicht zum Gegenstand der Ethik gemacht werden[151]. Zum anderen grenzt sich Ulrich gegen ein Konzept ›normativer Ökonomik‹ ab, in dem die Moral rein mit den ökonomischen Methoden erklärt wird. Ein solches Konzept sieht er vor allem bei Homann und dessen Mitarbeitern durchgeführt. Ulrichs Hauptargument lautet, daß hierbei zwar Moral und handlungsbeschränkende Institutionen reflektiert werden, daß dabei aber nur ein normativer Individualismus vertreten und kein moralischer Standpunkt mehr begründet wird[152]. Ulrich vertritt demgegenüber eine *integrative Wirtschaftsethik*, bei der ethische und ökonomische Rationalität zu einem einheitlichen Rationalitätskonzept integriert werden. In Entsprechung zu seinem vernunftethischen Ansatz zielt die integrative Wirtschaftsethik auf ein »vernünftiges Wirtschaften«, das meint ein »legitimes *und* effizientes Wirtschaften«[153].

4.2 Vier normative Leitideen der Diskursethik

Ulrich konkretisiert die diskursethische regulative Idee, bzw. das Moralprinzip, durch vier »normative Leitideen«[154]: (1) Eine »verständigungsorientierte Einstellung«, die auf rationale Argumentation setzt und für sie offen ist. Sie basiert auf der Differenz von instrumentellem, strategischem und kommunikativem Handeln. (2) Das »Interesse an legitimem Handeln«, das das Interesse am eigenen Erfolg nicht ausschließt, sondern gerade als Gegenstand ethischer Verantwortung voraussetzt. Allerdings gilt das Primat der intersubjektiv ausgewiesenen Legitimität vor reinem Erfolgsstreben. (3) Eine »dreistufige Verantwortungskonzeption«, die drei Arten von Situationen unterscheidet: Erstens Situationen,

---

151. Vgl. Ulrich (Integrative Wirtschaftsethik, 1997), S. 97 ff.
152. Vgl. Ulrich (Integrative Wirtschaftsethik, 1997), S. 106 ff.
153. Vgl. Ulrich (Integrative Wirtschaftsethik, 1997), S. 120, vgl. auch Ulrich (Rahmenkonzept, 1994), S. 75 ff. und Ulrich (Institutionenethik, 1994), S. 11 ff.
154. Vgl. zum Folgenden Ulrich (Integrative Wirtschaftsethik, 1997), S. 82 ff.

in denen offene Diskurse mit Betroffenen geführt werden können; zweitens Situationen, in denen aus prinzipiellen Gründen ein stellvertretender Diskurs geführt werden muß (bei unmündigen Personen und bei Folgen für nachfolgende Generationen) und schließlich Situationen, in denen aus pragmatischen Gründen die Verständigungsgegenseitigkeit nicht besteht. Letzteres sind alle Situationen in Institutionen, die stets dadurch ausgezeichnet sind, daß sie legitimierte Orte beschränkter Kommunikation sind. In ihnen muß einerseits einseitige Verantwortung getragen werden, andererseits besteht eine politische Mitverantwortung, möglichst entschränkte Kommunikationsverhältnisse herzustellen. (4) »Der öffentliche Diskurs als ›Ort‹ der Moral in der modernen Gesellschaft«, der zwar kein Ort des idealen Diskurses ist, der aber systematisch notwendig ist, um die Ausgestaltung aller notwendigen Institutionen einer Gesellschaft zum Gegenstand kritischer Reflexion zu machen.

Diese vier Leitideen machen deutlich, daß Ulrich mit dem diskursethischen Ansatz gerade kein pragmatisches Konzept einer normativen Institutionentheorie verfolgt, sondern eine »regulative Idee *ethisch-rationaler Politik:* die regulative Idee der politischen Ordnung als zwangloser Verständigungsordnung mündiger Staatsbürger«[155]. Konkret wird diese Leitidee durch die Persönlichkeits-, Freiheits- und Partizipationsrechte, wie sie in modernen Demokratien bestehen und nach Ulrich noch weiterentwickelt werden können. Die Diskursethik zielt daher auf eine Umsetzung als politischer Prozeß- oder Verfahrensethik.

4.3 Die drei Grundaufgaben der integrativen Wirtschaftsethik

Die integrative Wirtschaftsethik, als Integration ethischer und ökonomischer Vernunft, wird von Ulrich in drei Schritten entfaltet. *Zunächst* sieht er den Sachgrund für die Integrierbarkeit von Ethik und Wirtschaftstheorie darin gegeben, daß die ökonomische Rationalität selbst schon einen normativen Gehalt hat: »*Die Normativität ist in der ökonomischen ›Sachlogik‹ immer schon drin* – es gilt sie daher *im* ökonomischen Denken aufzudecken und im Licht ethischer Vernunft zu reflektieren«[156]. Um diesen Gehalt aufzudecken, muß der ökonomische Ansatz und die ökonomische Theoriegeschichte – die *erste* Grundaufgabe der integrativen Wirtschaftsethik – einer *Grundlagenkritik* unterzogen werden (zur Skizze dieser Grundlagenkritik siehe oben 2.3). Dies geschieht konsequent vom *moral point of view* aus, aber es kann und muß auf die vielfältige kritische innerökonomische Theoriediskussion Bezug genommen werden. Die Wirtschaftsethik mischt sich, so Ulrich, mit dieser Aufgabe in das »paradigmatische Selbstverständnis der heutigen *Mainstream Economics* ein« und versucht es zu ändern[157].

---

155. Vgl. Ulrich (Integrative Wirtschaftsethik, 1997), S. 94.
156. Vgl. Ulrich (Integrative Wirtschaftsethik, 1997), S. 13.
157. Vgl. Ulrich (Integrative Wirtschaftsethik, 1997), S. 119.

Die *zweite* Grundaufgabe besteht für Ulrich in der Entfaltung einer *sozialökonomischen Rationalitätsidee*. Sie stellt nach Ulrich eine erweiterte ökonomische Rationalitätsidee dar. In ihr ist die für die Ökonomie notwendige Frage der Effizienz mit der Frage der Legitimität des Handelns verbunden. Die Frage der Effizienz, also des rationalen Umgangs mit der Knappheit von Ressourcen und Gütern, wird ergänzt zu der Frage: »effizient für wen konkret?«[158]. Hiermit kommt das diskursethische Anliegen zum Tragen, daß auch in wirtschaftlichen Handlungssituationen eine »argumentative Verständigung über die legitimen Ansprüche« stattfinden muß. Die sozialökonomische Rationalitätsidee lautet demnach: »*Als sozialökonomisch rational kann jede Handlung oder jede Institution gelten, die freie und mündige Bürger in der vernunftgeleiteten Verständigung unter allen Betroffenen als legitime Form der Wertschöpfung bestimmt haben könnten.*«[159].

Die *dritte* Grundaufgabe der integrativen Wirtschaftsethik besteht für Ulrich darin, die möglichen Orte der Moral des Wirtschaftens in der Gesellschaft zu benennen. Hier werden von Ulrich die institutionentheoretischen Konsequenzen gezogen, die sein Ansatz als Verfahrensethik nötig macht. Ziel sind *möglichst offene Verständigungsmöglichkeiten und möglichst weitreichende Mitentscheidungsrechte*. Ulrich unterscheidet drei Ebenen, auf denen Orte der Moral auszumachen sind: (1) Die Ebene der Wirtschaftsbürger, die als politische, wirtschaftliche und private Akteure moralisch orientiert handeln sollen. (2) Die Ebene der Rahmenordnung, die im nationalen wie internationalen Kontext den »*Primat der Politik vor der Logik des Marktes*« durchsetzen soll[160]. (3) Die Ebene der Unternehmensordnung, nach der das Gewinnprinzip nicht fallweise, sondern prinzipiell der Forderung der öffentlich verantworteten Legitimität der Unternehmenstätigkeit unterliegt.

5. Kritische Würdigung

Ulrichs Konzept der integrativen Wirtschaftsethik basiert im Kern auf der Diskursethik. Diese birgt aber erhebliche theoretische Probleme in sich, die Ulrich selbst nicht hinreichend kritisch erörtert. Ulrich stützt sich im wesentlichen auf die Philosophie von Jürgen Habermas und dessen Theorie des kommunikativen Handelns. Die Philosophie Habermas' zeichnet sich durch zwei aufeinander bezogene Theorien aus: einerseits die Sprachtheorie, mit der Habermas eine Theorie des Subjekts und der Vernunft ableitet und andererseits eine Theorie der

---

158. Vgl. Ulrich (Integrative Wirtschaftsethik, 1997), S. 122f.
159. Vgl. Ulrich (Integrative Wirtschaftsethik, 1997), S. 123.
160. Vgl. Ulrich (Integrative Wirtschaftsethik, 1997), S. 334.

Gesellschaft mit den beiden Hauptbegriffen System und Lebenswelt. In der folgenden kritischen Würdigung wird gezeigt, daß die theoretischen Probleme, die Habermas' Sprach- und Subjekttheorie in sich tragen, problematische Konsequenzen in seiner Sozialtheorie nach sich ziehen. In Ulrichs Wirtschaftsethik schlagen sich beide Problemkreise nieder. Die folgende Kritik vollzieht sich daher auch in zwei Hauptschritten: Zunächst werden die Begründungsprobleme der von Ulrich rezipierten Diskursethik kritisch erörtert (5.1) und dann werden die daraus folgenden theoretischen Probleme der Sozialtheorie analysiert (5.2).

In der Diskursethik sieht Ulrich die einzige Möglichkeit, in der Moderne einen ethischen Standpunkt zu begründen. Seine historisch-rekonstruktiven und theoriegeschichtlichen Darlegungen dienen dazu, die Voraussetzungen der Diskursethik zu stützen. Es läßt sich nun aber zeigen, daß der Diskursethik die von Ulrich beanspruchte Plausibilität nicht zukommt, weil die von ihm durchgeführte transzendentale Reflexion zu kurz greift. Hierbei stehen die von Ulrich beanspruchte Erfahrungsbasis und das Kernargument der Diskursethik, der performative Widerspruch, in Frage (5.1.1, 5.1.1.1). Die Kritik zeigt die Notwendigkeit einer Theorie der Affekte (5.1.1.2) und deckt den Machtbegriff als handlungstheoretische Kategorie auf (5.1.1.3). Ulrich beansprucht, mit der Diskursethik eine »nachmetaphysische« Begründungsbasis für Moral gefunden zu haben. Es zeigt sich jedoch, daß Ulrich seinerseits (notwendigerweise) metaphysisch argumentiert, wenn er einen evolutionären Geschichtsmythos präsentiert und mit einem Begriff vom Wesen des Menschen argumentiert (5.1.2). Neben der Begründungsproblematik besteht die zweite Hauptkritik an der Diskursethik in dem Aufweis ihres motivationalen Defizits. Die Entwicklung von Ulrichs Werk läßt erkennen, daß auch er dieses Defizit sieht (auch wenn er es nicht explizit nennt) und es durch die Erweiterung seiner philosophischen Basis und durch eine Phänomenologie der Moralität auszugleichen versucht (5.1.3). Ulrich gelingt es jedoch nicht, eine motivationale Basis für sein universales Moralprinzip aufzuzeigen. Die Möglichkeit, in einem gelebten Ethos diese motivationale Basis zu sehen, wie es sich von der christlichen Tradition her nahelegt, wird von Ulrich abgewiesen (5.1.4).

Die Schwächen der theoretischen Basis der Diskursethik haben gravierende Folgen für das ebenfalls auf dieser Theorie aufbauende sozialtheoretische duale Konzept von Lebenswelt und Moderne, das Ulrichs Ökonomieverständnis zugrunde liegt. Dieses wird daher in einem zweiten Hauptschritt kritisch erörtert (5.2). Da Ulrich das Gesellschaftskonzept von Habermas voraussetzt, arbeitet er folglich auch mit dessen Grundunterscheidung von System und Lebenswelt. Dabei lassen sich signifikante Differenzen von Ulrich zu Habermas aufzeigen, durch die sich die gesellschaftstheoretischen Schwächen dieses Konzepts noch verstärken (5.2.1). Es ist fraglich, ob die von Ulrich idealisierte Lebenswelt als normative Basis für das System Wirtschaft gelten kann (5.2.2). Die Kritik des Lebensweltkonzepts stößt inbesondere auf das Problem der von Ulrich geforderten Wiederankoppelung des Systems an die Lebenswelt (5.2.3). Hierbei tritt die idealisierende Sicht zu Tage, die sich in seiner optimistischen Sicht wirtschaftlicher Produktivität bestätigt (5.2.4).

5.1 Kritische Würdigung der Diskursethik

5.1.1 Kritik der transzendentalen Reflexion

Ulrich sieht in Kants Ethik den großen Durchbruch in der Entwicklung der Ethikgeschichte: Durch Kant wurde die »*humanistische Aufhebung des teleologisch-utilitaristischen Denkens*« geleistet, womit nach Ulrich einerseits die normative Basis der klassischen – und modernen – Wirtschaftstheorie destruiert wurde und womit andererseits die metaphysischen Annahmen »letzter, dem Menschen vorgegebener Zwecke und Normen« (fast) aufgelöst wurden[161]. Im Kategorischen Imperativ – in der Form: »*Handle so, daß du die Menschheit, sowohl in deiner Person, als in der Person eines jeden anderen, jederzeit zugleich als Zweck, niemals bloß als Mittel brauchest*«[162] – sieht Ulrich darüber hinaus im Ansatz die »regulative Idee der Legitimation sozialen Handelns durch vernünftige Konsensfindung« und damit den Gehalt des diskursethischen Moralprinzips »auf den Weg gebracht«[163]. Ulrichs Kritik an Kant besteht darin, daß Kant in seiner Begründung des Kategorischen Imperativs mit dem Verweis auf das »Faktum der Vernunft« selbst noch auf ein metaphysisches »Restelement« rekurriert[164]. Metaphysisch ist es für Ulrich, weil Kant nicht auf Erfahrung, sondern doch auf eine »Instanz ausserhalb des reflektierenden Subjekts« setzt, nämlich die »letztlich göttliche Vernunft«[165]. Daher ist nach Ulrich – unter Berufung auf Apel – die »*sprachpragmatische Wendung der Kant'schen Transzendentalphilosophie*« notwendig geworden[166]. Damit wird für Ulrich mit der Sprache und der realen Kommunikationssituation eine *Erfahrungsbasis* gewonnen, deren innere Logik durch transzendentale Reflexion erschlossen wird und die der Diskursethik als Begründung des Moralprinzips dient.

Ulrich – und damit letztlich Apel – ist nun darin zuzustimmen, wie das gegenseitige Verweisungsverhältnis von transzendentaler Reflexion und empirischer Forschung beschrieben wird: Die transzendentale Reflexion ist einerseits unverzichtbar und kann *nicht* durch empirische Forschung ersetzt werden, andererseits

---

161. Vgl. Ulrich (Transformation, 1986), S. 276 f.
162. Kant (Metaphysik der Sitten, 1785, 1974), BA 66 f. (Hervorh. i. O. gesperrt).
163. Vgl. Ulrich (Integrative Wirtschaftsethik, 1997), S. 72.
164. Vgl. Ulrich (Transformation, 1986), S. 277 und Ulrich (Integrative Wirtschaftsethik, 1997), S. 69.
165. Vgl. Ulrich (Transformation, 1986), S. 277 f. und Ulrich (Integrative Wirtschaftsethik, 1997), S. 69.
166. Vgl. Ulrich (Transformation, 1986), S. 279 f. unter Bezugnahme auf Apel (Transformation 2, 1973), S. 220.

verweist sie ihrerseits auf eine »substantielle Konkretisierung mit Hilfe der kritisch-rekonstruktiven Sozialwissenschaft«[167]. Mit der transzendentalen Reflexion hält Ulrich zur Begründung ethischer Überlegungen eine unverzichtbare philosophische Methode fest, die in der wirtschaftsethischen Diskussion – außer bei Koslowski – meist positivistisch verabschiedet oder kaum noch gekannt wird.

5.1.1.1 Kritik des Arguments des performativen Selbstwiderspruchs

Kritisch muß jedoch die inhaltliche Durchführung gesehen werden. Diese greift meines Erachtens zu kurz, was gravierende Folgen für die daraus abgeleitete historisch-rekonstruktive Forschung hat. Ulrich sieht durch die transzendentale Reflexion der Möglichkeitsbedingungen der Kommunikationssituation die Unbestreitbarkeit der »*wechselseitigen Anerkennung* der Menschen als Argumentationssubjekte« erreicht[168]. Diese Bestimmung greift jedoch zu kurz: *Die Kommunikationssituation impliziert gerade nicht notwendig die Anerkennung des anderen als Argumentationssubjekt, weil diese Anerkennung bewußt und gewollt verweigert werden kann.* Auch das Gegenargument des performativen Selbstwiderspruchs, daß noch im Leugnen die Anerkennung des anderen in Anspruch genommen wird und daß dieser Widerspruch zumindest aufgewiesen werden kann, überzeugt nicht. Denn genau diese Wiederlegung kann gehört und doch bewußt abgelehnt werden. In der theologischen Tradition wird dies als Handeln aus *Sünde* thematisiert. Es meint ein Handeln, das in Verblendung oder das gegen die eigene Gewißheit des Guten getan wird. Dies ist kein vernachlässigbarer, seltener Extremfall, sondern ein Regelfall des unerlösten Menschen. Nach Hermann Krings ist bei der Diskursethik ein Begriff des »bösen Handelns« nicht möglich, daher wird diese Handlungsmöglichkeit – obwohl prinzipiell natürlich bekannt – in der Theorie *systematisch* unberücksichtigt gelassen[169]. Dieses Defizit liegt letztlich in den Problemen von Habermas' Sprachtheorie begründet. Diese arbeitet mit der Differenz von kommunikativem und strategischem Handeln: Das kommunikative Handeln beschränkt sich auf den illokutionären Aspekt der Sprache und vermeidet die bewußte Beeinflussung des Gegenübers, das heißt die Reduzierung des Sprechaktes auf den perlokutionären Akt[170]. Für illokutionäre Akte ist nur die Bedeutung des Gesagtes konstitutiv und sie zielen auf Verständnis und Zustimmung[171]. Kommunikatives Handeln ist stets mit drei Geltungsansprüchen verbunden: bezogen auf die objektive Welt mit Wahrheitsanspruch, bezogen auf die soziale Welt mit Richtigkeitsanspruch und bezogen auf die subjektive Welt mit Wahrhaftigkeitsanspruch. Habermas beansprucht,

---

167. Vgl. Ulrich (Transformation, 1986), S. 282.
168. Vgl. Ulrich (Transformation, 1986), S. 287.
169. Vgl. Krings (Replik, 1979), S. 364 und Kuch (Wissen, 1991), S. 24f.
170. Vgl. Habermas (Theorie 2, 1981), S. 389.
171. Vgl. Habermas (Theorie 2, 1981), S. 397.

diese Sprachtheorie an der Analyse der Sprache abgeleitet zu haben. Sprache verweist danach nur auf Sprache. Ein weiteres Zurückfragen führt – Habermas bezieht sich hier auf Mead – auf den evolutionären Prozeß der Sprachentwicklung, die sich von tierischen Gesten her verstehen lassen muß[172]. Dieses duale Konzept von Sprache wird von Habermas bewußt unter Absehung der Bewußtseinsphilosophie entwickelt und damit unter bewußtem Verzicht auf die Reflexion der Möglichkeitsbedingungen von Sprache im reflektierenden Subjekt.

5.1.1.2 Die Notwendigkeit einer Theorie der Affekte

Auch bei Ulrich fällt der Rekurs auf die Konstitution von Bewußtsein als Bedingung der Sprache aus. Es ist bezeichnend, daß schon Ulrichs Kritik an Kant eine wichtige Nuance übergeht. Er wirft Kant vor, vom Faktum der Vernunft auszugehen. Kant behauptet jedoch nicht die Vernunft als ein »Faktum«, sondern *das Bewußtsein* des Kategorischen Imperativs gilt als Faktum der Vernunft: Dieses Bewußtsein ist nach Kant kein »empirisches, sondern das einzige Faktum der reinen Vernunft [...], die sich dadurch als ursprünglich gesetzgebend [...] ankündigt«[173]. Obwohl Kant die Art des Bewußtseins nicht klar gesehen hat, verweist er damit auf eine Art der Selbsterfahrung, in der sich eine Person ihres unmittelbaren Selbstbewußtseins innesein kann (siehe dazu oben IV. 6.5.2).

Gegen Ulrichs und damit auch gegen Habermas' und Apels Position ist einzuwenden, daß eine konsequente transzendentale Reflexion nicht beim »Faktum« der Sprache stehenbleiben darf. Sie darf diese nicht als gattungsgeschichtliches Datum behandeln, sondern sie muß im Rahmen einer Subjektivitätstheorie nach den Möglichkeitsbedingungen des Sprechens im sprechenden Subjekt fragen. Eine solche Subjektivitätstheorie, wie sie unter anderem Schleiermacher entwickelt hat, kann auf die Bedeutung der Affekte verweisen und damit auf die Ebene der auch sprachlich vermittelten Einwirkung von Affekten auf Affekte des anderen – was nicht einfach als strategisches Handeln gedeutet werden darf. Affekte sind Bestimmtheiten des Selbstgefühls von Personen[174]. Im Selbstgefühl sind Personen sich auf unmittelbare Weise ihres individuellen »In-der-Welt-Seins« inne. Dies ist die Möglichkeitsbedingung aktiven gegenständlichen Bewußtseins und damit die Möglichkeitsbedingung von allem symbolisierenden und organisierenden Handeln[175]. Das Selbstgefühl ist keine Form von Unbewußtsein, sondern eine Form von *Selbstgewißheit*, in deren *Licht* sich bewußtes Handeln überhaupt erst vollziehen kann[176]. Das Lebensgefühl zeichnet

---

172. Vgl. Habermas (Theorie 2, 1981), S. 15-46.
173. Vgl. Kant (Kritik der praktischen Vernunft, 1788, 1974), A 56 und A 81.
174. Vgl. Schleiermacher (Glaube I, 1830, 1960), § 3 und § 4 und die Interpretation bei Stock (Freude, 1993), S. 41 ff. und Stock (Grundlegung, 1995), S. 42 ff.
175. Vgl. Stock (Grundlegung, 1995), S. 43 und Schleiermacher (Dialektik, 1822, 1976), S. 286 ff.
176. Vgl. Herms (Kirche, 1995), S. 236.

sich stets durch ein Ausgerichtetsein aus, das als grundlegendes Streben oder »Lebensinteresse« interpretiert werden kann[177]. Während sich Personen im gegenständlichen Bewußtsein der relativen Freiheit und der relativen Abhängigkeit bewußt sind, ist das Selbstgefühl ein Modus passiver Erfahrung: ein »Affiziert-Werden von Anderem als Anderem«[178]. Das Selbstgefühl wird passiv geprägt durch Erlebnisse der Interaktion mit anderen Personen. In welcher Weise die Prägung sich konkret vollzieht, wird mitbestimmt von der grundlegenden Ausrichtung des Selbstgefühls, dem Lebensinteresse. Dieses Lebensinteresse als Grundausrichtung der affektiven Ebene bestimmen Menschen jedoch nicht selbst, sondern sie werden hierin im Lauf ihrer Lebens- und Bildungsgeschichte geprägt durch das Lebenszeugnis anderer Menschen, durch das ihnen etwas als *Gut* und damit als Lebensziel erscheint[179]. In der christlichen Tradition wird – in kritischer Aufnahme und Fortführung jüdischer und platonischer Traditionen – die Grundausrichtung des Selbstgefühls als *Lieben* verstanden: Das Selbstinteresse des Menschen als Ausdruck seiner Grundausrichtung wird geprägt durch das, was ein Mensch liebt, woran *sein Herz hängt*. Der Begriff der Liebe bringt den passiven Modus gut zum Ausdruck: Ein Mensch entscheidet nicht darüber, was er liebt, sondern er empfängt es passiv als Impression im Modus des Ergriffenseins[180]. Sein Lieben entscheidet aber darüber, was er wollen kann. Bei Fragen der Motivation des Handelns müssen diese anthropologischen Grundgegebenheiten berücksichtigt werden, damit sie angemessen behandelt werden können. Die bewußte Reflexion des Lebensinteresses, womit die Ebene der unmittelbaren Erschlossenheit in einem ersten Schritt überstiegen wird, schlägt sich in einer Lebensüberzeugung nieder, die für das bewußte Handeln einen ethisch-orientierenden Gehalt hat[181].

Die Ebene der Affekte fällt in der Sprachtheorie Habermas aus. Er benennt zwar mit der Unterscheidung von illokutionären und perloktionären eine wichtige und aufweisbare Differenz im Sprachgebrauch, diese Differenz ist jedoch nicht hinreichend, um die durch Sprache (neben Mimik und Gesten und weiterer Ausdrucksformen des Selbstgefühls) vermittelte emotionale Einwirkung von Personen aufeinander zu verstehen. Seine Sprachtheorie ist meines Erachtens kognitivistisch verkürzt. Da aber Gefühle für die Motivlage von Personen ausschlagend sind, hat seine Theorie ein motivationales Defizit. Es zeigt sich unter anderem darin – und das war der Ausgangspunkt dieser Überlegungen –, daß nicht gesehen wird, daß der performative Widerspruch nicht argumentativ zu überwinden ist, sondern nur durch eine Veränderung der Affektlage und des

---

177. Vgl. Stock (Grundlegung, 1995), S. 46.
178. Vgl. Stock (Grundlegung, 1995), S. 45.
179. Vgl. Stock (Grundlegung, 1995), S. 53 f. und 56.
180. Vgl. Stock (Grundlegung, 1995), S. 53 ff. Stock stellt insbesondere den Begriff der Liebe in der Affektenlehre heraus.
181. Vgl. Herms (Kirche, 1995), S. 236.

Lebensinteresses einer Person. Diese Veränderung wird passiv erfahren durch die Präsentation und Imponierung eines anderen Lebenszieles, das die Affektlage erreicht, so daß sich das gefühlsmäßige Streben anders ausrichtet. – Analog dazu kann der radikale Skeptiker nicht durch das Argument überzeugt werden, daß er beim radikalen Zweifeln und Widerlegen die von ihm bezweifelte Erkennbarkeit der Wirklichkeit gerade in Anspruch nimmt. Sondern er wird seine Auffassung nur verändern können, wenn ihm ein verändertes Selbst- und Weltgefühl präsentiert wird, das ein anderes Wahrheitsbewußtsein impliziert.

5.1.1.3 Macht als handlungstheoretische Kategorie

Eine weitere Folge des Defizits in der Sprachtheorie Habermas' soll hier nur kurz angedeutet werden: Es sind Konsequenzen für das Verständnis von personaler Macht, wie Michael Kuch nachgewiesen hat[182]. Die Ausübung von Macht durch strategisches Verhalten wird in der Gesellschaftstheorie Habermas', wie er sie in seiner Theorie des Kommunikativen Handelns entfaltet (und damit auch bei Ulrich, der sich darauf maßgeblich bezieht), prinzipiell negativ gesehen. Damit wird einerseits die Bedeutung des Rechts in der Gesellschaft verkannt, andererseits wird die positive Bedeutung von Handlungs- und Entscheidungsmacht in gesellschaftlichen Funktionspositionen nicht hinreichend gesehen. Nicht aufgrund der Alternative von kommunikativem oder strategischem Handeln läßt sich die ethische Qualifizierung einer Handlung entscheiden. Sondern das, was Ziel des Liebens, des Lebensinteresses einer Person ist und damit die jedem Handeln zugrundeliegende Zielorientierung, kann als Kriterium der ethischen Qualität einer Handlung dienen. Dieses Kriterium gilt allerdings nicht objektiv, sondern es ist nur aufgrund einer je spezifischen Weltsicht zu bestimmen (siehe oben Kapitel II.3.3).

5.1.2 Der Evolutionsprozeß als Geschichtsmythos

Das Ausblenden und Ablehnen der bewußtseinsphilosophischen Traditionen und damit der Frage nach den Konstitutionsbedingungen von Bewußtsein als weitergehender Frage nach den Möglichkeitsbedingungen von Kommunikation hat zur Folge, daß Ulrich in der historisch-rekonstruktiven Darstellung einen evolutionären Prozeß schildert, der die Entwicklungsbedingungen des Bewußtseins nicht thematisiert. Die Sprach- und Erkenntnisfähigkeit des Menschen wird hierbei rein materialistisch verstanden: Sie ist das »Ergebnis eines gattungsgeschichtlichen Prozesses der Anpassung der Gehirnfunktionen an die existentiellen, *pragmatischen* Lebensbedingungen des Menschen«[183]. Der nichtmeta-

---

182. Vgl. Kuch (Wissen, 1991).
183. Vgl. Ulrich (Transformation, 1986), S. 281.

physische Begründungsversuch der Diskursethik stützt sich auf eine Sicht des Evolutionsprozesses, der vom tierischen zum menschlichen Leben als einem sich selbst steuernden und tragenden Prozeß verläuft, ohne die Möglichkeitsbedingungen der Ausbildung von Vernunft zu hinterfragen. Das Ergebnis der historisch-rekonstruktiven Analyse wirkt dabei äußerst konstruiert. Ulrich interpretiert die beiden Hauptentwicklungsschritte der Menschwerdung als Zeit der Ausbildung von zwei Vernunftprinzipien: die Zweckrationalität verbunden mit dem Machtprinzip (zusammengefaßt unter der Metapher »männliche Vernunft«) und die kommunikative Vernunft verbunden mit dem Gegenseitigkeitsprinzip (zusammengefaßt unter der Metapher »weibliche Vernunft« – konkret: Moralität, Affektivität, Kreativität, Soziabilität)[184]. Angesichts der bis in die Gegenwart herrschenden Konfliktlösungsstrategien konstatiert Ulrich, daß die »Verweiblichung der Hominidenkultur [...] bei weitem noch nicht abgeschlossen ist«[185]. Der historische Prozeß der Rationalisierung soll aufgrund dieses *dualen* Konzepts nicht mehr wie bei Karl Marx, Max Weber und Herbert Marcuse eindimensional als Rationalität der Herrschaft, sondern – mit Habermas – zweidimensional als Entwicklungsprozeß der technischen und kommunikativen Vernunft gedeutet werden – so die beiden Zielbegriffe von Habermas' Theorie des kommunikativen Handelns. In diesem Prozeß ist die Emanzipation des Menschen von äußerer Natur und von Gewalt der Menschen untereinander angelegt. Diese Emanzipation stellt für Ulrich kein metaphysisches oder idealistisches Postulat dar, weil er es in der evolutionären und gattungsgeschichtlichen Entwicklung begründet und in neueren sozialen Bewegungen bestätigt sieht. Dieser von Ulrich in langen Passagen rekonstruierte Entwicklungsprozeß überzeugt nicht in seiner inhaltlichen Zuspitzung und in der Identifizierung von epochalen Emanzipationsschüben. Durch die Idealisierung der Mutter-Kind-Beziehung und des agrarischen Lebens will Ulrich ein *Urbild* der durch das Gegenseitigkeitsprinzip geprägten Lebenswelt entwerfen. Diese Idealisierung beinhaltet die Annahme einer *heilen Welt* des familiären Bereichs, die frei ist von (unbewußt) strategischem Handeln. Damit widerspricht sie jedoch der christlichen Sicht des fehlbaren Menschen und aller Erfahrung von Verhalten in Familien[186]. Sie läßt zudem auf eine fragwürdige, rein negative Sicht von strategischem Handeln bei Ulrich schließen (siehe unten 5.1.1.3). Ulrich gibt selbst zu, daß der Forschungsstand der naturwissenschaftlich-paläontologische Anthropologie seine Deutung nicht »lückenlos« stützt – »so wenig wie jede andere Deutung«[187].

Je weniger Ulrichs historische Konstruktion inhaltlich überzeugt, desto eher ist nach der *Funktion* dieser Geschichtsdeutung zu fragen. Ulrich sieht selbst in der

---

184. Vgl. Ulrich (Transformation, 1986), S. 42.
185. Vgl. Ulrich (Transformation, 1986), S. 45.
186. Analog zu dieser Idealisierung steht Ulrichs optimistische Sicht der Wirtschaft, siehe unten 5.2.4.
187. Vgl. Ulrich (Transformation, 1986), S. 33 Anm. 6a.

Darstellung eine historische Stützung der transzendentalen Reflexion und der empirischen Absicherung seines dualen Vernunftbegriffs. Diese Absicherung gerät ihm aber zur Konstruktion eines *Geschichtsmythos*, der mit dem Anspruch einer umfassenden Gesamtsicht der Evolution und der menschlichen Geschichte auftritt. Es ist ein Versuch der Weltdeutung. Unter Aussparung kosmologischer Fragen wird ein Wirklichkeitsverständnis entfaltet, das den Hintergrund für Ulrichs ethisches Konzept abgibt. Ulrich gibt damit ein Beispiel für die dieser Arbeit zugrundeliegende Handlungstheorie, nach der jedes Handeln sich im Lichte von handlungsleitenden Gewißheiten bewegt, die das Lebensinteresse prägen und auf dem Hintergrund eines Wirklichkeitsverständnisses zu verstehen sind. Das von Ulrich entworfene Wirklichkeitsverständnis kommt neben anderen zu stehen. Es versteht sich als nachmetaphysischer Entwurf und versucht, ohne den Rekurs auf eine Instanz außerhalb des Menschen auszukommen. Damit muß es nicht gegen das christliche Wirklichkeitsverständnis stehen, da es nur auf eine dezidiert andere – eben nachmetaphysische – Methodik hinweist. Es blendet aber wesentliche Züge der Wirklichkeit aus, nämlich die Konstitutionsbedingungen des evolutionären und gattungsgeschichtlichen Prozesses. Dies führt, wie sich zeigen wird, zu theoretischen Problemen in Ulrichs Sozialisationstheorie und in seiner Auffassung der Gestaltungsmöglichkeiten von Gesellschaft (siehe unten 5.2).

5.1.3 Das motivationale Defizit

Die Entwicklung in Ulrichs Theoriebildung seit der »Transformation der ökonomischen Vernunft« (1986) bis hin zur »Integrativen Wirtschaftsethik« (1997) gibt selbst Anhaltspunkte dafür, daß Ulrich die Begründungsbasis seiner integrativen Wirtschaftsethik erweitert. *Ohne den exklusiven Begründungsanspruch der Diskursethik aufzugeben*, gibt Ulrich deren Singularität auf und greift auf weitere philosophische Referenzen zurück. Er tut dies, um das aufgezeigte motivationale Defizit der Diskursethik auszugleichen. Er leitet daher sein zweites Hauptwerk mit einer Phänomenologie der Moralität ein, die für ihn zur conditio humana gehört. Er nimmt damit selbst eine Wesensbestimmung des Menschen – seiner Natur – vor (siehe oben 2.4.1-2.4.3)[188]. Daß Ulrich sich in seinem ersten Hauptwerk explizit gegen einen solchen Rekurs auf ein »vom reflektierenden Subjekt unabhängiges, objektives Faktum (Natur, Gott, Gefühl)« dezidiert ausgesprochen hat, zeigt seine *methodische Kehre*[189]. Ulrichs Verknüpfung beider Methoden, der phänomenologischen und der diskursethischen, besteht darin, daß das, was als Moralprinzip phänomenologisch aufgewiesen wird, nur mit der Theorie der Diskursethik begründet werden kann[190]. Das spezifische Problem, dem sich

---

188. Vgl. Ulrich (Integrative Wirtschaftsethik, 1997), S. 23 ff.
189. Vgl. Ulrich (Transformation, 1986), S. 276.
190. Vgl. Ulrich (Integrative Wirtschaftsethik, 1997), S. 57.

Ulrich mit dieser Einleitung als Ergänzung zur Diskursethik stellt, ist das der
Motivation zum guten Handeln und damit des Wollens des Guten. Ulrich ist sich
bewußt, daß er damit die Frage nach dem Verhältnis zwischen affektivem und
kognitivem Moment stellt[191].

5.1.3.1 Tugendhats Begriff des Interesses

Zur Beantwortung dieser Frage hält er sich an den Philosophen Ernst Tugendhat.
Tugendhats Hintergrund ist die analytische Sprachphilosophie. In der Ethik
zeichnet er sich dadurch aus, daß er die zentrale Stellung moralischer *Gefühle*
und damit die *Motive* zum moralischen Handeln thematisiert, ohne jedoch in
den subjektiven Relativismus des Emotivismus oder des Nonkognitivismus zu
verfallen. Tugendhat zielt auf ein modernes Moralkonzept mit universalem Anspruch, das aber auf die »absolute Begründung« von moralischen Normen verzichtet. Tugendhat zeigt in seinen »Vorlesungen über Ethik« Motive und gute
Gründe für moralisches Handeln auf, um sein Moralkonzept plausibel zu machen
und zumindest rational abzustützen[192]. Die Motive verdeutlichen, welche Motivation einer Person nahe gelegt werden kann, sich überhaupt als Mitglied einer
»moralischen Gemeinschaft« zu verstehen[193]. Die Gründe zeigen durch eine vergleichende Analyse die Vorzugswürdigkeit eines bestimmten Moralkonzepts[194].
Vorzugswürdig ist nach Tugendhat ein Moralkonzept, das moralisches Handeln
als Teilnahme an einer Gemeinschaft versteht, in der die »Interessen aller Mitglieder« unparteilich berücksichtigt werden[195]. Diese Unterscheidung von Motiven und Gründen wird von Tugendhat in den »Vorlesungen« deshalb hervorgehoben, weil er herausstellen will, daß es keine Gründe für moralisches Tun als
solches geben kann. Einer Person mit einem »*lack of moral sense*« oder der
fehlenden Bereitschaft, sich in eine Gemeinschaft zu integrieren, kann nach Tugendhat nur ein »*take it or leave it*« entgegengehalten werden[196]. Diese konfrontative Frage zielt auf eine Willensentscheidung des Gegenübers. In Auseinandersetzung mit Kant hält Tugendhat bezüglich der Frage nach der Grundlage der
Geltung moralischer Normen fest: »Es gibt nur die zwei Möglichkeiten: das
Apriori oder das Wollen. Da das Apriori entfällt, bleibt nur das ›ich will‹ übrig,
freilich, um es einmal zu sagen, nicht ein in der Luft schwebendes, dezisionistisches ›ich will‹, sondern ein durch Motive abgestütztes: durch sie abgestütztes,
aber nicht erzwungenes«[197]. In einem späteren Aufsatz präzisiert Tugendhat sei-

---

191. Vgl. Ulrich (Integrative Wirtschaftsethik, 1997), S. 27.
192. Vgl. Tugendhat (Vorlesungen, 1993), S. 28.
193. Vgl. Tugendhat (Vorlesungen, 1993), S. 88.
194. Vgl. Tugendhat (Vorlesungen, 1993), S. 85.
195. Vgl. Tugendhat (Vorlesungen, 1993), S. 87.
196. Vgl. Tugendhat (Vorlesungen, 1993), S. 89 und 96.
197. Tugendhat (Vorlesungen, 1993), S. 96, zur Entfaltung der Motive vgl. Tugendhat (Vorlesungen, 1993), S. 88 ff. und 310 ff.

ne Terminologie in bezug auf das Verhältnis von Motiv und Grund. Er hält fest, daß es keine »Begründung« für einzelne Normen geben kann, weil sich moralische Urteile »nicht auf Bestandteile der objektiven Welt beziehen«, daß es aber einen »Grund« zur *Befolgung* einer Norm gibt[198]. »Grund« heißt für Tugendhat »hier, wo die Begründung nicht die eines Satzes, sondern einer Handlung ist, rationales Motiv«[199]. Die Motivation ist rational, weil jede Person ein »Interesse« daran hat, auf das Moralsystem, das heißt die moralische Gemeinschaft mit ihrem »emotionalen wechselseitigen Forderungssystem« einzugehen[200]. Tugendhat konstatiert an dieser Stelle nur, daß alle einen solchen Grund haben und er problematisiert nicht das mögliche Fehlen des Interesses durch einen »*lack of moral sense*«. Auffallend ist jedoch, daß Tugendhat hier an entscheidender Stelle auf den Interessenbegriff abhebt. Dies entspricht seinem Verständnis von Moral, die eine »wechselseitige Interessenberücksichtigung auch ohne Sympathie« ist[201].

Das rationale Motiv einer Person ist somit das Interesse an der Teilhabe der Gemeinschaft, damit die Person – so muß interpretiert werden – an den *Vorteilen* der wechselseitigen Interessenberücksichtigung teil hat. Tugendhats Moralverständnis und sein Verständnis der Begründbarkeit von moralischen Normen kommt damit dem ökonomischen Verständnis der Moral, wie es Karl Homann (siehe Kapitel VI.2) entwickelt hat, sehr nahe. Tugendhat versucht sich zwar gegen ein kontraktualistisches Moralverständnis abzugrenzen, in dem er auf die *Wechselseitigkeit* der Interessenberücksichtigung verweist, die im Zielpunkt seiner »modernen« Moral mit universalem Anspruch durch »unparteiliche Beurteilung der Interessenperspektive aller« gesichert sein soll[202], doch die fehlende Einbindung des Interessenbegriffs in eine subjektivitätstheoretisch reflektierte Affektenlehre macht diesen anfällig, als krudes Vorteilsstreben verstanden zu werden.

5.1.3.2 Die fehlende Motivation zur Befolgung des universalen Moralprinzips

Es ist verwunderlich, daß sich Ulrich so stark auf das Konzept von Tugendhat bezieht, ohne dessen Moralverständnis zu hinterfragen. Ulrich teilt Tugendhats Intention, die Gründe für moralisches Handeln auf keinen Fall durch Rückgriff auf Religion zu begründen[203]. Er benötigt diesen Ansatz zur Ergänzung des kognitivistischen Vernunftbegriffs der Diskursethik (siehe oben 2.4.2). Ulrich stellt zu Recht fest, daß Menschen einen »guten Willen« haben müssen und damit eine

---

198. Vgl. Tugendhat (Moral, 1996), S. 329 und 331.
199. Vgl. Tugendhat (Moral, 1996), S. 331.
200. Vgl. Tugendhat (Moral, 1996), S. 331.
201. Vgl. Tugendhat (Moral, 1996), S. 327 und 333.
202. Vgl. Tugendhat (Moral, 1996), S. 337 f.
203. Vgl. Tugendhat (Vorlesungen, 1993), S. 13 f., 65 ff., 96 f. und Tugendhat (Moral, 1995), S. 327 und 330 – der dies mit auffallendem Pathos vertritt.

Motivation zum Guten, um auf moralische Ansprüche überhaupt ansprechbar zu sein[204]. Er übernimmt Tugendhats Verhältnisbestimmung von Motiv und Grund: »*Gute Gründe* (dafür, was wir tun sollen) sind nichts anderes als ethisch *rationale Motive* dafür, was wir als mit uns selbst einverstandene, ›integre‹ Personen tun wollen«[205]. Die rationalen Motive sind nun bei Ulrich ebenso wie bei Tugendhat das »Interesse« an der Teilhabe der Gemeinschaft, das durch die Sozialisation ein »in unserer persönlichen Identität verankertes Interesse« ist[206]. Ulrich führt dies aus, indem er die durch die Erwartungen der Bezugspersonen sich bildenden moralischen Gefühle beschreibt. Zielpunkt ist jedoch das sich bildende *Interesse* an der Teilhabe der Gemeinschaft, das die notwendige Ansprechbarkeit auf die in der Gesellschaft geltenden moralischen Normen garantiert. Der gute Wille, der aufgrund dieser Argumentation für Ulrich kein »weltfremdes idealistisches Postulat« ist, liegt für ihn in der »*sozialen Struktur aller Moral*« begründet[207].

Diese Sichtweise der Moral und Moralität des Menschen wirft nun aber schwerwiegende Fragen auf. Ohne Zweifel hat die Moralität eines Menschen in ihrer je individuellen Genese genau diese durch Sozialisation bestimmte Struktur. Es ist aber das Kennzeichen einer anspruchsvollen Ethik, daß sie die Krise der durch die Sozialisation erworbenen Moralität thematisiert. Auch Ulrich tut dies – ebenso wie Habermas – durch einen Rückgriff auf die Theorie der Moralentwicklung von Lawrence Kohlberg und dessen Entwurf der postkonventionellen Moral[208]. Allerdings läßt diese Theorie offen, wie es zum Übergang der konventionellen Moral, die durch Nützlichkeitsüberlegungen geprägt ist, zur postkonventionellen Stufe kommt. Von Ulrich wird dieser Übergang als rein kognitiver Vorgang der Bewußtwerdung des universalen Prinzips »der allgemeinen und unbedingten zwischenmenschlichen Achtung« beschrieben[209]. Damit bleibt jedoch das von ihm selbst in Angriff genommene Problem der Motivierung unbeantwortet. Es steht ja gerade in Frage, wie es zur Motivierung des universalen Prinzips der Gegenseitigkeit kommt, das *eingesehen werden kann, ohne deshalb befolgt* zu werden. Dieses Problem kann nur auf dem Hintergrund der oben skizzierten Affektenlehre gelöst werden, in der die Stellung des Ethos deutlicher gesehen wird als bei Ulrich (5.1.1.2).

Mit dieser kritischen Diagnose steht der ganze Anspruch von Ulrichs Einleitungskapitel seines zweiten Hauptwerkes in Frage. An entscheidender Stelle kann er das motivationale Defizit der diskursethischen Konzeption *nicht* überwinden. Ulrichs lange Ausführungen zur Moralität als conditio humana enthalten sich jeden Hinweises auf die Grenzen der durch Sozialisation erworbenen

---

204. Vgl. Ulrich (Integrative Wirtschaftsethik, 1997), S. 25.
205. Vgl. Ulrich (Integrative Wirtschaftsethik, 1997), S. 25 f.
206. Vgl. Ulrich (Integrative Wirtschaftsethik, 1997), S. 26.
207. Vgl. Ulrich (Integrative Wirtschaftsethik, 1997), S. 26.
208. Vgl. Ulrich (Transformation, 1986), S. 298 f. und Ulrich (Integrative Wirtschaftsethik, 1997), S. 54 f.
209. Vgl. (Integrative Wirtschaftsethik, 1997), S. 54.

Moralität und begründen als solche nur eine soziologische Theorie der Moral. Diese fällt jedoch in ihrem Kern mit der ökonomischen Theorie zusammen. Beide beziehen sich auf die Grundtatbestand der *Kosten*, die durch die Sanktionen der Gemeinschaft mit ihren physischen und emotionalen Wirkungen entstehen. Das Kennzeichen soziologischer und ökonomischer Theorie der Moral ist, daß der entscheidende Horizont des Moralbewußtseins die Gesellschaft mit ihren Erwartungen ist. Hierbei bieten sich zwei Varianten an: Ein kulturell-relativistisches Moralverständnis, bei dem die Grenzen der Gesellschaften die Grenzen der Geltung der Moral markieren und ein universalistisches Moralverständnis (wie bei Tugendhat, Habermas und Ulrich), bei dem aufgrund des Universalisierungsprinzips auf lange Sicht und durch vernünftige Aufklärung nur ein Moralkonzept in der Weltgesellschaft argumentativ Geltung beanspruchen kann. Eine solche Moral besteht ohne Anbindung an geschichtlich gewachsene Ethosformen, doch gerade dahin besteht ihre Abstraktheit und ihre fehlende Motivationsbasis.

5.1.4 Das Verhältnis von Ethos und Moral

Die kritische Analyse von Ulrichs Versuch, das motivationale Defizit der Diskursethik zu überwinden, hat gezeigt, daß er zwar versucht, durch eine Phänomenologie der Moralität die motivationale Ebene zu erfassen, daß er aber mit diesem – schon in sich selbst sehr problematischen – Versuch, die Motivation zur postkonventionellen Moral gerade nicht zu erklären vermag. Es fehlt eine Theorie, durch die deutlich würde, daß die postkonventionelle Moral im Selbstgefühl von Personen verankert ist. In seiner Darstellung der Moralität des Menschen ist Ulrich auf das Phänomen des Ethos gestoßen. Er sieht im Ethos das subjektive Moralbewußtsein eines Menschen, durch das seine »*Gesinnung* oder *Grundhaltung*«, also sein guter Wille und seine Tugend geprägt wird, und das »bestimmte Ideen des guten Menschen« und »einen entsprechenden Entwurf des guten, gelingenden Lebens« als motivierende Basis hat[210]. Dieser Beschreibung ist zunächst zuzustimmen. Ulrich übernimmt nun jedoch von Habermas die folgenreiche Trennung von subjektivem, unbegründbaren Ethos und vernunftbegründeter Moral (siehe oben 2.4.4). Für die Unterscheidung beider Begriffe können unter Umständen Differenzen im sprachlichen Gebrauch geltend gemacht werden, ihre Trennung ist jedoch nicht stichhaltig. Sie trägt zu der entscheidenden Inkonsistenz bei. Ulrich hält zwar Ethos und Moral prinzipiell für wechselseitig miteinander verschränkt: Das Ethos ist die »motivationale Basis« der Moral und die Moral begründet normative Verbindlichkeiten, »innerhalb derer aber die indivi-

---

210. Vgl. Ulrich (Integrative Wirtschaftsethik, 1997), S. 33 f.

duelle Selbstverwirklichung im Sinn des personalen Ethos freigestellt ist«[211]. Das Ethos gilt für Ulrich sozusagen als Spielraum subjektiver normativer Ansichten und – immerhin – als Motivationsbasis. Für das durch die Diskursethik begründete Moralprinzip der verallgemeinerten Gegenseitigkeit gilt jedoch, daß ihm »weder ein subjektives Ethos noch eine spezielle kulturspezifische Moraltradition zugrundeliegt«[212]. Damit ist für das Moralprinzip die Trennung beider vollständig ausgedrückt und die – wenn auch in sich schon problematische – Verschränkung aufgelöst. Denn Ulrich stellt fest: »Wenngleich die Motivation zu einer moralischen Lebensführung wohl immer erst aus der tragenden humanistischen Ethos-Erfahrung der grossen Weltkulturen und Weltreligionen wachsen kann, setzt eine kulturübergreifende, universal gültige (Minimal-)Ethik zur Vermeidung einer zirkelhaften Rückbindung an ein kulturell parteiliches Ethos einen *postkonventionellen Standpunkt der Moral* voraus«[213]. Die Begründung eines solchen allgemeinen Standpunkts der Moral kann sich nach Ulrich, da er kulturinvariant sein soll, auf keine andere Instanz als die (selbst-) kritische Vernunft des Menschen stützen – genau deshalb ist moderne Ethik nur »innerhalb der Grenzen blosser Vernunft«, als *Vernunftethik* denkbar.[214] Es kann jedoch gegen Ulrich kritisch eingewandt werden, daß er seinen durch die Phänomenologie der Moralität ergänzten Ansatz konsequenter durchhalten würde, wenn er auch nach einem gelebten Ethos fragen würde, das das universale Moralprinzip motivational stützen würde. Eine mögliche Antwort bietet das christliche Ethos. Es versteht sich selbst in einer solchen universalen Weise: Als Ethos einer geschichtlich identifizierbaren Gemeinschaft ist es sich der Perspektivität seines normativen Gehaltes bewußt und beansprucht zugleich, daß dieser Gehalt über die Grenzen der eigenen Gemeinschaft für alle Menschen lebensdienliche Ziele und Regeln impliziert und daß solange noch nicht alle Menschen dieses Ethos teilen, sie doch alle uneingeschränkt nach diesen Prinzipien zu achten sind. Auch Ulrich sieht im christlichen Gebot der Feindesliebe treffend diesen universalen Anspruch formuliert[215], aber er kann nicht sehen, daß und auf welche Weise das christliche Ethos die notwendige, entgrenzte motivierende Kraft ist.

---

211. Vgl. Ulrich (Integrative Wirtschaftsethik, 1997), S. 35
212. Vgl. Ulrich (Integrative Wirtschaftsethik, 1997), S. 49.
213. Ulrich (Integrative Wirtschaftsethik, 1997), S. 42.
214. Vgl. Ulrich (Integrative Wirtschaftsethik, 1997), S. 42.
215. Vgl. Ulrich (Integrative Wirtschaftsethik, 1997), S. 62.

5.2 Der Dualismus von System und Lebenswelt

5.2.1 Die Unschärfe des Begriffs »Lebenswelt«

Der Begriff der Lebenswelt spielt in Ulrichs Entwurf eine herausragende Rolle, die allerdings zu grundsätzlichen Anfragen herausfordert. Die Entwicklung der Vernunft führt nach Ulrich zur Rationalisierung der Lebenswelt. Dies ist grundsätzlich ein Emanzipationsprozeß, der jedoch nach Ulrich aufgrund der Eigendynamik verselbständigter Subsysteme in der Neuzeit zu gravierenden Rückwirkungen auf die Lebenswelt geführt hat. Ulrich entwickelt seine »neue Vision rationalen Wirtschaftens aus dem Blickwinkel der Lebenswelt«[216]. Der Begriff fungiert bei Ulrich als Generalbasis zur Kritik des ökonomischen Systems und seiner Wirkungen, die überwiegend als negative Wirkungen »auf die Lebenswelt« identifiziert werden. Wie oben dargestellt wurde, definiert Ulrich Lebenswelt als jenen »Erfahrungsbereich der Alltagspraxis, der uns zunächst mehr oder weniger ›fraglos gegeben‹ ist, da wir mit ihm aufgewachsen sind«[217]. Ulrich versucht mit seiner Definition von Lebenswelt das sehr differenzierte – mehrdeutige und umstrittene – Lebensweltkonzept von Habermas zu rekapitulieren[218]. Innerhalb des weiten Bedeutungsspektrums des Begriffs der Lebenswelt bei Habermas konzentriert sich Ulrich auf die Bedeutung »Lebenswelt als Erfahrungsbereich der Alltagspraxis«. Ulrich registriert zwar auch den wissenssoziologischen Aspekt des traditionellen Lebensweltkonzepts, da er den Begriff des »Horizonts« aufnimmt: »In unserer Lebenswelt bewegen wir uns innerhalb des Horizonts all der vertrauten Selbstverständlichkeiten der überlieferten Lebensformen und Strukturen einer soziokulturellen Gemeinschaft; in ihr ist zwischenmenschliche Verständigung möglich, weil wir uns hier unmittelbar als kommunizierende Subjekte *face-to-face* begegnen können, weil wir über die alltäglichen Dinge schon Bescheid wissen und über die grundlegenden Sinnzusammenhänge schon Einverständnis besteht«[219]. Doch er versteht Lebenswelt offensichtlich als *gesellschaftlichen Bereich*, in dem »wir uns bewegen«. Habermas' Lebensweltkonzept legt dieses Verständnis durchaus nahe. Denn Habermas setzt beim wissenssoziologischen Verständnis ein und entwickelt es weiter. Eine seiner einführenden Definitionen lautet: »Kommunikativ handelnde Subjekte verständigen sich stets im Horizont einer Lebenswelt. Ihre Lebenswelt baut sich aus mehr oder weniger diffusen, stets unproblematischen Hintergrundüberzeugungen auf«[220]. Habermas knüpft

---

216. Vgl. Ulrich (Transformation, 1986), S. 13.
217. Vgl. Ulrich (Transformation, 1986), S. 70 mit Zitierung eines Begriffs von Schütz und Luckmann.
218. Vgl. die Auseinandersetzung mit Habermas in Joas (Kommunikatives Handeln, 1986).
219. Vgl. Ulrich (Transformation, 1986), S. 70.
220. Vgl. Habermas (Theorie 1, 1981), S. 107. Die Definition zeigt deutlich, daß »Lebenswelt« bei Habermas einen »Komplementärbegriff zum kommunikativen Handeln« darstellt, vgl. Habermas (Theorie 2, 1981), S. 182.

damit an die Lebensweltkonzepte von Edmund Husserl und – in dessen Gefolge und Weiterentwicklung – Alfred Schütz an. Er grenzt sich dann aber von deren bewußtseinsphilosophischen Voraussetzungen ab und wendet den Begriff sprachtheorethisch als »kulturell überlieferte(r) und sprachlich organisierte(r) Vorrat an Deutungsmustern«[221]. Im Fortgang seiner Argumentation erweitert Habermas dann wiederum diese rein kulturelle und sprachliche Deutung des Lebensweltbegriffs. Er beschreibt ihn als »Komponente der Kultur« und ergänzt noch die strukturellen Komponenten »Gesellschaft« und »Persönlichkeit«[222]. Er will damit die »*kulturalistische Verkürzung*« des Lebensweltverständnisses bei Schütz korrigieren[223]. Mit diesem Schritt bereitet Habermas die starke gesellschaftstheoretische Stellung des Lebensweltbegriffs vor, die ihn zum Gegenbegriff von System werden läßt. Diese Erweiterungen des Lebensweltbegriffs lassen ihn jedoch seine Bedeutungsschärfe verlieren. Es besteht dann zumindest die Gefahr, daß der Begriff inflationär zur Kennzeichnung zu vieler, zu disparater Sachverhalte verwendet wird[224]. So kritisiert schon Schnädelbach: »Habermas führt die Theorietraditionen von Husserl/Schütz und Wittgenstein/Searle mit gesellschaftstheoretischen Überlegungen über das Verhältnis zwischen kommunikativrational und zweckrational strukturierten Interaktionsstrukturen so zusammen, als sei es klar, daß der Begriff ›Lebenswelt‹ dies alles abdeckt«[225].

5.2.2 Die idealisierte Lebenswelt als normative Basis

Insbesondere in Ulrichs erstem wirtschaftsethischen Hauptwerk kommt die Erweiterung des Begriffs der Lebenswelt darin zum Tragen, daß durch die häufige Verwendung des Begriffs in verschiedenen Kontexten und zur Beschreibung von differenten Krisenphänomenen sein Gehalt immer undeutlicher wird. Er fällt überdies mit dem allgemeinen Begriff der Alltagspraxis zusammen. Dies wirft die Frage auf, ob aus einem so konzipierten Lebensweltkonzept eine normative Basis gewonnen werden kann und ob das »System« aus dem Blickwinkel einer so beschriebenen Lebenswelt kritisch beurteilt werden kann.

In manchen Passagen gerät Ulrichs Beschreibung der von dem »System« noch nicht tangierten Lebenswelt in eine idealisierende Sichtweise. Dies läßt sich vor allem für seine historischen Rückblicke feststellen (siehe oben 5.1.2)[226]. Ulrich nimmt historische Zeiten an, in denen die Regeln der Lebenswelt noch positiv die wirtschaftlichen Handlungen normierten. Er vernachlässigt bei dieser Be-

---

221. Vgl. Habermas (Theorie 2, 1981), S. 189.
222. Vgl. Habermas (Theorie 2, 1981), S. 209 ff.
223. Vgl. Habermas (Theorie 2, 1981), S. 205
224. Zur Bedeutungsweite und Unschärfe von Habermas' Begriff der Lebenswelt vgl. Joas (Hermeneutik und Funktionalismus, 1986), S. 166-172.
225. Schnädelbach (Transformation, 1986), S. 28.
226. Vgl. etwa Ulrich (Transformation, 1986), S. 464 ff. und 388 ff.

trachtungsweise, daß das Wirtschaften aller Zeiten stets unter der Bedingung von meist gravierenden Knappheitsverhältnissen und unter der Bedingung von Herrschaftskonflikten gestanden hat, so daß eine Normierung durch lebensweltliche Regeln des familiären Umfeldes zwar intendiert gewesen sein kann, dies aber keineswegs einfach durchsetzbar gewesen ist. Bezeichnend ist Ulrichs Beschreibung der archaischen Subsistenzwirtschaft: »Unter der Dominanz des *Reziprozitätsprinzips* verhungert in den archaischen Subsistenzwirtschaften niemand, es sei denn wegen Mißernten; Hunger, Armut und soziales Elend treten als andauerndes Schicksal ganzer sozialstrukturell benachteiligter Bevölkerungsschichten erst mit den sogenannten ›Hochkulturen‹ auf«[227]. Ulrich zieht hier in der knappen Bedingung »es sei denn wegen Mißernten« das Hauptproblem der Subsistenzwirtschaft ein. Er bagatellisiert damit das Problem der Mißernten, obwohl diese aufgrund von Naturwidrigkeiten unter den Bedingungen unterentwickelter Anbautechnik, begrenzter Lagerhaltung und dem fehlenden Ausgleich durch Handel gerade ein *Hauptproblem* der Subsistenzwirtschaft darstellen und gravierende Folgen für die Bevölkerungen mit sich bringen[228]. Die Lösungsversuche dieses Hauptproblems haben denn auch zahlreiche technische und sozialstrukturelle Innovationen initiiert. Unabhängig von dieser historischen Frage ist jedoch grundsätzlich zweifelhaft, ob die mit dieser historisch idealisierten Sichtweise verbundene normative Annahme der Übertragbarkeit der Regeln der Alltagspraxis auf die Subsysteme stichhaltig ist. Die Regeln der face-to-face-Beziehungen der »Alltagspraxis« können nicht ohne weiteres als Kriterien für die Funktionsweisen moderner Subsysteme dienen. Diese Kritik trifft nicht nur Ulrichs erstes Hauptwerk, in dem er seinen Lebensweltbegriff entfaltet, sondern auch sein zweites Hauptwerk, in dem der Lebensweltbegriff zur Entfaltung des grundlegenden Moralprinzips der Reziprozität herangezogen wird: »Die konkret erfahrene moralische Gemeinschaft unserer Lebenswelt wird zur regulativen Idee der unbegrenzten moralischen Gemeinschaft aller Menschen verallgemeinert«[229]. Die Idealisierung der Lebenswelt gegenüber dem System ist eine Folge von Ulrichs Ausblenden des Bösen in seiner Subjekttheorie und der nur negativen Qualifizierung der Kategorie der Macht (siehe oben 5.1.1.1 und 5.1.1.3).

Obwohl Ulrich sich in seiner weiten Deutung des Lebensweltbegriffs als Alltagswelt auf Habermas beziehen kann, läßt sich jedoch auch eine Differenz markieren. Habermas knüpft zwar auch an das Alltagskonzept der Lebenswelt an[230], aber er hält die Differenz von Lebens- und Alltagswelt im Unterschied zu Ulrich fest: »Die kommunikative Alltagspraxis ist, wie wir gesehen haben, in einen lebensweltlichen Kontext eingebettet, der durch kulturelle Überlieferungen, legi-

---

227. Vgl. Ulrich (Transformation, 1986), S. 47.
228. Vgl. Abel (Massenarmut, 1974) und Abel (Pauperismus, 1966).
229. Vgl. Ulrich (Integrative Wirtschaftsethik, 1997), S. 47.
230. Vgl. Habermas (Theorie 2, 1981), S. 206.

time Ordnungen und vergesellschaftete Individuen bestimmt ist«[231]. Die Alltagspraxis *ist* demnach nicht die Lebenswelt, sondern sie *hat* für in Kommunikation stehende Personen eine Lebenswelt.

5.2.3 Das Problem der »Wiederankoppelung«

Eine weitere nicht unwesentliche Akzentverschiebung Ulrichs gegenüber Habermas besteht darin, daß Ulrich von der *»Wiederankoppelung des ökonomischen Systems an die Lebenswelt«* spricht[232]. Sie wird von ihm zunächst theoretisch vollzogen und soll dann seiner Intention nach praktisch erreicht werden. Dieser Gedanke markiert insofern eine Akzentverschiebung gegenüber Habermas, als dieser nicht die Entkoppelung von System und Lebenswelt als solche für problematisch hält, da diese zum Prozeß der Rationalisierung der Lebenswelt gehört: »Nicht die Entkoppelung der mediengesteuerten Subsysteme, und ihrer Organisationsformen, von der Lebenswelt führt zu einseitiger Rationalisierung oder Verdinglichung der kommunikativen Alltagspraxis, sondern erst das Eindringen von Formen ökonomischer und administrativer Rationalität in Handlungsbereiche, die sich der Umstellung auf die Medien Geld und Macht widersetzen, weil sie auf kulturelle Überlieferung, soziale Integration und Erziehung spezialisiert sind und auf Verständigung als Mechanismus der Handlungskoordinierung angewiesen bleiben«[233]. Die Entkoppelung hat nach Habermas einen doppelten Effekt: »Die Umstellung des Handelns auf Steuerungsmedien erscheint deshalb aus der Sicht der Lebensweltperspektive sowohl als eine Entlastung von Kommunikationsaufwand und -risiko, wie auch als eine Konditionierung von Entscheidungen in erweiterten Kontingenzspielräumen, in diesem Sinne als eine *Technisierung der Lebenswelt«*[234]. Mit der Vorstellung von einer Wiederankoppelung des Wirtschaftssystem an die Lebenswelt geht also Ulrich über Habermas hinaus.

Diese Differenz zwischen Habermas und Ulrich kann freilich zunächst nur graduell verstanden werden. Sie wird erst dann relevant, wenn weiter ausgeführt wird, wie weitreichend Ulrich die Wiederankoppelung versteht. Zum Beispiel müssen Ulrichs umfassende Reformvorschläge zur Eigentumsordnung daraufhin befragt werden, inwieweit sie eine Wiederankoppelung des ökonomischen Subsystems an die »Lebenswelt« bewirken oder sogar die Ausdifferenzierung des Subsystems rückgängig machen würden[235]. Unabhängig von der Beantwortung dieser einzelnen Frage muß jedoch festgestellt werden, daß das zugrundelie-

---

231. Vgl. Habermas (Theorie 2, 1981), S. 272 und 589.
232. Vgl. Ulrich (Transformation, 1986), S. 351 und 342.
233. Habermas (Theorie 2, 1981), S. 488.
234. Habermas (Theorie 2, 1981), S. 273.
235. Vgl. Ulrich (Transformation, 1986), S. 387 ff.

gende Problem des Verhältnisses von Lebenswelt und dem Subsystem Wirtschaft in Ulrichs wirtschaftsethischem Entwurf nicht geklärt wird und auch nicht daraus erhoben werden kann. Denn Ulrich reflektiert *nicht eigens die Funktionsbedingungen des ökonomischen Subsystems.* Somit wird eines der beiden Relate unterbestimmt gelassen. Hierin unterscheidet er sich von Habermas, der das zweistufige Gesellschaftskonzept nicht zuletzt deshalb entworfen hat, um der *Systemdynamik* gerecht zu werden. Man kann zumindest fragen, ob Ulrich mit der starken Betonung der Perspektive der Lebenswelt nicht das zweistufige Gesellschaftskonzept von Habermas wieder zu einem einstufigen Modell zurückstuft. Ulrich selbst weist dies zurück. Es geht ihm nicht um eine restlose »Aufhebung der dynamischen Spannung zwischen beiden Dimensionen«, vielmehr kommt es ihm auf eine »systematische Vermittlung oder Integration beider Dimensionen (an), die diese dynamische Spannung konzeptionell bestehen lässt, zugleich aber die *zugelassene* Eigendynamik des Wirtschaftssystems ethisch-praktischen *Legitimationsanforderungen* unterwirft«[236]. Diese Beschränkung der Eigendynamik des Wirtschaftssystems ist für Ulrich die Konsequenz aus dem »*prinzipiellen Primat der Ethik* vor der funktionalen Rationalität des Wirtschaftssystems«[237].

5.2.4 Die optimistische Sicht der Wirtschaft

Auffallend ist Ulrichs optimistische Sicht bezüglich des Knappheitsproblems. Nach Ulrich könnte »mit der fast grenzenlosen Produktivität der heute verfügbaren Produktivmittel die frühere Knappheit der ›Lebensmittel‹ im Prinzip für alle Menschen überwunden werden« und er zweifelt nicht daran, daß in der modernen Marktwirtschaft »mit Keynes die Wirtschaft zur Nebensache« zu machen wäre[238]. Diese Einschätzung mag mit ein Grund dafür sein, daß sich Ulrich in seiner Wirtschaftsethik nicht ausführlich mit Fragen der praktischen Systemorganisation der Wirtschaft befaßt und nicht die möglichen Folgen seiner normativen Vorgaben problematisiert. Die Vernachlässigung der ökonomischen Funktionsbedingungen als Thema der Wirtschaftsethik und die optimistische Sicht der ökonomischen Produktionsmöglichkeiten führen einerseits zu einer Verharmlosung und andererseits gleichzeitig zu einer Moralisierung der Konfliktsituationen zwischen Effizienz und Gerechtigkeit.

---

236. Vgl. Ulrich (Institutionenethik, 1994), S. 5.
237. Vgl. Ulrich (Institutionenethik, 1994), S. 5 und Ulrich (Integrative Wirtschaftsethik, 1997), S. 61, 121 f.
238. Vgl. Ulrich (Integrative Wirtschaftsethik, 1997), S. 221 und 224 und Ulrich (Transformation, 1986), S. 454.

5.3 Integrative Wirtschaftsethik als politische Ethik

Ulrichs Grundanliegen, die *Transformation der ökonomischen Vernunft*, wird von ihm auf zwei Ebenen entfaltet, der historisch-rekonstruktiven und der theoriegeschichtlichen. Dabei kommt der historisch-rekonstruktiven Ebene insofern eine konstitutive Rolle zu, als Ulrich seinen Grundbegriff, die menschliche Vernunft, gattungsgeschichtlich zu begründen versucht. Die Stärken von Ulrichs Ansatz bestehen zum einen in seiner Grundlagenkritik der Wirtschaftstheorie, mit der er die normativen Implikationen der ökonomischen Theorien aufdeckt und zum anderen in der Konzeption einer Verfahrensethik. Auch wenn die Verfahrensethik die Fragen des Inhalts und der Bildung materialer Normen ausblendet und daher als Sozialethik nicht hinreichend ist, trägt sie zumindest, was die Formen der Ausbildung praktischer gesellschaftlicher Konsense betrifft, dem weltanschaulichen Pluralismus moderner, demokratischer Gesellschaften, in denen kein einheitliches Wirklichkeitsverständnis mehr gilt, Rechnung.

Ein Vergleich der beiden Hauptwerke Ulrichs zeigt, daß er seine Grundpositionen von 1986 beibehalten hat. Er hat vor allem seine ersten wirtschaftsethisch begründeten Gestaltungsvorschläge vertieft und zu einem drei Ebenen-Konzept von Orten der Moral des Wirtschaftens konkretisiert. Akzentverschiebungen bestehen im Zurücktreten der historisch-rekonstruktiven Argumentationsweise, die das erste Hauptwerk kennzeichnet, in der kritischen Auseinandersetzung mit den Vertretern der Diskursethik und vor allem in einer breiteren ethischen Argumentationsgrundlage durch ein Grundrechte-Konzept. Insbesondere die letztgenannte Akzentverschiebung hat dazu geführt, daß die konsequente Betonung der Grenze der theoretischen Begründbarkeit pragmatischer Gestaltungsvorschläge – da diese immer nur von den Betroffenen selbst ausgehandelt werden müssen – im zweiten Hauptwerk zurücktritt[239]. Mit dem Konzept »der Orte der Moral des Wirtschaftens« läßt Ulrich deutlicher erkennen, wie politische Prozesse konzipiert werden müssen, damit die Bürger die Gestaltung der gesellschaftlichen Institutionen demokratisch *selbst bestimmen* können. Es geht somit in Ulrichs Konzept um die Klärung von institutionellen Voraussetzungen, damit »mündige Bürger/innen« die konkrete Ausgestaltung von gesellschaftlichen Institutionen, inklusive der Unternehmensverfassung, im geregelten Diskurs ermitteln. Aufgrund dieser Zielperspektive von Ulrichs integrativer Wirtschaftsethik läßt diese sich als ein Konzept *politischer Ethik* kennzeichnen[240].

Die Akzentverschiebungen in Ulrichs Werk verweisen auf zwei Grundprobleme seiner diskursethischen Basis: (a) die nicht hinreichende Reflexion der Entstehung der Diskursbedingungen und (b) das Problem der motivationalen Basis.

---

239. Vgl. Ulrich (Transformation, 1986), S. 344 mit Ulrich (Integrative Wirtschaftsethik, 1997), S. 289 ff., vgl. allerdings auch Ulrich (Integrative Wirtschaftsethik, 1997), S. 284.
240. Vgl. auch Ulrich (Integrative Wirtschaftsethik, 1997), S. 17 und Ulrich (Transformation, 1986), S. 304 f.

Bezüglich des ersten Problems betont Ulrich gerade die notwendige *Grenze* der ethischen Theorie. Sie besteht für ihn darin, daß die pragmatische Handlungsebene theoretisch nie erreicht werden kann und daher von mündigen Bürgerinnen und Bürgern vollzogen werden muß. Unabhängig von der Frage der Reichweite und der Funktion von ethischer Theorie in praktischen Diskursen, muß gegenüber Ulrich festgestellt werden, daß der Diskurs mündiger Bürgerinnen und Bürgern institutionelle Voraussetzungen erfordert, die mit Ulrichs Konzept nicht erfaßt werden können. Der Diskurs erfordert die Klärung der motivationalen Basis für die Ausbildung und Einhaltung ethischer Gewißheiten und für das sich Einbringen in gesellschaftliche Konsensprozesse. Es hat sich gezeigt, daß Ulrich auf diese motivationale Basis nicht hinreichend reflektiert (5.1.3), folglich läßt auch Ulrichs Konzept der Orte der Moral eine Reflexion auf mögliche Orte der Entstehung dieser Motivation vermissen. Die Ausführungen zur Affektenlehre haben deutlich gemacht, daß es neben den familiären Strukturen öffentliche Gemeinschaften geben muß, in denen weltanschauliche Gewißheiten tradiert und weiterentwickelt, also kommuniziert, werden (5.1.1.2).

Trotz der oben unter 5.2 vorgetragenen kritischen Anfragen an das zweidimensionale Gesellschaftskonzept Ulrichs ist die zugrundeliegende zweidimensionale Rationalitätskonzeption aus der Perspektive dieser Arbeit zu würdigen. Ulrichs Unterscheidung von technischer und kommunikativer Vernunft beziehungsweise Rationalität hält fest, daß Rationalität die beiden Dimensionen der Mittel- und der Zielwahl enthält. In der Perspektive dieser Arbeit wird dieser Sachverhalt handlungstheoretisch entfaltet und daraus ergeben sich auch Differenzen zu Ulrichs »Vernunftposition« (siehe oben Kapitel II.3), doch es besteht insofern Übereinstimmung, daß wirtschaftliches Handeln nicht auf eine technische Mittelwahl reduziert werden kann, sondern immer schon zielorientiertes und damit normatives Handeln ist. Daher ist dem systematischen Ansatzpunkt von Ulrich zuzustimmen: »*Die Normativität ist in der ökonomischen ›Sachlogik‹ immer schon drin* – es gilt sie daher *im* ökonomischen Denken aufzudecken und im Licht ethischer Vernunft zu reflektieren«[241].

---

241. Vgl. Ulrich (Integrative Wirtschaftsethik, 1997), S. 13.

VI. Die Ökonomische Theorie der Moral – die Wirtschaftsethik Karl Homanns

»Der Ökonom nimmt beinahe als einziger den Mensch so, wie er wirklich ist, und er vergeudet seine Energie nicht damit, von der Vollkommenheit des Menschen zu träumen. [...] Wenn man schließlich anerkennt, daß der Mensch weder der edle Wilde ist, noch der von seinen Ursünden besessene, dann kann die Rationalität, die zentral für das Modell des Ökonomen ist, ebenfalls zum Gegenstand der Träume erhoben werden«.
(James M. Buchanan)[1]

Die ökonomische Theorie der Moral ist ein möglicher Anwendungsfall des ökonomischen Verhaltensmodells auf soziale Phänomene und Institutionen außerhalb des eng verstandenen wirtschaftlichen Produktions- und Konsumptionsprozesses. So liegen zum Beispiel ökonomische Theorien der Politik, der Verfassung und des Rechts vor[2]. Und es werden Kriminalität oder Heiratsverhalten zum Gegenstand der ökonomischen Analyse gemacht[3]. Gemeinsames Kennzeichen dieser Ausweitung des Erkenntnisgegenstands der Wirtschaftstheorie ist die Anwendung des Rational-Choice-Modells, das heißt des Modells der rationalen Wahl[4], das im methodologischen Individualismus das grundlegende Paradigma darstellt. Im folgenden soll der wirtschaftsethische Entwurf von Karl Homann dargestellt und kritisch analysiert werden, da dieser Ansatz am profiliertesten für eine ökonomische Theorie der Moral und eine Wirtschaftsethik mit ökonomischem Paradigma steht. Karl Homann, Jahrgang 1943, war von 1986-1990 Professor für Volkswirtschaftslehre und Philosophie an der Universität Witten/Herdecke. Seit 1990 war er Professor des ersten Lehrstuhls für Wirtschafts- und Unternehmensethik an der Wirtschaftswissenschaftlichen Fakultät der Katholischen Universität Eichstätt in Ingolstadt. Seit 1999 hat er den Lehrstuhl für Wirtschaftsethik an der Ludwig-Maximilians-Universität in München inne. Neben zahlreichen Aufsätzen hat Homann 1992 zusammen mit seinem Mitarbeiter

---

1. Buchanan (Wirtschaftswissenschaft, 1966, 1971), S. 96.
2. Vgl. Boettcher (Institutionalismus, 1983).
3. Vgl. Becker (Ansatz, 1976, 1982); Ramb/Tietzel (Verhaltenstheorien, 1993).
4. Vgl. Homann (Entstehung, 1989), S. 58; Homann/Suchanek (Methodologische Überlegungen, 1989), S. 75.

Franz Blome-Drees einen Entwurf zur ›Wirtschaftsethik und Unternehmensethik‹ vorgelegt, den er seit dieser Zeit weiterentwickelt und präzisiert hat[5].

1. Anliegen und Ansatz

Karl Homanns Anliegen und Ansatz kann in drei Abschnitten knapp umrissen
werden: Seine Aufgabenstellung für die Ethik in modernen Gesellschaften (1.1),
sein Verständnis der Wirtschaftstheorie (1.2) und schließlich sein Verständnis
von Wirtschaftsethik als ökonomischer Disziplin (1.3).

1.1 Ethik in der modernen Gesellschaft

Homann geht es um die Entwicklung einer modernen Wirtschaftsethik, die zur
Lösung der komplexen Probleme in modernen Gesellschaften beitragen kann.
Traditionelle Ethiken erfassen seiner Ansicht nach nicht die systemische Verfaßtheit moderner Gesellschaften[6]. Die Subsysteme der Gesellschaft haben sich
nach Homann im historischen Prozeß der Modernisierung aufgrund spezifizier-
ter funktionaler Anforderungen in einer Weise ausdifferenziert, daß hochspezia-
lisierte Probleme effizient bearbeitet werden[7]. Homann setzt in seiner Wirtschaftsethik damit eine bestimmte Sicht moderner Gesellschaften voraus, wobei
er sich an Niklas Luhmanns Systemtheorie anlehnt[8]. Die Moral der einzelnen
Akteure ist nach Homann durch diese Entwicklung der Ausdifferenzierung in
eine Krise geraten. Die persönlichen Normen, die überwiegend eine Nah-
bereichsethik widerspiegeln, geraten in Konflikt mit den »Gesetzmäßigkeiten«
der Subsysteme[9]. Die Ethik als Reflexionsform der Moral muß diese veränderten
gesellschaftlichen Bedingungen reflektieren, wobei für Homann feststeht, daß
die Ausdifferenzierung als historisches Faktum nicht revozierbar ist und zwar
aufgrund der Leistungen, die diese Spezialisierung für alle Gesellschaftsmitglieder mit sich gebracht hat[10]. Es darf daher nach Homann nicht zu einer Remora-
lisierung der Subsysteme kommen. Das Ethikprogramm lautet: »Moral kann

---

5. Vgl. Homann/Blome-Drees (Wirtschaftsethik, 1992).
6. Vgl. Homann (Wirtschaftsethik, 1993), 32 ff., Homann (Ethik und Ökonomik, 1994),
   S. 22 f. und Homann (Sinn, 1997), S. 12 ff.
7. Vgl. Homann/Blome-Drees (Wirtschaftsethik, 1992), S. 11-13; Homann (Wirtschaftsethik, 1993), S. 40 ff. und 45 ff. – mit Verweis auf Luhmanns Systemtheorie.
8. Zur Demokratietheorie Homanns siehe Homann (Demokratie, 1988).
9. Vgl. Homann/Blome-Drees (Wirtschaftsethik, 1992), S. 12, 16 und 33 f.
10. Vgl. Homann/Blome-Drees (Wirtschaftsethik, 1992), S. 13.

nicht gegen die Wirtschaft, sondern nur in ihr und durch sie geltend gemacht werden«[11].

1.2 Die Erklärungsleistung der Wirtschaftstheorie

Diese Aufgabe der *Ethik* kann nach Homanns Ansatz die *Wirtschaftstheorie* übernehmen (Homann selbst spricht zumeist von Ökonomik). Die Wirtschaftstheorie hat nach Homann bezüglich der strukturellen Probleme moderner Gesellschaften eine Erklärungsleistung erbracht, die insbesondere den systematisch auftretenden *Dilemmasituationen* gerecht wird, indem sie systematisch zwischen präferenzgeleiteten *Handlungen* und *Restriktionen*, die diese Handlungen begrenzen, unterscheidet. Die Steuerbarkeit der Handlungen von Akteuren in komplexen Systemen gelingt nur noch über die Regeln, durch die Anreize gesetzt werden, nicht mehr durch die direkte Beeinflussung der Motivation der Akteure. Das Verhaltensmodell, das der ökonomischen Methodik zugrunde liegt, ist der homo oeconomicus[12]. Homann betont stets den methodischen Status dieses Modells: das Modell behauptet nicht ontologisch, daß sich Individuen nutzenmaximierend verhalten, sondern das Modell gibt als ein Schema der Beschreibung der Wirklichkeit bestimmte Kategorien vor. Aus ihnen können Hypothesen abgeleitet werden, die wiederum empirisch geprüft werden können[13]. In der Betonung dieser methodischen Einschränkung unterscheidet sich Homann von anderen Vertretern dieses Modells, die ihm einen direkteren empirischen Gehalt beimessen[14]. Homann versteht dieses ökonomische Schema als vortheoretisches, heuristisches Potential, das zu bestimmten Erklärungen sozialen Verhaltens geeignet ist, ohne daß die Erklärungsleistung anderer Methoden geleugnet werden muß[15]. Die Wirtschaftstheorie ermöglicht nach Homann mit ihrem Instrumentarium, die Steuerungsaufgabe in modernen Gesellschaften überhaupt zu erkennen und zu bewältigen.

1.3 Wirtschaftsethik als ökonomische Disziplin

Die Wirtschaftsethik, die moralische Konflikte der Moderne zu beschreiben versucht und Lösungsvorschläge anbietet, muß nach Homann konsequent auf die ökonomische Methode umstellen, denn »Ökonomik ist Ethik mit andern Mit-

---

11. Homann/Blome-Drees (Wirtschaftsethik, 1992), S. 19.
12. Vgl. Homann (Strategische Rationalität, 1990), S. 105.
13. Vgl. Homann/Suchanek (Methodologische Überlegungen, 1989), S. 74.
14. Vgl. Homann/Blome-Dress (Wirtschaftsethik, 1992), S. 92 mit Verweis auf Kirchgässner (Homo Oeconomicus, 1991).
15. Vgl. Homann/Suchanek (Methodologische Überlegungen, 1989), S. 74 und 79; Homann/Blome-Drees (Wirtschaftsethik, 1992), S. 94, 102 und 107.

teln«[16]. Moral läßt sich im »ökonomischen Paradigma« als »kollektive Selbstbindung« verstehen, die sich aus den »ökonomischen Interessen« der Akteure erklären läßt[17]. Doch das Spezifikum der Wirtschaftstheorie (Ökonomik) als Ethik ist nicht, die Begründung von moralischen Normen zu reflektieren, sondern ihre *Durchsetzbarkeit* zum Maßstab ihrer Geltung zu machen[18]. Durchsetzbar wird eine Norm aber erst, wenn die Anreize durch die Strukturen so gesetzt sind, daß die Akteure bestimmte Handlungen aus Interesse und Vorteilskalkül und nicht primär aus moralischen Intentionen vollziehen. Der systematische Ort der Moral in der Wirtschaft ist für Homann daher die *Rahmenordnung*. Die Wirtschaftsethik muß als ökonomische Ordnungs- und Anreizethik konzipiert werden[19]. Forschungsgeschichtlich ist Homann der neoklassisch geprägten Neuen Institutionenökonomik zuzuordnen[20]. Homanns Argumentation verarbeitet dabei im wesentlichen die Arbeiten von James M. Buchanan[21].

2. Ethik – Ökonomik als Ethik mit anderen Mitteln

2.1 Kritik der traditionellen Ethik

Homann entwickelt zwei Argumente in der Kritik der traditionellen Ethik: Sie wird der modernen Großgruppensituation nicht gerecht (2.1.1) und sie läßt sich theoretisch nicht mehr begründen (2.1.2).

2.1.1 Traditionelle Ethik als Kleingruppenethik

Homann bestimmt Ethik zunächst formal als »wissenschaftliche Theorie der ›Moral‹; ihr geht es um die theoretische Begründung, Systematisierung und um die theoriegeleitete Anwendung der ›Moral‹«[22]. Die Moral – verstanden als

16. Vgl. Homann (Ethik und Ökonomik, 1994), S. 13.
17. Vgl. Homann/Blome-Drees (Wirtschaftsethik, 1992), S. 44; Homann (Entstehung, 1989), S. 48; Homann (Strategische Rationalität, 1990), S. 107.
18. Vgl. Homann (Wirtschaftsethik,1993), S. 37.
19. Homann/Blome-Dress (Wirtschaftsethik, 1992), S. 35; Homann (Ethik und Ökonomik, 1994), S. 23.
20. Vgl. Boettcher (Institutionalismus, 1983) und die Einführung von Richter (Institutionen, 1994).
21. Vgl. Homann/Blome-Drees (Wirtschaftsethik, 1992), S. 26, 33, 59, 66 und 109 mit Bezug auf Buchanan (Grenzen, 1975, 1984) und Brennan/Buchanan (Begründung, 1985, 1993).
22. Vgl. Homann/Blome-Dress (Wirtschaftsethik, 1992), S. 16.

»Komplex von Normen, Maximen und Prinzipien, die menschliches Handeln leiten oder leiten sollen« – geht damit der Reflexionsform Ethik voraus[23]. Über diese formale Bestimmung der Ethik hinaus nennt Homann die Definition, daß Ethik die »Lehre vom moralisch richtigen Handeln« ist[24]. Sie verfolgt nicht wie die Einzelwissenschaft Wirtschaftstheorie durch methodischen Reduktionismus ein Einzelproblem (im Fall der Wirtschaftstheorie das Problem der Knappheit, bzw. die *»zugleich gemeinsame(n) und konfligierende(n) Interessen der Interaktionspartner«*), sondern als eine philosophische Disziplin hat die Ethik die Moral in all ihren Aspekten im Blick[25]. Mit diesen Bestimmungen umreißt Homann sein Verständnis der *traditionellen* Ethik, die er einer grundsätzlichen Kritik unterzieht; denn sein Programm der »Ökonomik als Ethik« setzt eine kritische Ablehnung der traditionellen Ethik voraus. Diese vermag nach Homann die moderne Problemlage nicht einmal adäquat zu beschreiben, weil sie von einem individualethischen Ansatz geprägt ist. Traditionelle Ethik ist nach Homann im wesentlichen als Tugendethik konzipiert; sie zielt unmittelbar auf die Motivation der einzelnen Akteure. Die gezielte Änderung und Beeinflussung der Motivation kann aber nach Homann in modernen Gesellschaften nicht mehr erfolgreich durchgeführt werden, da die Menschen in den verschiedenen Subsystemen nach den spezifischen Funktionslogiken handeln. Deshalb muß Ethik nach Homann in der modernen Gesellschaft vorrangig als *Ordnungsethik* konzipiert werden.

Der Wechsel von der Individualethik zur Ordnungsethik wird von Homann als »paradigmatische Wende« der Ethik gedeutet, die mit Adam Smith ihren Anfang genommen hat[26]. Der Wechsel des ethischen Paradigmas gilt insbesondere für den Bereich des wirtschaftlichen Handelns, der einen hohen Grad von Arbeitsteilung mit anonymen Austauschprozessen besitzt[27]. Die Folge dieser Komplexität ist, daß die Handlungsresultate nicht mehr einzelnen Akteuren zugerechnet werden können, sondern das Ergebnis eines ungeplanten Prozesses sind[28]. Die Steuerung dieses Prozesses wird dadurch nicht einfach unmöglich, sie kann jedoch im wesentlichen nur über die Rahmenordnung, das heißt die für alle geltenden Handlungsrestriktionen erfolgen und nicht mehr über die Steuerung der Motive der Einzelnen[29]. Der schottische Moralphilosoph und Ökonom Adam Smith (1723-1790) hat nach Homann diese paradigmatische Wende mit seinem Werk ›Wealth of Nations‹ (1776) markiert. Der zentrale Satz lautet:»Nicht vom Wohlwollen des Metzgers, Brauers und Bäckers erwarten wir das, was wir zum Essen brauchen, sondern davon, daß sie ihre eigenen Interessen wahrnehmen.

---

23. Vgl. Homann/Blome-Drees (Wirtschaftsethik, 1992), S. 16f.
24. Vgl. Homann (Sinn, 1997), S. 12.
25. Vgl. Homann (Ökonomik und Ethik, 1991), S. 13f. und Homann (Sinn, 1997), S. 22.
26. Vgl. Homann/Blome-Drees (Wirtschaftsethik, 1992), S. 23f.
27. Vgl. Homann/Blome-Drees (Wirtschaftsethik, 1992), S. 21.
28. Vgl. Homann/Blome-Drees (Wirtschaftsethik, 1992), S. 24; Homann verweist hier auf Hayeks Theorie der sozialen Evolution, vgl. Hayek (Entwicklung, 1967, 1969).
29. Vgl. Homann/Blome-Drees (Wirtschaftsethik, 1992), S. 22.

Wir wenden uns nicht an ihre Menschen-, sondern an ihre Eigenliebe, und wir erwähnen nicht die eigenen Bedürfnisse, sondern sprechen von ihrem Vorteil«[30].

Die Pointe dieser Einsicht ist nach Homann, daß die Steuerung der Handlungen über die Motive der einzelnen Akteure in komplexen Subsystemen erstens nicht mehr möglich ist, aber auch zweitens nicht mehr nötig ist. Handlungsrestriktionen auf der Ordnungsebene führen zum gewünschten Gesamtergebnis des Prozesses. Die moralischen Motive der Einzelnen wie Sympathie und Altruismus spielen nur noch eine untergeordnete Rolle. Die moderne Situation ist daher durch eine »Entkoppelung von Motiven und Ergebnissen« gekennzeichnet[31]. Damit ist nach Homann eine »paradigmatische Wende« in der Ethik vollzogen worden[32].

Die daraus resultierende grundlegende These seines Entwurfs lautet: *»Der systematische Ort der Moral in einer Marktwirtschaft ist die Rahmenordnung«*[33]. Die Kennzeichnung als *systematischer* Ort zeigt an, daß dies nicht der einzige Ort der Moral ist. Das bedeutet, daß die Individualmoral nicht hinfällig wird, sie muß jedoch für Homann neu zugeordnet werden. Denn die Ordnungsethik hat auch ihrerseits individualethische Implikationen, da zum Beispiel Regeltreue erwartet wird[34]. Diese Regeltreue wird noch nicht über Appelle erreicht, sondern über positive und negative Sanktionen, also Anreize. Wenn trotz des Paradigmenwechsels die traditionelle Ethik weiter auf moderne Gesellschaften angewendet wird, führt dies nach Homann zu erheblichen Problemen: Die Gültigkeit von Normen wird unabhängig von ihrer Realisierung im Funktionszusammenhang der Wirtschaft bestimmt. Damit liegt ein »Domestizierungsparadigma« vor, bei dem unabhängig von der Wirtschaftstheorie entwickelte Normen auf das Gebiet der Wirtschaft angewendet werden, die der Systemlogik widersprechen und gerade zu unerwünschten Folgen führen[35]. Der individual- und tugendethische Ansatz ist für Homann zwar noch für Kleingruppenprobleme geeignet, nicht aber für die Bewältigung der systematisch auftretenden Dilemmasituationen in Großgruppen[36]. Dilemmasituationen sind dadurch ausgezeichnet, daß sie systematisch durch die Defektion, also den Regelverstoß einzelner ausbeutbar sind (zur Erläuterung siehe unten 3.1). Dilemmasituationen sind nur überwindbar oder bewußt gestaltbar, wenn die Rahmenordnung der betreffenden Situationen in einem Subsystem geändert wird. Verhaltensänderungen können in anonymen Großgesellschaften nicht durch die Motivierung zu veränderten *Spielzügen*

---

30. Smith (Wohlstand, 1776, 1990), S. 17.
31. Vgl. Homann/Blome-Drees (Wirtschaftsethik, 1992), S. 23.
32. Homann/Blome-Drees (Wirtschaftsethik, 1992), S. 23 f.
33. Homann/Blome-Drees (Wirtschaftsethik, 1992), S. 35.
34. Vgl. Homann (Wirtschaftsethik, 1993), S. 34 f. und Homann/Blome-Drees (Wirtschaftsethik, 1992), S. 20, 44 und 46-48.
35. Vgl. Homann (Ökonomik und Ethik, 1991), S. 11 f.
36. Vgl. Homann/Blome-Drees (Wirtschaftsethik, 1992), S. 103-107 und Homann (Entstehung, 1989), S. 56 f.

(Handlungen), sondern nur durch veränderte *Spielregeln* (Restriktionen) erreicht werden[37]. Diese für moderne Gesellschaften fundamentale Differenz von Spielzügen und Spielregeln wird von der traditionellen Ethik und den ihr nachgebildeten modernen Ethiken nicht realisiert – Homann sieht insbesondere die Diskursethik (Ulrichs) einem individualethischen Paradigma verhaftet[38].

Homanns Kritik an der traditionellen Ethik richtet sich nicht gegen die ihr voraus- und zugrundeliegenden moralischen Prinzipien (»Gemeinwohl« und »Solidarität aller Menschen«). Diese sollen gerade durch die Wirtschaftstheorie als »Fortsetzung der Ethik« zur Geltung gebracht werden[39]. Allerdings ist die Ethik durch die paradigmatische Wende in eine Situation gekommen, in der sie ihre Ziele »besser in der Form der Ökonomik zur Geltung kommen« läßt[40]. Denn die Wirtschaftstheorie hat genau dieses Zusammenspiel von durch Eigeninteressen geleitetem Handeln der einzelnen innerhalb einer Rahmenordnung, die durch Restriktionen Handlungen steuert, seit ihren Anfängen zum Thema. Dabei kommen nicht nur rechtliche Regeln als Restriktionen in Betracht, sondern ebenso notwendig moralische Normen[41]. Diese wirken nach Homann jedoch nicht über intrinsische Motive und innere Sanktionen, sondern über soziale Sanktionen[42]. Das ökonomische Verhaltensmodell des homo oeconomicus stellt das entscheidende methodische Instrumentarium zur Verfügung, um Dilemmasituationen zu analysieren und eine »komparative Institutionenanalyse« durchführen zu können: Es kann die Frage beantwortet werden, wie die institutionellen Anreizstrukturen gestaltet werden müssen, damit die Handlungen der Individuen in ihrem spontanen Zusammenspiel durch die Rahmenordnung das gewünschte Resultat ergeben[43].

2.1.2 Die Unbegründbarkeit der traditionellen Ethik

Als wichtigstes (und einziges) Beispiel der traditionellen Ethik nennt Homann Kants Pflichtethik, die wie die ihr folgende moderne Diskursethik oder die konstruktivistische Ethik eine Begründung von Regeln und Prinzipien aus der Vernunft versucht. Dieser Weg der Vernunftbegründung ist nach Homann grundsätzlich nicht mehr gangbar. Dies begründet er damit, daß in der modernen

---

37. Vgl. Homann (Ethik und Ökonomik, 1994), S. 21-23.
38. Vgl. Homann/Blome-Dress (Wirtschaftsethik, 1992), S. 20 ff. und 44 ff. und Homann (Ethik und Ökonomik, 1994), S. 12 ff.
39. Homann (Wirtschaftsethik, 1993), S. 45; vgl. auch Homann/Blome-Drees (Wirtschaftsethik, 1992), S. 110.
40. Homann/Blome-Drees (Wirtschaftsethik, 1992), S. 20; vgl. auch Homann (Wirtschaftsethik, 1993), S. 45.
41. Vgl. Homann/Blome-Drees (Wirtschaftsethik, 1992), S. 23.
42. Vgl. Homann/Blome-Drees (Wirtschaftsethik, 1992), S. 45.
43. Vgl. Homann/Blome-Drees (Wirtschaftsethik, 1992), S. 93.

Gesellschaft nach dem Ende der metaphysischen und naturrechtlichen Moralbegründung die Regelsysteme *kontingent,* das heißt gegenüber alternativen Regelsystemen nicht mehr begründbar sind[44].

2.2 Die ökonomische Interpretation der Moral

Homann entwirft keine von der Wirtschaftstheorie unterscheidbare Ethiktheorie, doch nennt er eine Vielzahl von Aufgaben der Ethik sowie darüber hinaus eine Reihe von Normen, die er zum Kernbestand der Moral zählt. »Moral und Ethik« entwickeln nach Homann »Ideale und Utopien einer gerechten Gesellschaft und der Selbstverwirklichung des Menschen«[45]. Diese werden von der Wirtschaftstheorie gebraucht; sie ist auf »Visionen wie die Freiheit aller und Menschenwürde, allgemeinen Wohlstand, Demokratie, soziale Sicherheit und Selbstentfaltung« angewiesen[46]. Das Grundprinzip aller Moral besteht für Homann in der Formel *»Solidarität aller Menschen«*. Sie stellt für ihn die moderne Version der Goldenen Regel dar[47]. Die Goldene Regel, die nach Homann in »fast allen Ethiktraditionen vorkommt und deren elaborierteste Form wohl Kants kategorischer Imperativ« darstellt, bildet die »Ur-Regel aller Ethik«[48]. Auch wenn Homann damit noch keine Ethiktheorie skizziert, so wird doch deutlich, daß er Moral primär als Set von normativen Regeln versteht. Diese »dienen den Menschen, insofern haben sie ihren Grund, ihre Rechtfertigung in den Vorteilen, die sie langfristig allen Menschen bringen«[49]. Der Begriff des Vorteils dient Homann zur ökonomischen Interpretation der Moral. Seine provokante These lautet: *»Unbändiges Vorteilsstreben bildet den Kern aller Moral – und sogar des christlichen Liebesgebotes«*[50]. Für dieses Verständnis von Moral ist dann auch schlüssig, daß für Homann »alle Moral auf *sozialer Kontrolle* gegründet sein muß«[51]. Denn es entspricht seinem Verhaltensmodell, daß in das Vorteilskalkül der Akteure immer auch die ›Kosten‹ der sozialen Kontrolle mit eingerechnet werden (siehe unten 5.2.4).

Während Homann also bezogen auf Regelsysteme deren Kontingenz und Unbegründbarkeit vertritt, bekennt er sich auf der Ebene der Moral zu einem universalen Kern. Dies kann so gedeutet werden, daß Homann zwar keinen moralischen, aber einen ethischen Relativismus vertritt. Die ökonomische Interpre-

---

44. Vgl. Homann (Sinn, 1997), S. 14 f.
45. Vgl. Homann/Blome-Dress (Wirtschaftsethik, 1992), S. 99 und Homann (Ökonomik und Ethik, 1991), S. 24.
46. Vgl. Homann (Ethik und Ökonomik, 1994), S. 19.
47. Vgl. Homann/Blome-Dress (Wirtschaftsethik, 1992), S. 15.
48. Vgl. Homann (Ökonomik und Ethik, 1991), S. 22.
49. Vgl. Homann (Ökonomik und Ethik, 1991), S. 22.
50. Homann (Sinn, 1997), S. 37.
51. Vgl. Homann (Ethik und Ökonomik, 1994), S. 22 Anm. 14.

tation der Moral lautet: Moralische Normen sind als »pragmatische Kurzfassungen langer ökonomischer Kalkulationen« zu interpretieren; Akteure binden sich an Moral, weil sie Transaktionskosten vermindert[52].

2.3 Die Implementierung des Prinzips der Solidarität

Unter Verweis auf die christliche Tradition und den kategorischen Imperativ Kants bestimmt Homann das genannte Grundprinzip der Moral als »Solidarität aller Menschen«[53]. Er verzichtet bewußt auf eine Begründung und inhaltliche Entfaltung dieses Prinzips und stellt die Frage der Implementierung, also der institutionellen Umsetzung, dieses moralischen Grundprinzips ins Zentrum seines Entwurfs. Das zentrale Problem, das damit für Homann bearbeitet wird, ist die Frage, wie sich das Prinzip der Solidarität unter den Bedingungen der ausdifferenzierten Gesellschaft zur *Geltung* bringen läßt, das heißt wie die einzelnen Akteure zu einem Verhalten angereizt werden können, durch das Solidarität verwirklicht wird[54]. Diese Möglichkeit zur Umsetzung bildet für Homann das entscheidende Kriterium der Geltung einer Norm: *»Eine moralische Norm hat keine Gültigkeit, solange ihre Durchsetzbarkeit nicht sichergestellt ist«*[55]. Die Frage der Umsetzung ist aber gerade die Aufgabe der Wirtschaftstheorie, die sich damit wiederum als Fortführung der Intentionen der Ethik mit anderen Mittel anbietet[56].

3. Wirtschaftstheorie – Interaktionsanalyse von Dilemmasituationen

Homann baut seine Wirtschaftsethik auf einem spezifischen Verständnis von Wirtschaftstheorie auf: Wirtschaftstheorie ist Interaktionsanalyse mit Hilfe des Verhaltensmodells des homo oeconomicus. Im folgenden wird zunächst Homanns Zielbestimmung der Wirtschaftstheorie vorgestellt (3.1). Anschließend wird in einem zweiten Schritt das Gefangenendilemma erläutert, da Homann alle Interaktionssituationen als Dilemmasituationen rekonstruiert (3.2). Auf diesem Hintergrund kann in einem dritten Schritt Homanns spezifisches Ökonomieverständnis dargestellt werden (3.3). Die Struktur von Dilemmasituationen

---

52. Vgl. Homann (Ethik und Ökonomik, 1994), S. 18 und Homann (Sinn, 1997), S. 34.
53. Vgl. Homann/Blome-Drees (Wirtschaftsethik, 1992), S. 15.
54. Vgl. Homann/Blome-Dress (Wirtschaftsethik, 1992), S. 14-16.
55. Vgl. Homann (Wirtschaftsethik,1993), S. 37.
56. Vgl. Homann (Sinn, 1997), S. 14.

dient Homann insbesondere zur Beschreibung der Marktlogik. Dies wird in einem letzten Schritt nachgezeichnet (3.4).

3.1 Erklärung und Gestaltung als Ziele der Wirtschaftstheorie

Wirtschaftstheorie wird von Homann als Einzelwissenschaft verstanden, die sich – wie alle Einzelwissenschaften – nicht durch einen bestimmten Gegenstandsbereich auszeichnet, sondern durch ein Forschungsproblem, das mit einer spezifischen Methode bearbeitet wird. Wirtschaftstheorie verfolgt dabei allgemein zwei Ziele, nämlich die »Erklärung und Gestaltung von Resultaten von Interaktionen in Dilemmastrukturen«[57]. Das Verhältnis beider Ziele ist: Erklären zwecks Gestaltung. Die Gestaltungsaufgabe ist durch normative Vorgaben bestimmt. Damit wird die Umsetzbarkeit der Ergebnisse zum selbst gestellten Kriterium der Wirtschaftstheorie. In der *Gestaltungs*orientierung sieht Homann die normative Fundierung der Wirtschaftstheorie begründet, wobei die normativen Ziele mit einer positiven Methode, also der Wirtschaftstheorie, umgesetzt werden[58]. Der Plural in der Definition der Aufgaben der Wirtschaftstheorie hat für Homann grundsätzliche Bedeutung: Wirtschaftstheorie erklärt nicht einzelne Handlungen von Akteuren, sondern aggregierte Resultate von Interaktionen[59]. Die Erklärung von einzelnen Handlungen ist die Aufgabe anderer Einzelwissenschaften, zum Beispiel der Psychologie. Die Wirtschaftstheorie hat zwar mit dem Modell des *homo oeconomicus* eine Verhaltensannahme von Einzelakteuren, aber dieses Modell muß nach Homann streng als Modell der *Reaktion* von Akteuren auf Veränderung der Anreizstruktur in Dilemmasituationen verstanden werden[60]. Aufgrund des Verhaltensmodells des homo oeconomicus lautet das Erklärungsschema der Wirtschaftstheorie: »Erkläre so, daß Akteure ihren erwarteten Nutzen unter Restriktionen maximieren«[61]. Der mit diesem Erklärungsschema verbundene *ökonomische Imperialismus*, also die Anwendung des ökonomischen Verhaltensmodells auf alle Handlungen und sozialen Institutionen und der damit verbundene methodische Reduktionismus, wird von Homann als methodisch gerade notwendiges Verfahren begründet. Dies ist nach Homann der einzig gangbare Weg, wie in interdisziplinären Fragestellungen die Einzelwissenschaften ihre spezifische Problemsicht einbringen können[62].

---

57. Vgl. Homann (Sinn, 1997), S. 22 und Homann (Ethik und Ökonomik, 1994), S. 16.
58. Vgl. Homann (Ethik und Ökonomik, 1994), S. 23 f.
59. Vgl. Homann (Sinn, 1997), S. 23.
60. Vgl. Homann (Sinn, 1997), S. 20.
61. Homann/Suchanek (Methodologische Überlegungen, 1989), S. 75.
62. Vgl. Homann/Suchanek (Methodologische Überlegungen, 1989), S. 82 f. und Homann (Entstehung, 1989), S. 60.

3.2 Das Gefangenendilemma

Die nach Homann für die Wirtschaftstheorie konstitutive Unterscheidung von Rahmenordnung (Spielregeln als Restriktionen) und Handlungen innerhalb dieser Ordnung (Spielzüge aufgrund von individuellen Präferenzen) wird in der neueren Wirtschaftstheorie durch das wichtigste Modell der Spieltheorie, das Gefangenendilemma, veranschaulicht und präzisiert. Das Gefangenendilemma beschreibt eine Situation, in der individuell-rationales Handeln zwangsläufig zu einem für alle Akteure suboptimalen Ergebnis führt, also zu einer in gewissem Sinn irrationalen Konsequenz: Zwei überführte Komplizen werden getrennt verhört. Aufgrund einer Kronzeugenregelung wird jedem ein Geständnis nahegelegt, das Straffreiheit für den Geständigen und 12 Jahre Haft für den Nichtgeständigen zur Folge hat. Wenn beide gestehen, greift diese Regelung nicht, die Geständnisse mildern jedoch die Strafen um 2 Jahre auf 10 Jahre. Wenn beide nicht gestehen, können die Gefangenen nur für ein geringfügigeres Vergehen mit 2 Jahren Gefängnis bestraft werden. Beide müssen eine individuell-rationale Entscheidung treffen, ohne die Entscheidung des anderen zu kennen[63]. Die Logik der Situation zwingt sie nun jeweils zum Geständnis, da sie sich nicht absprechen können, bzw. die Einhaltung einer möglichen Absprache auch nicht erzwungen werden kann.

In der Spieltheorie wird die Situation durch eine Auszahlungsmatrix abgebildet, die die Nutzenmengen der möglichen Ergebnisse der jeweiligen Strategien angibt[64]:

Abbildung 6: Matrix des Gefangenendilemmas

		Spieler A	
		Leugnen	Gestehen
Spieler B	Leugnen	–2/–2	–12/0
	Gestehen	0/–12	–10/–10

Quelle: Eigene Darstellung nach Kirchgässner (Homo Oeconomicus, 1991) und Homann/Blome-Drees (Wirtschaftsethik, 1992).

In der Terminologie der Spieltheorie sind stets die beiden Strategien Kooperieren und Defektieren möglich. Im vorliegenden Fall entspricht dem Kooperieren das solidarische Leugnen.

Zwei Grundannahmen des Modells der rationalen Wahl kommen hier zum

---

63. Vgl. Axelrod (Evolution der Kooperation, 1984), S. 112f. und 186, Kirchgässner (Homo Oeconomicus, 1991), S. 50-52, Homann/Pies (Gefangenendilemma, 1991), S. 608ff. und Homann/Blome-Drees (Wirtschaftsethik, 1992), S. 29ff.
64. Vgl. Axelrod (Evolution der Kooperation, 1984), S. 7-9.

Tragen. Die aus ihnen folgenden widersprüchlichen Konsequenzen machen das Dilemma aus[65]:
1) Das Dominanzprinzip besagt: Wenn eine Handlung a unter allen Umständen (das heißt die Spieler müssen jeweils beide möglichen Strategien des anderen in Rechnung stellen) bessere Folgen hat als eine Handlung b, dann sollte b als »dominierte Alternative« nicht gewählt werden.
2) Das schwache Paretoprinzip besagt: Wenn zu einer Situation a eine Situation b existiert, in der sich jedes einzelne Individuum besser steht, dann sollte a nicht realisiert werden.

Das erste Prinzip empfiehlt jedem der Gefangenen das Gestehen, weil entweder Straffreiheit oder – im schlechteren Fall – die Strafe 10 Jahre beträgt, beim Leugnen jedoch entweder 2 Jahre oder im schlechteren – und wahrscheinlichen – Fall 12 Jahre drohen. Aus dem zweiten Prinzip folgt hingegen als gemeinsames bestes Ergebnis das beiderseitige Leugnen. Die Crux liegt nun darin, daß dieses gemeinsame beste Ergebnis (jeweils 2 Jahre Gefängnis) aus der Sicht des jeweils einzelnen nur das zweitbeste Ergebnis darstellt. Es besteht daher ein rationaler Anreiz auch bei einer möglichen Absprache, doch zu defektieren und zur Kronzeugenregelung zu greifen.

Homann leitet noch eine weitere »tragische« Konsequenz ab: Sollte ein Gefangener tatsächlich unschuldig sein, doch er könnte es nicht beweisen, so wird er durch Logik der Situation zu einem Geständnis gezwungen, um der drohenden Höchststrafe beim Leugnen zu entgehen[66]. Die Konsequenz, die Homann zieht, lautet, daß das Verhalten in Dilemmasituationen unabhängig von der vorliegenden Motivation vollzogen wird[67].

3.3 Das Paradigma der Wirtschaftstheorie

Die Dilemmastruktur hat in Homanns Konzept eine kategoriale Bedeutung, denn grundsätzlich »*weisen ausnahmslos alle Interaktionen*« diese Struktur auf[68]. Der einzelne Akteur hat immer einen Anreiz zur Defektion, denn es gilt: Ein »Verstoß gegen Regeln, die die anderen Akteure einhalten, kann für den einzelnen zu spezifischen Vorteilen führen«[69]. Zur Überwindung von Dilemmasituationen oder zu ihrer bewußten Ausgestaltung ist nach Homann die Mitwirkung aller Akteure nötig. Sie wird erreicht, wenn die Regeln so verändert oder gesetzt

---

65. Das Folgende hält sich an Kliemts Darstellung, vgl. Kliemt (Theorie der Moral, 1993), S. 289.
66. Vgl. Homann/Blome-Drees (Wirtschaftsethik, 1992), S. 41 f.
67. Vgl. Homann/Blome-Drees (Wirtschaftsethik, 1992), S. 41 f.
68. Vgl. Homann (Sinn, 1997), S. 26.
69. Vgl. Homann (Sinn, 1997), S. 26.

werden, daß die Kooperation zu Gewinnen für alle führt[70]. Die *kategoriale* Bedeutung der Dilemmasituationen führt Homann zu einer spezifischen Bestimmung seines Verständnisses von Wirtschaftstheorie, das er von anderen gegenwärtigen Auffassungen abgrenzt. Er nennt sein Verständnis den »interaktionsökonomischen Ansatz«[71]. Die Wirtschaftstheorie hat danach die Aufgabe, »Resultate von Interaktionen, pointierter: die aggregierten Resultate von Interaktionen« zu erklären, wobei davon auszugehen ist, daß »*zugleich gemeinsame und konfligierende Interessen der Interaktionspartner*« und damit Dilemmasituationen bestehen[72]. Homann grenzt sich insbesondere von der wohlfahrtsökonomischen Allokationstheorie ab, bei der es »um die effiziente Nutzung von Ressourcen« geht und zum Beispiel Fragen der Gerechtigkeit oder der Ausgangsverteilung ausgeklammert oder der Ethik zugewiesen werden[73]. Homann nimmt jedoch an, daß »alle bedeutenden Ökonomen« die kategoriale Bedeutung der Dilemmasituationen erkannt haben, da sie das Verhaltensmodell des homo oeconomicus verwenden[74].

3.4 Die Funktionslogik der Wettbewerbswirtschaft

Homann hebt hervor, daß Dilemmasituationen nicht per se negativ zu bewerten sind[75]. Die marktwirtschaftliche Wettbewerbsordnung kann in ihrer modelltheoretischen Beschreibung geradezu als gezielte – wenn auch begrenzte – Etablierung eines Gefangenendilemmas gesehen werden: Die Anbieter (diesen Fall expliziert Homann) werden in eine Konkurrenzsituation versetzt, deren Konsequenz die Produktion zu möglichst niedrigen Preisen ist. Durch Preisabsprachen (Kartelle) könnten zwar alle Anbieter ein für sie höheres Preisniveau durchsetzen, um der Konsumenten willen wird jedoch versucht, dies durch das Rechtssystem zu unterbinden. So bleibt den Anbietern – nach der Diktion des Modells des Gefangendilemmas – nur die Strategie des ›Defektierens‹, also die Strategie des individuellen Vorteils (Gewinnmaximierung): sie müssen möglichst kostengünstig produzieren und die Preise der Konkurrenten unterbieten[76]. Nach Hayeks Wettbewerbstheorie unterscheidet Homann die beiden Wettbewerbswirkungen Innovation und Diffusion: Die Logik der Situation animiert die Anbieter dazu, mit neuen Produkten Preisvorteile zu erzielen. Diese Preisvorteile sind

---

70. Vgl. Homann (Sinn, 1997), S. 19.
71. Vgl. Homann (Sinn, 1997), S. 36.
72. Vgl. Homann (Sinn, 1997), S. 36 und 22.
73. Vgl. Homann (Sinn, 1997), S. 23.
74. Vgl. Homann (Sinn, 1997), S. 26.
75. Vgl. Homann/Blome-Drees (Wirtschaftsethik, 1992), S. 33.
76. Vgl. Homann/Blome-Drees (Wirtschaftsethik, 1992), S. 32 f. und 44.

jedoch für andere Anbieter das Signal zum Nachahmen und somit verbreiten sich die Neuerungen am Markt[77].

Der Wettbewerb ist jedoch kein reines Gefangenendilemma, denn nicht jede Form der individuell-rationalen Strategie ist erlaubt. Durch Gesetze, die auf der Ebene der Rahmenordnung liegen, werden Betrug, Gewalt usw. aufgrund von Sanktionen möglichst weit ausgeschlossen und auf diese Weise ein Kollektivnutzen für alle Anbieter durchgesetzt[78].

Sowohl die Etablierung als auch die Begrenzung und Überwindung von Dilemmasituationen vollzieht sich nach Homann – und das ist die entscheidende Konsequenz aus der Analyse des Gefangenendilemmas – nur über die Rahmenordnung, durch die kontrollierbare Spielregeln festlegt werden[79]. Die einzelnen Akteure werden durch die Logik der Situation gezwungen, ihren individuellen Vorteil durchzusetzen, andernfalls droht ihnen, daß sie – wiederum modelltheoretisch gefolgert – aus dem Markt aussteigen müssen. Die Gewinnmaximierung (als Basis für Innovationen und Investitionen) muß daher nicht von den einzelnen als persönliches Ziel gewollt werden, sie wird durch die Struktur der Situation »erzwungen«[80].

4. Wirtschaftsethik – Ökonomik als Ethik

4.1 Wirtschaftsethik als Ordnungs- und Anreizethik

Entsprechend dem Programm der Ökonomik als Ethik mit anderen Mitteln wird in Homanns Konzeption »die ganze Wirtschaftsethik auf die strenge ökonomische Methode umformuliert«[81]. Das Ergebnis ist eine Wirtschaftsethik, die als Anreizethik konzipiert ist. Sie nimmt die Intentionen der Moral auf und »übersetzt« sie in Vorteils- und Nachteilskalküle sowie in Anreizstrukturen, die die Daten für die Kalküle setzen. Hierdurch wird für Homann das Hauptziel der Wirtschaftsethik, die Implementierung erwünschter Normen, erreicht[82]. Entsprechend der ökonomischen Grunddifferenz von Präferenzen und Restriktionen, bzw. zwischen Spielzügen und Spielregeln, geschieht die Implementierung auf

---

77. Vgl. Homann/Blome-Drees (Wirtschaftsethik, 1992), S. 32 f. und Hayek (Entdeckungsverfahren, 1968, 1969), S. 249-265.
78. Vgl. Homann/Blome-Drees (Wirtschaftsethik, 1992), S. 43.
79. Zum Bild des Spiels als Vergleich für die Wirkungsweise des Wettbewerbs vgl. auch Hayek (Grundsätze, 1967, 1969), S. 120 und 122.
80. Vgl. Homann/Blome-Drees (Wirtschaftsethik, 1992), S. 34 und 43; vgl. auch Homann/Pies (Gefangenendilemma, 1991), S. 610.
81. Vgl. Homann (Sinn, 1997), S. 27.
82. Vgl. Homann (Sinn, 1997), S. 27.

der Struktur- oder Ordnungsebene. Wirtschaftsethik ist daher für Homann primär *Ordnungsethik*.

Es ist eine besondere Zuspitzung des Paradigmas der Wirtschaftstheorie bei Homann, daß Wirtschaftstheorie mit Wirtschaftsethik zusammenfällt. Denn die Normativität der Ethik ist in die ökonomischen Grundkategorien in der Weise eingegangen, daß sich die Wirtschaftstheorie die Grundfrage stellt: »Nach welchen Regeln wollen Menschen, die immer gemeinsame und konfligierende Interessen zugleich haben, miteinander umgehen?«[83] Die Aufgabe der Wirtschaftstheorie und als solche der Wirtschaftsethik ist es damit, Gestaltungsvorschläge für Dilemmasituationen zu erarbeiten. Ziel ist es, daß die Anreize so gesetzt werden, daß Dilemmasituationen bewußt gestaltet und entschärft werden. Das Zuordnungsverhältnis von Ethik und Wirtschaftstheorie, das Homann bei dieser Konzeption von Wirtschaftsethik zugrunde legt, wird im Kapitel VII kritisch analysiert.

4.2 Moral im Funktionszusammenhang des Marktes

Zentrale inhaltliche Aussagen dieser Wirtschaftsethik beziehen sich auf die normative Rechtfertigung der Marktwirtschaft. In ihr gilt die langfristige Gewinnmaximierung von Unternehmen nicht als ein Privileg, sondern als deren »*sittliche Pflicht*«[84]. Der Wettbewerb gilt als eine bewußt gestaltete Dilemmastruktur, die den Output für die Konsumenten maximiert. Moralische Intentionen werden nicht gegen den Wettbewerb oder in dessen Aussetzung, sondern durch ihn erreicht, weil das durch ihn initiierte Gewinnstreben der Solidarität aller dient[85].

4.2.1 Die negativen Folgen einseitiger Kooperationsversuche

Zunächst verdeutlicht das Gefangenendilemma Homanns grundlegende These, daß der systematische Ort der Moral in einer Marktwirtschaft die Rahmenordnung ist[86]. Denn eine einseitige kooperative Strategie eines Akteurs führt für ihn aufgrund von höheren Kosten zu erheblichen Nachteilen. Einseitige moralische Vorleistungen können nach Homann in der Wettbewerbssituation ruinöse Folgen haben. Nur wenn sich nach Homann eine kollektive Selbstbindung kontrollieren und sanktionieren läßt, wird eine Dilemmasituation begrenzt oder überwunden[87]. Aus dieser Perspektive lassen sich moralische Normen ökonomisch als

---

83. Homann (Sinn, 1997), S. 36.
84. Vgl. Homann (Ethik und Ökonomik, 1994), S. 14 f.
85. Vgl. Homann/Blome-Dress (Wirtschaftsethik, 1992), S. 47 ff.
86. Vgl. Homann/Blome-Dress (Wirtschaftsethik, 1992), S. 35.
87. Vgl. Homann/Blome-Dress (Wirtschaftsethik, 1992), S. 44.

»Investition in die Kooperation zwischen Menschen, die außerordentliche Produktionsvorteile für alle bringen soll und kann«, interpretieren[88]. Eine entscheidende Bedeutung kommt hierbei der *wirksamen* Sanktionierbarkeit zu (siehe unten 4.2.3)[89].

4.2.2 Die Notwendigkeit der Gewinnmaximierung

Das Ziel der Gewinnmaximierung kann nach Homann nicht als unmoralisch gelten, da es im Funktionszusammenhang des Marktes eine nicht zu ersetzende Funktion ausübt. Wer am Markt teilnimmt, ist auf dieses Ziel verpflichtet, wie auch immer er (oder sie) persönlich dazu stehen mag[90]. Moralisch motivierte Sonderleistungen können unter Umständen ruinöse Folgen haben. Das Funktionieren des Marktes ist gewährleistet, wenn die Akteure sich an die moralische Maxime halten, die Rahmenregeln einzuhalten und Gewinne zu erwirtschaften[91].

4.2.3 Implementierung als Bedingung der Geltung von Normen

Moralische Werte sollen ›wettbewerbsneutral‹ durch die Rahmenordnung umgesetzt werden, das heißt daß sie nicht durch Interventionen den Wettbewerb aussetzen sollen. Da die Umsetzung von Moral in dieser Weise auf die Rahmenordnung verwiesen ist, folgert Homann: *»In Dilemmastrukturen schlägt die Implementierung auf die ›Geltung‹ der Normen durch«*[92]. Moralische Normen, die nicht institutionell gesichert werden, verlieren daher nach Homann ihren Verpflichtungsgrund. Am Beispiel der Waffenexporte und der freiwilligen Umweltstandards verdeutlicht Homann die hieraus folgenden ethischen Handlungsorientierungen[93]. Allerdings sieht Homann auch die Funktion von moralisch motivierten einzelnen Personen. Er versteht sie als ›moralische Innovatoren‹[94]. Sie setzen moralische Normen um, ohne daß diese Normen durch den Rahmen gestützt werden. Neue Normen können dabei nach Homann anfangs in kleinen moralischen Gemeinschaften erprobt werden[95]. Homann betont die Unverzicht-

---

88. Vgl. Homann (Ökonomik und Ethik, 1991), S. 22 f., mit Verweis auf Buchanan, der in ›Grenzen der Freiheit‹ das Recht als »öffentliches Kapital« versteht, vgl. Buchanan (Grenzen, 1975, 1984), S. 152-185.
89. Vgl. Homann/Blome-Drees (Wirtschaftsethik, 1992), S. 45.
90. Vgl. Homann/Blome-Drees (Wirtschaftsethik, 1992), S. 24 f. und 34.
91. Vgl. Homann/Blome-Drees (Wirtschaftsethik, 1992), S. 38 und 51.
92. Vgl. Homann/Blome-Drees (Wirtschaftsethik, 1992), S. 46; Homann bezieht sich hier auf eine Argumentation von Buchanan (Grenzen, 1975, 1984, S. 168 ff.).
93. Vgl. Homann/Blome-Drees (Wirtschaftsethik, 1992), S. 149 ff. und 160 ff.
94. Vgl. Homann/Blome-Drees (Wirtschaftsethik, 1992), S. 40.
95. Vgl. Homann/Blome-Drees (Wirtschaftsethik, 1992), S. 40.

barkeit von »Moral und moralischer Motivation von einzelnen« für die Evolution der Gesellschaft[96]. Doch die Gestaltung des Rahmens, die nach Homann durch politische Spielzüge erfolgt, wird ihrerseits wiederum von eigeninteressierten Motiven geleitet[97].

4.2.4 Die moralische Qualität der Wettbewerbsordnung

Die drei beschriebenen Konsequenzen beruhen für Homann auf der grundsätzlich feststehenden »moralischen Qualität« der Wettbewerbsordnung[98]. Diese Qualität hat ihren Grund in der Effizienz, in der das Wettbewerbssystem das »Wohl der Allgemeinheit« fördert, jedenfalls besser als alle Formen der zentralen Steuerung[99]. Die aufgezeigte Marktlogik zwingt die Anbieter aus Kostengründen »zum sparsamen Umgang mit knappen Ressourcen« und zur Produktion zu möglichst günstigen Preisen zum Vorteil für die Konsumenten[100]. Dieser Wohlstand ermöglicht persönliche Freiheit und hat deshalb nach Homann seinerseits »moralische Qualität«[101].

5. Kritische Würdigung

Homanns ökonomische Wirtschaftsethik gehört zu den profiliertesten Entwürfen der wirtschaftsethischen Diskussion. Die Hauptstärke seines Ansatzes besteht darin, den spezifischen – und damit unverzichtbaren – Beitrag der Wirtschaftstheorie für die Wirtschaftsethik aufzuzeigen (5.1). Weil Homann jedoch die Wirtschaftsethik auf die Methodik der Wirtschaftstheorie reduziert, wird der Beitrag der Wirtschaftstheorie von ihm überschätzt. Die Folge ist, daß ihm Kriterien der Einordnung des ökonomischen Beitrags in die wirtschaftsethische Urteilsbildung fehlen. Dieser Befund ist nicht zufällig, sondern er ergibt sich aus den theoretischen Problemen seines Ansatzes (5.2-5.3). Den Kern von Homanns Ansatz bildet das ökonomische Verhaltensmodell des homo oeconomicus. Es dient ihm zur Analyse der Interaktionssituationen und zur Generierung von umsetzbaren Gestaltungsvorschlägen. Das Modell basiert auf der Annahme, daß Akteure ihren erwarteten Nutzen bei gegebenen Präferenzen und unter gesetzten Restriktionen maximieren (siehe oben 3.1). Dieses Modell, das auch als Ra-

---

96. Vgl. Homann/Blome-Drees (Wirtschaftsethik, 1992), S. 40f.
97. Vgl. Homann/Blome-Drees (Wirtschaftsethik, 1992), S. 41.
98. Vgl. Homann/Blome-Drees (Wirtschaftsethik, 1992), S. 34 und 47.
99. Vgl. Homann/Blome-Drees (Wirtschaftsethik, 1992), S. 24, 26, 34 und 47ff.
100. Vgl. Homann/Blome-Drees (Wirtschaftsethik, 1992), S. 34.
101. Vgl. Homann/Blome-Drees (Wirtschaftsethik, 1992), S. 34.

tional-Choice-Modell bezeichnet wird, wird in einem ersten Schritt der Kritik dargestellt und in die innerökonomische Diskussion und Theorieentwicklung eingeordnet (5.2). Anhand der fünf Strukturmerkmale des Modells werden seine implizierten Annahmen des Modells, seine theoretischen Probleme, sowie schließlich Homanns spezifische Deutung deutlich. Unter Punkt 5.3 wird Homanns Deutung des homo oeconomicus resümiert und kritisch erörtert. Dabei wird die Frage geklärt, in welchem Verhältnis das Verhaltensmodell zum zugrundeliegenden Menschenbild steht. Es zeigt sich, daß das Verhaltensmodell ein problematisches – weil unterbestimmtes – Menschenbild repräsentiert. Da Homann diese Problematik nicht hinreichend sieht, unterliegt er in der gesellschaftstheoretischen Anwendung seines Modells einem Kurzschluß vom Modell auf die Wirklichkeit (5.4).

5.1 Der unverzichtbare Beitrag der Wirtschaftstheorie

Die Stärke des wirtschaftsethischen Ansatzes Homanns ist seine spezifische Bestimmung der Wirtschaftstheorie und die präzise Beschreibung der ökonomischen Methode. Homann arbeitet überzeugend heraus, worin der Beitrag der Wirtschaftstheorie für ethische Problemlagen bestehen kann: Es ist erstens die Analyse von Dilemmasituationen, das heißt von Interaktionssituationen, in denen die Anreize so gesetzt sind, daß notwendig unerwünschte Handlungsergebnisse erzeugt werden, obwohl die Akteure eventuell andere Motive und Ziele haben. Die Analyse dieser Situationen nennt er den Homo-Oeconomicus-Test[102]. Und es ist zweitens die Generierung von Gestaltungsvorschlägen zur Veränderung nicht der Motivationen der Akteure, sondern der Restriktionen und damit der Anreize. Der Homo-Oeconomicus-Test ermöglicht somit eine »komparative Institutionenanalyse«, die nach Homann schon das Thema der klassischen Wirtschaftstheorie gewesen ist[103]. Die Kernfrage der Institutionenanalyse hat normativen Charakter: »Wie soll das Institutionensystem einer Gesellschaft gestaltet werden?«[104] Diese Frage wird unter dem für die Wirtschaftstheorie spezifischen Aspekt der Knappheit der Mittel gestellt[105]. Die Wirtschaftstheorie, die in ihrem Erklärungsschema den methodologischen Individualismus zugrunde legt, formt diese Frage nach Homann in spezifischer Weise um: »Wie reagieren die Individuen auf alternative institutionelle Arrangements?«[106] Mit dem Schema des homo oeconomicus, das bei Homann stets in der modernen Form des REMM prä-

---

102. Vgl. Homann/Blome-Drees (Wirtschaftsethik, 1992), S. 93.
103. Vgl. Homann/Blome-Drees (Wirtschaftsethik, 1992), S. 93.
104. Vgl. Homann/Blome-Drees (Wirtschaftsethik, 1992), S. 93.
105. Vgl. Homann/Suchanek (Methodologische Überlegungen, 1989), S. 84 und Homann/Blome-Drees (Wirtschaftsethik, 1992), S. 93.
106. Homann/Blome-Drees (Wirtschaftsethik, 1992), S. 93.

empirisch und kontrafaktisch verstanden und vorausgesetzt wird (siehe unten 5.2), können verschiedene institutionelle Regelungen analysiert und in ihren Wirkungen verglichen werden. Es wird dabei die Voraussetzung gemacht, daß insbesondere in einer modernen, komplexen Gesellschaft die Handlungssituationen immer Dilemmacharakter haben. Es wird nicht angenommen, daß alle Menschen »Defektierer« sind, sondern daß es immer einzelne Defektierer gibt, die in Dilemmastrukturen allen anderen eine bestimmte Reaktion »aufzwingen«[107]. Das Modell des homo oeconomicus leitet dazu an, Handlungsreaktionen in diesen Dilemmasituationen zu erklären und zu prognostizieren. Die Analyse kann feststellen, ob ein Institutionengefüge bestimmte erwartete Ergebnisse zuläßt und ob es generell stabil ist, also nicht durch zunehmende Defektion erodiert[108].

Auch wenn den Dilemmasituationen *nicht* die kategoriale Bedeutung zukommt, die Homann ihnen beimißt und auch wenn Homann die langfristige Möglichkeit von Bewußtseinsänderungen unterschätzt und methodisch ausschließt, so ist doch überzeugend, daß in durch Anonymität gekennzeichneten Großgruppensituationen und in den Wirkungsbereichen ausdifferenzierter Subsysteme solche Dilemmata bestehen, in denen zumindest nicht kurzfristig mit der Änderung von Motivationen zu rechnen ist. Daher leistet die ökonomische Methodik einen unverzichtbaren Beitrag, weil sie als Ordnungs- und Institutionenethik auf die Gestaltung der Anreize für die Akteure setzt. Die Annahme, daß Akteure – in der Regel – im Eigeninteresse auf *wirtschaftliche* Dilemmasituationen reagieren und ihre Ziele vom Vorteilsstreben dominiert sind, hat einen hohen realistischen Gehalt und sie ist daher als Hypothese zur Erklärung von Handlungen und zur Projektion von Handlungsoptionen unverzichtbar. Als Anreize für die Akteure kommen dabei nach der ökonomischen Methode *negative* wie auch *positive* Sanktionen in Betracht: Negative Sanktionen durch Strafe bei Verstoß gegen durchsetzbare Rechtsregeln und durch soziale Mißachtung bei Verstoß gegen etablierte moralische Normen; positive Sanktionen durch materielle Werte sowie bei Einhaltung moralischer Standards durch Achtung und Anerkennung (immaterielle Werte). Der Vorteil der ökonomischen Methode besteht darin (dies wurde schon bei Molitor Kap. III. 5.2.1.3 festgehalten), daß sie Gestaltungsvorschläge erarbeiten kann, die Konfliktsituationen in Win-Win-Situationen verändern können, in der also alle Beteiligten aus Vorteilsstreben zustimmen. Die ökonomische Methode ergänzt damit insbesondere die juristische Methode, die nicht nur, aber in erster Linie, auf die Ausarbeitung von Verboten zielt. Homann wird mit seiner Methodik insbesondere den anonymen Marktsituationen gerecht und damit *vielen* – nicht allen – Handlungssituationen im Subsystem Wirtschaft.

---

107. Vgl. Homann/Blome-Drees (Wirtschaftsethik, 1992), S. 95.
108. Vgl. Homann/Blome-Drees (Wirtschaftsethik, 1992), S. 95.

5.2 Das Rational-Choice-Modell als Verhaltenstheorie der Wirtschaftstheorie

Das Rational-Choice-Modell kann als das ökonomische Verhaltensmodell gelten, wie es in der herrschenden Lehrmeinung und der Neuen Institutionenökonomik verwandt wird. Das Modell wird in der folgenden Analyse als ›Verhaltensmodell‹ und nicht als ›Handlungsmodell‹ oder ›Handlungstheorie‹ bezeichnet, da sich zeigen wird, daß die bewußt vorgenommenen theoretischen Reduktionen das Modell zu einem apersonalen Modell machen. Handlungstheorien hingegen sind zwar auch auf Formalisierungen angewiesen, doch sie zeichnen sich dadurch aus, daß sie gerade den personalen Charakter des Handelns nicht ausblenden, sondern berücksichtigen.

Die wesentlichen Strukturmomente des Modells der Rational-Choice sind[109]:

1) Rationale Wahl: Es besteht die Notwendigkeit zur Wahl. Das heißt, daß in jeder Situation ein Selektionsakt vollzogen werden muß. Rational meint zunächst in einem formalen Sinn, daß verschiedene Möglichkeiten nach den eigenen Präferenzen abgeschätzt werden können.
2) Knappheit: Die zur Erfüllung der individuellen Ziele benötigten Güter und die Mittel zu deren Erlangung stehen nicht vollständig zur Verfügung; sie sind begrenzt.
3) Präferenzen: Präferenzen sind die Zielvorstellungen der Akteure. Sie sind die Repräsentanten ihrer Werte und Interessen und bilden die Kriterien zur Bewertung der zu wählenden Alternativen.
4) Handlungsmaxime: Akteure maximieren durch rationale Kalkulation ihren Nutzen entsprechend ihrer Präferenzen.
5) Restriktionen: Restriktionen sind die Handlungsbeschränkungen durch physische Regeln des Naturgeschehens und durch soziale Regeln (rechtliche, moralische und sittliche Verhaltensregeln). Durch die Handlungsbeschränkungen werden Anreize gesetzt, aufgrund deren gemäß der Handlungsmaxime bestimmte Selektionsakte vollzogen – und damit andere unterlassen – werden.

Der Akteur dieses Modells ist der homo oeconomicus. Er wurde im Laufe seiner theoriegeschichtlichen Entwicklung seit der klassischen Wirtschaftstheorie bis zu seiner modernen Fassung auf verschiedene Weise modelliert[110]. Ein wesentliches Entwicklungsmoment ist die immer konsequentere Formalisierung. Während noch in der frühen Österreichischen Schule die Bedürfnisbefriedigung als Erklärungsgrund für das Handeln angesehen wurde (hierin zeigt sich das utilitaristi-

---

109. Vgl. Kirchgässner (Homo Oeconomicus, 1991), S. 12 ff. und Tietzel (Rationalitätsannahme, 1981), S. 120.
110. Vgl. Tietzel (Rationalitätsannahme, 1981), S. 115-117, Lofthouse/Vint (economic man, 1978), S. 586-613 und Hartfiel (Menschenbild, 1968), S. 75-145.

sche Erbe), wird in der neueren Wirtschaftstheorie abstrakt vom *Nutzen* gesprochen und damit auf eine Erklärung der Präferenzen verzichtet[111].

Während in den Modellbildungen der Gleichgewichtstheorien der Neoklassik beim homo oeconomicus umfassende Information über alle Einflußfaktoren und zur Verfügung stehenden Mittel vorausgesetzt wird, versucht die moderne Wirtschaftstheorie das Modell realitätsnäher zu formen. Als weiter entwickelte Form des homo oeconomicus gilt der REMM: resourceful, evaluating, maximizing man[112]. Der REMM unterscheidet sich vom ›älteren‹ homo oeconomicus dadurch, daß ›er‹ einerseits die Kosten der Informationsbeschaffung und die Transaktionskosten seiner spezifischen Entscheidungssituation bewertet und daß er andererseits nicht nur die unmittelbar gegebenen Möglichkeiten einer Situation sondiert, sondern auch »einfallsreich« potentielle Möglichkeiten erkennt und durchführt[113]. In seinen Präferenzen ist er nicht allein auf materielle Güter beschränkt, sondern er kann auch »Prestige, Macht, Beliebtheit, Sicherheit usw.« in seine individuellen Zielsetzungen aufnehmen[114]. Der REMM ist die methodische Basis der Ausweitung des ökonomischen Gegenstandsbereichs, die in den Economics-of-Property-Rights (der Ökonomik der Verfügungsrechte), der Neuen Institutionenökonomik und der New Home Economics (Neue Haushaltstheorie) vorgenommen wird[115]. Letztere findet ihre konsequenteste Durchführung bei Gary S. Becker[116]. Im folgenden wird stets, wenn es nicht anders vermerkt ist, von dieser weiterentwickelten Fassung des homo oeconomicus zum REMM ausgegangen, weil auch Homann diese entwickelte Form der Modellbildung voraussetzt. Die genannten Theorierichtungen zeichnen sich dadurch aus, daß sie das ökonomische Methodeninstrumentarium zur Erklärung von bislang als nicht ökonomisch geltenden Sachverhalten heranziehen. Sie versuchen den »Modell-Platonismus« (Albert) der Neoklassik zu überwinden, indem sie den »Datenkranz« (Eucken) nicht mehr als gegeben hinnehmen und dessen Erklärung durch andere Wissenschaften erwarten, sondern ihn selbst einer ökonomischen Analyse unterziehen[117]. Trotz der einzelnen Variationen besteht unter den verschiedenen ökonomischen Richtungen, die sich diesem Programm zurechnen, in den Grundzügen der Methodik Übereinstimmung. Allerdings ist der methodische Status des Modells umstritten. Die oben genannten fünf Strukturmerkmale des ökonomischen Verhaltensmodells werden nun im folgenden erläutert und kritisch erörtert.

111. Vgl. Meyer (Bedürfnisse, 1981), S. 132.
112. Vgl. Meckling (Values, 1976), S. 545 ff.
113. Vgl. Tietzel (Rationalitätsannahme, 1981), S. 125 und 137 unter Hinweis auf Meckling (Values, 1976), S. 545 ff.
114. Vgl. Tietzel (Rationalitätsannahme, 1981), S. 125.
115. Vgl. Tietzel (Rationalitätsannahme, 1981), S. 125 und 137.
116. Vgl. Becker (Ansatz, 1976, 1982), S. 1-15.
117. Vgl. Albert (Modell-Platonismus, 1967), S. 331 ff.; Eucken (Grundlagen, 1939, 1959), S. 156-162.

5.2.1 Rationale Wahl

An diesem Strukturmoment sollen drei Merkmale verdeutlicht werden: Wählen vollzieht sich nach diesem Modell stets (1) in Form eines Wahlaktes eines *einzelnen* Individuums, (2) aufgrund von Entscheidung und (3) gemäß einem Rationalitätsprinzip.

1) Das Modell der rationalen Wahl basiert auf dem Erkenntnisprogramm des methodologischen Individualismus. Dies besagt, daß soziale Interaktionen und Institutionen als Resultat individuellen Handelns aufgefaßt und erklärt werden. Der Begriff der Restriktionen (siehe unten 5.2.5) weist jedoch darauf hin, daß auch im Modell der rationalen Wahl dem Sachverhalt Rechnung getragen werden muß, daß Institutionen individuelles Handeln beeinflussen. Trotz dieses Sachverhaltes hält der methodologische Individualismus die grundlegende Bedeutung individuellen Handelns fest. Homann, der in seinem Ansatz ganz auf die Ordnungsebene abhebt, wird der Bedeutung des individuellen Handelns nicht gerecht, weil er die Bedingungen des individuellen Handelns nicht hinreichend analysiert. Die systematische Stelle in seinem Ansatz, an dem dies geschehen müßte, ist die Frage nach den institutionellen und personalen Bedingungen der *Gestaltung* der Rahmenordnung. Homann verweist hier wiederum auf die strategischen Interessen der Beteiligten[118]. Es ist für ihn also eine Dilemmasituation höherer Ordnung, die wiederum nur durch institutionelle Regeln auf einer noch höheren Ebene gelöst oder zumindest entschärft werden kann. Damit besteht ein Problem der Iteration, dessen Lösung mit seinem Ansatz aufgrund der selbst gesetzten methodischen Begrenzung nicht gelingen kann (siehe unten 5.4.2).

2) Die Kennzeichnung des Verhaltens als Entscheidung ist die entscheidende Grundvoraussetzung des Modells, die das individuelle Verhalten als *sozialwissenschaftlichen* im Gegensatz zum naturwissenschaftlichen Gegenstand feststellt. Ob diese Differenz letztlich durchgehalten wird, ist damit allerdings noch nicht entschieden. Die Bedeutsamkeit dieser Grundvoraussetzung wird in der ökonomischen Theoriebildung meist nicht eigens hervorgehoben. Sie gilt als unhinterfragte ›Selbstverständlichkeit‹. Dies hat jedoch zur Folge, daß die Frage nach den Möglichkeitsbedingungen einer freien Wahl nicht thematisiert wird. Auch Homann geht auf diese Frage nicht ein. Da er ganz im ökonomischen Paradigma argumentieren will, können diese Fragen nicht in den Blick kommen. Kirchgässner, der ein grundlegendes Werk zum homo oeconomicus verfaßt hat, hebt den Aspekt der Entschei-

---

118. Vgl. Homann/Blome-Drees (Wirtschaftsethik, 1992), S. 41.

dung zwar hervor, jedoch unter Verweis auf die Grundannahme der Knappheit, aus der ein Zwang zur Entscheidung resultiert: Individuen können aufgrund der Situation der Knappheit nicht alle ihre Bedürfnisse (gleichzeitig) befriedigen, daher müssen sie sich zwischen mehreren Möglichkeiten entscheiden[119]. Freies Entscheiden-Können wird hier als Faktum vorausgesetzt. In der Wirtschaftstheorie hat sich vor allem Friedrich August von Hayek mit der philosophisch-weltanschaulichen Frage der Möglichkeitsbedingungen der Freiheit befaßt. Es ist bezeichnend für den weltanschaulichen Hintergrund des Rational-Choice-Modell, daß Hayek zu einem Verständnis von Freiheit gelangt, das diese faktisch ausschließt. Menschliches Handeln wird nach Hayek letztlich gänzlich durch physische Einflußfaktoren bestimmt, wenn auch die Forschung noch nicht alle Einflußfaktoren kennt. Es gibt für ihn keine Freiheit im Sinne eines »hätte anders handeln können«[120].

3) Die ›Entscheidung‹ wird im Verhaltensmodell als eine rationale verstanden. Nach Tietzel läßt sich eine nur formale von einer substantiellen Rationalität unterscheiden[121]. Von formaler Rationalität wird gesprochen, wenn eine Mittel-Ziel-Überlegung des Akteurs und damit eine zweckrationale Mittelwahl des Handelns angenommen werden kann. Mit der Annahme der formalen Rationalität kann jedoch nach Tietzel noch nichts über empirische Sachverhalte ausgesagt werden[122]. Der Übergang zur Annahme substantieller Rationalität wird vollzogen, wenn eine Zielwahl und eine Verhaltensannahme vorausgesetzt wird. Im klassischen ökonomischen Konzept werden dabei als Zielbestimmung für Unternehmer der Gewinn und für Haushalte der Nutzen, sowie für beide die Verhaltensannahme der Nutzenmaximierung angenommen[123]. Gewinn und Nutzen sind im klassischen Konzept so zu interpretieren, daß auch Alternativen denkbar sind und Differenzen (Gewinn-Verlust, Nutzen-Nichtnutzen) identifiziert werden können.

Dieser Übergang zur substantiellen Rationalität ist nach Tietzel notwendig, wenn die Wirtschaftstheorie als Erfahrungswissenschaft mit dem Rationalitätsprinzip eine Hypothese mit empirischem Gehalt vertreten will. Eine Alternative zu diesem deskriptiven Anspruch stellt für Tietzel die präskriptive Verwendung des Rationalitätsprinzips dar. Hierbei wird Rationalität nicht vorausgesetzt, son-

---

119. Vgl. Kirchgässner (Homo Oeconomicus, 1991), S. 12.
120. Vgl. Hayek (Freiheit, 1960, 1991), S. 94 und die Analyse und Kritik von Herms (Theoretische Voraussetzungen, 1991), S. 200. Siehe oben im Kapitel zu Koslowski IV. 6.2.
121. Vgl. Tietzel (Rationalitätsannahme, 1981), S. 121-123 unter Bezugnahme auf Gäfgen (Entscheidung, 1974), S. 27 ff.
122. Vgl. Tietzel (Rationalitätsannahme, 1981), S. 121.
123. Vgl. Tietzel (Rationalitätsannahme, 1981), S. 122 f.

dern gefordert: Handlungen sind nicht per se rational, sie sollen es jedoch sein[124]. Der empirische Erklärungsanspruch wird damit nach Tietzel zwar aufgegeben, ökonomisches Anwendungswissen kann gleichwohl entwickelt werden[125]. Homann will das ökonomische Verhaltensmodell als »Heuristisches Verfahren« verwenden, daher entzieht sich auch sein Verständnis der Rationalitätsannahme der von Tietzel aufgestellten Alternative. Für Homann stellt die Rationalitätsannahme eine unbeweisbare, aber sozialwissenschaftlich notwendige Hypothese dar. Er bezieht sich dabei auf Popper und dessen Rezeption durch Andreas Suchanek[126]. Das Rationalitätsprinzip besteht nach Popper in folgender Hypothese: »Handelnde Wesen handeln immer der Situation angemessen, in der sie sich befinden«[127]. Homann sieht in dieser allgemein sozialwissenschaftlichen Hypothese Poppers angelegt, was er als Deutung des ökonomischen Verhaltensmodells vorschlägt: Sie ist keine Theorie über Eigenschaften des Akteurs, sondern eine Theorie über die Reaktionen auf Situationen[128]. Diese Differenz ist zum einen nach Homann sinnvoll, um nicht direkt von den Reaktionen auf die Motive eines Akteurs zu schließen, ohne die spezifischen Restriktionen und Anreize einer Situation zu berücksichtigen. Und sie ist zum anderen sinnvoll (dies hebt Popper hervor), um nicht beabsichtigte Handlungsfolgen sozialwissenschaftlich erklären zu können[129]. Homann meint aufgrund der genannten Differenz vom empirischen Gehalt des Verhaltensmodells und der Rationalitätsannahme absehen zu können. Es kann jedoch gezeigt werden, daß auch Homann auf einen empirischen Gehalt letztlich nicht verzichtet und bestimmte Eigenschaften der Individuen annimmt. Es sind solche Eigenschaften, die die angenommenen Reaktionen ermöglichen (siehe unten 5.3.3).

Die Annahme der substantiellen Rationalität, die gängiger ökonomischer Theoriebildung zugrunde liegt und die auch insbesondere für unternehmerisches Handeln einen hohen Erklärungs- und Prognosegehalt hat, birgt nach Tietzel hinsichtlich der vorausgesetzten Verhaltensannahme, der Maximierungshypothese, ein gewichtiges theoretisches Problem in sich. Eine Vielzahl von Handlungsmöglichkeiten wird durch den so bestimmten Begriff ausgeschlossen, da die Maximierungshypothese in ihrer strengen Form die »Kenntnis aller Handlungsalternativen und aller ihrer Zielwirkungen mit Sicherheit« voraussetzt[130]. Diese Form vollkommener Rationalität ist weder empirisch haltbar noch – wie das Morgenstern-Paradoxon zeigt – logisch konsistent und sie wird insbesondere

---

124. Vgl. Tietzel (Rationalitätsannahme, 1981), S. 119.
125. Vgl. Tietzel (Rationalitätsannahme, 1981), S. 119 f.
126. Vgl. Popper, (Rationalitätsprinzip, 1967, 1995), S. 350 ff. und Suchanek (Ökonomischer Ansatz), S. 89 ff.
127. Popper (Rationalitätsprinzip, 1967, 1995), S. 354.
128. Vgl. Homann (Sinn, 1997), S. 20.
129. Vgl. Popper (Rationalitätsprinzip, 1967, 1995), S. 352.
130. Vgl. Tietzel (Rationalitätsannahme, 1981), S. 123.

bei Entscheidungen unter Unsicherheit problematisch[131]. Das Morgenstern-Paradoxon besagt, daß vollkommene Information eine strategische Interaktion von Individuen unmöglich macht, da sie einen unendlichen Prozeß des Prognostizierens der gegenseitigen Reaktionen auslöst und damit die Akteure blockiert[132]. Um den empirischen Erklärungsanspruch aufrechtzuerhalten, wurde daher das Rationalitätsprinzip von der vollkommenen zur eingeschränkten Rationalität weiter entwickelt. Im Modell des REMM hat sich diese Entwicklung niedergeschlagen. Im Modell des REMM bedeutet die Rationalität »lediglich, daß das Individuum grundsätzlich in der Lage ist, gemäß seinem relativen Vorteil zu handeln, d.h. seinen Handlungsraum abzuschätzen und zu bewerten, um dann entsprechend zu handeln«[133]. Die Maximierungshypothese ist hiermit aufgegeben worden. Der REMM schätzt bei der Verfolgung seiner Ziele die Informations- und Transaktionskosten ab und versucht so, nicht das Maximum, sondern das Optimum seiner Möglichkeiten zu erreichen.

Die Einführung des REMM ist der Versuch, die Erklärungsleistung des ökonomischen Verhaltensmodells zu erhöhen. Allerdings wird durch die Berücksichtigung von Informations- und Transaktionskosten und die oben genannte Ausweitung der Präferenzen (nicht nur Gewinn und materieller Nutzen, sondern auch die genannten emotionalen Nutzen wie Prestige, Macht, Sicherheit etc.) das Modell auch stärker formalisiert. Diese stärkere Formalisierung besteht darin, daß der materiale Gehalt – entgegen der Absicht – verringert wird. Die Extension des Modells (sein Gegenstandsbereich) wird in einer Weise ausgeweitet, daß (fast) keine Handlung gedacht werden kann, die nicht mit ihm erklärt werden kann. Die Folge ist, daß die Intention des Modells (sein inhaltlicher Gehalt) unbestimmter wird. Dies hat zwei Gründe: Erstens hängt die Prognostizierbarkeit nun an der methodisch schwer zu greifenden Kenntnis der verfügbaren Information eines Akteurs in einer Situation[134] und zweitens kann das Rationalitätsprinzip in der Form eingeschränkter Rationalität kaum noch falsifiziert werden. Damit wird der methodologische Status des Rationalitätsprinzips verändert, indem es zur grundsätzlichen Annahme jeder Handlung wird[135]. Um diesen Widerspruch in der Erklärungsleistung des REMM aufzulösen, wird in der neueren Forschung der Erklärungsgehalt des REMM neu fokussiert: Das Modell des REMM dient nicht der Erklärung einzelner Verhaltensweisen, sondern der Erklärung *relativer Veränderungen* des Verhaltens in Großgruppen aufgrund von beschreibbaren Veränderungen der Restriktionen. Die Präferenzen, wie umfassend sie auch bestimmt werden, werden dabei als unveränderlich vorausgesetzt.

131. Vgl. Tietzel (Rationalitätsannahme, 1981), S. 123f. und 127f.
132. Vgl. Morgenstern (Wirtschaftsprognose, 1928), S. 97ff.
133. Kirchgässner (Homo Oeconomicus, 1991), S. 17.
134. Vgl. Gäfgen (Entscheidung, 1974), S. 32f.
135. Vgl. Tietzel (Rationalitätsannahme, 1981), S. 134 mit Verweis auf Poppers Aufsatz zum Rationalitätsprinzip, jetzt zugänglich in Popper (Rationalitätsprinzip, 1967, 1995), S. 350ff. Vgl. auch Nutzinger (Unternehmensethik, 1994), S. 207.

Das Rationalitätsprinzip kann in dieser formalisierten Form systematisches *Anpassungsverhalten* von Akteuren erklären[136]. Diese Deutung teilt Homann, wenn auch Differenzen zur Einschätzung des empirischen Gehalts des Modells zwischen ihm und Kirchgässner bestehen.

5.2.2 Knappheit

Die Reflexion der Knappheit kann als »entscheidender Grund« der »Daseinsberechtigung« der Wirtschaftstheorie angesehen werden[137]. Im Kontext der älteren Wirtschaftstheorie wurde die Knappheit als die Differenz zwischen den Bedürfnissen und den Mitteln der Bedürfnisbefriedigung definiert. Während dabei primär an Mittel und Ressourcen zur Befriedigung materieller Bedürfnisse gedacht wurde, wird Knappheit im Modell des REMM als generelle »Differenz zwischen Erwünschtem und Verfügbarem« verstanden[138]. Der Begriff steht damit in enger Korrelation zum Begriff des ökonomischen Gutes: Ökonomische Güter sind alle Güter, die die Differenz zwischen Erwünschtem und Verfügbarem überbrücken[139]. Damit können auch immaterielle Güter zu ökonomischen Gütern werden.

Die Knappheit ist zum einen in der Beschränkung der natürlichen Mittel, zum anderen in dem Maß des Wünschens und schließlich in der Konkurrenzsituation mehrerer Akteure begründet. Die Knappheit ist damit stets *auch* (nicht nur) relativ, da sie immer auch auf die Präferenzen der Akteure bezogen ist[140]. Sie hat nach Weise vier Dimensionen: Ein Gut kann bezüglich der Quantität, Qualität, des Zeitpunktes und des Ortes nicht verfügbar sein[141]. Die Relativität der Knappheit wird in der modernen Wirtschaftstheorie mit dem Konzept der Opportunitätskosten entfaltet. Kosten sind hier nicht mehr einfach Aufwendungen an Ressourcen als Mittel zur Bedürfnisbefriedigung, sondern der Kostenaspekt einer Handlung wird aufgrund des subjektiven und damit relativen Vergleichs eines Gutes mit den Alternativgütern ausgedrückt. Kosten werden als Alternativkosten oder auch Opportunitätskosten aufgefaßt: Alternativkosten sind der Nutzenverzicht auf den Nutzen der nicht verwirklichten nächstbesten Alternative[142]. Mit diesem Konzept soll der faktischen Bewertung von materiellen mit nicht-materiellen Gütern Rechnung getragen werden. Der Begriff des Preises

---

136. Vgl. Kirchgässner (Homo Oeconomicus, 1991), S. 17f.; Kliemt (Funktionen, 1984), S. 17.
137. Vgl. Weise et al. (Neue Mikroökonomie, 1991), S. 9.
138. Vgl. Weise et al. (Neue Mikroökonomie, 1991), S. 11.
139. Vgl. Weise et al. (Neue Mikroökonomie, 1991), S. 11.
140. Vgl. Weise et al. (Neue Mikroökonomie, 1991), S. 13.
141. Vgl. Weise et al. (Neue Mikroökonomie, 1991), S. 11.
142. Vgl. Weise et al. (Neue Mikroökonomie, 1991), S. 14f., Zintl (Homo Oeconomicus, 1989), S. 53 und Becker (Ansatz, 1976, 1982), S. 5.

wird in diesem Konzept nicht nur als Geldpreis verwandt, sondern er kann generell als Angabe der Höhe der Alternativkosten dienen[143]. Becker spricht von Schatten-Preisen des Nicht-Marktbereiches[144]. Bei nichtmateriellen Gütern kann in der Regel nicht die absolute Höhe des Preises der Güter angegeben werden, sondern nur eine Rangfolge, die die verschiedenen Güter ihrem subjektiven Nutzen nach ordnet. Die Knappheit basiert hier im wesentlichen auf der Notwendigkeit auszuwählen, sie wird damit zu einer Dimension jeder denkbaren Situation. Die Wirtschaftstheorie – als Analyse des menschlichen Umgangs mit Knappheitsphänomenen – läßt sich in dieser Konzeption daher (auch) aufgrund dieser Generalisierung auf alles menschliche Verhalten hin ausweiten.

Zur kritischen Würdigung dieses allgemeinen Begriffs der Knappheit verweise ich auf die Ausführungen zu Molitors Verwendung des Begriffs als Grundtatsache (siehe oben Kapitel III, 5.2.1.2). Die kritischen Erörterungen haben gezeigt, daß die Knappheit durchaus ein allgemeiner *kulturinvarianter* Sachverhalt ist, daß aber – und zwar hierzu nicht im Gegensatz – Knappheit und ihre Folgewirkungen kulturspezifisch wahrgenommen werden und daß sie daher kulturvariant und relativ sind. Ein weiterer kritischer Punkt, auf den auch oben schon hingewiesen wurde (siehe oben bei Molitor Kapitel III.5.2.1.1), ist die Unterscheidung verschiedener Arten der Knappheit. Die Leistung eines Verhaltensmodells wird durch seine Abstraktionen und Formalisierungen erreicht. Daher wird hier im Modell auch nur formal von Knappheit von Gütern gesprochen. In der Anwendung des Modells auf bestimmte Handlungssituationen muß jedoch in einem ersten Schritt der »abnehmenden Abstraktion« auf die Art der Güter und damit auf die Art der Knappheit reflektiert werden[145]. Dies ist notwendig, weil die Verschiedenartigkeit der Güter ihre im Modell vorausgesetzte Substituierbarkeit beeinträchtigt. Wenn ein Gut nicht durch ein anderes substituiert werden kann, muß dies beim Alternativkostenmodell berücksichtigt werden. Weise nimmt zwar eine Differenzierung der Güter nach den vier Dimensionen vor, doch damit ist noch nicht die Frage nach möglichen verschiedenen Güterarten und damit verbundenen verschiedenen Arten von Knappheiten aufgeworfen. Von verschiedenen Güter*arten* muß ausgegangen werden, wenn es sich um Güter handelt, die nicht durch andere ersetzt werden können[146]. Buchanan und Brennan geben in ihrem Werk ein Beispiel dafür. Sie machen auf die grundsätzliche Differenz der Interaktionsarten in der Wissenschaft und in der Politik aufmerksam[147]. Die Klärung der Frage nach der Gültigkeit einer wissenschaftlichen Hypothese unterscheidet sich von Konsensprozessen in der Politik. Sie geben damit ein Beispiel artverschiedener, nichtsubstituierbarer Güter, die folglich auch durch verschie-

---

143. Vgl. Weise et al. (Neue Mikroökonomie, 1991), S. 124.
144. Vgl. Becker (Ansatz, 1976, 1982), S. 5.
145. Zur Methode der abnehmenden Abstraktion vgl. Lindenberg (Methode, 1991).
146. Vgl. Herms (Beobachtungen, 1987), S. 182.
147. Vgl. Brennan/Buchanan (Begründung, 1985, 1993), S. 50f.

dene Arten der Knappheit ausgezeichnet sind. Es kann hier offen bleiben, ob die Gleichordnung der politischen mit der ökonomischen Interaktion bei Brennan/ Buchanan zutrifft. Deutlich ist jedenfalls, daß eine Ausweitung des Knappheitsbegriffs zu einer Dimension jeden Handelns und damit seiner Bedeutung als kategorialem Begriff die Differenzierung verschiedener Güterarten – zumindest als erstem Schritt abnehmender Abstraktion – notwendig macht. Welche Güterarten zu unterscheiden sind, läßt sich nur in einer Handlungstheorie klären, die den funktionalen Zusammenhang möglicher Güterarten zum Thema hat[148].

5.2.3 Präferenzen

Der Begriff ›Präferenz‹ ist erst in der modernen Wirtschaftstheorie zu einem zentralen Begriff der Analyse der individuellen Wahl geworden. Tietzel gibt folgende Definition: »Unter Präferenzen möchte ich dabei die relativen Bewertungen von Handlungsalternativen durch einen Handelnden im Lichte seiner Ziele verstehen«[149]. Die in der Wirtschaftstheorie üblicherweise verwendete Präferenzfunktion gibt den »Stellenwert« an, den »der einzelne subjektiv den Gütern (und Übeln im Sinne von Aufwendungen) beimißt, wenn er sie gegen- oder untereinander tauscht«[150]. Die Entwicklung vom homo oeconomicus zum REMM läßt erkennen, daß der Präferenzbegriff notwendig geworden ist, um die subjektive Wertung des REMM begrifflich zu fassen. Die Generalisierung der Zielbestimmung, durch die das Konzept realitätsnäher, jedoch auch formaler wird, hat einen Begriff nötig gemacht, der die unbestimmte subjektive Zielwahl ausdrückt. Der Begriff der Präferenz setzt eine Bewertungsfähigkeit des Individuums voraus, die die Selektionsakte der rationalen Wahl erst ermöglicht. Weise versteht dementsprechend unter Präferenzen die »Fähigkeit des Individuums, die ihm zur Verfügung stehenden Alternativen ordnen zu können«, das heißt in eine Rangfolge zu bringen[151]. Der Präferenzbegriff erlaubt es, den ständigen Vollzug der Bewertung von Alternativen aufgrund von subjektiven Nutzenabschätzungen begrifflich festzuhalten, ohne den Vollzug des Bewertens und seiner personalen Möglichkeitsbedingungen weiter zu erklären oder zu hinterfragen. Hierdurch wird eine Entlastung von der komplexen Ziel-Mittel-Problematik erreicht[152]. Die Ziele der Akteure müssen nicht mehr als bekannt vorausgesetzt werden. Es genügt die allgemeine Annahme, daß Akteure ihren individuellen Nutzen verfolgen.

In der Regel werden in den ökonomischen Konzepten die Möglichkeitsbedingungen der Präferenzbildung nicht thematisiert. Die Präferenzen gelten grund-

---

148. Vgl. Herms (Beobachtungen, 1987), S. 180.
149. Tietzel (Rationalitätsannahme, 1989), S. 39.
150. Vgl. Buchanan (Grenzen, 1975, 1984), S. 79.
151. Vgl. Weise et al. (Neue Mikroökonomie, 1991), S. 153.
152. Vgl. Kirchgässner (Homo Oeconomicus,1991), S. 14 f.

sätzlich als veränderbar und sie werden nur für bestimmte zu untersuchende Situationen als fest unterstellt, um empirische Hypothesen aufstellen zu können[153]. Die Annahme *fester* Präferenzen wird damit begründet, daß sie sich einerseits langsamer verändern als zum Beispiel Restriktionen und daß sie andererseits nur aufgrund der Handlungsergebnisse erschlossen werden können. Daher ist es nach Kirchgässner die sinnvollere ›Forschungsstrategie‹, Verhaltensänderungen durch Änderungen von Restriktionen zu erklären[154]. Am konsequentesten wird die Annahme stabiler Präferenzen bei Gary S. Becker durchgehalten, auf dessen Ansatz Homann sich maßgeblich bezieht. Becker bezieht die Stabilitätsannahme auf tieferliegende Präferenzen, die sich »auf grundlegende Aspekte des Lebens, wie Gesundheit, Prestige, Sinnenfreude, Wohlwollen, oder Neid« beziehen[155]. Nach Kirchgässner sind in den Präferenzen Wertvorstellungen »enthalten«, die sich »im Sozialisationsprozeß entwickelt haben« und die aufgrund dessen eine gewisse Stabilität besitzen[156].

Die Argumentation von Becker und Kirchgässner macht deutlich, daß für sie die Stabilitätsannahme anthropologisch verankert sein muß, damit ihre Verwendung in der ökonomischen Methodik nicht willkürlich ist. Denn nur durch die anthropologische Verankerung können empirische Hypothesen begründet werden. Die Absolutsetzung der Stabilitätsannahme ist als methodischer Schritt sinnvoll, allerdings muß in der Anwendung des Modells diese Annahme und die aus ihr abgeleiteten Folgerungen kritisch reflektiert werden. Auch wenn nach Kirchgässner und Becker das ökonomische Modell nicht ohne anthropologische Basis auskommt, ist auffallend, daß diese Basis meist eher mit knappen Hinweisen konstatiert als argumentativ hergeleitet und entfaltet wird. Eine Folge davon ist, daß bei Becker die Nennung der »tieferliegenden« Präferenzen nur als Reihung disparater Werte und Güter auftritt und ihr funktionaler Zusammenhang nicht in den Blick kommt.

Homann unterscheidet sich von Becker und Kirchgässner darin, daß er nur auf den methodologischen Status des Konzepts abhebt und die Notwendigkeit einer anthropologischen Bezugnahme ablehnt. Er entlastet sich damit von der für die Wirtschaftsethik wichtigen Debatte um die anthropologischen Grundlagen des homo oeconomicus, wie sie vor allem Peter Ulrich fordert und führt. Die kritische Auseinandersetzung mit Ulrich in diesem Punkt hat auf die Notwendigkeit einer Affektenlehre geführt, deren Gegenstand unter anderem die Klärung der Bildung und Veränderung von Präferenzen ist (siehe oben bei Ulrich Kapitel V.5.1.1.1). Eine der Aufgaben der Affektenlehre ist die Klärung der Funktion und des Zusammenhangs der tieferliegenden Präferenzen.

---

153. Vgl. Weise et al. (Neue Mikroökonomie, 1991), S. 155.
154. Vgl. Kirchgässner (Homo Oeconomicus, 1991), S. 38-42.
155. Vgl. Becker (Ansatz, 1976, 1982), S. 4.
156. Vgl. Kirchgässner (Homo Oeconomicus, 1991), S. 13f.

5.2.4 Nutzenmaximierung

Der vierte Aspekt des ökonomischen Verhaltensmodells bezeichnet die Regel, nach der ein Akteur seine rationale Wahl vollzieht[157]. Im Modell des REMM bedeutet das Maximierungsverhalten nicht mehr die Annahme umfassender Information über alle Handlungsmöglichkeiten und Folgewirkungen, sondern entsprechend der unvollkommenen Rationalität die Annahme der in einer gegebenen Situation subjektiv vorteilhaftesten Wahl. Im Opportunitätskostenkonzept wird die Nutzenmaximierung als Minimierung der Alternativkosten gedeutet: »Die Alternativkosten der besten Alternative sind der Bedürfnisbefriedigungs- oder Nutzenentgang aufgrund des Verzichts auf die beste der nicht-gewählten Alternativen«[158]. Die Nutzenmaximierung wird in dieser nicht ganz gängigen Weise ausgesagt, um die Relativität des Nutzenbegriffs auszudrücken. Die Wahl einer Alternative begründet sich in diesem Konzept aus dem Vergleich mit den Alternativen. Änderungen im Verhalten müssen nicht damit erklärt werden, daß eine Alternative ihren Nutzen verloren hat, sondern damit daß sich die relativen Alternativkosten geändert haben.

Die nicht immer ausgewiesene Annahme dieses Opportunitätskostenkonzepts ist die neoklassische Gleichgewichtstheorie und zwar hier in Form eines individuellen Verhaltensgleichgewichts[159]. Im subjektiven Verhaltensoptimum haben Individuen ihre Alternativen so gewählt, daß für die damit vollzogenen »Aktivitäten das Verhältnis ihres Grenznutzens zu ihren Grenzkosten, verstanden als Opportunitätskosten, gleich wird«[160]. Impliziert wird hierbei eine fallende Nachfragekurve, das heißt daß das Individuum bei steigenden Kosten einer Alternative den Vollzug dieser Alternative mindert oder beendigt. Diese Annahme ist jedoch insbesondere für das Konsumverhalten umstritten. Es können hier bestimmte Effekte auftreten. Am bekanntesten sind der Mitläufereffekt, der Snobeffekt und der Veblen-Effekt. Sie zeigen die Abhängigkeit der ›Kostenrechnung‹ vom Verhalten anderer Konsumenten[161]. Um diese Fälle als Kostenminimierung fassen zu können, muß die Annahme von ›psychischen Kosten‹ gemacht werden[162]. Dies bedeutet, daß in die individuelle ›Kostenrechnung‹ und Bewertung von Alternativen die psychische Entlastung von einer Entscheidung (Mitläufereffekt), die emotiale Genugtuung des Andersseins (Snobeffekt) oder das Bedürfnis nach Prestige (Veblen-Effekt) eingeht[163].

Durch die Einführung von psychischen Kosten sollen differenziertere emotio-

---

157. Vgl. Weise et al. (Neue Mikroökonomie, 1991), S. 152 f.
158. Weise et al. (Neue Mikroökonomie, 1991), S. 15.
159. Vgl. Pies (Institutionenökonomik, 1993), S. 96 und Zintl (Homo Oeconomicus, 1989), S. 53.
160. Vgl. Zintl (Homo Oeconomicus, 1989), S. 53.
161. Vgl. Weise et al. (Neue Mikroökonomie, 1991), S. 159.
162. Vgl. Becker (Ansatz, 1976, 1982), S. 6.
163. Vgl. Weise et al. (Neue Mikroökonomie, 1991), S. 159.

nale Lagen erfaßt und damit der empirische Gehalt des Modells erhöht werden. Aber hierdurch erfährt der Kostenbegriff eine stärkere Formalisierung, weil sein Gegenstandsbezug erweitert, seine inhaltliche Spezifizierung jedoch verringert wird (siehe oben 5.2.1). Durch diese Formalisierung des Kostenbegriffs wird aber der empirische Gehalt der Annahme der Nutzenmaximierung fraglich. Nach Kirchgässner wird der empirische Gehalt nur festgehalten, wenn als Motivation ein eigeninteressiertes Verhalten angenommen wird[164]. Durch die Berücksichtigung von psychischen Kosten, wie sie von Becker und Weise vertreten wird[165], wird das Modell so weitreichend formalisiert, daß eine Immunisierung des gesamten Modells des REMM erfolgt und es hierdurch seine Erklärungskraft verliert[166]. Um diese Immunisierung zu vermeiden, zeigt Kirchgässner die Grenzen der Erklärungskraft des ökonomischen Verhaltensmodells auf. Das eigeninteressierte ›Verhalten‹ des REMM, aufgrund dessen er seinen Nutzen maximiert, muß nach Kirchgässner sowohl gegenüber egoistischem als auch gegenüber altruistischem Verhalten abgegrenzt werden[167]. Die Motivation, die im Modell des REMM vorausgesetzt wird, bezieht sich auf Interaktionssituationen und kann nach Kirchgässner mit Bezug auf Rawls als »gegenseitige desinteressierte Vernünftigkeit« beschrieben werden[168]. Ein Akteur kann aufgrund von eigeninteressiertem Verhalten jedoch auch »soziale Kosten«, zum Beispiel Verlust von Reputation, berücksichtigen und somit eine langfristige Nutzenkalkulation anstellen. Er kann auch Kooperationen eingehen (wiederum aufgrund von langfristigen Kalkulationen), jedoch nur, wenn gewisse Sicherheiten durch soziale oder rechtliche Sanktionierbarkeit gegeben sind. Diese beiden Fälle kalkulierter Überwindung des kurzfristigen Eigeninteresses dürfen nach Kirchgässner nicht als echter Altruismus gedeutet werden, wenn das ökonomische Verhaltensmodell nicht alles erklären soll und damit inhaltsleer wird[169]. Für Kirchgässner gibt es daher auch Situationen, in denen Akteure nicht eigeninteressiert handeln. Dies sind vor allem Kleingruppensituationen oder Situationen mit geringen Kosten[170]. Da Kirchgässner in dieser Form den empirischen Gehalt der Nutzenmaximierung festhalten will, erklärt für ihn die Annahme des eigeninteressierten Verhaltens »das durchschnittliche menschliche Verhalten«; die Annahme von Eigeninteresse ist für ihn in vielen Fällen »typisch und insofern auch realistisch«[171].

Becker und Weise unterscheiden sich hierin in ihrer Deutung des ökonomi-

---

164. Vgl. Kirchgässner (Homo Oeconomicus, 1991), S. 46 und 59 f.
165. Vgl. Becker (Ansatz, 1976, 1982), S. 6 und Weise et al. (Neue Mikroökonomie, 1991), S. 153 f.
166. Vgl. Kirchgässner (Homo Oeconomicus, 1991), S. 61.
167. Vgl. Kirchgässner (Homo Oeconomicus, 1991), S. 46 f.
168. Vgl. Rawls (Theorie der Gerechtigkeit, 1971, 1990), S. 168.
169. Vgl. Kirchgässner (Homo Oeconomicus, 1991), S. 57 f. und 60.
170. Vgl. Kirchgässner (Homo Oeconomicus, 1991), S. 58 f. und 64.
171. Vgl. Kirchgässner (Homo Oeconomicus, 1991), S. 65.

schen Verhaltensmodells. Sie gehen über Kirchgässners Einschränkung der Nutzenmaximierung als durchschnittlichem und typischem Verhalten hinaus. Sie führen die im REMM-Modell angelegte Tendenz zur Formalisierung konsequent weiter und versuchen, mit dem Begriff der psychischen Kosten jedes Verhalten als Nutzenmaximierung zu erklären. Unabhängig von diesen Differenzen wird in beiden Deutungen die strenge Deutung der Maximierung relativiert und in die Annahme eines Strebens nach dem relativen Maximum – das als subjektives Optimum bezeichnet werden kann – umgeformt[172]. Und es wird in beiden Deutungen der Anspruch eines empirischen Gehalts festgehalten. Hierin unterscheiden sie sich wiederum von Homann.

Für Homann gehört die Annahme der Nutzenmaximierung ins Zentrum des Erklärungsschemas der Wirtschaftstheorie. Allerdings beinhaltet die Annahme der Nutzenmaximierung für ihn keine empirische Annahme, was für ihn »eher ein dankbarer Stoff für eine Satire« wäre[173]. Er sieht in diesem Modell ein »präempirisches« Erklärungsschema, das notwendig ist, kategoriale Bedeutung hat und das die empirische Hypothesenbildung allererst ermöglicht[174]. Es läßt sich jedoch zeigen, daß auch Homann einen bestimmten empirischen Gehalt voraussetzt (siehe unten 5.3).

5.2.5 Restriktionen

Die Restriktionen sind der fünfte und letzte Aspekt des ökonomischen Verhaltensmodells. ›Restriktion‹ ist der notwendige Gegenbegriff zu Präferenz. Während die Präferenzen umfassend – doch nicht differenziert genug – für den inneren Entscheidungsprozeß der Akteure stehen, versteht man in der modernen Ökonomie unter Restriktionen allgemein diejenigen Bedingungen, die den Entscheidungsspielraum der Akteure eingrenzen[175]. Sie sind die nicht unmittelbar vom Akteur beeinflußbaren Umweltbedingungen der Entscheidungssituation[176]. Zu ihnen gehören die physischen Regeln des Naturgeschehens und die gesellschaftlichen Rechts- und Sittenregeln. Diese Regeln sind immer mit bestimmten Anreizen verbunden und gehen daher in die Kostenkalkulation der Akteure ein. Die Kenntnis und Beschreibung der Restriktionen ist die entscheidende Voraussetzung der Erklärungen im ökonomischen Verhaltensmodell. Da die Präferenzen eines Akteurs nicht offen liegen, sondern nur aus den vollzogenen Handlun-

---

172. Vgl. Kirchgässner (Homo Oeconomicus, 1991), S. 62.
173. Vgl. Homann/Blome-Drees (Wirtschaftsethik, 1992), S. 94.
174. Vgl. Homann/Suchanek (Methodologische Überlegungen, 1989), S. 75-78, Homann (Ökonomik und Ethik, 1991), S. 18 und Homann/Blome-Drees (Wirtschaftsethik, 1992), S. 94).
175. Vgl. Kirchgässner (Homo Oeconomicus, 1991), S. 13.
176. Vgl. Kirchgässner (Homo Oeconomicus, 1991), S. 32.

gen erschlossen werden können, werden die Wahlakte aus den Veränderungen der Restriktionen gefolgert bzw. prognostiziert[177].

Der Begriff der Restriktion ist von hoher Bedeutung für das ökonomische Verhaltensmodell, da das Modell auf Vorschläge zur *Gestaltung* der Restriktionen zielt (siehe oben 3.1). Sie gelten in Abgrenzung von den Präferenzen als veränderlich und veränderbar. Der Begriff der Restriktion ist sachlich notwendig und für jede Handlungs- oder Verhaltenstheorie sinnvoll, weil damit die Handlungsbedingungen von Akteuren in den Blick kommen. Das genauere Verständnis der Restriktionen wirft jedoch erhebliche Probleme auf. In der Wirtschaftstheorie werden unter Restriktionen normalerweise Rechtsregeln verstanden. Sie gelten unabhängig von den Akteuren, sind veränderbar und ihre Einhaltung kann (in der Regel) durchgesetzt werden. Wenn jedoch auch Regeln der Sitte und der Kultur als Restriktionen verstanden werden, die einem Akteur auch vorgegeben sind, werden weitergehende Überlegungen notwendig. Kirchgässner unterscheidet »interne« und »externe« Regeln. Externe Regeln sind einem Akteur vorgegeben – zum Beispiel als Rechtsregel. Interne Regeln kann sich ein Akteur als kontingente Regeln selbst setzen[178]. Dies können für Kirchgässner Normen der Gesellschaft oder Klugheitsregeln für bestimmte gleichartige Situationen sein. Kirchgässner deutet sie als »Mittel, Entscheidungs- und Informationskosten zu sparen«[179]. Die Annahme von internen Regeln zeigt die Problematik der (notwendigen) Unterscheidung von Präferenzen und Restriktionen, denn die Geltung der internen Regeln ist abhängig von den Überzeugungen und den Präferenzen des Akteurs. Dieser Zusammenhang gilt allerdings auch für die Einhaltung von Rechtsregeln. Um dem Phänomen des regelgeleiteten Handelns von Akteuren gerecht zu werden, muß daher überhaupt der Zusammenhang von Präferenzen und Restriktionen – der internen wie auch der externen – untersucht werden. Das ökonomische Verhaltensmodell stößt hier an seine Grenzen. Mit seiner Begrifflichkeit kann zwar in einem ersten Schritt die Gestaltung von Rechtsregeln thematisiert werden – rechtliche Sanktionen gelten dann als Kosten, die ein Akteur einkalkulieren kann. Dem Modell fehlen jedoch Differenzierungen, die die Geltung von sonstigen sozialen – sittlichen, kulturellen und moralischen – Regeln erfassen. Diese Regeln sind *zusammen mit* den Rechtsregeln für eine Wirtschaftsethik jedoch von zentraler Bedeutung.

5.3 Homanns methodologische Deutung des homo oeconomicus

Die vorausgehende Analyse hat gezeigt, daß Homann in seinem Entwurf das ökonomische Verhaltensmodell, den homo oeconomicus, in einer spezifischen

---

177. Vgl. Kirchgässner (Homo Oeconomicus, 1991), S. 139f.
178. Vgl. Kirchgässner (Homo Oeconomicus, 1991), S. 33f.
179. Vgl. Kirchgässner (Homo Oeconomicus, 1991), S. 34.

Weise voraussetzt. Er geht dabei von der entwickelten Form des homo oeconomicus, dem REMM, aus[180]. Das REMM-Modell ist zunächst ein Versuch, den homo oeconomicus ›realitätsnäher‹ zu konzipieren. Wie gezeigt wurde, ist das REMM-Modell durch die Formalisierung der Rationalität, der Präferenzen, des Kosten- und Nutzenbegriffs sowie der Handlungsmaxime der Maximierung gekennzeichnet, die je nach Deutung noch verstärkt werden kann. Umstritten ist dabei nicht, daß die Annahmen im gängigen Modell des homo oeconomicus immer schon als formalisierte Modellannahmen verstanden werden, mit denen durch Abstraktion durchschnittliches menschliches Verhalten abgebildet wird, sondern daß das Modell generell jedes menschliche Handeln abbildet und zu seiner Erklärung herangezogen werden kann.

5.3.1 Der homo oeconomicus als präempirisches Erklärungsschema

Homanns Deutung des Modells geht allerdings über diese Differenz hinaus. Die angelegte Tendenz zur Formalisierung des Modells wird von Homann konsequent weiterentwickelt bis zu einer völligen Aufgabe der Behauptung eines empirischen Gehalts dieses Modells. Somit steht in Frage, ob und in welcher Weise das Modell »wesentliche Punkte menschlichen Verhaltens« festhält und herausstellt, wie es vor allem für Kirchgässner wichtig ist[181]. Homann faßt das Modell als »präempirisches« Erklärungsschema auf. Das Schema lautet: »Erkläre so, daß Akteure ihren erwarteten Nutzen unter Restriktionen maximieren«[182]. Dieses Schema hat also für Homann kategorialen Charakter, denn es kann auf alle möglichen Interaktionssituationen angewendet werden, und es stellt als solches die Voraussetzung für empirische Hypothesenbildung dar[183]. In Anlehnung an Kuhns Terminologie gehört für Homann das ökonomische Erklärungsschema zum »harten Kern« der Wirtschaftstheorie. Dieser Kern kann – anders als bestimmte von ihm abgeleitete Hypothesen, die einen »Schutzgürtel« bilden – nicht mit den Kategorien wahr/falsch beurteilt werden[184]. Der harte Kern einer Einzelwissenschaft, der sich aus dem für diese Einzelwissenschaft zentralen Forschungsproblem bestimmt, kann nach Homann nur nach seinem heuristischen

---

180. Vgl. Homann/Suchanek (Methodologische Überlegungen, 1989), S. 75 und Homann (Strategische Rationalität, 1990), S. 105.
181. Vgl. Kirchgässner (Homo Oeconomicus, 1991), S. 62.
182. Homann/Suchanek (Methodologische Überlegungen, 1989), S. 75.
183. Vgl. Homann/Suchanek (Methodologische Überlegungen, 1989), S. 75-78 und vgl. Homann (Ökonomik und Ethik, 1991), S. 18 und Homann/Blome-Drees (Wirtschaftsethik, 1992), S. 94).
184. Vgl. Homann/Suchanek (Methodologische Überlegungen, 1989), S. 77f. mit Rückgriff auf die Begrifflichkeit der Wissenschaftstheorie von Imre Lakatos (Methodologie, 1982).

Potential beurteilt werden[185]. Homann steht mit dieser Position näher an Beckers Ansatz als an Kirchgässners. Doch obwohl Becker seinen Ansatz als »geschlossenes System« präsentiert und selbst »fast tautologisch« nennt, läßt er keinen Zweifel daran, daß er realistische Annahmen konzipieren will[186].

In seiner Methodologie greift Homann auf die Argumentation von Brennan und Buchanan zurück, die ebenfalls im homo oeconomicus ein Analyseinstrumentarium sehen, das unabhängig von seiner empirischen Gültigkeit ist[187]. Mit der Betonung des präempirischen Status des homo oeconomicus macht Homann jedoch weniger deutlich als Brennan und Buchanan, welche Annahmen über den ›wirklichen‹ Menschen in seine Verwendung des Schemas eingehen. Für Brennan und Buchanan ist klar: »Jede Analyse der Wirkungen verschiedener Regelsysteme auf die aus der gesellschaftlichen Interaktion hervorgehenden Ergebnisse und deren Struktur muß gewisse Annahmen über die Natur der Personen machen, die innerhalb des jeweiligen Regelsystems handeln«[188]. Dabei fungiert bei Brennan und Buchanan die Kategorie des Konfliktes als anthropologischer Grundbegriff[189]. Es stellt sich die Frage, auf welchem methodischen Weg solch ein Grundbegriff bzw. das von Homann formulierte Erklärungsschema gewonnen werden kann. Brennan und Buchanan jedenfalls verstehen die Bestimmung der Natur des Menschen wiederum als eine *empirische* Aufgabe. Dies zeigt ihre Feststellung, daß »auch eine methodologische Begründung [des homo oeconomicus; J. G.] [...] empirische Annahmen« voraussetzt[190]. Da sich in diesen ›empirischen‹ Annahmen anthropologische Grundbegriffe ausdrücken, die kategoriale Bedeutung haben, also für alle möglichen Fälle gelten, ist unklar, was hier ›empirisch‹ heißen kann. Denn unter Empirie wird gemeinhin die Beobachtung von einzelnen Objekten verstanden. In jedem Fall vertreten Brennan und Buchanan, soviel lassen ihre Ausführungen erkennen, eine Bezugnahme auf Erfahrung. Zur Klärung dieser methodologischen Frage des Erfahrungsbezugs muß im folgenden der Zusammenhang von Verhaltens- bzw. Handlungsbegriff und Menschenbild bedacht werden.

5.3.2 Der Zusammenhang von Verhaltens- bzw. Handlungsbegriff und Menschenbild

Die empirischen Sozialwissenschaften gehen bei ihren Theorien über Interaktionszusammenhänge jeweils von einem Verhaltens- oder Handlungsbegriff aus,

---

185. Vgl. Homann/Suchanek (Methodologische Überlegungen, 1989), S. 74f. und 80f.
186. Vgl. Becker (Ansatz, 1976, 1982), S. 6.
187. Vgl. Brennan/Buchanan (Begründung, 1985, 1993), S. 62-72.
188. Brennan/Buchanan (Begründung, 1985, 1993), S. 62.
189. Vgl. Brennan/Buchanan (Begründung, 1985, 1993), S. 71; so auch Buchanan (Grenzen, 1975, 1984), S. 33.
190. Brennan/Buchanan (Begründung, 1985, 1993), S. 69.

der bestimmte Strukturmomente in der Verfassung von Individuen beschreibt oder voraussetzt. Wird ein intentionales Handeln nicht angenommen, kann auch von ›Verhalten‹ gesprochen werden. Je nach Forschungsansatz und -problem werden dabei spezifische Strukturmomente hervorgehoben, andere werden nicht thematisiert[191].

Die verschiedenen Verhaltens- oder Handlungsbegriffe, die im Rahmen einer Verhaltens- oder Handlungstheorie entwickelt werden, verstehen sich in der Regel nicht als Konzeptionen eines bestimmten Menschenbildes, da hierunter ausgearbeitete Theorien über die Wesensverfassung des Menschen verstanden werden. Und diese ontologische Aufgabe gilt, wenn sie überhaupt für durchführbar gehalten wird, als Thema einer philosophischen Anthropologie[192]. Gleichwohl fundieren bestimmte, meist unausgewiesene Annahmen über die Wesensverfassung des Menschen die jeweiligen Verhaltens- oder Handlungsbegriffe. Denn diese Begriffe müssen, um konsistent zu sein, als empirische Allgemeinbegriffe ausgewiesen werden. Diese empirischen Allgemeinbegriffe können nun zwar induktiv durch Beobachtung gewonnen und gegebenenfalls als Idealtyp konstruiert werden, doch da sie als Allgemeinbegriffe für alle möglichen personalen Individuen gelten, greifen sie implizit auf einen Klassenbegriff ›Mensch‹ zurück[193]. Dieser Klassenbegriff dient zur notwendigen Identifizierung aller Elemente der Klasse ›Mensch‹ und muß daher eine Wesensbestimmung beinhalten. Der Klassenbegriff konkretisiert sich folglich in einer Theorie des Subjekts. Diese Theorie des Subjekts kann unterbestimmt sein, indem sie wesentliche Grundfragen offen läßt. Sie kann deshalb verschiedene Deutungen zulassen oder auch bestimmte nur nahelegen. Dabei ist auch der Fall möglich, daß der Verhaltens- oder Handlungsbegriff eine Wesensverfassung impliziert, die eine prinzipielle Gleichartigkeit der handelnden Subjekte mit allem anderen naturhaften Seienden aussagt (Materialismus) und damit eine konsistente Theorie eines intentional handelnden Subjekts leugnet.

Zunächst kann ich Homann zustimmen, daß für viele Forschungsfragen Verhaltenstheorien entworfen werden müssen, bei denen von zahlreichen Aspekten abstrahiert wird: so zum Beispiel beim Reiz-Reaktions-Schema, beim einfachen Input-Output-Modell, beim homo oeconomicus oder beim homo sociologicus. In diesen Fällen wird methodisch bewußt eine Reduktion vorgenommen, um spezifische Wechselwirkungen in den Blick nehmen zu können. Hierbei kann durchaus durch eine sachgemäße und sinnvolle Reduktion die Vielfalt der Aspekte einer *personalen Handlungstheorie* auf wenige Züge einer *apersonalen Verhaltenstheorie* beschränkt werden. Solche stark formalisierten Verhaltensbegriffe lassen ihr kategorial-anthropologisches Fundament nicht ohne weiteres erken-

---

191. Siehe den Überblick bei Svilar (Menschenbild, 1989).
192. Vgl. Kerber (Homo oeconomicus, 1991), S. 59.
193. Vgl. Herms (Mensch, 1993), Sp. 677; vgl. auch Viktor Krafts (Grundlagen, 1968, S. 24-28) Ausführungen zum ›begrifflich Allgemeinen‹.

nen. Sie stammen aber stets aus einem bestimmten Erfahrungshintergrund – vielfach aus dem Bereich der Biologie oder der Mechanik. Die Reduktion als solche ist methodisch sinnvoll, wenn sie die Identifizierung bestimmter Faktoren und Wirkungszusammenhänge ermöglicht. Problematisch wird jedoch der Schritt der Übertragung von auf dieser Basis gewonnenen Analyseergebnissen und Hypothesen auf *personale* Verhältnisse. Als methodisch-kontrolliertes Verfahren wird hier die Methode der abnehmenden Abstraktion vorgeschlagen, um nach und nach immer mehr *realistische* Annahmen einzufügen[194]. Eine entscheidende Frage dabei ist jedoch, ob der Umschlag von apersonalen auf personale, also von Verhaltens- auf Handlungstheorie vollzogen wird. Wo dieser Schritt nicht eigens reflektiert wird (und bei Homann wird er nicht problematisiert!), da liegt ein ›Kurzschluß‹ vom Modell auf die komplexere Wirklichkeit vor. Durch diese unmittelbare Übertragung wird der Erfahrungshintergrund des formalisierten Verhaltensmodells – vielfach der Biologie oder Mechanik – unkritisch zum *weltanschaulichen* Hintergrund der Analyseergebnisse und Gestaltungsvorschläge, die folglich ein entsprechendes Menschenbild in sich tragen[195]. Nur selten wird sich allerdings direkt zu einem biologistischen oder mechanistischen Menschenbild bekannt, gleichwohl wird es in der Anwendung von Verhaltensmodellen transportiert.

Die zur Identifizierung einzelner Faktoren und Wirkungsweisen notwendige methodische Reduktion setzt sich also erst durch die methodisch nicht mehr reflektierte Anwendung auf personale Akteure und bei der Formulierung von Gestaltungsvorschlägen dem Vorwurf des Reduktionismus aus. Denn es werden verkürzte handlungsleitende Prinzipien und Gestaltungsvorschläge abgeleitet. Es ist eines der Hauptprobleme der ethischen Urteilsbildung, auf welchem methodischen Weg die durch Reduktion gewonnenen Erträge der einzelnen Disziplinen rezipiert und in ein Urteilsverfahren eingeordnet werden können.

5.3.3 Das Verhältnis von Erklärungsschema und Menschenbild bei Homann

Homann stellt zwar strikt den präempirischen Status des homo oeconomicus heraus und warnt davor, darin das »Menschenbild« der Wirtschaftstheorie zu sehen[196], doch in die Anwendung des homo oeconomicus fließen auch bei ihm Annahmen über das Wesen des Menschen ein. Der Mensch ›ist‹ nach Homann nicht der homo oeconomicus oder der REMM, aber Homann setzt zum Beispiel

---

194. Vgl. Lindenberg (Methode, 1991). Zu Lindenberg siehe Wentzel (Methodenstreit, 1999), S. 344-352.
195. Zum biologischen Hintergrund zum Beispiel von Hayeks Systemtheorie vgl. Hayek (Entwicklung 1967, 1969).
196. Vgl. Homann/Blome-Drees (Wirtschaftsethik, 1992), S. 92f.

voraus, daß jeder Mensch eine spezifische Reaktionsfähigkeit besitzt, aufgrund derer er sich bestimmten Anreizstrukturen anpassen kann. Homann gesteht daher auch zu, daß die Wirtschaftstheorie zumindest »implizit« – und um nichts anderes geht es ja in dieser kritischen Anfrage – »so etwas wie ein ›Menschenbild‹ verwendet«[197]. Zur Skizzierung dieses impliziten Menschenbildes zählt Homann fünf Bestimmungen auf: »(1) Der Mensch kann kalkulieren und planen, er hat in diesem Sinn Vernunft. (2) Der Mensch hat – innerhalb bestimmter Restriktionen – eine ökonomisch relevante Entscheidungsfreiheit. (3) Er hat individuelle Bedürfnisse, Präferenzen und Interessen. (4) Er ist ein soziales Wesen, ein Wesen, das sich in seinem Verhalten am Verhalten anderer orientiert. (5) Er ist in der Lage, sein Verhalten auch durch moralische Normen, Ideale zu steuern«[198]. Homann konzipiert diese »Liste« ausdrücklich in einer Weise, die am Forschungszweck der Wirtschaftstheorie orientiert ist. Sie »enthält bewußt keine metaphysischen oder theologischen Aussagen, sie enthält keine weiteren Werte, keine Weltanschauungen o. ä.«, obwohl sie auch nicht ausschließt, daß »einzelne Menschen oder Gruppen von Menschen solche Auffassungen haben«[199]. Homann kennzeichnet diese Aufzählung als »lebensweltliches« Bild vom Menschen, das »möglichst sparsam gehalten« ist und auf »alle problematischen Aussagen« über den Menschen verzichtet[200]. Mit diesen (defensiven) Bestimmungen macht Homann klar, daß es sich hier nicht um ein philosophisch ausgearbeitetes Menschenbild handelt.

Es ist offensichtlich, daß die von Homann vorgelegte »Liste« eine Paraphrase der wesentlichen Bestimmungen des REMM ist, wie sie oben analysiert und kritisch befragt erörtert worden ist (siehe 5.2). In der Liste fehlt allerdings die Handlungsregel der Maximierung, deren lebensweltlichen Gehalt Homann darin sieht, daß Akteure zwar nicht permanent ihren Nutzen maximieren, sondern daß sie so auf die Defektion einzelner *reagieren*, daß sie eigene Nachteile vermeiden[201]. Da auch im Modell des REMM die Maximierungsthese eher als Optimierungsregel gedeutet wird, legen Homanns eigene Bestimmungen offen, daß für ihn der REMM das Menschenbild der Wirtschaftstheorie darstellt: Der REMM plant, bewertet Alternativen; er hat Bedürfnisse, Präferenzen und Interessen. Homann ist sich bewußt, daß er mit dieser möglichst vagen Skizze eines Menschenbildes alle wichtigen strittigen Fragen der traditionell in der Philosophie und Theologie beheimateten Subjektivitätstheorie übergeht. Homann vertritt die Auffassung, daß darin gerade die Stärke des Modells liegt. Mit den Begriffen ›Vernunft‹ und ›Freiheit‹ greift er jedoch wichtige Begriffe der philosophischen und theologischen Tradition auf. Doch er blendet die zentralen Fragen der Mög-

---

197. Vgl. Homann/Blome-Drees (Wirtschaftsethik, 1992), S. 97.
198. Homann/Blome-Drees (Wirtschaftsethik, 1992), S. 98.
199. Vgl. Homann/Blome-Drees (Wirtschaftsethik, 1992), S. 98.
200. Vgl. Homann/Blome-Drees (Wirtschaftsethik, 1992), S. 97.
201. Vgl. Homann/Blome-Drees (Wirtschaftsethik, 1992), S. 94f.

lichkeitsbedingungen von Vernunft und personaler Freiheit aus. Wenn er festhält, daß Personen ihr Verhalten »auch« durch moralische Normen steuern können, übergeht er die konstitutive Funktion, die handlungsleitende Gewißheiten für Personen haben, die stets den normativen Gehalt eines Wirklichkeitsverständnisses repräsentieren (siehe oben Kapitel II.3.3). Homann behauptet, daß die von ihm entworfene Skizze eines Menschenbildes für den Forschungszweck der Wirtschaftstheorie ausreicht. Dem ist nur unter der Bedingung zuzustimmen, daß die Konsequenzen der Unterbestimmtheit und der Ausblendungen des Menschenbildes bei der Anwendung der Ergebnisse kritisch bewußt bleiben (siehe oben 5.3.2). So kann der Homo-Oeconomicus-Test, mit dem die *Instabilität* von Institutionen geprüft werden kann, durchaus sinnvoll angewandt werden, weil mit ihm die Defektionsmöglichkeiten durch einzelne Akteure identifiziert werden können (siehe oben 5.1). Die *Funktionsweise* von Institutionen kann hingegen mit diesem Test nicht geprüft werden, weil hierzu die Kenntnis von Aspekten nötig ist, die durch das Modell gerade ausgeblendet werden[202]. Es gilt daher auch für Homann die oben herausgearbeitete These, daß das ökonomische Verhaltensmodell und sein implizites Menschenbild nicht per se dem Vorwurf der Reduktion unterliegen, weil diese Reduktion methodisch notwendig ist, daß aber die Art seiner Anwendung reduktionistisch sein kann, wenn die Grenzen und die Reichweite der Analyseergebnisse nicht identifiziert werden.

5.4 Der Kurzschluß vom Modell auf die Wirklichkeit

Daß Homann diese kritischen Anfragen in der Tat treffen, daß er also gerade in der Anwendung seines Modells und Erklärungsschemas die Folgen der Reduktionen *nicht* kritisch reflektiert, läßt sich an einigen zentralen Punkten seiner gesellschaftstheoretischen Ausführungen zeigen. Da er die Grenzen des Modells nicht benennt, unterliegt er einem Kurzschluß vom Modell auf die Wirklichkeit, das heißt der direkten Identifikation von methodischen und empirischen Annahmen.

5.4.1 Die Überinterpretation des Gefangenendilemmas

Homanns Auslegung des Gefangenendilemmas hat ihre Spitze darin, daß schon ein *potentieller* Defektierer die Einhaltung nicht sanktionierbarer Regeln für alle unmöglich macht. Es bestehen zwar auch nach Homann in Wettbewerbssituationen durchaus Handlungsspielräume für individuelle Moral, aber sie dürfen für ihn keinen systematischen Stellenwert in der Wirtschaftsethik haben, weil sie zum Ruin des moralischen Akteurs führen (siehe oben 3.2 und 4.2.1). Diese An-

---

202. Vgl. Nutzinger (Unternehmensethik, 1994), S. 207f.

nahme basiert jedoch auf einem statischen neoklassischen Marktmodell. Hierin zielen alle Märkte auf Gleichgewichtssituationen, in denen es nur minimale Gewinne gibt. Im Gegensatz hierzu wird in dynamischen Markttheorien gerade vorausgesetzt, daß Handlungsspielräume bestehen und ausgenutzt werden können[203]. Die Differenzierung von Marktphasen zeigt, in welchen Phasen Vorsprungsgewinne erzielt werden können. Diese können durchaus zu moralischen Vorreiterhandlungen investiert werden. Vorsprungsgewinne sind keine Ausnahme, sondern in dynamischen Märkten systematisch zu erwarten. Der Grenzfall ruinöser moralischer Investitionen, den es durchaus geben kann und dessen Folgen nur in einer ethischen Güterabwägung ermittelt werden können, wird in Homanns Ansatz zum systematischen Normfall, so daß letztlich moralische Vorreiterrollen keine Bedeutung mehr haben. Diese im ethischen Diskurs sich häufig findende Argumentationsweise, vom Grenzfall die systematische Hauptregel abzuleiten, arbeitet mit einer Abstraktion von den für eine Entscheidungssituation komplexen Situationsbedingungen. Des weiteren fällt auf, daß Homann das Handeln von Unternehmern ausschließlich mit der ökonomischen Methode erklärt. Daß jedoch in Unternehmen nicht nur ein »Code« verstanden und angewandt wird, sondern in Unternehmensentscheidungen eine Vielzahl von Perspektiven miteinander in Ausgleich zubringen sind, dies macht vor allem der unternehmensethische Ansatz von Josef Wieland deutlich[204]. Es läßt sich also zeigen, daß Homann bei der Interpretation des Gefangenendilemmas rein modelltheoretisch argumentiert und direkt auf die ›realen‹ Wettbewerbsbedingungen schließt, ohne die Situationsbedingungen weiter zu hinterfragen[205].

5.4.2 Die Unmöglichkeit moralischer Innovatoren

Homann räumt zwar ein, daß moralische Innovatoren eine wichtige Funktion in der Gesellschaft einnehmen, aber es ist zu fragen, welchen Stellenwert diese Hinweise in Homanns Konzeption haben (siehe oben 4.2.3). Moralische Innovatoren zeichnen sich nach Homann dadurch aus, daß sie trotz fehlender Rahmenbedingungen moralische Vorleistungen bringen und durch politische Spielzüge die Entwicklung des Rechtsrahmens oder der Branchenvereinbarungen voranbringen[206]. Es ist aber nicht deutlich, wie es unter den von Homann beschriebenen Bedingungen zu moralischen Innovatoren kommen kann, weil Homann aufgrund seines Ansatzes systematisch und auch *faktisch* nur mit eigeninteressiertem Handeln rechnet[207]. Homann identifiziert auch hier seine Modellbeschrei-

---

203. Vgl. Hayek (Entdeckungsverfahren, 1968, 1969) und Heuss (Markttheorie, 1965).
204. Vgl. Wieland (Institutionalisierung, 1994) und Wieland (Organisation, 1996).
205. Zur Kritik von Homanns Interpretation des Gefangenendilemmas aus spieltheoretischer Sicht vgl. Haslinger (Ende, 1997), S. 43 ff.
206. Vgl. Homann/Blome-Drees (Wirtschaftsethik, 1992), S. 40 f.
207. Vgl. Homann/Blome-Drees (Wirtschaftsethik, 1992), S. 41.

bung mit den faktischen Verhältnissen. Die Erklärungsleistung seines Modells kommt hier an ihre Grenzen, da sie – wie sich zeigen läßt – zu einer *Iteration der Erklärung* führt. Homanns Argumentation bezüglich der politischen – also normativen – Gestaltung des Rahmens kann so interpretiert werden, daß für ihn eine *Dilemmasituation höherer Ordnung* vorliegt. Denn in Homanns Perspektive ist weder geklärt, wie sinnvolle Gestaltungsvorschläge zur Entschärfung oder zur bewußten Gestaltung von Dilemmasituationen bei ausschließlich eigeninteressierter Perspektive aller Akteure entstehen können, noch ist gesichert, daß die Akteure, die auf der Ebene der Gestaltung der Rahmenbedingungen agieren, die Umsetzung möglicher sinnvoller Vorschläge nicht aus Eigeninteresse blockieren. Also müßten nach Homanns Ansatz zunächst auf der Ebene der politischen Akteure die Handlungsbedingungen durch neue Anreize so verändert werden, daß die politischen Akteure aus eigennützigen Motiven sinnvolle institutionelle Regeln nicht blockieren, sondern voranbringen. Doch damit ist sogleich weiter zu fragen, unter welchen Bedingungen und Anreizen mögliche Akteure höherer Ordnung diese Aufgabe aus Eigennutz erfüllen. Weil sich jedoch auf dieser Ebene und allen weiteren die Problematik wiederholt, besteht das Problem der Iteration der Dilemmasituationen. An deren Ende steht die Frage, unter welchen Bedingungen oberste verfassungsgebende Akteure durch ihre Organe sinnvolle normative oberste Regeln erarbeiten können sowie die Frage sinnvoller Bedingungen demokratischer Willensbildung aller Akteure. Dies ist auch genau eine der Hauptfragen der Institutionellen Wirtschaftstheorie, wie sie Brennan und Buchanan entwickelt haben[208]. Sie bringen durch ihre ökonomische Methode scharfsinnige und kritische Diagnosen der modernen Demokratien und auch sinnvolle Lösungsvorschläge hervor, die Frage der gesellschaftlichen und personalen Bedingungen für die Umsetzung dieser Lösungsvorschläge wird jedoch nicht hinreichend geklärt. Auch in Homanns Perspektive bleibt die Klärung der unhintergehbar individuellen, normativen Entscheidungssituation mit ihren gesellschaftlichen Bedingungen offen. Er kann hier methodisch nur auf das Eigeninteresse der Akteure verweisen. Damit ist fraglich, wie unter diesen Umständen der reinen und durchgängigen theoretischen wie faktischen Annahme des Eigeninteresses, die von Homann geforderte normative Gestaltung der Ordnungsebene gelingen kann.

Wenn also die moralischen Innovatoren die von Homann eingeräumte Funktion haben und wenn ihre Funktion sogar für jede Gesellschaft konstitutiv ist, dann müssen die institutionellen Bedingungen untersucht werden, unter denen sie ihre Motivation ausbilden und unter denen ihre Motivation wirksam werden kann. Diese Aufgabe kann nicht allein mit dem ökonomischen Modell bewältigt werden, sondern es sind Theorien notwendig, die den Bildungsprozeß von Personen aufgrund anthropologischer Annahmen einsichtig machen und die Bildung von Affekten erklären (siehe oben V. 5.1.1.2).

208. Vgl. Brennan/Buchanan (Begründung, 1985, 1993).

5.4.3 Moral als unbändiges Vorteilsstreben

Ein weiterer Beleg für die Identifizierung von Modell und Wirklichkeit bei Homann ist seine These, daß Moral letztlich als unbändiges Vorteilsstreben zu deuten ist[209]. Moral wird von ihm mit der ökonomischen Methode erklärt und als Verfolgung des eigenen langfristigen Nutzens interpretiert (siehe oben 2.2). Diese freilich zunächst provokante Interpretation darf nicht vorschnell abgewiesen werden. Der Nutzenbegriff ist in seiner Formalität und allgemeinen Form durchaus ein sinnvolles Strukturmoment einer Handlungstheorie. Er läßt sich auch im christlichen Wirklichkeitsverständnis als Begriff mit kategorialem Gehalt vertreten, nämlich daß alle Akteure ihren Nutzen verfolgen. Dies gilt jedoch nur in dem allgemeinen Sinn, daß Akteure in ihren Handlungen Ziele verfolgen, die sie für gut und dienlich halten. Die Reduzierung von Nutzen auf Eigennutzen ist innerhalb dieses weiten Verständnisses möglich, aber nicht zwingend. Der allgemeine Nutzenbegriff setzt voraus, daß handelnde Akteure stets eine konkrete Nutzenvorstellung haben, die sie aufgrund bestimmter Ziele bilden, die nicht mit langfristigen Selbstwohl zusammenfallen. Der allgemeine Nutzenbegriff läßt des weiteren offen, wie diese Ziele entstehen. Die Bildung dieser Ziele kann ihrerseits entweder als Ergebnis einer Wahl, das heißt als Wahl von Zielen, oder physisch determiniert gedacht werden. Wird sie als *freie* Wahl von Zielen gedacht, aus denen Kriterien der Bewertung abgeleitet werden, stellt sich natürlich die Frage der Herkunft dieser Ziele. Sie können wiederum aufgrund ›höherer‹ Ziele gewählt worden sein. Um hier einen unendlichen Regreß zu vermeiden, der eine konsistente Wahl des Individuums unmöglich machen würde, müssen für die Akteure letzte, unüberbietbare Ziele angenommen werden. Diese müssen, um unhintergehbar zu sein, in einer Weise für das Individuum gegeben sein, die sich von allen anderen abgeleiteten Zielen unterscheidet[210]. Der Inhalt, auf den sich diese Letztziele beziehen, trägt weltanschaulichen und damit in gewissem Sinn religiösen Charakter, da er den Lebensvollzug eines Individuums grundlegend orientiert. Da Homann alle diese weiteren Überlegungen ausblendet, stellt seine ökonomische Erklärung der Moral eine Kurzschluß vom Modell auf die Wirklichkeit dar.

5.4.4 Der Abschied von der Ethik

Der tiefere Grund für die aufgezeigten direkten Übertragungen des Modells auf die Wirklichkeit und die fehlende Markierung der Grenzen des ökonomischen Erklärungsschemas liegt in Homanns Verabschiedung der traditionellen Ethik (siehe oben 2.1). Es ist deutlich, daß Homann mit seiner Kennzeichnung der

---

209. Vgl. Homann (Sinn, 1997), S. 37.
210. Vgl. Herms (Sinn der Moral, 1991), S. 230 ff.

traditionellen Ethik als Individualethik eine bestimmte – seiner Argumentation dienende – Pointierung vornimmt, doch daß er damit keineswegs die gesamte Tradition der ethischen Entwürfe treffend charakterisiert. Insbesondere muß gegenüber Homanns alleinigem Rekurs auf Kants Pflichtenethik auf die philosophische Ethik Schleiermachers hingewiesen werden, die dieser in kritischer Auseinandersetzung mit der ethischen Tradition (vor allem mit Kant und Fichte) entwickelt hat[211]. Vor dem Hintergrund der Kritik der traditionellen Ethik versucht Homann, eine Neubestimmung des Verhältnisses von Ethik und Wirtschaftstheorie vorzunehmen. Es läßt sich jedoch zeigen, daß diese Verhältnisbestimmung ausbleibt und daß bei Homann eine moderne Ethiktheorie nicht existiert (siehe unten Kapitel VII.1.4). Homann geht zwar vom Grundsatz der Solidarität aller Menschen aus. Aber er hält diese Norm für so abstrakt, daß kein ethischer Gehalt aus ihr folgt. Und so trifft seinen Ansatz die Diagnose Peter Ulrichs, daß er in seiner Wirtschaftsethik keinen Moral Point of View vertritt[212].

Die aufgezeigten theoretischen Probleme des Ansatzes von Homann spitzen sich in seiner Verhältnisbestimmung von Ethik und Wirtschaftstheorie in besonderer Weise zu. Dies wird im folgenden Ertragskapitel im Vergleich mit den drei anderen Ansätzen dargestellt und kritisch erörtert.

---

211. Vgl. Birkner (Schleiermachers christliche Sittenlehre, 1964), S. 38.
212. Vgl. Ulrich (Institutionenethik, 1994), S. 29.

VII. Die Zuordnung von Ethik und Wirtschaftstheorie – Zusammenfassung und Ertrag

Eine der Ausgangsthesen dieser Arbeit war, daß den ökonomischen Entwürfen zur Wirtschaftsethik eine Vermittlerrolle zwischen Ethik und Wirtschaftstheorie zukommt, die von der evangelischen Wirtschaftsethik zur Kenntnis genommen und kritisch rezipiert werden sollte (siehe oben Kapitel I.2 und I.3). Die Leitfrage dieses abschließenden Ertragskapitels lautet daher: Wie wird in den vier analysierten Ansätzen das Zuordnungsverhältnis von Ethik und Wirtschaftstheorie bestimmt?

Zunächst resümiere ich kurz meine eigene Perspektive und die Stärken der untersuchten wirtschaftsethischen Entwürfe (1). Dann werden die wichtigsten Ergebnisse der durchgeführten kritischen Analysen *zusammengefaßt* und miteinander in Bezug gesetzt und ihr Ertrag erhoben (2). Bei der kritischen Analyse der vier Zuordnungsverhältnisse zeichnen sich Grundlinien ab, die abschließend als vier Zuordnungsmodelle identifiziert werden (3).

1. Die eigene Perspektive

Die evangelische Theologie hat ein eigenes Wirklichkeitsverständnis, das jeweils in individueller und konfessioneller Perspektive gesehen und vertreten wird. Sie hat daher auch eine eigenständige theologische und ethische Methodik in der Begründung und Entfaltung einer evangelischen Wirtschaftsethik. In den kritischen Würdigungen der einzelnen Kapitel der vier Wirtschaftsethiker hat daher das kritische Moment überwogen. Aufgrund des evangelischen Wirklichkeitsverständnisses wird von *einer* durch Gott geschaffenen Wirklichkeit ausgegangen, die jedoch stets in individueller Perspektive wahrgenommen wird, was sich in unterschiedlichen Daseinsverständnissen ausdrückt. Hieraus folgt eine prinzipielle Aufgeschlossenheit für fremde Perspektiven, weil erwartet werden kann, daß aus ihnen bestimmte Züge der Wirklichkeit besonders klar gesehen werden können, die durch die eigene Sicht verdeckt sind oder nicht hinreichend konkret gesehen werden können. Für die theologische Ethik ergibt sich daraus eine Verpflichtung zu Interdisziplinarität, bei der neben der Kritik auch die möglichen Stärken der anderen Perspektive benannt werden müssen.

In der vorliegenden Arbeit sind daher auch die Stärken der vier analysierten Ansätze herausgearbeitet worden: Bei Molitor war dies seine Wahrnehmung und differenzierte Beschreibung der Funktionsbedingungen des gesellschaftlichen Bereichs Wirtschaft. Bei Koslowski handelte es sich um die Fundierung der Wirtschaftstheorie in einer Wirtschaftsontologie und um die Hervorhebung der Rolle der Religion für die Moral und für die Gesellschaft. Als Ulrichs Stärke wurde die Grundlagenkritik der Wirtschaftstheorie und seine Methode der transzendentalen Reflexion benannt und bei Homann wurde schließlich die Herausarbeitung des Homo-Oeconomicus-Tests hervorgehoben, mit dem institutionelle Arrangements auf ihre Ausbeutbarkeit und ihre spezifischen Anreizwirkungen untersucht werden können. Die Benennung von Stärken kann nun natürlich nicht zu einer additiven Zusammenfügung und Übernahme in ein Konzept evangelischer Wirtschaftsethik führen. Der interdisziplinäre Ertrag besteht darin, aus der eigenen Gesamtperspektive den Blick auf diejenigen Züge der Wirklichkeit zu richten und diese zu berücksichtigen, die mit den genannten Stärken angezeigt sind.

2. Die Zuordnung von Ethik und Wirtschaftstheorie bei Molitor, Koslowski, Ulrich und Homann – Zusammenfassung und Vergleich

2.1 Die Moral des Faktischen bei Bruno Molitor

2.1.1 Wirtschaftsethik als Teil der Wirtschaftswissenschaft

Die Analyse von Molitors Ansatz (Kapitel III.1) hat ergeben, daß Molitor Wirtschaftsethik als Teil der Wirtschaftswissenschaft versteht und entwickelt, wobei er die Wirtschaftstheorie als positive Erfahrungswissenschaft versteht. Damit ist die Wirtschaftstheorie bei Molitor nicht nur als *Ausgangsparadigma* der Wirtschaftsethik bestimmt, sondern sie bildet den *theoretischen Gesamtrahmen* der Wirtschaftsethik, in den ethische Überlegungen eingeordnet werden. Aus Molitors ökonomischer Perspektive folgt seine funktionale Betrachtung der Moral (Kapitel III.2). Diese funktionale Betrachtung der Moral hat einen deskriptiven und einen davon abgeleiteten normativen Aspekt. Der deskriptive Aspekt umfaßt die Darstellung des Ortes und der Funktion der Moral in der Wirtschaft, sowie die Analyse von gegebenen wirtschaftspolitischen Zielen; der normative Aspekt umfaßt den Anspruch, moralische Normen »aus den Tatbeständen einer Gesellschaftswirtschaft, ihren Zielsetzungen und Funktionserfordernissen« abzuleiten[1]. In der Anlage von Molitors Wirtschaftsethik kommt der Wirtschafts-

---

1. Vgl. Molitor (Wirtschaftsethik, 1989), S. V.

theorie als theoretischem Gesamtrahmen die entscheidende Bedeutung zu. Daher wurde Molitors Verständnis von Ökonomie und Wirtschaftstheorie eingehend analysiert (Kapitel III.3). Molitor erhebt den Anspruch, die »Grundtatsachen der Wirtschaft, so wie sie die ökonomische Theorie behandelt«, darzustellen[2]. Die Analyse hat fünf Bestimmungen von Wirtschaft bei Molitor unterschieden. Dies sind zum einen die drei von Molitor definitorisch als »Versionen des Sinnes von Wirtschaft« gekennzeichneten Bestimmungen: Wirtschaft als Befriedigung von Bedürfnissen, als Überwindung von Knappheit und als Prinzip rationalen Handelns (III.3.1-3.3). Zum anderen sind es die beiden Bestimmungen eines gesellschaftlichen Bereichs Wirtschaft als institutionalisierter Kooperation und als Bereich der Allokation von wirtschaftlichen Gütern und Leistungen und der Verwendung von Einkommen (III.3.4-3.5). Diese fünf Bestimmungen von Wirtschaft stehen bei Molitor nicht nebeneinander, sondern sie bauen aufeinander auf, auch wenn sie die aufgezeigte Spannung in der Gegenstandsbestimmung der Wirtschaftstheorie enthalten (III.3.1 und III.5.3). Molitor entfaltet an den fünf Bestimmungen von Wirtschaft, was er als »Grundtatsachen« und »Sachgerüst« der Wirtschaft und als grundlegende ökonomische Funktionszusammenhänge versteht. Er erhebt den *Anspruch*, eine von weltanschaulichen und ethischen Überlegungen freie Darstellung des »Sachgerüsts« Wirtschaft zu geben. Um die Frage der Moral in der Wirtschaft zu beantworten, wählt Molitor mit der Ordnungstheorie einen neuen Zugriff zur Bestimmung von Wirtschaft (Kapitel III.4). Erst die Ordnungstheorie stellt für ihn den Rahmen dar, in dem er die aus seinem funktionalen Moralverständnis abgeleitete Frage nach dem Ort und der Funktion der Moral in der Wirtschaft zu beantworten versucht. Der Ort der Moral ist für Molitor einerseits die Ordnungsebene und andererseits die *»vernunftgetragene Willensentscheidung«* des einzelnen wirtschaftlichen Akteurs (III.2.1 und III.4.2.2)[3]. Die Funktion der Moral auf der Ordnungsebene ist die Gestaltung der Wirtschaftsordnung aufgrund der Zielbestimmung der Wirtschaft und ihrer einzelnen Funktionserfordernisse (Koordinations-, Informations- und Motivationsfunktion; III.4.1.2). Die Funktion der Moral auf der individuellen Ebene ist die Erhaltung der die Wirtschaftsordnung tragenden Institutionen durch Regeltreue (III.4.1.3). Molitor konkretisiert diesen Ansatz für die Marktwirtschaftsordnung, weil er sie – verstanden als preisgesteuerte Wettbewerbsordnung – aufgrund der drei Kriterien Effizienz, Freiheitsgrad und Konsumentenorientierung für ethisch vorzugswürdig hält (III.4.2.1). Die individuelle Moral, die diese Ordnung einerseits stützt und zu der die Akteure durch diese Ordnung andererseits angehalten werden, ist die Moral der Gegenseitigkeit (III.4.2.2).

---

2. Vgl. Molitor (Wirtschaftsethik, 1989), S. 36.
3. Vgl. Molitor (Wirtschaftsethik, 1989), S. 9 (Hervorh. i. O. fett).

2.1.2 Die Zuordnung von Moral und Wirtschaftstheorie

Molitors Ansatz zur Wirtschaftsethik zeichnet sich damit durch den Anspruch aus, *aus der ökonomischen Deskription von Funktionszusammenhängen die Präskription der moralischen Normen zu gewinnen.* Durch diese Anlage des Ganzen wird fraglich, ob Molitor der Wirtschaftstheorie überhaupt eine *Ethik* zuordnet. Es kann eher davon gesprochen werden, daß Molitor eine Zuordnung von *Moral* und Wirtschaftstheorie vornimmt, weil er auf ethische Begründungen verzichtet. Dies äußert sich (a) in der Reduktion von Moral auf Normen (III.2.2 und III.5.1.2), (b) in der Vermeidung von Zieldiskussionen (III.5.1.3, III.5.1.4 und III.5.3.2.2) bzw. dem Konstatieren von Zielen und Kriterien (III.4.2.1) und schließlich (c) in der Beschränkung der Ableitung von moralischen Normen allein aus dem ökonomischen Funktionszusammenhang (III.5.3.2.3). Molitor entwickelt in seiner *Theorie der Wirtschaftspolitik* ein Konzept der Behandlung normativer Fragen, das er in seiner Wirtschaftsethik übernimmt. In der Wirtschaftspolitik beansprucht Molitor, auch ethische Aspekte zu berücksichtigen: »Zur Beurteilung einer Wirtschaftsordnung ist der Produktivitätsaspekt nicht alles. Sie will, gerade in der politischen Theorie, ebenfalls unter ethischen Kategorien analysiert sein«[4]. Allerdings bedeutet dies für Molitor, gesellschaftlich dominierende Ziele empirisch festzustellen und zu systematisieren, nicht aber zu begründen[5]. Die Vermeidung von Zieldiskussionen und die Beschränkung auf das Konstatieren von Zielen und Kriterien in der Wirtschaftsethik ist bei Molitor deshalb auffällig, weil sich diese ganze Dimension aus der Anlage der Theorie der Wirtschaftspolitik angeboten hätte. Die »Zielinterpretation« und die ausführliche Analyse des wirtschaftspolitischen »Zielsystems« sind ein wichtiger Bestandteil von Molitors Theorie der Wirtschaftspolitik[6].

Allerdings stellt Molitors Moralverständnis auch eine Form von Ethik dar. Sie hat ihre Stärken in der Beschreibung von vorfindlichen Normen und in der Analyse der für die Marktwirtschaft notwendigen individualethischen und sozialethischen Regeln. Und sie hat die aufgezeigten – erheblichen – Schwächen. Weil die Ethik zwar bei Molitor vorkommt, aber nicht als solche reflektiert wird, kann man bei ihm von einem ›*Isolationsmodell*‹ sprechen.

Da Molitor in seinem Entwurf primär eine Zuordnung von Wirtschaftstheorie und *Moral* vornimmt, stellt sich die Frage, ob er die *Art* dieser Zuordnung hinreichend bestimmt. Es zeigt sich, daß Molitor diese Zuordnung (1) einerseits zuviel und (2) andererseits zuwenig beansprucht hat:

(1) Die Analyse und Kritik haben gezeigt, daß Molitor seinen Anspruch, moralische Normen von den Funktionserfordernissen abzuleiten, in bezug auf das Kriterium der Effizienz und die individualethischen Regeln und Maßstäbe auf-

---

4. Vgl. Molitor (Wirtschaftspolitik, 1988, 1992), S. 22.
5. Vgl. Molitor (Wirtschaftspolitik, 1988, 1992), S. 43.
6. Vgl. Molitor (Wirtschaftspolitik, 1988, 1992), S. 31-36.

grund der ordnungstheoretischen Fundierung zumindest teilweise erfüllt (III.4.2.1 und III.4.2.2). Es ist jedoch ebenso deutlich geworden, daß Molitor bei den Kriterien der Effizienz, des Freiheitsgrades und der Konsumentenorientierung auf moralische Vorstellungen rekurriert, die sich *nicht* aus dem ökonomischen Zusammenhang ableiten lassen. Die von ihm aufgestellten individualethischen Regeln (die Einhaltung der Wettbewerbsregeln, die Respektierung der Eigentumsrechte, die Gewissenhaftigkeit, die Zuverlässigkeit und schließlich die Vertragstreue) lassen sich nicht allein als Regeltreue zur Stabilität der Institutionen interpretieren (III.5.3.2.3).

(2) Molitor hat die Zuordnung von Wirtschaftstheorie und Moral in anderer Hinsicht jedoch auch zuwenig beansprucht. Die Analyse seiner Darstellung der ökonomischen Grundtatsachen wie Bedürfnisse, Knappheit, Tausch hat gezeigt, daß er dabei die ethischen Implikationen, die schon mit diesen »Grundtatsachen« gegeben sind, nicht offenlegt (III.5.2). Im Ansatz der Ordnungstheorie wird jedoch auch bei Molitor deutlich, daß es sich bei der Wirtschaft um einen *Interaktions*zusammenhang handelt (III.4.1.1 und III.5.3). Bei personaler Interaktion ist jedoch immer schon mit moralischen Entscheidungen zu rechnen, die wiederum einen weltanschaulichen Hintergrund haben. Diese Voraussetzungen offenzulegen, gehört zur Bestimmung der Zuordnung von Moral und Wirtschaftstheorie. Sie kann zur Zuordnung von Ethik und Wirtschaftstheorie entwickelt werden, wenn die moralischen Implikationen kritisch reflektiert werden.

In der Zuordnung von *Wirtschaftstheorie* und Moral liegt die *Stärke* von Molitors Entwurf deutlich auf seiner Darstellung der Wirtschaftstheorie. Sein Entwurf bietet wichtige Analysen zu den grundlegenden ökonomischen Faktoren und Zusammenhängen. Sie bilden notwendige Voraussetzungen zur Klärung der für die Wirtschaftsethik relevanten Handlungssituationen. Dabei werden von der Wirtschaftstheorie auch kulturinvariante Sachverhalte benannt. Sie bestehen, weil zum einen der Aspekt der Knappheit zu den Handlungsbedingungen jeder Handlung gehört und weil sich zum anderen für den gesellschaftlichen Bereich Wirtschaft Funktionserfordernisse ausmachen lassen, die kulturinvariant bestehen und die kulturspezifisch bewältigt werden (III.5.2.1.2 und III.5.3.1). Der Ertrag von Molitors Analysen beschränkt sich dabei nicht nur auf deskriptive Aspekte, sondern er enthält wichtige normative Implikationen. Sie beziehen sich vor allem auf den Aspekt der Knappheit, auf das Modell des homo oeconomicus, auf den Funktionszusammenhang von Produktion, Investition und Konsumption, auf die Kriterien der Ordnungskonformität und der Effizienz und schließlich auf die individualethischen Regeln und Maßstäbe (III.3.3.2, III.5.3.2.1, III.5.3.2.3, III.4.2.1, III.4.2.2 und III.5.3.2). Insbesondere durch seinen ordnungstheoretischen Ansatz leistet Molitor – trotz seines funktionalen Verständnisses von Moral – einen wichtigen Beitrag für die Wirtschaftsethik. Denn die Ethik zeichnet sich als Reflexionsform der Moral durch einen kritischen Abwägungsprozeß aus, in dem insbesondere die Interdependenz der eine Handlungssituation bestimmenden Faktoren und Institutionen zu berücksichtigen ist.

Seine Darstellung bleibt jedoch auf den ökonomischen Funktionszusammenhang beschränkt. Er blendet damit die Funktion und damit auch Funktionsbedingungen anderer gesellschaftlicher Institutionen aus.

Trotz der aufgezeigten Kritik läßt sich aus Molitors Darlegungen ein Beitrag zur Klärung des Verhältnisses von Ethik und Wirtschaftstheorie gewinnen: Die Kenntnis grundlegender ökonomischer Zusammenhänge im Kontext einer Wirtschaftsethik ist notwendig, um den spezifischen *Beitrag* und die *Grenze* des gesellschaftlichen Funktionsbereichs Wirtschaft zu bestimmen und sie trägt unabdingbar zur Klärung derjenigen *Handlungssituationen* mit ihren entscheidenden Einfluß- und Bedingungsfaktoren und den für sie relevanten Wirkungszusammenhängen bei, die bei wirtschaftsethischen Fragen berücksichtigt werden müssen.

Die Analyse und Kritik von Molitors wirtschaftsethischem Entwurf hat eine Reihe von zentralen Fragen der Wirtschaftsethik aufgeworfen und zum Teil schon geklärt. Molitor schreibt aus der Sicht eines Volkswirtschaftlers, der den Grundannahmen und der Methodik der Wirtschaftstheorie verpflichtet ist und der aus dieser Perspektive die Wirtschaftsethik vertritt. Die wirtschaftsethische Diskussion der letzten Jahre setzt dieses Problembewußtsein der Volkswirtschaftslehre für die Ethik voraus und versucht es zu vertiefen.

2.2 Die Aufhebung von Ethik und Wirtschaftstheorie bei Peter Koslowski

Koslowski konzipiert Wirtschaftsethik als *Ethische Ökonomie*. Dieser Begriff ist dem klassischen Begriff der *Politischen Ökonomie* nachgebildet. Ähnlich wie unter diesem Begriff Fragen der Gesellschafts-, der Rechts- und Wirtschaftsordnung verhandelt werden, untersucht die Disziplin der *Ethischen Ökonomie* die »Ordnung der Wirtschaft als kulturelle und ethische Ordnung«[7]. Und ebenso wie die Politische Ökonomie mit deskriptiver und normativer Methodik arbeitet, so umfaßt auch die Ethische Ökonomie eine deskriptive Theorie des geltenden Wirtschaftsethos und der geltenden Wirtschaftskultur wie auch eine normative Theorie der kritischen Reflexion dieses Ethos und dieser Kultur (Kapitel IV.1). Koslowskis *Grundanliegen* ist dabei die Synthese der Disziplinen Philosophie, Ethik, Kulturwissenschaft und Wirtschaftstheorie, um gegen Verengungen und Einseitigkeiten, seien sie ökonomischer oder moralischer Art, kritisch Stellung beziehen zu können. Koslowski hat hier eine systematische Reichweite, die bestimmte Reduktionen der Ansätze von Homann und Ulrich überwindet. Auch wenn man Koslowskis Argumentationsstrategien nicht teilt, überzeugt die Gesamtsystematik. Dabei ist es seine Stärke, explizit die ontologischen Grundfra-

---

7. Vgl. Koslowski (Prinzipien, 1988), S. 3 und Koslowski (Ordnung der Wirtschaft, 1994), S. 22 f.

gen der Wirtschaftstheorie und die Rolle der Religion für die Ethik zu thematisieren (IV. 3 und IV. 5). Ohne den institutionellen Aspekt auszublenden, fokussiert Koslowski das Hauptanliegen der Wirtschaftsethik auf das Handeln des Individuums. Dies zeigt sich vornehmlich in seiner Explikation der Tugendlehre.

2.2.1 Formale und materiale Wirtschaftsethik

2.2.1.1 *Leistung und Grenze der formalen Wirtschaftsethik*

Koslowski hat mit der Ausarbeitung der Grundzüge einer formalen Ethik einen ersten Schritt der Integration von Ethik und Wirtschaftstheorie vollzogen (IV. 4.3). Dieser erste Schritt wird aus der Analyse eines spieltheoretischen Modells hergeleitet. Bezogen auf die klassische Dreigliedrigkeit der Ethik wird nach Koslowski im formalen Teil der Wirtschaftsethik die Pflichtenlehre entfaltet, die den »Verpflichtungsgrund«, also den Imperativ, und die »Regel der sittlichen Handlung« einschließt[8]. Koslowski formuliert die wirtschaftsethische Hauptregel in Interpretation des Kategorischen Imperativs: »Handle so, daß deine individuelle Maxime mit der gleichen Maxime aller anderen zusammenbestehen kann und die aus ihr fließenden Handlungen koordinierbar sind«[9]. Das Ziel und angestrebte Gut, das mit dieser Regel verbunden ist, ist die *Koordination* als Nebeneinanderbestehen-Können von Handlungen (IV. 4.3). Koslowski deutet mit dieser Regel die Koordinierungsleistung des Marktgeschehens. Die Beachtung des Kategorischen Imperativs soll zur Vor-Koordinierung der individuellen Präferenzen führen, die über gesetzliche Vorgaben der Marktordnung hinausgehen und eine Steigerung von Koordinierung ermöglichen. Koslowski hebt hervor, daß der Bildungsprozeß der Präferenzen mit dieser formalen – nur auf die Koordinierung zielenden – Ethik nicht ausreichend beschrieben ist (IV. 4.4). Denn die kategorische Regel dient der Prüfung schon ›irgendwie‹ gebildeter Präferenzen und stellt somit nur einen – wenn auch wesentlichen – Teilaspekt des Bildungsprozesses dar. Soll der Bildungsprozeß umfassender thematisiert werden, muß die die Präferenzen fundierende *Werthaltung* reflektiert werden[10]. Die begriffliche Unterscheidung von Werten und Präferenzen soll es ermöglichen, ›hinter‹ die Präferenzen, durch die die Handlungsoptionen bewertet und entschieden werden, zurückzufragen. Es ist nach Koslowski die Aufgabe der materialen Ethik, die Struktur dieses durch Werte inhaltlich bestimmten Präferenzbildungsprozesses zu klären.

---

8. Koslowski (Prinzipien, 1988), S. 129, vgl. auch S. 131.
9. Koslowski (Prinzipien, 1988), S. 84.
10. Vgl. Koslowski (Wirtschaft als Kultur, 1989), S. 121.

2.2.1.2 Das Begründungsproblem der materialen Wertethik

Koslowski begründet also die Notwendigkeit einer materiellen Wertethik damit, daß das von ihm entwickelte Verallgemeinerungsprinzip der formalen Wirtschaftsethik zwar ein Koordinationsideal begründet, inhaltliche Fragen jedoch nur begrenzt beantwortet. Koslowski unterscheidet sich von den übrigen Ansätzen zur Wirtschaftsethik darin, daß er sich den Fragen der Präferenz- und Wertbildung stellt. Der materialen Wertethik kommt somit in Koslowskis Entwurf eine maßgebliche Bedeutung zu. Koslowski stützt seine Ausführungen auf die Wertlehre Schelers. Er schließt damit an eine für den deutschen Kontext wichtige Tradition an. Es ist oben jedoch gezeigt worden, daß sich Koslowski auf Max Scheler nur aus zweiter Hand bezieht und daß er auf die notwendige Auseinandersetzung mit der Begründungsproblematik der phänomenologischen Ethik verzichtet (VI.6.3). Dieser Befund verträgt sich nicht mit der Stellung, die Koslowski der Wertethik in seinem Entwurf zukommen läßt. Die Basis, auf die Koslowski den materialen Teil seiner Wirtschaftsethik stützt und auf die er immer wieder hinweist, ist damit nicht hinreichend begründet.

Die materialen Wertqualitäten, die im Zentrum von Schelers Wertethik stehen, haben zwar eine gewisse Plausibilität, sie werden jedoch von ihm eher konstatiert und nicht phänomenologisch hergeleitet. Der Rekurs auf Victor Krafts Wertlehre hat deutlich gemacht, daß der Begründungsdiskurs in der Wertlehre zu anthropologischen Grundfragen führt (IV. 6.3.2). Die Wertfrage wird von Kraft zur Frage nach den allgemeinen und regional spezifischen Kulturbedingungen konkretisiert. Die Wertfrage führt damit zu einer Güterlehre, in der die unverzichtbaren Basisinstitutionen des menschlichen Zusammenlebens entwickelt werden. Die Verschränkung von theoretischen Überlegungen und dem durch Erfahrung gebildeten Menschen- und Kulturverständnis zeigt, daß bestimmte Positionen in der Wertbegründung nur aufgrund einer spezifischen Perspektivität bezogen werden können. Koslowskis Ansatz trägt mit seinem allgemeinen Vernunftbegriff dieser Perspektivität nicht Rechnung (VI.2.2 und VI.6.6). Sein Rekurs auf eine Wertlehre absoluter Werte suggeriert eine *Allgemeinheit* der Geltung der Werte. Diese Allgemeinheit, die auch Scheler behauptet, läßt sich jedoch nicht begründen. Unabhängig von der Begründungsproblematik haben sich jedoch bei Koslowski bestimmte Implikationen der Wertethik gezeigt, die für die Ethik grundlegend sind. Der Wertbildungsprozeß setzt einen Bildungsbegriff voraus, der in einer Theorie der Personalität verortet werden muß.

Um den Zusammenhang von formaler und materialer Ethik deutlich zu machen, greift Koslowski das von Schleiermacher entworfene Gesamtkonzept einer Ethik als Tugend-, Pflichten- und Güterlehre auf (VI.2.1). Damit werden die drei Hauptaspekte jeder Handlung zum systematischen Ausgangspunkt der Ethik. Das Problem von Koslowskis Verhältnisbestimmung von formaler und materialer Wirtschaftsethik besteht darin, daß Koslowski an der formalen Fassung des Kategorischen Imperativs festhält und daraufhin die Güterlehre faktisch als eine

Ergänzung zur Pflichtenlehre entwickelt. Wird die Pflichtenlehre jedoch, wie es bei Schleiermacher angelegt ist, selbst schon differenzierter und das heißt – bei allem notwendigerweise abstrakten und damit formalen Charakter – schon material bestimmt, kann der Zusammenhang mit der Güterlehre nicht nur negativ (quasi als Lücke), sondern auch positiv angelegt werden[11].

2.2.2 Die Zuordnung von Ethik und Wirtschaftstheorie

Koslowski zielt mit seinem Ansatz – ebenso wie Peter Ulrich – auf eine *Integration* von Ethik und Wirtschaftstheorie. Er versteht diese Integration als *Synthese* von ethischen, kulturwissenschaftlichen und ökonomischen Theorietraditionen[12]. Die sachliche Basis dieser Synthese sieht Koslowski zum einen im gemeinsamen Gegenstand und zum anderen im gemeinsamen Interesse von Ethik und Wirtschaftstheorie: Ihr Gegenstand bildet das rationale, zweckgerichtete und durch Koordinationsregeln bestimmte Handeln von Personen, und ihr gemeinsames Interesse zielt auf eine Optimierung dieser Koordination[13]. Die Durchführung dieses Programms der Synthese ist durch drei Merkmale zu kennzeichnen: (a) Koslowski skizziert eine philosophische Kultur- und Sozialphilosophie auf dem Hintergrund einer Theorie der Gesamtwirklichkeit, (b) er versucht zentrale Aussagen der europäischen Ethiktradition mit ökonomischen Theorien zu verbinden und er entwirft (c) eine *Ausweitung* der Wirtschaftstheorie zur Wirtschaftsphilosophie. Die Zuordnung von Ethik und Wirtschaftstheorie vollzieht sich somit als *Aufhebung* beider in einem kulturphilosophischen Gesamtentwurf. Somit würde bei Koslowski ein ›Synthesemodell‹ vorliegen. Da sich in diesem Gesamtentwurf die verschiedenen Methodiken wiederfinden, deren Vermittlung zwar behauptet, aber nicht durchgeführt wird, kann man aber eher von einem ›*Additionsmodell*‹ sprechen.

2.2.3 Das Problem eines allgemeinen Vernunftbegriffs

Koslowskis Zuordnungsmodell, das durch eine Aufnahme verschiedenster Philosophie-, Ethik- und Ökonomiktraditionen mit unterschiedlichsten Begründungsmethoden gekennzeichnet ist, führt abschließend zu der Frage, welche Methode der Begründung Koslowski vertritt. Koslowskis traditionsgeschichtliche Methode, die sein umfangreiches Werk auszeichnet, seine Aufnahme sehr dis-

---

11. Vgl. Schleiermacher (Behandlung des Pflichtbegriffs, 1824, 1938), S. 379 ff. und Herms (Reich Gottes, 1985), S. 163 ff.
12. Vgl. Koslowski (Ethische Ökonomie, 1991), S. 115 ff. und Koslowski (Wirtschaftsphilosophie, 1991), S. 149 ff., 158 ff.
13. Vgl. Koslowski (Prinzipien 1988), S. 20 ff.

parater Theorien sowie seine ausgearbeitete Begriffssystematik führen zur Frage nach seinem Theorieverständnis. Für Koslowski ist Theorie »durch richtige Begriffe und wahre Schlüsse definiert«[14]. Bei der Ableitung von Begriffen aus Theorietraditionen, wie sie Koslowski vornimmt, bleibt allerdings der – mögliche, für den Wahrheitswert aber notwendige – Erfahrungsbezug der Begriffe undeutlich. Koslowskis Explikationen und Begriffsentwicklungen treten mit dem Anspruch einer allgemein wahren, vernunftgemäßen Theorie auf, ohne daß hinreichend auf die Erfahrung rekurriert wird. Es fehlt die Berücksichtigung der Perspektivität jeder Theoriebildung, die sich aus unterschiedlichen Erfahrungshorizonten ergibt. Diese Kritik trifft überhaupt seinen naturrechtlichen Ethikansatz (VI.6.6). Dabei soll hier nicht bestritten werden, daß die »Natur einer Sache«, also allgemeine Wesenszüge bzw. Strukturelemente eines Gegenstands oder einer Situation erkannt werden können. Diese werden bei allen Einzelaussagen immer schon vorausgesetzt und können daher auch explizit thematisiert werden. Es wird jedoch in Frage gestellt, daß die »Natur einer Sache« perspektivlos, von einem allgemeinen Vernunftstandpunkt aus, erkannt werden kann.

2.3 Integration der Wirtschaftstheorie in die Ethik bei Peter Ulrich

2.3.1 Die Begründung des Moralprinzips durch die Diskursethik

Ulrich ist der bedeutendste Vertreter der Diskursethik innerhalb der wirtschaftsethischen Diskussion. Er rezipiert die Diskursethik auf dem Hintergrund der Philosophie Habermas' und folgt dessen Programm einer »nachmetaphysischen« Philosophie. Ulrich konzipiert seine Ethik folglich als *humanistische* Vernunftethik (V. 2.4). Vernunft soll für Ulrich ein Postulat sein, das sich auf geschichtliche Erfahrung gründet. Er sucht also für seinen Ansatz eine geschichtliche Vergewisserung und Begründung (V. 2.2). Allerdings ist es selbst eine Grundannahme seines Konzepts, daß die geschichtlichen Rekonstruktionen schon ein normatives Konzept voraussetzen – in diesem Fall ein Konzept von Vernunft, das die beiden Aspekte, technische und kommunikative Vernunft, einschließt. Die Rekonstruktion des historischen Rationalisierungsprozesses fördert daher auch diese beiden Aspekte mit ihren jeweiligen zeitlichen Dominanzen zu Tage. *Ziel* des ganzen historischen Argumentationsganges ist es vor allem, mit dem in der Mutter-Kind-Beziehung liegenden Gegenseitigkeitsprinzip die gattungsgeschichtlichen Wurzeln insbesondere der ethischen Vernunft aufzuweisen und damit die Annahmen der Diskursethik durch historische Rekonstruktionen zu stützen[15].

Ulrich vertritt die Diskursethik in spezifischer und konsequenter Form. Das Besondere der Diskursethik besteht nach Ulrich darin, die gegenseitige Anrede

---

14. Vgl. Koslowski (Gesellschaftliche Koordination, 1991), S. 75.
15. Vgl. Ulrich (Transformation, 1986), S. 42.

als wesentliches Merkmal der Struktur des Zusammenlebens zu deuten und den impliziten ethischen Gehalt des rationalen Argumentierens offenzulegen (V. 2.5.1). Das Hauptargument lautet: Die normative Bedingung des Argumentierens ist die »*wechselseitige Anerkennung* von Gesprächspartnern als mündige (münd-ige!) Personen«[16]. Das heißt, wer überhaupt argumentiert, erkennt an, daß Menschen als freie Subjekte ansprechbar sind. Da diese Anerkennung alle Menschen potentiell einschließt, spricht Ulrich von der Idee einer idealen Kommunikationssituation. Für ihn ist dieser Ansatz begründet, weil er nicht bestritten werden kann, ohne in einem *pragmatischen Selbstwiderspruch* zu geraten. Der pragmatische Selbstwiderspruch besteht darin, daß man im Vollzug des Bestreitens rational argumentiert und das Gegenüber zu überzeugen versucht und genau damit in Anspruch nimmt, was man bestreiten will. Das Moralprinzip, also die universale Reziprozität moralischer Ansprüche, lautet diskursethisch interpretiert, daß in der »*unbegrenzten* Argumentationsgemeinschaft aller mündigen Personen guten Willens normative Geltungsansprüche *gegenüber jedermann* argumentativ begründbar und insofern konsensfähig sein sollen«[17]. Ulrich verwehrt sich gegen das Mißverständnis, die Diskursethik konkretistisch auf ein »Konsensprinzip« zu reduzieren, das in jeder Situation anzuwenden ist und dem dann leicht der Vorwurf des Idealismus zu machen ist[18]. Die Diskursethik begründet vielmehr das eine Moralprinzip (den *moral point of view*) und nicht einzelne Normen, die von den je Betroffenen selbst vertreten werden müssen. Sie nimmt nach Ulrich den immer nur *praktisch* zu führenden Diskurs nicht theoretisch vorweg, sondern hält kritisch-regulativ fest, Menschen als argumentierende und ansprechbare Subjekte zu sehen.

Die kritische Würdigung von Ulrichs Ansatz hat deutlich gemacht, daß er zwar mit der transzendentalen Reflexion eine sinnvolle Methodik zur Begründung von Normen wählt. In der Durchführung beschränkt er sich jedoch auf die Reflexion der Kommunikationssituation und geht nicht auf die Möglichkeitsbedingungen der Sprache ein. Die Folge ist, daß er nicht die Schwäche des Hauptarguments des performativen Widerspruchs erkennt: Kognitiv muß der Widerspruch zwar eingesehen werden, wenn eine bestimmte Affektlage nicht gegeben ist, folgt daraus aber keine entsprechende Handlung. Diese Kritik ist oben als motivationales Defizit der Diskursethik expliziert worden, dem nur mit einer Subjektivitätstheorie begegnet werden kann, die eine Theorie der Affekte enthält (V. 5.1.1.2 und V. 5.1.3). Die Akzentverschiebungen in Ulrichs Werk lassen darauf schließen, daß er sich zunehmend der Abstraktheit der Diskursethik bewußt geworden ist und daß er daher die philosophische Basis seiner Integrativen Wirtschaftsethik erweitert hat (V. 5.1.3.1 und V. 5.3). Für das im Zentrum der Dis-

---

16. Vgl. Ulrich (Integrative Wirtschaftsethik, 1997), S. 79 mit Bezug auf Apel (Diskurs, 1988), S. 101.
17. Vgl. Ulrich (Integrative Wirtschaftsethik, 1997), S. 81.
18. Vgl. Ulrich (Integrative Wirtschaftsethik, 1997), S. 81, 98-101.

kursethik stehende universale Moralprinzip gelingt es ihm jedoch nicht, eine motivationale Basis aufzuzeigen (V. 5.1.3.2). Die theoretischen Probleme von Ulrichs Vernunftkonzept haben Auswirkungen in seinem gesellschaftstheoretischen Konzept, das durch den Dualismus von Lebenswelt und System gekennzeichnet ist (V. 5.2). So wie Ulrich in seiner Theorie des Subjekts die Möglichkeit der Verweigerung der Anerkennung des anderen als Argumentationssubjekt übergeht und auch die Kategorie der Macht nur negativ als strategisches Verhalten qualifiziert, so erliegt er in seiner Gesellschaftstheorie einer Idealisierung der Lebenswelt gegenüber dem System (V. 5.2.2). Diese Idealisierung führt Ulrich dazu, entgegen Habermas, der hier realistischer ist, eine »Wiederankoppelung« des Wirtschaftssystems an die Lebenswelt zu entwerfen, die die Funktionsbedingungen der Wirtschaft außer Acht läßt (V. 5.2.3). Ulrich hält mit Recht die ethische Steuerbarkeit des Systems Wirtschaft fest. Er setzt sich jedoch nicht mit dem Normenkonflikt seiner ethischen Verfahrensprinzipien und dem ethischen Gehalt, der in der Erfüllung der Funktionsaufgabe der Wirtschaft liegt, auseinander. Er unterläßt dies, weil seine Argumentation eine auffällig optimistische Sicht der Wirtschaft voraussetzt (V. 5.2.4).

2.3.2 Die Zuordnung von Ethik und Wirtschaftstheorie

Entsprechend den von Ulrich skizzierten drei Grundaufgaben der integrativen Wirtschaftsethik kann die Zuordnung von Ethik und Wirtschaftstheorie bei Ulrich folgendermaßen zusammengefaßt werden (V. 4.3): Die Zuordnung bedeutet für Ulrich *erstens* die Veränderung und Weiterentwicklung der Wirtschaftstheorie, so daß ihr Paradigma mit den Grundannahmen der Diskursethik vereinbar ist. Dies bedeutet konkret die Aufgabe des Modells des homo oeconomicus auch in seiner erweiterten Form als Moral verrechnender REMM[19]. Die *Zuordnung von Ethik und Wirtschaftstheorie*, die Ulrich in der Verhältnisbestimmung von Effizienz und Legitimität gibt, bedeutet für ihn *zweitens* ein »*Primat der Ethik*« über die Wirtschaftstheorie[20]. Dies gilt allerdings nur, wenn unter Wirtschaftstheorie im reduzierten Sinn die Kooperation von eigennützigen, rein an Effizienz orientierten Akteuren verstanden wird. Die Zuordnung von Ethik und Wirtschaftstheorie, die schließlich in dem vielschichtigen Konzept von Orten der Moral des Wirtschaftens zum Tragen kommt, zeigt *drittens*, daß die Integration von Ethik und Wirtschaftstheorie bei Ulrich letztlich über eine *politische Ethik* gedacht wird, die auf ein umfassendes Primat der Politik hinausläuft. Dies Primat soll die Kommunikationsrechte der Bürgerinnen und Bürger sichern. Ulrich selbst kennzeichnet seine Zuordnung von Ethik und Wirtschaftstheorie als Inte-

---

19. Vgl. Ulrich (Transformation, 1986), S. 249 f. und Ulrich (Integrative Wirtschaftsethik, 1997), S. 187.
20. Vgl. Ulrich (Integrative Wirtschaftsethik, 1997), S. 121.

gration, wobei er ein deutliches Primat der Ethik vertritt. Da Ulrich die Methodik der Wirtschaftstheorie jedoch nahezu vollständig auflöst, in dem er sie an die der Ethik angleicht, kann die von Ulrich vorgenommene Zuordnung von Ethik und Wirtschaftstheorie zugespitzt als ›*Assimilationsmodell*‹ gedeutet werden.

2.3.3 Das materiale Defizit des vernunftbegründeten Moralprinzips

Ein Hauptproblem der so konzipierten Wirtschaftsethik besteht in der mangelnden Reichweite des Ansatzes zur Klärung wirtschaftsethischer Fragen. Ulrich betont immer wieder, daß praktische Diskurse nicht theoretisch vorweggenommen werden können und daß sich aus der Diskursethik keine konkreten Normen ableiten lassen. Der Schwerpunkt der Diskursethik liegt in der Begründung des moral point of view, den abgeleiteten normativen Leitideen und ersten Vorschlägen für Verfahrensfragen. Doch worauf sollen sich die Argumentationsteilnehmer in einem Diskurs inhaltlich berufen, was kann ein überzeugendes, begründetes Argument sein? Die Beteiligten werden ihre Interessen einbringen und es werden Kompromisse zu suchen sein. Doch diese ergeben sich gerade nicht direkt aus den faktischen Wünschen der Betroffenen. Wie kann die Legitimität der eigenen Interessen geprüft werden? Die Diskursethik hält mit Recht stets die Notwendigkeit eines solidarischen Interessenausgleichs wach, doch sie bietet kein Konzept, um inhaltlich begründete Normen in den Diskurs einzubringen. Diese sind aber notwendig, damit Konflikte nicht als reine »Sachdiskussionen« geführt werden. Hierzu bedarf es dann anderer Ethikkonzepte, die mehr materialen Gehalt anbieten. Der Grund für das materiale Defizit der Diskursethik bei Ulrich liegt in der Trennung von Ethos und Moral, deren Zusammenhang er nicht hinreichend berücksichtigt (siehe oben V. 5.1.4).

2.4 Wirtschaftsethik als Moralökonomik bei Karl Homann

2.4.1 Wirtschaftstheorie als Methode der Wirtschaftsethik

Karl Homann vertritt das Programm: Wirtschaftstheorie ist Ethik mit anderen Mitteln (VI.2). Es geht ihm um die Entwicklung einer Wirtschaftsethik, die zur Lösung der komplexen Probleme in modernen Gesellschaften beitragen kann. Traditionelle und moderne Ethiken vermögen es seiner Ansicht nach nicht, die systemische Verfaßtheit moderner Gesellschaften zu erfassen, und sie können daher auch nicht die Steuerung moderner Gesellschaften übernehmen. Dies kann nach Homann nur die Wirtschaftstheorie mit ihrer speziellen Methodik des homo oeconomicus, mit der gesellschaftliche Dilemmasituationen analysiert werden können.

Homann fokussiert die Wirtschaftsethik auf die Ordnungsebene und damit auf die Anreize der Akteure. Dies ist insofern nichts grundlegend Neues für die Behandlung normativer Fragen in der Wirtschaftstheorie, als zumindest in der langen Tradition der Institutionalistischen Wirtschaftstheorie und besonders in der deutschen Ordnungstheorie das »Denken in Ordnungen« (Walter Eucken)[21] und damit die Gestaltung des wirtschaftlichen Rahmens unter normativen Zielen ein zentrales Thema war. Die Analyse des Ansatzes von Bruno Molitor – als eines typischen Vertreters der traditionellen Volkswirtschaftslehre – hat dies auch bestätigt. Auch bei Molitor ist die Ebene der Wirtschaftsordnung der erste Ort der Moral in der Wirtschaft. Molitor ergänzt dies jedoch mit der zweiten Ebene des individuellen Handelns. Homann radikalisiert und reduziert den ordnungstheoretischen Ansatz durch die strenge und alleinige Anwendung des Modells des homo oeconomicus – darin besteht das Neue seines Ansatzes. Sein Ansatz gewinnt damit zwar an Stringenz und Profilierung, aber er verliert auch vieles aus dem Blick, was den Vertretern der Ordnungstheorie noch präsent ist, auch wenn bei ihnen die Berücksichtigung ethischer Reflexion starke Defizite aufweist, wie die Analyse Molitors ergeben hat.

So kann Homanns Ansatz als konsequente Weiterführung der erfahrungswissenschaftlichen Wirtschaftsethik im Sinne Molitors gedeutet werden. Dies zeigt sich auch an der Interpretation des homo oeconomicus. Molitor verläßt schon mit seiner Interpretation des homo oeconomicus die klassische, enge Auslegung der Motive und Ziele dieses Modells, für die die strenge Eigennutzannahme wichtig ist. Er interpretiert diese Annahme weit, in dem sie auch moralische Überzeugungen impliziert (siehe oben III.3.3.2). Die Ausweitung der klassischen Eigennutzannahme bildet die Voraussetzung der Anwendung des Modells auf außerökonomisches Verhalten. Diese Ausweitung des Modells ist also bei Molitor angelegt. Karl Homann geht in diesem Punkt über Molitor hinaus. Er führt dessen nur begrenzte Ausweitung des ökonomischen Modells weiter und präzisiert sie einerseits durch eine strengere Allgemeingültigkeit des ökonomischen Verhaltensmodells und andererseits durch eine Beschränkung auf ein methodologisches Analyseinstrumentarium.

2.4.2 Die unterschiedliche Interpretation des Gefangenendilemmas bei Homann und Koslowski

Das Modell des Gefangenendilemmas spielt in Homanns Verständnis von Wirtschaftstheorie eine entscheidende Rolle. Eine wichtige Differenz seiner Interpretation des Gefangenendilemmas gegenüber *Koslowski* besteht in der unterschiedlichen Gewichtung des Kontroll- und Sanktionsproblems. Für Homann lassen sich Gefangenendilemmasituationen »nur durch Sanktionen« überwinden

---

21. Vgl. Eucken (Grundlagen, 1939, 1959).

und daher ist für ihn die »Gültigkeit« von Normen »eng mit erfolgreichen Sanktionen« verbunden[22]. Auch wenn er die moralischen Selbstbindungen von Personen durch intrinsisch wirkende soziale Sanktionen interpretiert, so besteht doch seine entscheidende Folgerung aus dem Sanktions- und Kontrollproblem in der These von der Rahmenordnung als dem systematischen Ort der Moral (VI.2.2.1 und VI.4.2.1). Dieser Ort wird von ihm vornehmlich als rechtlicher – oder bei Branchenvereinbarungen als quasi rechtlicher – Rahmen verstanden[23].

Koslowski setzt einen anderen Schwerpunkt: Um den spezifisch ethischen Aspekt vom rechtlichen zu trennen, setzt er ausdrücklich voraus, daß er Handlungssituationen in den Blick nimmt, bei denen die »unmittelbare Kontrolle nicht mehr möglich ist«, so daß er aufgrund dieser Voraussetzung die Analyse auf der Ebene der Präferenzen und Maximen der handelnden Personen ansetzt[24]. Diese Schwerpunktsetzung hat für ihn grundsätzliche Bedeutung: Er geht davon aus, daß Situationen ohne Kontrollkosten selten sind. Die vollständige rechtliche Kontrolle ist prinzipiell nicht möglich, doch auch die Annäherung daran ist nach Koslowski aus ökonomischen Gründen aufgrund der hohen Kosten der Rechtsdurchsetzung und aus ethischen Gründen aufgrund des Wertes individueller Entscheidungsfreiheit abzulehnen[25]. Insbesondere nennt Koslowski zwei Typen von Handlungssituationen, in denen dieses Kontrollproblem besteht: Es sind (a) Situationen, in denen die Vertragspartner »ungleiches Wissen« haben, das heißt daß die stets vorhandenen Informationsdifferenzen so hoch sind, daß ein unkontrollierbarer Wissensmißbrauch möglich ist[26] und (b) sind es Situationen, in denen ein Vertragspartner eine Monopolstellung inne hat. Diese Monopolstellung hat nach Koslowski jeder Handelnde in bezug auf »die Kenntnis seiner eigenen Leistungsfähigkeit und vor allem Leistungsbereitschaft«[27]. Eine Monopolstellung ermöglicht es einem Vertragspartner insbesondere in langfristigen Geschäftsbeziehungen, aufgrund der teuren Ausweichmöglichkeiten des Partners unkontrollierbar kurzfristige Vorteile zu erzielen[28]. Über diese beiden Typen von Handlungssituationen hinaus ist nach Koslowski unter dem dynamischen Aspekt prinzipiell zu berücksichtigen, daß das Recht den praktischen Vertragsverhältnissen systematisch nachhinkt. Dem ist uneingeschränkt zuzustimmen. Die technische und organisatorische Entwicklung führt dazu, daß »Innovatoren miteinander Verträge machen, von denen sie wissen, daß es noch kein Rechts-

---

22. Vgl. Homann/Blome-Drees (Wirtschaftsethik, 1992), S. 45f.
23. Vgl. Homann/Blome-Drees (Wirtschaftsethik, 1992), S. 35f., 44f.
24. Vgl. Koslowski (Prinzipien, 1988), S. 34, 25ff.; »Ethik ist Selbstverpflichtung des Handelnden, den Bereich von Handlungsoptionen auf bestimmte rechtfertigbare zu reduzieren«, so Koslowski (Prinzipien, 1988), S. 85.
25. Vgl. Koslowski (Prinzipien, 1988), S. 254, 25f., 30, 78, 81 und 88.
26. Vgl. Koslowski (Prinzipien, 1988), S. 26f. und vgl. auch S. 78.
27. Vgl. Koslowski (Prinzipien, 1988), S. 27.
28. Vgl. Koslowski (Prinzipien, 1988), S. 27f.

system gibt, das überhaupt prüfen kann, wenn der Vertrag nicht dem Wortlaut entsprechend eingehalten wird«[29].

In dieser Schwerpunktsetzung kommt für Koslowski die Ethik in ihrer Funktion als Korrektiv von Marktversagen kompensatorisch neben dem Recht zu stehen. Sie ist durch Freiwilligkeit charakterisiert und ist ein »Korrektiv gegen Ökonomie- und Marktversagen, weil sie die Kosten von Sanktion und Kontrolle senkt«[30]. Es ist offenkundig, daß die Ansätze von Koslowski und Homann von einem unterschiedlichen Ethikverständnis ausgehen, was zu unterschiedlichen kategorialen Bestimmungen von moralischen und rechtlichen Verhaltensregeln führt und damit zu unterschiedlichen Bestimmungen des Verhältnisses von Ethik und Recht. Dies hat weitreichende Konsequenzen für die Konzeption der Wirtschaftsethik. Es zeigt sich, daß Koslowskis Ansatz die für eine Wirtschaftsethik notwendige Differenzierung zwischen Ethik und Recht ermöglicht, Homann jedoch die Bedeutung des Rechts für die Moral deutlicher thematisiert. Homann konzipiert, wie gezeigt wurde, seine Wirtschaftsethik als Ordnungsethik. Er meint mit Ordnungen nicht nur den rechtlichen Rahmen, weil auch Branchenvereinbarungen Rahmenregeln darstellen. Doch da stabile Rahmenregeln letztlich nur durch den Staat aufgrund des Gewaltmonopols garantiert werden können, hat sein Ansatz zumindest die Tendenz, die staatliche Ebene als den primärem Ordnungsfaktor zu sehen. Dem Staat kommt der Hauptteil der Umsetzung von Moral zu. Die Ethik lotet dabei nach Homann aus, welche Möglichkeiten und – vor allen Dingen – welche *Grenzen* für dieses Handeln bestehen.

Koslowski legt den Schwerpunkt der Analyse auf die Entscheidungen der einzelnen. Die Analyse der Aufgaben der politische Ebene wird für die Wirtschaftsethik weitgehend ausgeklammert – dies geschieht unter Hinweis darauf, daß sich auf der politischen Ebene spezielle Probleme des ›Staatsversagens‹ ergeben[31]. Dies bedeutet jedoch nicht, daß Koslowski die Ordnungsebene vollständig ausklammert. Zum einen benennt er auch Aufgaben des Staates, zum anderen ist die staatliche Ebene nicht die einzige weitere Ordnung neben bzw. über der Wirtschaft. Für Koslowski kommt neben dem Staat und der Gesellschaft die Kirche als wesentlicher Kulturfaktor zu stehen. Da – wie sich gezeigt hat – für Koslowski der Religion eine grundlegende Funktion für die Moral zukommt, läßt sich hieraus eine spezifische Aufgabe der Kirche im Ordnungsgefüge der Gesellschaft ableiten.

---

29. Koslowski (Ethik und Religion als Korrektiv, 1992) S. 228.
30. Koslowski (Prinzipien, 1988), S. 30, vgl. auch S. 49, 81.
31. Vgl. Koslowski (Prinzipien, 1988), S. 30. Zur diesbezüglich Kritik an Koslowski vgl. auch Maurer (Staat, 1985), S. 102 f. Maurer verweist darauf, daß sich nach Koslowski aufgrund von Strukturgleichheiten des Markt- und Wahlsystems bestimmte Probleme des Marktversagens als Demokratieversagens wiederholen.

2.4.3 Die Zuordnung von Ethik und Wirtschaftstheorie als Paralleldiskurs

2.4.3.1 Das identische Anliegen

Homann bestimmt das Verhältnis von Ethik und Wirtschaftstheorie als *Paralleldiskurs*: Ethik und Wirtschaftstheorie verfolgen *parallel* mit prinzipiell unterschiedlichen Methodiken das *identische* Anliegen der Gestaltung der Gesellschaft aufgrund normativer Vorgaben[32]. Die moralisch-normativen Vorgaben gehen nach Homann in die Grundkategorien der Wirtschaftstheorie ein und werden mit rein positiver Methodik »abgearbeitet«[33]. Ethik und Wirtschaftstheorie lassen sich demnach als *»zwei Diskurse ein und derselben Problematik menschlicher Interaktion«* auffassen[34]. Das Ziel des Paralleldiskurses besteht darin, daß die »Gewinne der theoretischen Ausdifferenzierung« beider Einzelwissenschaften nur dann realisiert werden können, wenn beide Forschungen methodisch getrennt durchgeführt werden[35]. Es gibt nach Homann keinen Mix zwischen diesen beiden Methodiken, nur eine Übersetzungsleistung von moralischen Ansprüchen in Vorteilskalküle und zurück. Homann führt an etlichen Beispielen die Übersetzung von ethischen Begriffen in die Wirtschaftstheorie, nicht jedoch deren Rückübersetzung in die Ethik vor[36].

Der Intention nach grenzt sich Homann mit dem Konzept des Paralleldiskurses kritisch gegenüber anderen Zuordnungen in der wirtschaftsethischen Debatte ab, die er alle als Varianten eines *Dualismus* von Ethik und Wirtschaftstheorie deutet: als unverbundenes Nebeneinander bei Luhmann, als Dominanz der Ethik über die Wirtschaftstheorie bei Steinmann/Löhr und Ulrich, als Dominanz der Wirtschaftstheorie über die Ethik bei Hoppmann und schließlich als Durchdringung von Ethik und Wirtschaftstheorie bei Koslowski[37]. Die Vermeidbarkeit des Dualismus ist nach Homann nur im Paralleldiskurs möglich und durchführbar, weil Ethik und Wirtschaftstheorie eine »identische Wurzel« haben; sie sind »zwei Seiten derselben Medaille, auch wenn sie ganz unterschiedliche Prägungen« tragen[38]. Historisch begründet Homann diesen Identitätsgedanken mit der Entwicklung der Wirtschaftstheorie aus der Ethik, und philosophisch verortet er ihn in Hegels Identitätsphilosophie[39]. Der Grundgedanke der Identitätsphiloso-

---

32. Vgl. Homann (Ethik und Ökonomik, 1994), S. 16; zum Folgenden siehe Gerlach (Zuordnungsverhältnis, 1999), S. 845 ff.
33. Vgl. Homann (Ethik und Ökonomik, 1994), S. 24.
34. Vgl. Homann (Ethik und Ökonomik, 1994), S. 16 f.
35. Vgl. Homann (Ethik und Ökonomik, 1994), S. 17 f.
36. Vgl. Homann (Ethik und Ökonomik, 1994), S. 23.
37. Vgl. Homann (Ethik und Ökonomik, 1994), S. 10 f.
38. Vgl. Homann (Marktwirtschaft, 1994), S. 121 und Homann (Ethik und Ökonomik, 1994), S. 19.
39. Vgl. Homann (Ethik und Ökonomik, 1994), S. 12-15 und Homann/Blome-Dress (Wirtschaftsethik, 1992), S. 20 ff.

phie besteht nach Homann darin, daß man »zwei Größen, die genuin nichts miteinander zu tun haben, niemals nachträglich miteinander vermitteln oder sich ›durchdringen‹ lassen kann«[40]. Die erste theoretische Konsequenz, die Homann hieraus zieht, besagt, daß es nur *vermeintliche* Konflikte zwischen Ethik und Wirtschaftstheorie geben kann. Es gibt nur Konflikte innerhalb der Ethik als Differenz verschiedener moralischer Ansprüche oder innerhalb der Wirtschaftstheorie als Differenz zum Beispiel von langfristigen und kurzfristigen Vorteilskalkülen[41]. Die zweite theoretische Konsequenz ist, daß die Möglichkeitsbedingung der wechselseitigen Übersetzung von Begriffen im Paralleldiskurs von Ethik und Wirtschaftstheorie geklärt ist. Die Übersetzung ist prinzipiell möglich, weil die Grundkategorien in dem von ihm vorgestellten Konzept von positiver Wirtschaftstheorie durch ethische Vorstellungen geprägt sind[42]. Damit hat die Wirtschaftstheorie als positive Wissenschaft für Homann ein *normatives* Fundament. Für Homann ist dieses Fundament die hinreichende Gewährleistung dafür, das die Wirtschaftstheorie es vermag, »Normativität positiv abzuarbeiten«, das heißt, daß sich in ihren durch positive Methodik erlangten Analyseergebnissen normative Intentionen niederschlagen[43].

2.4.3.2 Theoretische Probleme des Paralleldiskurses

Homann insistiert mit Recht darauf, daß man nicht willkürlich aus der ökonomischen Methodik aussteigen und einen Kategorienwechsel vornehmen kann[44]. Weiterführend ist auch die deutliche Unterscheidung von ethischen und ökonomischen Kategorien und die Abweisung von wechselseitig unreflektierten Theorieimporten. Aus diesen Sachverhalten lassen sich jedoch andere Konsequenzen ziehen, als Homann dies tut. Es ist zunächst auffallend, daß die Deutlichkeit der Unterscheidung von ethischen und ökonomischen Kategorien von Homann nur einseitig in der Abweisung ethischer Argumentation und Begrifflichkeit in der ökonomischen Analyse expliziert wird. Die Abweisung ökonomischer Kategorien in der Ethik wird hingegen von ihm kaum ausgeführt. Dies hat seinen Grund darin, daß Homann die Ethik als Konzept und Methode im Gegenüber zur Wirtschaftstheorie nicht hinreichend entfaltet und daß Wirtschaftsethik in seinem Ansatz *rein als ökonomische Theorie* verstanden wird. Homann deutet mit dem Identitätsgedanken ein theoretisch anspruchsvolles Konzept an. Doch es fragt sich, ob er den in der Identität begründeten Paralleldiskurs von Ethik und Wirtschaftstheorie selbst einlösen kann, da er eine moderne Ethik, die von

---

40. Vgl. Homann (Marktwirtschaft, 1994), S. 122.
41. Vgl. Homann (Ethik und Ökonomik, 1994), S. 17f. und Homann (Marktwirtschaft, 1994), S. 121.
42. Vgl. Homann (Ethik und Ökonomik, 1994), S. 25.
43. Vgl. Homann (Sinn, 1997), S. 33f.
44. Vgl. Homann (Ethik und Ökonomik, 1994), S. 17 und 19f.

der Wirtschaftstheorie zu unterscheiden und ihr zuzuordnen wäre, gar nicht kennt. Der Paralleldiskurs bleibt somit nur postuliert, und eine für die Wirtschaftsethik relevante Zuordnung von Ethik und Wirtschaftstheorie wird von Homann *nicht* durchgeführt. Signifikanterweise beschränkt sich Homann in seinem grundlegenden Beitrag zum Verhältnis von Ethik und Wirtschaftstheorie auch darauf, nur *eine* Richtung, die »Transformation ethischer Überlegungen in die Ökonomik«, zu explizieren[45]. Die Explikation der anderen Richtung hätte zumindest die Skizzierung der Umrisse einer sinnvollen modernen Ethik nötig gemacht, die Homann jedoch nicht anerkennt.

Homann nimmt also keine Zuordnung von Ethik und Wirtschaftstheorie vor, sondern nur eine von *Moral* und Wirtschaftstheorie bzw. von *Normativität* und Wirtschaftstheorie. Für die Wirtschaftsethik gilt nur das Programm: Wirtschaftstheorie ist Ethik mit anderen, neuen Mitteln. Dies ist *ein mögliches* Verständnis von Wirtschaftsethik, das als konsequente Position eines Ökonomen nachvollzogen werden kann, dessen Anspruch als Ethiktheorie meines Erachtens jedoch fraglich ist. So wie bei Molitor liegt Homanns Moralverständnis also auch ein Ethikverständnis zugrunde. Dieses wird von ihm jedoch als solches nicht expliziert. Homanns Ansatz hält durch seine knappen Verweise auf die ›Solidarität aller Menschen‹ und auf die Goldene Regel ohne Zweifel die Intentionen von vorfindlichen moralischen Überzeugungen fest, aber er expliziert diese Normen nicht in einer Ethik, sondern in der Wirtschaftstheorie. Daher ist es zutreffender, Homanns Ansatz nicht als Wirtschafts*ethik*, sondern semantisch redlicher als *Moralökonomik* zu bezeichnen. Da Homann kein sinnvolles modernes Ethikkonzept mehr kennt, und da er seinen Anspruch, daß Wirtschaftstheorie von Ethik lernen soll, nicht einlöst, verfällt er seiner eigenen Zuordnung nach in das Hierarchie-Modell II: Die Dominanz der Wirtschaftstheorie über die Ethik[46]. Da die Wirtschaftstheorie die Ethik bei Homann methodisch sogar ersetzt, kann man bei ihm zugespitzt von einem ›*Substitutionsmodell*‹ sprechen.

2.4.4 Das Fehlen einer Rahmentheorie

Dieses Ergebnis folgt insofern notwendig aus Homanns Wissenschaftskonzept, da er ein striktes Nebeneinander der Einzelwissenschaften behauptet. Dies hat insofern seine Berechtigung, als es die Unterschiedenheit der Methoden herausstellt. Wenn aber die Bewertung von Ergebnissen und die sinnvolle Verknüpfung in einem konkreten Entscheidungsprozeß nicht völlig ohne Theorie verlaufen sollen, bedarf es einer Metareflexion über ethisch orientiertes Handeln. Genau dies ist aber die »traditionelle« Aufgabe der Ethik, in die theoretisch verantwortet Ergebnisse der ökonomischen Analyse *eingeordnet* werden müssen. Die

---

45. Vgl. Homann (Ethik und Ökonomik, 1994), S. 23.
46. Vgl. Homann (Ethik und Ökonomik, 1994), S. 11.

Ethik muß auch Orientierungswissen zum Beispiel für Situationen anbieten, in denen moralische Ansprüche (noch) nicht in Vorteilskalküle transformiert werden können. Homann erkennt die Notwendigkeit eines übergeordneten Rahmens auch an. Er tut dies implizit, wenn er die Notwendigkeit der »Reflexion auf die systematische Verfaßtheit der Teilrationalitäten – in der Sprache Luhmanns: Beobachtung zweiter Ordnung« – zugesteht[47]. Und er tut es explizit, wenn er formuliert, daß jede – auch von ihm erwünschte – Zuordnung methodisch sauber erfolgen soll und »eines (vorgängigen) theoretischen Rahmens und klarer methodischer Anweisungen (bedarf), wie die verschiedenen Befunde und Argumente in diesem Rahmen eingepaßt werden«[48]. Diesen Rahmen darf für ihn jedoch weder die Ethik noch eine andere Metatheorie bilden. Die Ethik stellt für Homann auch nur eine *Teilrationalität* unter anderen dar. Das Problem ist, daß es für Homann *nur* Teilrationalitäten gibt. Dem muß entgegen gehalten werden, daß es zwar keine allgemeine Vernunftperspektive gibt, von der aus die Wahrheit objektiv zu bestimmen wäre, daß aber jede Perspektive eine Sicht des Allgemeinen – hier konkret die Zuordnung der Teilrationalitäten in einen theoretischen Rahmen – in Anspruch nimmt. Die Reflexion darüber vollzieht sich auf einer theoretischen Metaebene. Diese Metatheorie ist daher notwendig. Und sie wird auch von Homann in Anspruch genommen, denn sein ganzes methodisches Argumentieren *gegen* sie bewegt sich auf einer solchen Metaebene und stellt sie als solche dar. Homann erliegt einem performativen Selbstwiderspruch, da er leugnet, was er in Anspruch nimmt und selbst vollzieht. Es ist nur immer die Frage, inwieweit man sich über die Metaebene, die man implizit gebraucht, theoretisch Rechenschaft gibt. Gegenüber Homann muß kritisch festgehalten werden, daß die Ethik ihrem traditionellen und modernen Selbstverständnis nach, diesen Rahmen als Metatheorie bildet. Sie hat die Aufgabe, den ökonomischen Beitrag, der aus den Analyseergebnissen der Teilrationalität Wirtschaftstheorie folgt, kritisch aufzunehmen, ohne in den von Homann mit Recht zurückgewiesenen »Methodensynkretismus« zurückzufallen.

Daß es für Homann als Ökonomen keine ernst zu nehmende moderne Ethik mehr gibt, ist zwar einerseits zu kritisieren, andererseits stellt es für moderne Ethikkonzeptionen eine *produktive* Herausforderung dar. Sie müssen sich fragen lassen, ob sie ihre Anliegen in einer Form entfalten und kommunikabel machen, daß sie als wirkliche Gegenüber und Gesprächspartner für die Wirtschaftstheorie in Betracht kommen.

---

47. Vgl. Homann (Sinn, 1997), S. 33.
48. Vgl. Homann (Ethik und Ökonomik, 1994), S. 19 f.

3. Die ermittelten Zuordnungsmodelle von Ethik und Wirtschaftstheorie

Alle vier in dieser Arbeit analysierten wirtschaftsethischen Ansätze legen ein bestimmtes Verständnis der Zuordnung von Ethik und Wirtschaftstheorie zugrunde. In welcher Weise diese Zuordnung vorgenommen wird, hängt jeweils vom zugrundeliegenden Verständnis von Ethik einerseits und von Wirtschaftstheorie andererseits ab[49]. Daher wurden in den Analysen zunächst jeweils diese beiden Begriffe geklärt. Die verschiedenen wirtschaftsethischen Ansätze lassen sich dadurch unterscheiden, mit welchem *Ausgangsparadigma* der Ethik oder der Wirtschaftstheorie sie zunächst ansetzen. Vom jeweils gewählten Ausgangspunkt wird ein bestimmtes Zuordnungsverhältnis zur anderen Reflexionsform intendiert. – Ich spreche von Reflexionsformen, da die Zuteilung von Reflexionsformen zu Disziplinen nicht zwingend ist. – Prinzipiell sind bei der Zuordnung von Ethik und Wirtschaftstheorie zwei Extreme denkbar: Es kann eine faktische Nichtberücksichtigung der jeweils anderen Reflexionsform oder es kann eine vollständige Synthese vorliegen. Die Nichtberücksichtigung gibt den Anspruch einer Zuordnung der beiden Reflexionsformen auf. Die Synthese zweier Reflexionsformen (oder Disziplinen) bedeutet im weitestgehenden Fall eine Verschmelzung von zwei Reflexionsformen zu einer neuen Reflexionsform oder Disziplin. Dies geschieht von einer übergeordneten Theorie aus. Im nicht so weitgehenden Fall kann die Synthese die Einbindung beider Reflexionsformen in eine bedeuten, wobei zwei bleibend unterscheidbare Methodiken bestehen. Obwohl der Begriff der Integration sehr unbestimmt ist, kann dieser letztere Fall der Zuordnung zweier Reflexionsformen bei Wahrung der unterschiedlichen Methodiken als Integration bezeichnet werden.

Der Vergleich der vier Positionen hat ein weites Spektrum der Zuordnungsmöglichkeiten von Ethik und Wirtschaftstheorie aufgezeigt: Es reicht vom isoliertem Nebeneinander der Reflexionsformen (und Disziplinen) bei Molitor und Homann bis hin zur Synthese bei Koslowski und Ulrich. Im einzelnen habe ich im vorangegangenen Abschnitt vier *Zuordnungsmodelle* identifiziert. Damit sind zwar vier mögliche Arten von Zuordnung benannt, die typisch sind und oft in der wirtschaftsethischen Diskussion vertreten werden, aber ich habe damit noch kein System möglicher Zuordnungsweisen entworfen. Im folgenden werden die Zuordnungsmodelle abschließend noch einmal resümiert. Ihre Charakterisierung profiliert die Eigenarten der vier wirtschaftsethischen Ansätze: Trotz impliziter Ethik nehmen Molitor und Homann explizit keine Zuordnung von Wirtschaftstheorie und Ethik, sondern nur die von *Wirtschaftstheorie und Moral* vor. Unterschiede zwischen beiden bestehen in dem Umgang mit traditioneller und

---

49. Vgl. zum Folgenden Gerlach (Zuordnungsverhältnis, 1999), S. 834f.

moderner Ethik. Molitor verzichtet in seiner erfahrungswissenschaftlich konzipierten Wirtschaftsethik fast ganz auf eine Auseinandersetzung mit der Ethik, daher kann seine (nicht durchgeführte) Zuordnung von Ethik und Wirtschaftstheorie als ›*Isolationsmodell*‹ bezeichnet werden. Homann hingegen setzt sich kritisch mit traditioneller und in Ansätzen mit moderner Ethik auseinander, aber er ersetzt sie durch die Wirtschaftstheorie. Obwohl Homann sein Konzept als Identitätsmodell versteht und einen Paralleldiskurs zwischen Ethik und Wirtschaftstheorie beansprucht, kann man daher bei ihm von einem ›*Substitutionsmodell*‹ sprechen. Koslowski versteht die Zuordnung von Ethik und Wirtschaftstheorie als Synthese. Sie vollzieht sich bei ihm als Aufhebung beider in einen kulturphilosophischen Gesamtentwurf, in dem sich die verschiedenen Methodiken wiederfinden. Da die Vermittlung der ethischen, kulturwissenschaftlichen und ökonomischen Methoden jedoch nicht durchsichtig wird, liegt nicht das beanspruchte Integrationsmodell, sondern ein ›*Additionsmodell*‹ vor. Ulrich schließlich versteht seine Zuordnung von Ethik und Wirtschaftstheorie selbst als Integration. Da er jedoch ein Gesamtkonzept politischer Ethik entwirft, bei dem er die Methodik der Wirtschaftstheorie nahezu vollständig an die Ethik angleicht, handelt es sich bei ihm um ein ›*Assimilationsmodell*‹.

Molitor und Homann, die vom Ökonomischen als Ausgangsparadigma ausgehen, können zwar moralische Intentionen mit dem ökonomischen Instrumentarium berücksichtigen, aber sie vermögen keine Zuordnung der Wirtschaftstheorie zu einer modernen Ethik aufzuzeigen. Koslowski und Ulrich gehen hingegen in ihren Ansätzen von einer Ethik als Ausgangsparadigma aus. Sie zielen auf dem Hintergrund einer philosophischen Theorie auf eine Integration von Ethik und Wirtschaftstheorie, wodurch faktisch eine neue Disziplin konzipiert wird. Problematisch ist hierbei, daß die Erklärungsleistungen der Wirtschaftstheorie als spezialisierter Methodik aufgegeben werden.

Die Zuordnung von verschiedenen Methodiken, die als deren Synthese durchgeführt wird, kann in der Wissenschaftsgeschichte einen wichtigen Faktor zur produktiven Weiterentwicklung von Disziplinen darstellen. Ob die Wirtschaftsethik solch einen Fall darstellt, ist noch nicht ausgemacht. Die Alternative besteht darin, das Zuordnungsverhältnis von Ethik und Wirtschaftstheorie so zu bestimmen, daß die Selbständigkeit der Reflexionsformen und Methoden von Ethik und Wirtschaftstheorie und damit auch der beiden Disziplinen gewahrt bleiben. Hierdurch werden die unterschiedlichen Leistungen der beiden Reflexionsformen erhalten. Diese zweite Alternative wird von mir vertreten. Sie ergibt sich aus der theologischen Perspektive der vorliegenden Arbeit.

VIII. Die Zuordnung von Ethik und Wirtschaftstheorie als Voraussetzung eines theologisch-ethischen Urteilsprozesses – ein Ausblick

Wirtschaftsethik in evangelisch-theologischer Perspektive, wie sie hier vertreten wird und oben in Kapitel II in ihren Grundlinien entworfen wurde, ist *die Reflexion der Grundlagen und der Durchführung theologisch-ethischer Urteilsprozesse bezüglich wirtschaftsethischer Fragen*. Bei der Zuordnung von Ethik und Wirtschaftstheorie, die im theologisch-ethischen Urteilsprozeß vorliegt, handelt es sich nicht um eine Synthese, sondern um eine *Korrelation* von Ethik und Wirtschaftstheorie: Ethik und Wirtschaftstheorie werden so zugeordnet, daß zum einen ihre *Eigenständigkeit* gewahrt bleibt, so daß sie ihre spezifischen Beiträge in den konkreten theologisch-ethischen Urteilsprozeß einbringen können und das zum anderen ihre gegenseitige *Verwiesenheit* deutlich wird, die in der Fundierung empirischen Wissens in kategorialen Annahmen begründet ist (siehe oben II.3.3). Der theologisch-ethische Urteilsprozeß zeichnet sich durch die Schwierigkeit aus, die jeweiligen Beiträge von theologischer Ethik und Wirtschaftstheorie (und weiterer Disziplinen wie etwa Ingenieurwissenschaften, Recht, Soziologie und Psychologie) so zuzuordnen, daß eine verantwortbare – also theologisch-ethisch begründete – Handlungsorientierung stattfindet. Die theologische Wirtschaftsethik fungiert in diesem Fall als Rahmentheorie, mit der das Gesamtverfahren des Urteilsprozesses mit seinen Einzelschritten reflektiert wird und die Einordnung, Zuordnung und Vermittlung der Beiträge der Einzelwissenschaften erfolgt. Eine wichtige Aufgabe der Rahmentheorie ist es unter anderem, das Verhältnis von kategorialen Leitbegriffen und empirischem Regelwissen als methodisches Problem überhaupt aufzuwerfen und zu klären.

1. Die Zuordnung von Ethik und Wirtschaftstheorie als interdisziplinäre Aufgabe

Ethik und Wirtschaftstheorie neigen beide in der ethischen Urteilsbildung zu einem methodischen Kurzschluß, der jeweils überwunden werden muß: Die Ethik neigt dazu, von allgemeinen Kriterien auf konkrete Handlungsoptionen zu schließen. Die Wirtschaftstheorie neigt dazu, Handlungsoptionen entweder von Modellen abzuleiten oder jedenfalls nur den Funktionszusammenhang des Wirtschaftssystems zu berücksichtigen. Eine reflektierte ethische Urteilsbildung muß beide Arten von methodischen Kurzschlüssen vermeiden. Sie zeichnet sich durch eine komplexe Güterabwägung aus, die nur als interdisziplinäre Aufgabe durchgeführt werden kann. Dies muß im folgenden erläutert werden.

Die Bearbeitung wirtschaftsethischer Fragen durch einen ethischen Urteilsprozeß erfordert zwei Arten von Wissen, die in spezifischer Weise aufeinander bezogen sind: Es ist einerseits die sachgemäße Kenntnis der Funktionsbedingungen des Bereichs Wirtschaft und es ist andererseits ethisches Orientierungswissen nötig. Damit sind einerseits *erfahrungswissenschaftliches Regelwissen* und andererseits *kategoriale Gewißheiten*, wie sie in einem Wirklichkeitsverständnis repräsentiert werden, notwendig[1]. Die Klärung des Verhältnisses von erfahrungswissenschaftlichem Regelwissen und kategorialen Gewißheiten ist das *zentrale methodische Problem* der Ethik und Sozialethik: Es ist die Zuordnung von Ethik und Erfahrungswissenschaft (und im Falle der Wirtschaftsethik vornehmlich von Ethik und Wirtschaftstheorie sowie aber auch weiterer erfahrungswissenschaftlicher Disziplinen). Diese Zuordnung stellt eine Aufgabe dar, die *alle Disziplinen, die eine gesellschaftliche Gestaltung intendieren, jeweils aus ihrer eigenen Perspektive* zu lösen haben. Sie ist deshalb so schwierig zu lösen, weil historisch betrachtet zum einen die Ethik – und das gilt auch für die theologische Ethik und Sozialethik – traditionell ihren Schwerpunkt auf die Bearbeitung kategorialer Fragen und nicht auf der Wahrnehmung der geschichtlichen Wirklichkeit gelegt hat und zum anderen die Erfahrungswissenschaften sich als rein empirische Wissenschaften verstanden und die notwendige Thematisierung kategorialer Fragen vernachlässigt haben – dies gilt auch für die Wirtschaftstheorie. Immer da, wo die Schwerpunktsetzungen faktisch die Ausblendung der je anderen Aufgabe bedeuten, führt dies zu den oben genannten methodischen Kurzschlüssen. Der konkrete ethische Urteilsprozeß erfordert es jedoch, die Zuordnung von Ethik und Wirtschaftstheorie methodisch reflektiert durchzuführen, weil die Anwendung von erfahrungswissenschaftlichem Regelwissen, wie es neben anderen Wissenschaften die Wirtschaftstheorie bietet, für die ethische Güterabwägung notwendig ist. Diese Anwendung kann jedoch nie einfach durch die bloße Heranziehung von Ergebnissen der Erfahrungswissenschaften geschehen, weil das erfahrungswissenschaftliche Regelwissen seinerseits durch kategoriale Gewißheiten eines zugrundeliegenden Wirklichkeitsverständnisses fundiert ist. Die Rezeption setzt also den Aufweis der kategorialen Voraussetzungen einer erfahrungswissenschaftlichen Theorie und die kritische Auseinandersetzung mit ihr voraus. Es ist hierbei mit Übereinstimmungen mit den kategorialen Leitannahmen des christlichen Wirklichkeitsverständnisses, aber auch mit Divergenzen zu rechnen.

1. Vgl. Herms (Kirche, 1995), S. 237f.

Die notwendige Kenntnis der Funktionszusammenhänge des Bereichs Wirtschaft erhält die Ethik also nur im *interdisziplinären Dialog* mit den Erfahrungswissenschaften. Auf diesen interdisziplinären Dialog sind aber *auch* die Erfahrungswissenschaften angewiesen, wenn sie die kategorialen Voraussetzungen ihrer Wissenschaft verstehen wollen. So kann auch die Wirtschaftstheorie, deren genuiner Gegenstand die Wirtschaft und das wirtschaftliche Handeln ist, diesen Gegenstand nur dann hinreichend in den Blick fassen, wenn sie die kategorialen Leitbegriffe ihrer Theorie einer kritischen Diskussion unterzieht. Der oben in Kapitel II.3.3 aufgewiesene Zusammenhang von Ethik und Metaethik gilt daher ebenso für Wirtschaftstheorie und ›Meta-Wirtschaftstheorie‹, die als Theorie der kategorialen Grundlagen der Wirtschaftstheorie verstanden werden kann. Wie allerdings nicht von *der* christlichen Theologie und Ethik, sondern immer nur von individuellen und konfessionellen Prägungen auszugehen ist, ist selbstverständlich auch nicht in der Wirtschaftstheorie mit einer einlinigen Ausrichtung zu rechnen. Es ist daher immer fragwürdig, wenn von ›der‹ Wirtschaftstheorie die Rede ist. Meist ist damit nur eine Richtung gemeint. Im wirtschaftsethischen Diskurs handelt es sich in der Regel um die Neoklassik, deren eingeschränkte Annahmen dann das Ziel der Kritik bilden. Die kritische Rezeption der wirtschaftswissenschaftlichen Kenntnisse über die Funktionsbedingungen der Wirtschaft bedeutet daher immer auch eine Auseinandersetzung mit kategorialen Leitannahmen *verschiedener* ökonomischer Schulrichtungen. Damit verkompliziert sich die sozialethische Aufgabe. Die Bezugnahme auf ökonomische Ansätze ist aber notwendig, da die theologische Ethik und Sozialethik bezüglich des Verständnisses des Funktionszusammenhangs der Wirtschaft auf die Rezeption ökonomischer Theorie angewiesen ist. Diese Rezeption vollzieht sich als ein kritischer Prozeß, bei dem verschiedene ökonomische Ansätze aufgenommen, modifiziert, aber auch zurückgewiesen werden können. Das Verfahren ist theologisch begründet, wenn deutlich wird, daß es sich aus dem christlichen Wirklichkeitsverständnis herleitet.

2. Der Beitrag der Wirtschaftstheorie zum theologisch-ethischen Urteilsverfahren

Wie oben in Kapitel II.1 dargestellt wurde, umfaßt die theologische Wirtschaftsethik einen primär präskriptiven und einen primär deskriptiven Teil. Sie vermag zwar in ihrem präskriptiven Teil die Grundaufgaben der Gesellschaft und die entsprechenden Funktionsbereiche auf dem Hintergrund ihres Wirklichkeitsverständnisses zu beschreiben, zur konkreten Entfaltung von Seinsstrukturen ist sie jedoch auf die empirischen Wissenschaften angewiesen. Diese Konkretion ist notwendig, um einen ethisch zu beurteilenden Konflikt auf dem Hintergrund aller relevanten Handlungsbedingungen und aller maßgeblichen Akteure verstehen zu können. Der *unverzichtbare* Beitrag der Wirtschaftstheorie besteht daher in der Analyse des gesellschaftlichen Funktionssystems Wirtschaft und darauf gründend in der Erfassung der relevanten *Handlungssituationen*. Dies schließt die Bestimmung der Einfluß- und Bedingungsfaktoren, die Identifizierung aller relevanten Akteure und die Einschätzung der Reichweite ihrer Einflußmöglichkeiten, die Konstruktion möglicher Handlungsoptionen und die Abschätzung möglicher Nebenfolgen ein. Insbesondere die Analyse und Kritik von Molitors Darstellung des Funktionszusammenhangs der Marktwirtschaft sowie die Darstellung von Homanns Institutionenanalyse hat – bei aller Kritik – *auch* die Erklärungsleistungen der Wirtschaftstheorie aufgezeigt. Um im theologisch-ethischen Urteilsprozeß eine Konfliktsituation zu erfassen und in ihren weiteren Horizont einordnen zu können, muß die Wirtschaftstheorie daher bei folgenden Schritten herangezogen werden:

a) Die spezifische Leistung des Funktionszusammenhangs muß erkannt und in der Erfüllung dieser Funktion eine ethische Qualität anerkannt werden. Die für die Erfüllung dieser Funktion notwendigen Teilfunktionen (Koordinations-, Informations- und Motivationsfunktion) müssen durch entsprechende Institutionen ermöglicht und erhalten werden (III.5.3.1.1). b) Die Komplementarität von den Wettbewerb ermöglichenden und ihn begrenzenden Institutionen muß gesehen und die Balance zwischen konstituierenden und regulierenden Prinzipien gewahrt werden (III.5.3.1.3). So kommen auch die Grenzen der Leistung des Funktionszusammenhangs Wirtschaft in den Blick. c) Es können Vorschläge gemacht werden, um die Funktion des ökonomischen Zusammenhangs zu verbessern und durch systemimmanente Erweiterungen zu ergänzen. Hierbei ist insbesondere dem aus der Wirtschaftstheorie stammenden ethischen Kriterium der Ordnungskonformität zu entsprechen (III.5.3.2.1)[2]. d) Es müssen die (derzeitigen) Defizite markiert werden, deren mögliche Behebung nur durch andere gesellschaftliche Funktionsbereiche ergänzt oder korrigiert werden können.

Neben dem Beitrag der Wirtschaftstheorie zu einzelnen Schritten des ethischen Urteilsverfahrens wie der Erfassung der Handlungssituation, dem Entwurf von Handlungsoptionen und der Abschätzung von Nebenfolgen, leistet sie aber auch einen Beitrag zur kritischen Weiterentwicklung des Verfahrens als Ganzem. Denn es gibt in der Wirtschaftstheorie eine lange Tradition von Entscheidungstheorien, und es gibt in den verschiedenen ökonomischen Schulen implizit auch jeweils eine eigene Gesamtperspektive auf normative Urteilsprozesse. Diese müssen von der theologischen Ethik zur Kenntnis genommen und *kritisch* rezipiert werden. Wichtige Einzelaspekte, die die Wirtschaftstheorie in die Konstruktion des Urteilsprozesses einbringt, sind die Berücksichtigung der *Umsetzbarkeit* von Handlungsoptionen und die *Ergebniskontrolle* von Handlungen und

---

2. Die privaten Versicherungen sind ein Beispiel für marktkonforme Korrekturen von Marktversagen.

implementierten Regeln. Die klassische ›Arbeitsteilung‹ von theologischer Ethik und Wirtschaftstheorie, bei der erstere die Ziele und letztere die Mittel bestimmt, greift zu kurz, weil einerseits die Wirtschaftstheorie auch Zielkritik vorträgt und andererseits Mittel nicht wertneutral bestimmt werden.

3. Die Aufgabe der theologischen Ethik

Gegenüber der Wirtschaftstheorie hat die theologische Ethik als Rahmentheorie die unverzichtbare Aufgabe, die durch methodische Reduktion gewonnenen Beiträge der verschiedenen ökonomischen Schulen in die Gesamtheit aller zu berücksichtigenden Aspekte einzuordnen. Eines der methodischen Hauptprobleme dieser kritischen Rezeption durch die theologische Ethik besteht in der Beurteilung der Gültigkeit von durch methodische Reduktion gewonnenen Analyseergebnissen.

Wenn die ökonomischen Theorien in der beschriebenen Weise einen unersetzbaren Beitrag zum Verständnis wirtschaftsethisch relevanter Handlungssituationen und damit zum wirtschaftsethischen Urteilsprozeß beisteuern, dann hat die theologisch-wirtschaftsethische Reflexion immer Anteil am allgemeinen Erkenntnisbildungsprozeß der ökonomischen Theorien. Sie ist damit *bleibend* abhängig von den mehr oder weniger großen Erklärungsleistungen der gegenwärtigen ökonomischen Theorien. Es muß hier nun im Plural geredet werden, weil die Erklärungen in den verschiedenen Schulrichtungen unterschiedlich ausfallen und unterschiedlich beurteilt werden. Auch wenn es damit keine grundsätzlich unbestreitbare oder unfehlbare ökonomische Position gibt, auf die sich die Ethik beziehen kann, bedeutet es stets einen ersten klärenden Schritt, sich über die entscheidenden Einfluß- und Bedingungsfaktoren einer Handlungssituation zu verständigen, bevor die Wirkungszusammenhänge im einzelnen beschrieben und erklärt werden. Im weiteren gehört es dann zur wirtschaftsethischen Reflexion hinzu, sich auf die argumentative Auseinandersetzung verschiedener ökonomischer Erklärungsansprüche einzulassen. In dieser Auseinandersetzung ist es für die Ethik von entscheidender Bedeutung, wie das jeweilige ökonomische Handlungsmodell konstruiert wird, welche Gegenstandsbestimmung es damit enthält und auf welchen Gegenstandsbereich es schließlich angewendet wird.

4. Die Korrelation von Ethik und Wirtschaftstheorie

Das Zuordnungsverhältnis von Ethik und Wirtschaftstheorie, das dem hier skizzierten theologisch-ethischen Urteilsverfahren zugrunde liegt, kann knapp als *›Korrelationsmodell‹* charakterisiert werden. Es steht zwischen den oben erwähnten Extremen des Isolationsmodells und den Varianten des Synthesemodells. Es vermeidet eine Synthese von Ethik und Wirtschaftstheorie, um die je spezifischen Beiträge der beiden Reflexionsformen und Methodiken zu wahren. Ich verstehe die Wirtschaftstheorie in diesem Modell nicht als Teil der Ethik, weil sich in der Geschichte der Wirtschaftstheorie eine eigene Aufgabenstellung und eine leistungsfähige Methodik entwickelt hat. Die Ergebnisse der Wirtschaftstheorie werden im Modell der Korrelation für eine spezifische Aufgabe, den theologisch-ethischen Urteilsprozeß kritisch herangezogen und in das ethische Rahmenkonzept dieses Urteilsprozesses integriert. Dieses korrelative Verfahren kann als typisch protestantisch gelten. Es beachtet und respektiert die verschiedenen Perspektiven, die sich in unterschiedlichen Disziplinen herausgebildet haben. Sie werden nicht in ein einheitliches Konzept ›aufgehoben‹. Der Versuch einer Synthese von Ethik und Wirtschaftstheorie kann als typisch ›katholischer‹ Weg interpretiert werden. Er liegt offensichtlich bei Koslowski vor, der explizit katholischer Tradition verpflichtet ist. Aber er findet sich ebenso bei Homann, der ebenfalls durch katholische Tradition geprägt ist. Homann intendiert explizit ein Identitätsmodell, auch wenn er faktisch die Ethik substituiert. Im Hintergrund der Syntheseversuche steht bei beiden ein Konzept allgemeiner Vernunft, wie es für die katholische Theologie prägend ist. Dies trifft auch für Ulrich zu: Er ist zwar protestantisch, aber er vertritt mit seiner bewußt nichtmetaphysischen, humanistischen Vernunftethik ebenfalls einen übergeschichtlichen, allgemeinen Vernunftstandpunkt. Sein sich daraus ergebendes Assimilationsmodell stellt gleichfalls ein Synthesemodell dar.

5. Fazit

Die unterschiedlichen wirtschaftsethischen Ansätze stimmen darin überein, daß die Wirtschaftsethik auf die normative *Gestaltung* von wirtschaftlichen und wirtschaftspolitischen Handlungssituationen zielt. Wenn dies gemeinsam festgehalten wird, dann muß sich die Zuordnung von theologischer Ethik und Wirtschaftstheorie im konkreten ethischen Urteilsprozeß und im interdisziplinären Dialog vollziehen und bewähren. Um die Leistungsfähigkeit der beiden verschiedenen Reflexionsformen und Methodiken von Ethik und Wirtschaftstheorie nutzen zu können, erscheint es mir fruchtbarer zu sein, ihren jeweiligen Beitrag nicht in einer *integrativen Synthese* zu verdecken, sondern in der beschriebenen Weise im Sinn einer *Korrelation* aufeinander zu beziehen: Die beiden Methodiken bleiben einerseits eigenständig und sind wechselseitig nicht ersetzbar, doch sie sind andererseits aufeinander verwiesen, weil empirisches Regelwissen durch kategoriale Leitbegriffe und damit durch ein Wirklichkeitsverständnis fundiert ist. Dieser Zusammenhang muß von Vertreterinnen und Vertretern beider Disziplinen wahrgenommen werden und im Rahmen der jeweiligen Metatheorie ihres Faches zur Geltung gebracht werden.

Für den ethischen Urteilsprozeß gilt, daß die theologische Wirtschaftsethik insbesondere dann als *kritische Rahmentheorie* dieser Korrelation gelten kann, wenn sie nicht nur die Perspektivität verschiedener Disziplinen (Recht, Soziologie, Wirtschaftstheorie, ...) und ökonomischer Schulen offen legt, sondern wenn sie auch ihre eigene durch ein bestimmtes Daseinsverständnis geprägte Perspektivität durchsichtig macht. Nur so vermag die theologische Wirtschaftsethik die Perspektivität jedes ethischen Urteilsverfahrens *und damit auch seiner Grenzen* wahrzunehmen.

Literatur

Die Kurzform, mit der die Werke innerhalb der Fußnoten genannt werden, sind hier in Kapitälchen wiedergegeben.

Abel, Wilhelm, MASSENARMUT und Hungerkrise im vorindustriellen Europa. Versuch einer Synopsis, Berlin 1974.
Abel, Wilhelm, Der PAUPERISMUS in Deutschland am Vorabend der industriellen Revolution, Dortmund 1966.
Albert, Hans, ETHIK und Meta-Ethik. Das Dilemma der analytischen Moralphilosophie, in: Ders., Konstruktion und Kritik. Aufsätze zur Philosophie des kritischen Rationalismus, Hamburg 1972, S. 127-167, zuerst in: Archiv für Philosophie 11, 1961.
Albert, Hans, MODELL-PLATONISMUS: Der neoklassische Stil des ökonomischen Denkens in kritischer Beleuchtung, in: Ders., Marktsoziologie und Entscheidungslogik, Neuwied, Berlin 1967, S. 331-367, zuerst in: Sozialwissenschaft und Gesellschaftsgestaltung, Festschrift für Gerhard Weisser, Friedrich Karrenberg/Hans Albert (Hg.), Berlin 1963.
Albert, Hans, Theorie und Praxis. MAX WEBER und das Problem der Wertfreiheit und der Rationalismus, in: Ders., Konstruktion und Kritik. Aufsätze zur Philosophie des kritischen Rationalismus, Hamburg 1972, S. 41-73, zuerst in: Die Philosophie und die Wissenschaften, Simon Moser zum 65. Geburtstag, Ernst Oldemeyer (Hg.), Meisenheim 1966.
Alber, Hans, MARKTSOZIOLOGIE und Entscheidungslogik, Neuwied 1967.
Albert, Hans, TRAKTAT über kritische Vernunft, 5., verbesserte und erweiterte Auflage, Tübingen 1991, zuerst 1968.
Apel, Karl-Otto, TRANSFORMATION der Philosophie, Band I, Sprachanalytik, Semiotik, Hermeneutik, 4. Auflage, Frankfurt 1991, zuerst 1973.
Apel, Karl-Otto, TRANSFORMATION der Philosophie, Band 2, Das Apriori der Kommunikationsgemeinschaft, 4. Auflage, Frankfurt 1988, zuerst 1973.
Apel, Karl-Otto, DISKURS und Verantwortung. Das Problem des Übergangs zur postkonventionellen Moral, 1. Auflage, Frankfurt 1990, zuerst 1988.
Apel, Karl-Otto, Kann der postkantische STANDPUNKT der Moralität noch einmal in substantielle Sittlichkeit »aufgehoben« werden? Das geschichtsbezogene Anwendungsproblem der Diskursethik zwischen Utopie und Regression, in: Ders., Diskurs und Verantwortung. Das Problem des Übergangs zur postkonventionellen Moral, 1. Auflage Frankfurt 1990, S. 103-153, zuerst 1988.
Aristoteles, Die NIKOMACHISCHE ETHIK, Olof Gigon (Hg.), 5. Auflage, München 1984.
Arrow, Kenneth J., Political and Economic EVALUATION of Social Effects and Externalities, in: Frontiers of Quantitative Economics, Michael D. Intriligator (Hg.), Amsterdam, New York 1971, S. 3-25.
Axelrod, Robert, Die EVOLUTION DER KOOPERATION, München 1988, zuerst: The Evolution of Cooperation, New York 1984.

Baader, Franz von, Über KANT'S DEDUCTION der praktischen Vernunft und die absolute Blindheit der letzteren, Sämtliche Werke, Band 1, Franz Hoffmann et al. (Hg.), Nachdruck Aalen 1963, zuerst 1796.
Baader, Franz von, FERMENTA COGNITIONIS, 6. Heft, Sämtliche Werke, Band 2, Franz Hoffmann et al. (Hg.), Nachdruck Aalen 1963, zuerst 1824.
Becker, Gary S., Der ökonomische ANSATZ zur Erklärung menschlichen Verhaltens, Tübingen 1982, zuerst: The Economic Approach to Human Behavior, Chicago 1976.
Biervert, Bernd/Wieland, Josef, GEGENSTANDSBEREICH und Rationalitätsform der Ökonomie und der Ökonomik, in: Sozialphilosophische Grundlagen ökonomischen Handelns, Bernd Biervert/Klaus Held/Josef Wieland (Hg.), Frankfurt 1990, S. 7-32.
Birkner, Hans-Joachim, SCHLEIERMACHERS CHRISTLICHE SITTENLEHRE. Im Zusammenhang seines philosophisch-theologischen Systems, Berlin 1964.
Boettcher, Erik, Einleitung: Der Neue INSTITUTIONALISMUS als Teil der Lehre von der Neuen Politischen Ökonomie, in: Jahrbuch für Neue Politische Ökonomie 2, 1983, S. 1-15.
Brennan, Geoffrey/Buchanan, James M., Die BEGRÜNDUNG von Regeln. Konstitutionelle Politische Ökonomie, Tübingen 1993, zuerst: The reason of rules, Cambridge 1985.
Buchanan, James M., Das Verhältnis der WIRTSCHAFTSWISSENSCHAFT zu ihren Nachbardisziplinen, in: Gegenstand und Methoden der Nationalökonomie, Reimut Jochimsen/Helmut Knobel (Hg.), Köln 1971, S. 88-105, zuerst in: The Structure of Economic Science, Essays on Methodology, S. R. Krupp (Hg.), Englewood Cliffs, N.J. 1966.
Buchanan, James M., Die GRENZEN der Freiheit. Zwischen Anarchie und Leviathan, Tübingen 1984, zuerst: The Limits of Liberty. Between Anarchy and Leviathan, Chicago, London 1975.
Buchanan, James M., KOMMENTAR, in: Peter Koslowski, Ethik des Kapitalismus, mit einem Kommentar von James M. Buchanan, 2., neubearbeitete Auflage, Tübingen 1984, S. 81-92, zuerst 1982.
Coase, Ronald H., The NATURE of the Firm, in: Ders., The Firm, the Market, and the Law, Chicago 1988, S. 33-55, zuerst in: Economica, Vol. 4, 1937.
Dahm, Karl-Wilhelm, Unternehmensbezogene Ethikvermittlung. LITERATURBERICHT: Zur neueren Entwicklung der Wirtschafsethik, in: Zeitschrift für Evangelische Ethik 33, 1989, S. 121-147.
Dietze, Constantin von, NATIONALÖKONOMIE und Theologie. Mit Anhang: Grundsätze einer Wirtschafts- und Sozialordnung in evangelischer Sicht, Tübingen 1947.
Edel, Susanne, WIRTSCHAFTSETHIK im Dialog. Der Betrag Arthur Richs zur Verständigung zwischen Theologie und Ökonomik, Stuttgart 1988.
Enderle, Georges, Wirtschaftsethik und MARKTVERSAGEN, in: Ders., Handlungsorientierte Wirtschaftsethik. Grundlagen und Anwendungen, Bern, Stuttgart, Wien 1993, S. 95-114.
Eucken, Walter, Die GRUNDLAGEN der Nationalökonomie, Edith Eucken/K. Paul Hensel (Hg.), 7. Auflage, Berlin 1959, zuerst 1939.
Eucken, Walter, GRUNDSÄTZE der Wirtschaftspolitik, 6. Auflage, Tübingen 1990, zuerst 1952.
Faller, Michael, Innere KÜNDIGUNG. Ursachen und Folgen, 2., überarbeitete und erweiterte Auflage, München, Mering 1993, zuerst 1991 (Rainer Hampp (Hg.), Reihe Personalforschung, Band 8).
Fehl, Ulrich/Oberender, Peter, Grundlagen der MIKROÖKONOMIE. Eine Einführung in die Produktions-, Nachfrage- und Markttheorie, 4. Auflage, München 1990, zuerst 1976.
Felderer, Bernhard/Homburg, Stefan, MAKROÖKONOMIK und neue Makroökonomik, 6., verbesserte Auflage, Berlin, Heidelberg 1994, zuerst 1984.

Fetzer, Joachim/Gerlach, Jochen (Hg.), GEMEINWOHL – mehr als gut gemeint? Klärungen und Anstöße, Gütersloh 1998.

Fetzer, Joachim/Gerlach, Jochen, Berechtigtes Anliegen und verschleiernde Rhetorik. 10 THESEN zum »Gemeinwohl«, in: Dies. (Hg.), Gemeinwohl – mehr als gut gemeint? Klärungen und Anstöße, Gütersloh 1998, S. 142-149.

Frank, Manfred, Sprachanalytische und neostrukturalistische THEORIE des Selbstbewußtseins, in: Ders., Selbstbewußtsein und Selbsterkenntnis. Essays zur analytischen Philosophie der Subjektivität, Stuttgart 1991, S. 158-205.

Frankena, William K., ANALYTISCHE ETHIK. Eine Einführung, 5. Auflage, München 1994, zuerst: Ethics, Englewood Cliffs, N.J. 1963.

Frey, Bruno, UNORTHODOXE OEKONOMEN, in: Wirtschaftswissenschaftliches Studium 6, 1977, S. 49-54.

Frinks, Manfred S., MAX SCHELER: Drang und Geist, in: Grundprobleme der großen Philosophen. Philosophie der Gegenwart, Josef Speck (Hg.), Band II, Göttingen 1973, S. 9-42.

Gäfgen, Gerhard, Theorie der wirtschaftlichen ENTSCHEIDUNG, 3. Auflage, Tübingen 1974, zuerst 1963.

Gerlach, Jochen, Die WOHLGEORDNETHEIT der Gesellschaft – Gemeinwohl in der Sozialethik von Eilert Herms, in: Fetzer, Joachim/Gerlach, Jochen (Hg.), Gemeinwohl – mehr als gut gemeint? Klärungen und Anstöße, Gütersloh 1998.

Gerlach, Jochen, Das ZUORDNUNGSVERHÄLTNIS von Ethik und Ökonomik als Grundproblem der Wirtschaftsethik, in: Wilhelm Korff et al. (Hg.), Handbuch der Wirtschaftsethik, Band 1, Verhältnisbestimmung von Wirtschaft und Ethik, Gütersloh 1999, S. 834-871 u. S. 876-883.

GLOBAL 2000. Der Bericht an den Präsidenten, Reinhard Kaiser (Hg. der deutschen Übersetzung), 20. Auflage, Frankfurt 1981, zuerst: The Global 2000 Report to the President, Council on Environmental Quality, US-Außenministerium, Gerald O. Barney (Hg.), Washington 1980.

Gehlen, Arnold, Studien zur ANTHROPOLOGIE und Soziologie, Neuwied 1963.

Goethe, Johann Wolfgang von, FAUST. Eine Tragödie, Goethes Werke, Band III, Dramatische Dichtungen, Erster Band, Textkritisch durchgesehen und mit Anmerkungen versehen von Erich Trunz, Hamburg 1959, zuerst 1808.

Grunberg, Emile, Gegenstand und externe Grenzen der WIRTSCHAFTSWISSENSCHAFT, in: Gegenstand und Methoden der Nationalökonomie, Reimut Jochimsen/Helmut Knobel (Hg.), Köln 1971, S. 69-87, zuerst in: The Structure of Economic Science, Essays on Methodology, S. R. Krupp (Hg.), Englewood Cliffs, N.J. 1966.

Habermas, Jürgen, Vorbereitende BEMERKUNGEN zu einer Theorie der kommunikativen Kompetenz, in: Ders./Niklas Luhmann, Theorie der Gesellschaft oder Sozialtechnologie – Was leistet die Systemforschung?, Frankfurt 1970.

Habermas, Jürgen, LEGITIMATIONSPROBLEME im Spätkapitalismus, Frankfurt 1973.

Habermas, Jürgen, Zur REKONSTRUKTION des Historischen Materialismus, 5. Auflage, Frankfurt 1990, zuerst 1976.

Habermas, Jürgen, THEORIE des kommunikativen Handelns, Band 1, Handlungsrationalität und gesellschaftliche Rationalisierung, 4. Auflage, Frankfurt, 1988, zuerst 1981.

Habermas, Jürgen, THEORIE des kommunikativen Handelns, Band 2, Zur Kritik der funktionalistischen Vernunft, 4. Auflage, Frankfurt, 1988, zuerst 1981.

Habermas, Jürgen, MORALBEWUSSTSEIN und kommunikatives Handeln, 4. Auflage, Frankfurt 1991, zuerst 1983.

Habermas, Jürgen, DISKURSETHIK – Notizen zu einem Begründungsprogramm, in: Ders.,

Moralbewußtsein und kommunikatives Handeln, 4. Auflage, Frankfurt 1991, S. 53-125, zuerst 1983.
Habermas, Jürgen, Rekonstruktive vs. verstehende SOZIALWISSENSCHAFTEN, in: Moralbewußtsein und kommunikatives Handeln, 4. Auflage, Frankfurt 1991, S. 29-52, zuerst 1983.
Habermas, Jürgen, ERLÄUTERUNGEN zur Diskursethik, Frankfurt 1991.
Habermas, Jürgen, FAKTIZITÄT und Geltung. Beiträge zur Diskurstheorie des Rechts und des demokratischen Rechtsstaates, 3. Auflage, Frankfurt 1993, zuerst 1992.
Habermas, Jürgen, Die EINBEZIEHUNG des Anderen. Studien zur politischen Theorie, 2. Auflage, Frankfurt 1997, zuerst 1996.
Härle Wilfried, DOGMATIK, Berlin, New York 1995.
Hartfiel, Günter, Wirtschaftliche und soziale Rationalität. Untersuchungen zum MENSCHENBILD in Ökonomie und Soziologie, Stuttgart 1968.
Hartwig, Karl-Hans, Die vertragstheoretische INSTITUTIONENANALYSE von James M. Buchanan: Konzeptionelle Grundlagen und Implikationen, in: Theologische Aspekte der Wirtschaftsethik III, Eilert Herms/Hans May (Hg.), Loccumer Protokolle, Loccum 1987, S. 153-167.
Haslinger, Franz, Das ENDE der Wirtschaftsethik: Grenzen einer ökonomischen Methode, in: Detlef Aufderheide/Martin Dabrowski (Hg.), Wirtschaftsethik und Moralökonomik. Normen, soziale Ordnung und der Beitrag der Ökonomik, Berlin 1997, S. 43-58.
Hauser, Richard/Hübinger, Werner, ARME unter uns, Deutscher Caritasverband (Hg.), Teil 1, Ergebnisse und Konsequenzen der Caritas-Armutsuntersuchung, 2. Auflage, Freiburg 1993, zuerst 1992.
Hayek, Friedrich August von, Der Weg zur KNECHTSCHAFT, München 1991, zuerst: The Road to Serfdom, Chicago 1944.
Hayek, Friedrich August von, Die Verfassung der FREIHEIT, 3. Auflage, Tübingen 1991, zuerst: The Constitution of Liberty, Chicago 1960.
Hayek, Friedrich August von, ARTEN der Ordnung, in: Ders., Freiburger Studien, Tübingen 1969, S. 32-46, zuerst in: Ordo XIV, 1963.
Hayek, Friedrich August von, Bemerkungen über die ENTWICKLUNG von Systemen von Verhaltensregeln (Das Zusammenspiel zwischen Regeln des individuellen Verhaltens und der sozialen Handelnsordnung), in: Ders, Freiburger Studien, Tübingen 1969, S. 144-160, zuerst in: Ders., Studies in Philosophy, Politics und Economics, London, Chicago, Toronto 1967.
Hayek, Friedrich August von, Die ERGEBNISSE menschlichen Handelns, aber nicht menschlichen Entwurfs, in: Ders, Freiburger Studien, Tübingen 1969, S. 97-107, zuerst in: Ders., Studies in Philosophy, Politics und Economics, London, Chicago, Toronto 1967.
Hayek, Friedrich August von, GRUNDSÄTZE einer liberalen Gesellschaftsordnung, in: Ders., Freiburger Studien, Tübingen 1969, S. 108-125, zuerst in: Ordo XVIII, 1967.
Hayek, Friedrich August von, RECHTSORDNUNG und Handelnsordnung, in: Ders., Freiburger Studien, Tübingen 1969, S. 161-198, zuerst in: Zur Einheit der Rechts- und Staatswissenschaften, Erich Streißler (Hg.), Karlsruhe 1967.
Hayek, Friedrich August von, Der Wettbewerb als ENTDECKUNGSVERFAHREN, in: Ders., Freiburger Studien, Tübingen 1969, S. 249-265, zuerst in: Kieler Vorträge, Neue Folge 56, E. Schneider (Hg.), Kiel 1968.
Henckmann, Wolfhart, MATERIALE WERTETHIK, in: Geschichte der neueren Ethik, Annemarie Pieper (Hg.), Band 2, Gegenwart, Tübingen, 1992, S. 82-102.
Henrich, Dieter, FICHTES URSPRÜNGLICHE EINSICHT, in: Subjektivität und Metaphysik, Festschrift für Wolfgang Cramer, Dieter Henrich/Hans Wagner (Hg.), Frankfurt 1966, S. 188-232.

Hensel, K. Paul, GRUNDFORMEN der Wirtschaftsordnung. Marktwirtschaft – Zentralverwaltungswirtschaft, 3., erweiterte Auflage, München 1978, zuerst 1972.

Herms, Eilert, THEOLOGIE – eine Erfahrungswissenschaft, München 1978.

Herms, Eilert, Das KIRCHENRECHT als Thema der theologischen Ethik, in: Zeitschrift für evangelisches Kirchenrecht 28, 1983, S. 199-277.

Herms, Eilert, REICH GOTTES und menschliches Handeln, in: F. D. E. Schleiermacher. 1768-1834. Theologe-Philosoph-Pädagoge, Dietz Lange (Hg.), Göttingen 1985, S. 163-192.

Herms, Eilert, BEOBACHTUNGEN und Erwägungen zu J. M. Buchanans vertragstheoretischer Sozialphilosophie, in: Theologische Aspekte der Wirtschaftsethik III, Eilert Herms/Hans May (Hg.), Loccumer Protokolle, Loccum 1987, S. 168-186.

Herms, Eilert, Die »THEOLOGISCHE SCHULE«. Ihre Bedeutung für die Selbstgestaltung des evangelischen Christentums und seine sozialethische Gestalt, in: Ders., Erfahrbare Kirche. Beiträge zur Ekklesiologie, Tübingen 1990, S. 157-189, zuerst in: Theologische Gegenwartsdeutung, Wilfried Härle/Reiner Preul (Hg.), Marburger Jahrbuch Theologie II, Marburger theologische Studien 24, 1988.

Herms, Eilert, RELIGION UND ORGANISATION. Die gesamtgesellschaftliche Funktion von Kirche aus der Sicht der evangelischen Theologie, in: Ders., Erfahrbare Kirche. Beiträge zur Ekklesiologie, Tübingen 1990, S. 49-79, zuerst in: Kirche und Gesellschaft. Analysen, Reflexionen, Perspektiven, Wilfried Härle (Hg.), Stuttgart 1989.

Herms, Eilert, BERICHT über die Abschlußdiskussion: Anforderungen an sozialethische, speziell wirtschaftsethische Stellungnahmen aus dem Bereich der evangelischen Theologie und Kirche, in: Theologische Aspekte der Wirtschaftsethik VII, Eilert Herms/Hans May (Hg.), Loccum 1991, S. 187-208.

Herms, Eilert, Der religiöse SINN DER MORAL. Unzeitgemäße Betrachtungen zu den Grundlagen einer Ethik der Unternehmensführung, in: Ders., Gesellschaft gestalten. Beiträge zur evangelischen Sozialethik, Tübingen 1991, S. 216-251, zuerst in: Unternehmensethik, Horst Steinmann/Albert Löhr (Hg.), Stuttgart 1989.

Herms, Eilert, THEOLOGISCHE WIRTSCHAFTSETHIK. Das Problem ihrer bibeltheologischen Begründung und ihres spezifischen Beitrags zum wirtschaftsethischen Diskurs, in: Wirtschaft und Ethik, Kirche heute, Günter Baadte/Anton Rauscher (Hg.), Band 5, Graz, Köln, Wien 1991, S. 31-69.

Herms, Eilert, Grundzüge eines theologischen Begriffs sozialer ORDNUNG, in: Ders., Gesellschaft gestalten. Beiträge zur evangelischen Sozialethik, Tübingen 1991, S. 56-94, zuerst in: Theologische Aspekte der Wirtschaftsethik III., Susanne Habicht-Erenler/Eilert Herms, (Hg.), Loccumer Protokolle, Loccum 1988, S. 30-64.

Herms, Eilert, THEORETISCHE VORAUSSETZUNGEN einer Ethik des wirtschaftlichen Handelns. F. A. Hayeks Anthropologie und Evolutionstheorie als Spielraum wirtschaftsethischer Aussagen, in: Ders., Gesellschaft gestalten. Beiträge zur evangelischen Sozialethik, Tübingen, 1991, S. 146-215.

Herms, Eilert, GLAUBE, in: Ders., Offenbarung und Glaube. Zur Bildung des christlichen Lebens, Tübingen 1992, S. 457-483, gleichzeitig in: Marburger Jahrbuch Theologie IV, Marburger theologische Studien 33, 1992, S. 37-77.

Herms, Eilert, Artikel ›MENSCH, Menschenbild‹, in: Lexikon der Wirtschaftsethik, Georges Enderle et al. (Hg.), Freiburg 1993, S. 676-687.

Herms, Eilert, Das neue PARADIGMA. Wirtschaftsethik als Herausforderung für die Theologie und die Wirtschaftswissenschaft, in: Wirtschaftsethik und Theorie der Gesellschaft, Josef Wieland (Hg.), Frankfurt 1993, S. 148-171.

Herms, Eilert, KIRCHE in der Zeit, in: Ders., Kirche für die Welt. Lage und Aufgabe der evangelischen Kirchen im vereinigten Deutschland, Tübingen 1995, S. 231-317.

Herms, Eilert/Anzenbacher, Arno, TECHNIKRISIKEN – Zum Beispiel Kernenergie, in: Zeitschrift für Evangelische Ethik 40, 1996, S. 5-22.
Hesse, Helmut/Homann, Karl et al., WIRTSCHAFTSWISSENSCHAFT und Ethik, in: Wirtschaftswissenschaft und Ethik, Helmut Hesse (Hg.), 2. Auflage, Berlin 1989, S. 9-33, zuerst 1988.
Heuss, Ernst, Allgemeine MARKTTHEORIE, Tübingen 1965.
Heuss, Ernst, GRUNDELEMENTE der Wirtschaftstheorie. Eine Einführung in wirtschaftliches Denken, Göttingen 1970.
Heyde, Joachim Ernst, WERT. Eine philosophische Grundlegung, Erfurt 1927.
Hirschman, Albert O., LEIDENSCHAFTEN und Interessen. Politische Begründungen des Kapitalismus vor seinem Sieg, Frankfurt 1987, zuerst: The Passions and the Interests. Political Arguments for Capitalism before its Triumph, Princeton 1977.
Höffe, Otfried, Artikel ›METAETHIK‹, in: Lexikon der Ethik, Ders. (Hg.), 3., neubearbeitete Auflage, München 1986, zuerst 1977.
Höffe, Otfried, ETHIK und Politik. Grundmodelle und -probleme der praktischen Philosophie, Frankfurt 1979.
Höffe, Otfried, Immanuel KANT, München 1983.
Homann, Karl (1985), TYPES of Rationality versus Theory of Rationality, in: Economics and Philosophy, Peter Koslowski (Hg.), Tübingen 1985, S. 141-156.
Homann, Karl, Rationalität und DEMOKRATIE, Tübingen 1988.
Homann, Karl, Die Rolle ökonomischer UEBERLEGUNGEN in der Grundlegung der Ethik, in: Wirtschaftswissenschaft und Ethik, Helmut Hesse (Hg.), 2. Auflage, Berlin 1989, S. 215-240, zuerst 1988.
Homann, Karl, ENTSTEHUNG, Befolgung und Wandel moralischer Normen, in: Wirtschaftsethik. Gesellschaftswissenschaftliche Perspektiven. Christiana Albertina, Franz Urban Pappi (Hg.), Sonderheft, Kiel 1989, S. 47-64.
Homann, Karl, STRATEGISCHE RATIONALITÄT, kommunikative Rationalität und die Grenze der ökonomischen Vernunft, in: Auf der Suche nach einer modernen Wirtschaftsethik. Lernschritte zu einer reflexiven Ökonomie, Peter Ulrich (Hg.), Bern 1990, S. 103-119.
Homann, Karl, OEKONOMIK UND ETHIK, in: Wirtschaft und Ethik, Kirche heute, Günter Baadte/Anton Rauscher (Hg.), Band 5, Graz, Köln, Wien 1991, S. 9-29.
Homann, Karl, WIRTSCHAFTSETHIK. Die Funktion der Moral in der modernen Wirtschaft, in: Wirtschaftsethik und Theorie der Gesellschaft, Josef Wieland (Hg.), Frankfurt 1993, S. 32-53.
Homann, Karl, ETHIK UND OEKONOMIK. Zur Theoriestrategie der Wirtschaftsethik, in: Ders. (Hg.): Wirtschaftsethische Perspektiven I, Berlin 1994, S. 9-30.
Homann, Karl, MARKTWIRTSCHAFT und Unternehmensethik, in: Forum für Philosophie Bad Homburg/Siegfried Blasche/Wolfgang R. Köhler/Peter Rohs (Hg.), Markt und Moral. Die Diskussion um die Unternehmensethik, Bern Stuttgart, Wien 1994, S. 109-130.
Homann, Karl, SINN und Grenze der ökonomischen Methode in der Wirtschaftsethik, in: Detlef Aufderheide/Martin Dabrowski (Hg.), Wirtschaftsethik und Moralökonomik. Normen, soziale Ordnung und der Beitrag der Ökonomik, Berlin 1997, S. 11-42.
Homann, Karl/Blome-Drees, Franz, WIRTSCHAFTSETHIK und Unternehmensethik, Göttingen 1992.
Homann, Karl/Pies, Ingo, GEFANGENENDILEMMA und Wirtschaftsethik, in: Wirtschaftswissenschaftliches Studium 20, 1991, S. 608-614.
Homann, Karl/Suchanek, Andreas, WIRTSCHAFTSETHIK – Angewandte Ethik oder Beitrag zur Grundlagendiskussion?, in: Ökonomische Theorie und Ethik, Bernd Biervert/Martin Held (Hg.), Frankfurt, New York 1987, S. 101-121.

Homann, Karl/Suchanek, Andreas, METHODOLOGISCHE UEBERLEGUNGEN zum ökonomischen Imperialismus, in: Analyse und Kritik 11, 1989, S. 70-93.
Honecker, Martin, Das Problem der EIGENGESETZLICHKEIT, in: Zeitschrift für Theologie und Kirche 73, 1976, S. 92-130.
Honecker, Martin, Artikel ›SOZIALETHIK‹, in: Evangelisches Staatslexikon, Hermann Kunst /Siegfried Grundmann (Begründer), Roman Herzog et al. (Hg.), Band II, N-Z, 3., neubearbeitete und erweiterte Auflage, Stuttgart 1987, Sp. 3191-3209.
Horkheimer, Max, Zur KRITIK der instrumentellen Vernunft, Frankfurt 1974, zuerst: Eclipse of Reason, New York 1947.
Hübl, Lothar, WIRTSCHAFTSKREISLAUF und Gesamtwirtschaftliches Rechnungswesen, in: Vahlens Kompendium der Wirtschaftstheorie und Wirtschaftspolitik, Dieter Bender et al. (Hg.), Band 1, 6., überarbeitete und erweiterte Auflage, München 1995, S. 49-85.
Joas, Hans (Hg.), KOMMUNIKATIVES HANDELN. Beiträge zu Jürgen Habermas' »Theorie des kommunikativen Handelns«, 2. Auflage, Frankfurt 1988, zuerst 1986.
Joas, Hans, Die unglückliche Ehe von HERMENEUTIK UND FUNKTIONALISMUS, in: Axel Honneth/Hans Joas (Hg.), Kommunikatives Handeln. Beiträge zu Jürgen Habermas' »Theorie des kommunikativen Handelns«, 2. Auflage, Frankfurt 1988, S. 144-176, zuerst 1986.
Kant, Immanuel, KRITIK DER REINEN VERNUNFT, 1. Auflage (A) 1781, 2. Auflage (B) 1787, Werkausgabe, Wilhelm Weischedel (Hg.), Band III/IV, Frankfurt 1974, zuerst 1781.
Kant, Immanuel, Grundlegung zur METAPHYSIK DER SITTEN, 1. Auflage (A) 1785, 2. Auflage (B) 1786, Werkausgabe, Wilhelm Weischedel (Hg.), Band VII, Frankfurt 1974, zuerst 1785.
Kant, Immanuel, KRITIK DER PRAKTISCHEN VERNUNFT, Werkausgabe, Wilhelm Weischedel (Hg.), Band VII, Frankfurt 1974, zuerst 1788.
Kant, Immanuel, Die RELIGION innerhalb der Grenzen der bloßen Vernunft, Werke, Akademie Textausgabe, Band VI, Berlin 1968, zuerst 1794.
Kerber, Walter S.J., HOMO OECONOMICUS. Zur Rechtfertigung eines umstrittenen Begriffs, in: Das Menschenbild der ökonomischen Theorie. Zur Natur des Menschen, Bernd Biervert/Martin Held (Hg.), Frankfurt 1991, S. 56-75.
Kirchgässner, Gebhard, HOMO OECONOMICUS: das ökonomische Modell individuellen Verhaltens und seine Anwendung in den Wirtschafts- und Sozialwissenschaften, Tübingen 1991.
Kliemt, Hartmut, Nicht-expansive FUNKTIONEN eines »Homo oeconomicus« und Beschränkungen seiner explanativen Rolle, in: Homo oeconomicus II, Manfred J. Holler (Hg.), München 1984, S. 7-50.
Kliemt, Hartmut, Ökonomische THEORIE DER MORAL, in: Ökonomische Verhaltenstheorie, Bernd-Thomas Ramb/Manfred Tietzel (Hg.), München 1993, S. 281-310.
Korff, Wilhelm, Ethische ENTSCHEIDUNGSKONFLIKTE: Zum Problem der Güterabwägung, in: Handbuch der christlichen Ethik, Band 3, Wege ethischer Praxis, Freiburg, Basel, Wien, Gütersloh 1982, S. 78-92.
Koslowski, Peter, GESELLSCHAFT und Staat, Ein unvermeidlicher Dualismus, mit einer Einführung von Robert Spaemann, Stuttgart 1982.
Koslowski, Peter, ETHIK DES KAPITALISMUS, mit einem Kommentar von James M. Buchanan, 2., neubearbeitete Auflage, Tübingen 1984, zuerst 1982.
Koslowski, Peter, RELIGION, OEKONOMIE, ETHIK. Eine sozialtheoretische und ontologische Analyse ihres Zusammenhanges, in: Die religiöse Dimension der Gesellschaft. Religion und ihre Theorien, Ders. (Hg.), Tübingen 1985, S. 76-96.
Koslowski, Peter, DIE RELIGIÖSE DIMENSION der Gesellschaft, nicht die gesellschaftliche

Funktion der Religion, in: Die religiöse Dimension der Gesellschaft. Religion und ihre Theorien, Ders. (Hg.), Tübingen 1985, S. 292-293.

Koslowski, Peter, DIE POSTMODERNE KULTUR. Gesellschaftlich-kulturelle Konsequenzen der technischen Entwicklung, Perspektiven und Orientierungen, Schriftenreihe des Bundeskanzleramtes, Band 2, München 1987.

Koslowski, Peter, MARKET AND DEMOCRACY as Discources. Limits to Discoursive Social Coordination, in: Individual Liberty and Democratic Decision-Making. The Ethics, Economics, and Politics of Democracy, Ders. (Hg.), Tübingen 1987, S. 58-92.

Koslowski, Peter, PRINZIPIEN der Ethischen Ökonomie. Grundlegung der Wirtschaftsethik und der auf die Ökonomie bezogenen Ethik, Tübingen 1988.

Koslowski, Peter, WIRTSCHAFT ALS KULTUR. Wirtschaftskultur und Wirtschaftsethik in der Postmoderne, Wien 1989.

Koslowski, Peter, GRUNDLINIEN der Wirtschaftsethik, in: Zeitschrift für Wirtschafts- und Sozialwissenschaften 109, 1989, S. 345-383.

Koslowski, Peter, RISIKOGESELLSCHAFT als Grenzerfahrung der Moderne. Für eine postmoderne Kultur, in: Aus Politik und Zeitgeschichte. Beilage zur Wochenzeitung Das Parlament, Heft 36, 1989, S. 14-30.

Koslowski, Peter, MATERIALE WERTETHIK und Sein-Sollen-Unterscheidung in der Wirtschaftsethik, in: Wirtschaftsethik. Gesellschaftliche Perspektiven, Franz Urban Pappi (Hg.), Christiana Albertina, Sonderheft, Kiel 1989, S. 31-41.

Koslowski, Peter, NEBENWIRKUNGEN (Externalitäten) als Problem der Wirtschaftsethik, in: Wirtschaftswissenschaft und Ethik, Helmut Hesse (Hg.), 2. Auflage, Berlin 1989, S. 259-275, zuerst 1988.

Koslowski, Peter, Die PRÜFUNGEN der Neuzeit. Über Postmodernität der Geschichte, Metaphysik, Gnosis, Wien 1989.

Koslowski, Peter, OEKOLOGIE und Ethik in der Wirtschaft, in: Jahrbuch des Forschungsinstitutes für Philosophie Hannover 1990/91, Peter Koslowski/Reinhard Löw (Hg.), Hildesheim 1990, S. 9-35.

Koslowski, Peter, WIRTSCHAFTSETHIK ALS SYNTHESE von ökonomischer und ethischer Theorie. Antwort auf Hans-Peter Weikard, in: Zeitschrift für Wirtschafts- und Sozialwissenschaften 110, 1990, S. 277-281.

Koslowski, Peter, The CATEGORIAL and Ontological Presuppositions of Austrian and Neoclassical Economics, in: General Equilibrium or Market Process. Neoclassical and Austrian Theories of Economics, Alfred Bosch/Peter Koslowski/Reinhold Veit (Hg.), Tübingen 1990, S. 1-20.

Koslowski, Peter, GESELLSCHAFTLICHE KOORDINATION. Eine ontologische und kulturwissenschaftliche Theorie der Marktwirtschaft, Tübingen 1991.

Koslowski, Peter, ETHISCHE ÖKONOMIE als Synthese von ökonomischer und ethischer Theorie, Jahrbücher für Nationalökonomie und Statistik 208, 1991, S. 113-139.

Koslowski, Peter, PHILOSOPHIE als Theorie der Gesamtwirklichkeit, in: Orientierung durch Philosophie. Ein Lehrbuch nach Teilgebieten, Ders. (Hg.), Tübingen 1991, S. 1-18.

Koslowski, Peter, SOZIAL- UND KULTURPHILOSOPHIE, in: Orientierung durch Philosophie. Ein Lehrbuch nach Teilgebieten, Ders. (Hg.), Tübingen 1991, S. 71-93.

Koslowski, Peter, WIRTSCHAFTSPHILOSOPHIE und Wirtschaftsethik, in: Orientierung durch Philosophie. Ein Lehrbuch nach Teilgebieten, Ders. (Hg.), Tübingen 1991, S. 146-174.

Koslowski, Peter, Der HOMO OECONOMICUS und die Wirtschaftsethik, in: Neuere Entwicklungen in der Wirtschaftsethik und Wirtschaftsphilosophie, Ders. (Hg.), Berlin, Heidelberg, New York, Tokyo 1992, S. 73-92.

Koslowski, Peter, WIRTSCHAFTSETHIK – EIN NEUES PARADIGMA der Wirtschaftswissenschaft und der Philosophie?, in: Neuere Entwicklungen in der Wirtschaftsethik und Wirtschaftsphilosophie, Ders. (Hg.), Berlin, Heidelberg, New York, Tokyo 1992, S. 9-17.

Koslowski, Peter, ETHIK UND RELIGION ALS KORREKTIV der Wirtschaft, in: Jahrbuch des Forschungsinstitutes für Philosophie Hannover 1992/93, Peter Koslowski/Reinhard Löw/Richard Schenk (Hg.), Hildesheim 1992, S. 216-235.

Koslowski, Peter, CHRISTLICHER LIBERALISMUS als europäische Philosophie der Postmoderne. Metaphysik und Politik nach der Dekonstruktion der Aufklärung, in: Europa imaginieren. Der europäische Binnenmarkt als kulturelle und wirtschaftliche Aufgabe, Ders. (Hg.), Berlin, Heidelberg, New York, Tokyo 1992, S. 75-104.

Koslowski, Peter, Die ORDNUNG DER WIRTSCHAFT. Studien zur Praktischen Philosophie und Politischen Ökonomie, Tübingen 1994.

Koslowski, Peter, ETHIK DER BANKEN und der Börse. Finanzinstitutionen, Finanzmärkte, Insider-Handel, Tübingen 1997.

Kraft, Victor, Die Grundlagen einer wissenschaftlichen WERTLEHRE, 2., neubearbeitete Auflage, Wien 1951, zuerst 1931.

Kraft, Victor, Der WIENER KREIS. Der Ursprung des Neopositivismus. Ein Kapitel der jüngsten Philosophiegeschichte, 2., erweiterte und verbesserte Auflage, Wien, New York 1968, zuerst 1950.

Kraft, Victor, ERKENNTNISLEHRE, Wien 1960.

Kraft, Victor, Die GRUNDLAGEN der Erkenntnis und der Moral, Berlin 1968.

Kreikebaum, Hartmut, GRUNDLAGEN der Unternehmensethik, Stuttgart 1996.

Krings, Hermann, REPLIK, in: Prinzip Freiheit, Eine Auseinandersetzung um Chancen und Grenzen transzendentalphilosophischen Denkens. Zum 65. Geburtstag von Hermann Krings, Hans Michael Baumgartner (Hg.), Freiburg, München 1979, S. 345-411.

Kuch Michael, WISSEN – Freiheit – Macht. Kategoriale, dogmatische und (sozial-) ethische Bestimmungen zur begrifflichen Struktur des Handelns, Marburg 1991.

Küng, Emil, WIRTSCHAFT und Gerechtigkeit. Sozialethische Probleme im Licht der Volkswirtschaftslehre, Tübingen 1967.

Lakatos, Imre, Die METHODOLOGIE der wissenschaftlichen Forschungsprogramme, Philosophische Schriften, Band 1, Braunschweig, Wiesbaden 1982, zuerst 1978.

Leckebusch, Michael, WIRTSCHAFTSETHIK. Anmerkungen zu dem gleichnamigen Buch von Bruno Molitor (Rezension), in: Ordo. Jahrbuch für die Ordnung von Wirtschaft und Gesellschaft 43, 1992, S. 591-524.

Leipold, Helmut, WIRTSCHAFTS- UND GESELLSCHAFTSSYSTEME im Vergleich. Grundzüge einer Theorie der Wirtschaftssysteme, Tübingen 1988, zuerst 1975.

Lenk, Hans (Hg.), HANDLUNGSTHEORIEN interdisziplinär, Band I-IV, München 1977-1981.

Lindenberg, Siegwart, Die METHODE der abnehmenden Abstraktion: Theoriegesteuerte Analyse und empirischer Gehalt, in: Hartmut Esser/ Klaus Troitzsch (Hg.), Modellierung sozialer Prozesse, Bonn 1991, S. 29-78.

Lith, Ulrich van, Der MARKT als Ordnungsprinzip des Bildungsbereichs. Verfügungsrechte, ökonomische Effizienz und die Finanzierung schulischer und akademischer Bildung, München 1985.

Lofthouse, Stephen/Vint, John, Some conceptions and misconceptions concerning ECONOMIC MAN, in: Revista Internazionale di Scienze Economiche e Commerciali 25, 1978, S. 586-615.

Lorenzen, Paul/Schwemmer, Oswald, Konstruktive Logik, Ethik und Wissenschaftstheorie, 2., verbesserte Auflage, Mannheim 1975, zuerst 1973.

Lübbe, Hermann, Sind NORMEN methodisch begründbar? Rekonstruktion der Antwort

Max Webers, in: Transzendentalphilosophische Normbegründungen, Willi Oelmüller (Hg.), Materialien zur Normendiskussion, Band 1, Paterborn 1978, S. 38-49.
Lübbe, Hermann, Der ANSATZ von Lübbe. Protokolle der Diskussion, in: Normbegründung, Normdurchsetzung, Willi Oelmüller (Hg.), Materialien zur Normendiskussion, Band 2, Paderborn 1978, S. 184-216
Luhmann, Niklas, LEGITIMATION durch Verfahren, Neuwied, Berlin 1969.
Luhmann, Niklas, SOZIALE SYSTEME. Grundriß einer allgemeinen Theorie, 2. Auflage, Frankfurt 1988, zuerst 1987.
Luther, Martin, VON GUTEN WERKEN, Martin Luther. Ausgewählte Schriften, Bornkamm, Karin/Ebeling, Gerhard (Hg.), Band 1, Aufbruch zur Reformation, Frankfurt 1982, S. 38-149, zuerst 1520.
Mackie, John Leslie, ETHIK. Die Erfindung des moralisch Richtigen und Falschen, Stuttgart 1992, zuerst: Ethics, Inventing Right und Wrong. Hardmondsworth 1977.
Maurer, Reinhart, STAAT, Gesellschaft, Gesellschaftsreligion. Kommentar zu W. Pannenberg und P. Koslowski, in: Die religiöse Dimension der Gesellschaft. Religion und ihre Theorien, Peter Koslowski (Hg.), Tübingen 1985, S. 97-110.
Meckling, William H., VALUES and the choice of the model of the individual in the social sciences, in: Schweizerische Zeitschrift für Volkswirtschaft und Statistik 112, 1976, S. 545-560.
Menger, Carl, GRUNDSÄTZE der Volkswirtschaftslehre, Karl Menger (Hg.), 2. Auflage, Leipzig 1923, zuerst 1871.
Menger, Carl, UNTERSUCHUNGEN über die Methode der Sozialwissenschaften und der Politischen Ökonomie insbesondere, Gesammelte Werke, Friedrich August von Hayek (Hg.), Band II, 2. Auflage, Tübingen 1969, zuerst 1883.
Meyer, Willi (1981), BEDÜRFNISSE, Entscheidungen und ökonomische Erklärungen des Verhaltens, in: Wert- und Präferenzprobleme in den Sozialwissenschaften, Reinhard Tietz (Hg.), Berlin 1981, S. 131-168.
Meyer-Faje, Arnold, Der BETRIEB im Wandel, Bern 1985.
Meyer-Faje, Arnold/Ulrich, Peter (Hg.), Der andere ADAM SMITH. Beiträge zur Neubestimmung von Ökonomie als Politischer Ökonomie, Bern, Stuttgart, Wien 1991.
Mises, Ludwig von, SOZIOLOGIE und Geschichte. Epilog zum Methodenstreit in der Nationalökonomie, Archiv für Sozialwissenschaften und Sozialpolitik 61, 1929, S. 465-512.
Molitor, Bruno, Theorie der Wirtschaftspolitik und WERTURTEIL, in: Werturteilsstreit, Hans Albert/Ernst Topitsch (Hg.), 2., erweiterte Auflage, Darmstadt 1979, S. 261-293, zuerst in: Hamburger Jahrbuch für Wirtschafts- und Gesellschaftspolitik 8, 1963.
Molitor, Bruno, Die MORAL der Wirtschaftsordnung, in: Hamburger Jahrbuch für Wirtschafts- und Gesellschaftspolitik 25, 1980, S. 9-31, gleichzeitig als: Die Moral der Wirtschaftsordnung, Köln 1980.
Molitor, Bruno, STAATSEXPANSION und »meritorische Güter«, in: Wirtschafts- und Sozialpolitik in der Demokratie. Aufsätze aus den Jahren 1982-86, Hamburg 1986, S. 53-62, zuerst in: Volkswirtschaftliche Korrespondenz der Adolf-Weber-Stiftung 21, 1982.
Molitor, Bruno, ENTWICKLUNGSPOLITIK am Scheideweg, Köln 1985.
Molitor, Bruno, WIRTSCHAFTS- UND SOZIALPOLITIK in der Demokratie. Aufsätze aus den Jahren 1982-86, Hamburg 1986.
Molitor, Bruno, REFORMBEDARF in der Wettbewerbspolitik, in: Wirtschafts- und Sozialpolitik in der Demokratie. Aufsätze aus den Jahren 1982-86, Hamburg 1986, S. 125-166, zuerst in: List-Forum 14, 1986.
Molitor, Bruno, SOZIALE SICHERUNG, München 1987.
Molitor, Bruno, LOHN- UND ARBEITSMARKTPOLITIK, München 1988.

Molitor, Bruno, WIRTSCHAFTSPOLITIK, 4., durchgesehene Auflage, München 1992, zuerst 1988.
Molitor, Bruno, WIRTSCHAFTSETHIK, München 1989.
Morgenstern, Oskar, WIRTSCHAFTSPROGNOSE. Eine Untersuchung ihrer Voraussetzungen und Möglichkeiten, Wien 1928.
Müller, Eckart/Diefenbacher, Hans (Hg.), Wirtschaft und Ethik. Eine kommentierte BIBLIOGRAPHIE, Texte und Materialien der Forschungsstätte der Evangelischen Studiengemeinschaft, Reihe A, Nr. 39, Heidelberg 1992.
Müller, Eckart/Diefenbacher, Hans (1994) (Hg.), Wirtschaft und Ethik. Eine kommentierte BIBLIOGRAPHIE, Texte und Materialien der Forschungsstätte der Evangelischen Studiengemeinschaft, Reihe B, Nr. 22, Heidelberg 1994.
Müller, Eckart, Evangelische WIRTSCHAFTSETHIK und Soziale Marktwirtschaft. Die Konzeption der Sozialen Marktwirtschaft und die Möglichkeiten ihrer Rezeption durch eine evangelische Wirtschaftsethik, Neukirchen-Vluyn 1997.
Müller-Armack, Alfred, RELIGION und Wirtschaft, Stuttgart 1959.
Musgrave, Richard A., MERIT GOODS, in: The New Palgrave 3, Peter Newman et al. (Hg.), London, Basingstoke 1987.
Musgrave, Richard A./Musgrave, Peggy B./Kullmer, Lore (1973, 1994), Die öffentlichen FINANZEN in Theorie und Praxis, Band 1, 6., aktualisierte Auflage, Tübingen 1994, zuerst: Musgrave, Richard A./Musgrave, Peggy B, Public Finance in Theory and Practice, New York 1973.
Musgrave, Richard A./Musgrave, Peggy B./Kullmer, Lore, Die öffentlichen FINANZEN in Theorie und Praxis, Band 3, 4., völlig überarbeitete Auflage, Tübingen 1992, zuerst: Musgrave, Richard A./Musgrave, Peggy B, Public Finance in Theory and Practice, New York 1973.
Navas, Alejandro, Der Begriff der MORAL bei Niklas Luhmann, in: Jahrbuch für Recht und Ethik, Band 1, Berlin 1993, S. 293-304.
Nell-Breuning, Oswald von, Den KAPITALISMUS umbiegen. Schriften zu Kirche, Wirtschaft und Gesellschaft. Ein Lesebuch, Friedhelm Hengsbach SJ (Hg.), Düsseldorf 1990.
Nida-Rümelin, Julian, RATIONALE ETHIK, in: Geschichte der neueren Ethik, Annemarie Pieper (Hg.), Band 2., Gegenwart, Tübingen 1992, S. 154-172.
North, Douglass C., THEORIE des institutionellen Wandels, Tübingen 1988, zuerst: Structure and Chance in Economic History, New York 1981.
Nutzinger, Hans G., UNTERNEHMENSETHIK zwischen ökonomischem Imperialismus und diskursiver Überforderung, in: Forum für Philosophie Bad Homburg/Siegfried Blasche/Wolfgang R. Köhler/Peter Rohs (Hg.), Markt und Moral. Die Diskussion um die Unternehmensethik, Bern Stuttgart, Wien 1994, S. 181-214.
Ollig, Hans-Ludwig S.J., PHILOSOPHISCHE ZEITDIAGNOSE im Zeichen des Postmodernismus. Überlegungen zur jüngsten deutschen Postmoderne-Diskussion, in: Theologie und Philosophie 66, 1991, S. 338-364.
Patzig, Günther, ETHIK ohne Metaphysik, 2., durchgesehene und erweiterte Auflage, Göttingen 1983, zuerst 1971.
Picot, Arnold, TRANSAKTIONSKOSTENANSATZ in der Organisationstheorie: Stand der Diskussion und Aussagewert, in: Die Betriebswirtschaft 42, 1982, S. 267-284.
Picot, Arnold, OEKONOMISCHE THEORIEN der Organisation – Ein Überblick über neuere Ansätze und deren betriebswirtschaftliches Anwendungspotential, in: Betriebswirtschaftslehre und ökonomische Theorie, Dieter Ordelheide et al. (Hg.), Stuttgart 1991, S. 143-170.

Polanyi, Karl, The Great TRANSFORMATION. Politische und ökonomische Ursprünge von Gesellschaften und Wirtschaftssystemen, Frankfurt 1978, zuerst 1944.
Popper, Karl R., DIE OFFENE GESELLSCHAFT und ihre Feinde, Band 1, Der Zauber Platons, 7. Auflage mit weitgehenden Verbesserungen und neuen Anhang, Tübingen 1992, zuerst als: The Open Society and Its Enemies, Volume I: The Spell of Plato, London 1945.
Popper, Karl R., Die ZIELSETZUNG der Erfahrungswissenschaft, in: Theorie und Realität. Ausgewählte Aufsätze zur Wissenschaftslehre der Sozialwissenschaften, Hans Albert (Hg.), Tübingen 1964, S. 73-86, zuerst in: Ratio, 1. Band, 1957.
Popper, Karl R., Das RATIONALITÄTSPRINZIP, in: Karl R. Popper, Lesebuch. Ausgewählte Texte zu Erkenntnistheorie, Philosophie der Naturwissenschaften, Metaphysik, Sozialphilosophie, David Müller (Hg.), Tübingen 1995, S. 350-359, zuerst: La rationalité et le statut du principe de rationalité, in: Les fondements philosophiques des systèmes économiques, E.-M. Classen (Hg.), Paris 1967.
Priddat, Birger P., Zur Ökonomie der GEMEINSCHAFTSBEDÜRFNISSE: Neuere Versuche einer ethischen Begründung der Theorie meritorischer Güter, in: Zeitschrift für Wirtschafts- und Sozialwissenschaften 112, 1992, S. 239-259.
Ramb, Bernd-Thomas/Tietzel, Manfred (Hg.), OEKONOMISCHE VERHALTENSTHEORIEN, München 1993.
Rawls, John, Eine THEORIE DER GERECHTIGKEIT, 5. Auflage, Frankfurt 1990, zuerst: A Theory of Justice, Cambridge 1971.
Rich, Arthur, Artikel ›WIRTSCHAFTSETHIK‹, in: Evangelisches Soziallexikon, begründet von Friedrich Karrenberg, Theodor Schober/Martin Honecker/Horst Dahlhaus (Hg.), 7., neubearbeitete Auflage, Stuttgart 1980, zuerst: 1954
Rich, Arthur, WIRSCHAFTSETHIK I. Grundlagen in theologischer Sicht, 4. Auflage, Gütersloh 1991, zuerst 1984.
Rich, Arthur, WIRTSCHAFTSETHIK II. Marktwirtschaft, Planwirtschaft, Weltwirtschaft aus sozialethischer Sicht, Gütersloh 1990.
Richter, Rudolf, INSTITUTIONEN ökonomisch analysiert. Zur jüngeren Entwicklung auf dem Gebiet der Wirtschaftstheorie, Tübingen 1994.
Sautter, Hermann, Bruno MOLITOR: Wirtschaftsethik. München 1989. Vahlen. 189 Seiten (Rezension), in: Finanzarchiv 48, 1990, S. 347-349.
Sautter, Hermann, Die SCHULDENKRISE der Dritten Welt. Ein ethisches Problem der Weltwährungsordnung?, in: Geld und Moral, Helmut Hesse/Otmar Issing (Hg.), München 1994, S. 91-113.
Scheler, Max, Der FORMALISMUS in der Ethik und die materiale Wertethik. Neuer Versuch der Grundlegung eines ethischen Personalismus, Gesammelte Werke, Maria Scheler (Hg.), Band 2, 4. Auflage, Bern 1954, zuerst erschienen: Teil I, in: Jahrbuch für Philosophie und phänomenologische Forschung, Jahrgang I, Halle 1913, Teil II, in: Jahrbuch für Philosophie und phänomenologische Forschung, Jahrgang II, Halle 1916.
Schelling, Friedrich Wilhelm Joseph, Von der WELTSEELE, eine Hypothese der höheren Physik zur Erklärung des allgemeinen Organismus, Schellings Werke, Manfred Schröter (Hg.), Band 1, Jugendschriften 1793-1798, München 1965, zuerst 1798.
Schleiermacher, Friedrich Daniel Ernst, UEBER DIE RELIGION. Reden an die Gebildeten unter ihren Verächtern, 1. Auflage, Stuttgart 1985, zuerst 1799.
Schleiermacher, Friedrich Daniel Ernst, MONOLOGEN. Eine Neujahrsausgabe, Kritische Gesamtausgabe, Hans-Joachim Birkner et al. (Hg.), Abteilung I: Schriften und Entwürfe, Band 3: Schriften aus der Berliner Zeit 1800-1802, Günther Meckenstock (Hg.), Berlin, New York 1988, zuerst 1800.
Schleiermacher, Friedrich Daniel Ernst, Über die wissenschaftliche BEHANDLUNG DES

TUGENDBEGRIFFES, (Akademieabhandlung), Sämtliche Werke, 3. Abteilung. Zur Philosophie, Band 2, Philosophische und vermischte Schriften, Berlin 1938, S. 350-378, zuerst 1819.
Schleiermacher, Friedrich Daniel Ernst, DER CHRISTLICHE GLAUBE 1821/22, Hermann Peiter (Hg.), Band 1, 1. Auflage 1821, Berlin 1984, zuerst 1821.
Schleiermacher, Friedrich Daniel Ernst, DIALEKTIK. Im Auftrag der Preußischen Akademie der Wissenschaften auf Grund bisher unveröffentlichten Materials, Rudolf Odebrecht (Hg.), Leipzig 1942, Nachdruck Darmstadt 1976, zuerst 1822.
Schleiermacher, Friedrich Daniel Ernst, Versuch über die wissenschaftliche BEHANDLUNG DES PFLICHTBEGRIFFS, (Akademieabhandlung), Sämtliche Werke, 3. Abteilung. Zur Philosophie, Band 2, Philosophische und vermischte Schriften, Berlin 1938, S. 379-396, zuerst 1824.
Schleiermacher, Friedrich Daniel Ernst, Über den Unterschied zwischen Naturgesetz und SITTENGESETZ, (Akademieabhandlung), Sämtliche Werke, 3. Abteilung. Zur Philosophie, Band 2, Philosophische und vermischte Schriften, Berlin 1938, S. 397-417, zuerst 1825.
Schleiermacher, Friedrich Daniel Ernst, Über DEN BEGRIFF DES HÖCHSTEN GUTES. ERSTE ABHANDLUNG, (Akademieabhandlung), Sämtliche Werke, 3. Abteilung. Zur Philosophie, Band 2, Philosophische und vermischte Schriften, Berlin 1938, S. 446-468, zuerst 1827.
Schleiermacher, Friedrich Daniel Ernst, Über den BEGRIFF DES HÖCHSTEN GUTES. ZWEITE ABHANDLUNG, (Akademieabhandlung), Sämtliche Werke, 3. Abteilung. Zur Philosophie, Band 2, Philosophische und vermischte Schriften, Berlin 1938, S. 469-495, zuerst 1830.
Schleiermacher, Friedrich Daniel Ernst, Der christliche GLAUBE. Nach den Grundsätzen der evangelischen Kirche im Zusammenhange dargestellt, Martin Redeker (Hg.), Band I, 7. Auflage aufgrund der 2. Auflage, Berlin 1960, zuerst 1830 (1. Auflage 1821).
Schmoller Gustav, GRUNDRISS der Allgemeinen Volkswirtschaftslehre, Erster Teil, 4. Auflage, München, Leipzig 1919, zuerst 1900.
Schnädelbach, Herbert (Hg.), RATIONALITÄT. Philosophische Beiträge, Frankfurt 1984.
Schnädelbach, Herbert, TRANSFORMATION der Kritischen Theorie, in: Axel Honneth/Hans Joas (Hg.), Kommunikatives Handeln. Beiträge zu Jürgen Habermas' »Theorie des kommunikativen Handelns«, 2. Auflage, Frankfurt 1988, S. 15-34, zuerst 1986.
Schnädelbach, Herbert, PHILOSOPHIE in Deutschland 1831-1933, 4. Auflage, Frankfurt 1991, zuerst 1983.
Schneider, Dieter, Allgemeine BETRIEBSWIRTSCHAFTSLEHRE, 2., überarbeitete und erweiterte Auflage der »Geschichte der betriebswirtschaftlichen Theorie«, München, Wien 1985.
Scholtz, Gunter, Die PHILOSOPHIE SCHLEIERMACHERS, Darmstadt 1984.
Schüller, Alfred, PROPERTY RIGHTS, Theorie der Firma und wettbewerbliches Marktsystem, in: Property Rights und ökonomische Theorie, Alfred Schüller (Hg.), München 1983, S. 145-183.
Schumann, Jochen, GRUNDZÜGE der mikroökonomischen Theorie, 6., erweiterte Auflage, Berlin, Heidelberg, New York, Tokyo 1992, zuerst 1971.
Schumpeter, Joseph Alois, KAPITALISMUS, Sozialismus, Demokratie, 7. Auflage, Tübingen 1993, zuerst: Capitalism, Socialism and Democracy, New York 1942.
Schwemmer, Oswald, HANDLUNG und Struktur. Zur Wissenschaftstheorie der Kulturwissenschaften, Frankfurt 1987.
Seifert, Eberhard K./Priddat, Birger P., NEUORIENTIERUNGEN in der ökonomischen Theo-

rie. Zur moralischen, institutionellen und evolutorischen Dimension des Wirtschaftens, Marburg 1995.
Sen, Amarty Kumar, ISOLATION, Assurance and the Social Rate of Discount, in: Quarterly Journal of Economics 81, 1967, S. 112-124.
Sen, Amarty Kumar, OEKONOMISCHE UNGLEICHHEIT, Frankfurt 1975, zuerst: On economic Inequality, Oxford 1973.
Smith, Adam, Der WOHLSTAND der Nationen. Eine Untersuchung seiner Natur und seiner Ursachen, Horst Claus Recktenwald (Hg.), revidierte Fassung der 5. Auflage von 1789, München 1990, zuerst 1776.
Smith, Adam, LECTURES on Justice, Police, Revenue and Arms, ed. E. Cannan, Oxford 1896.
Sombart, Werner, Die drei NATIONALÖKONOMIEN, 2. Auflage, Berlin 1967, zuerst 1930.
Spaemann, Robert, NEBENWIRKUNGEN als moralisches Problem, in: Philosophisches Jahrbuch 82, 1975, 323-335.
Stegmüller, Wolfgang, HAUPTSTRÖMUNGEN der Gegenwartsphilosophie. Eine kritische Einführung, 3., wesentlich verbesserte Auflage, Stuttgart 1965.
Steinmann, Horst/Löhr, Albert, GRUNDLAGEN der Unternehmensethik, Stuttgart 1991.
Stobbe, Alfred, Volkswirtschaftliches RECHNUNGSWESEN, 8., neubearbeitete und erweiterte Auflage, Berlin, Heidelberg, New York, Tokyo 1994, zuerst 1966.
Stock, Konrad, FREUDE an dem, was sein soll. Grundriß einer protestantischen Tugendlehre, in: Gute Werke, Wilfried Härle/Reiner Preul (Hg.), Marburger Jahrbuch Theologie V, Marburger theologische Studien 34, 1993, S. 41-61.
Stock, Konrad, GRUNDLEGUNG der protestantischen Tugendlehre, Gütersloh 1995.
Streissler, Erich, CARL MENGER, der deutsche Nationalökonom, in: Harald Scherf (Hg.), Studien zur Entwicklung der ökonomischen Theorie, Berlin 1990, S. 153-195.
Stübinger, Ewald, WIRTSCHAFTSETHIK und Unternehmensethik I, in: Zeitschrift für Evangelische Ethik 40, 1996, S. 148-161.
Stübinger, Ewald, WIRTSCHAFTSETHIK II, in: Zeitschrift für Evangelische Ethik 40, 1996, S. 226-244.
Suchanek, Andreas, OEKONOMISCHER ANSATZ und theoretische Integration, Tübingen 1994.
Svilar, Maja (Hg.), Das heutige MENSCHENBILD. Entwürfe und Ansätze, Bern 1989.
Thieme, Jörg, WIRTSCHAFTSSYSTEME, in: Vahlens Kompendium der Wirtschaftstheorie und Wirtschaftspolitik, Dieter Bender et al. (Hg.), Band 1, München 1995, 6., überarbeitete und erweiterte Auflage, S. 1-48.
Tietzel, Manfred, Die RATIONALITÄTSANNAHME in den Wirtschaftswissenschaften oder: Der homo oeconomicus und seine Verwandten, in: Jahrbuch für Sozialwissenschaft 32, 1981, S. 115-138.
Tietzel, Manfred, WIRTSCHAFTSTHEORIE als allgemeine Theorie des menschlichen Verhaltens: Eine Analyse der ›New Home Economics‹, in: Zeitschrift für Wirtschaftspolitik 32, 1983, S. 225-242.
Tietzel, Manfred, Zur Theorie der PRÄFERENZEN, Jahrbuch für Neue Politische Ökonomie 7, 1988, S. 38-71.
Topitsch, Ernst, KRITIK der phänomenologischen Wertlehre, in: Werturteilsstreit, Hans Albert/Ernst Topitsch (Hg.), 2. Auflage, Darmstadt 1979, S. 16-32, Abdruck aus der ungedruckten Habilitationsschrift: Das Problem der Wertbegründung, Wien 1951.
Tugendhat, Ernst, VORLESUNGEN über Ethik, 3. Auflage, Frankfurt 1995, zuerst 1993.
Tugendhat, Ernst, Gibt es eine moderne MORAL?, in: Zeitschrift für philosophische Forschung 50, 1996, S. 323-338.

Ulrich, Peter, BETRIEBSWIRTSCHAFTSLEHRE als praktische Sozialökonomie, in: Wunderer, Rolf (Hg.), Betriebswirtschaftslehre als Management- und Führungslehre, Stuttgart 1985, S. 191-215.

Ulrich, Peter, TRANSFORMATION der ökonomischen Vernunft. Fortschrittsperspektiven der modernen Industriegesellschaft, 3. Auflage, Bern, Stuttgart, Wien 1993, zuerst 1986.

Ulrich, Peter, Die WEITERENTWICKLUNG der ökonomischen Rationalität – Zur Grundlegung der Ethik der Unternehmung, in: Ökonomische Theorie und Ethik, Bernd Biervert/Martin Held (Hg.), Frankfurt, New York 1987, S. 122-149.

Ulrich, Peter, DISKURSETHIK und Politische Ökonomie, in: Ethische Grundlagen der ökonomischen Theorie: Eigentum, Verträge, Institutionen, Bernd Biervert/Martin Held (Hg.), Frankfurt, New York 1989, S. 70-99.

Ulrich, Peter, UNTERNEHMENSETHIK – Führungsinstrument oder Grundlagenreflexion, in: Unternehmensethik, Horst Steinmann/Albrecht Löhr (Hg.), Stuttgart 1989, S. 179-200.

Ulrich, Peter, Lassen sich OEKONOMIE UND OEKOLOGIE wirtschaftsethisch versöhnen?, in: Eberhard K. Seifert/Reinhard Pfriem (Hg.), Wirtschaftsethik und ökologische Wirtschaftsordnung, Bern Stuttgart 1989, S. 129-149.

Ulrich, Peter, Wirtschaftsethik auf der SUCHE nach der verlorenen ökonomischen Vernunft, in: Auf der Suche nach einer modernen Wirtschaftsethik, Lernschritte zu einer reflexiven Ökonomie, Ders. (Hg.), Bern, Stuttgart 1990, S. 179-226.

Ulrich, Peter, Wirtschaftsethik als KRITIK der »reinen« ökonomischen Vernunft, in: Christian Matthiessen (Hg.), Ökonomie und Ethik – Moral des Marktes oder Kritik der reinen ökonomischen Vernunft, Freiburg i.Br. 1990, S. 111-138.

Ulrich, Peter, Der kritische ADAM SMITH – im Spannungsfeld zwischen sittlichem Gefühl und ethischer Vernunft, in: Arnold Meyer-Faje/Peter Ulrich (Hg.), Der andere Adam Smith. Beiträge zur Neubestimmung von Ökonomie als Politischer Ökonomie, Bern, Stuttgart 1991, S. 145-190.

Ulrich, Peter, OEKOLOGISCHE UNTERNEHMUNGSPOLITIK im Spannungsfeld von Ethik und Erfolg. Fünf Fragen und 15 Argumente, Beiträge und Berichte des Instituts für Wirtschaftsethik an der Hochschule St. Gallen, Nr. 47, St. Gallen 1992, 2. verbesserte Neuausgabe, zuerst 1991.

Ulrich, Peter, Wirtschaftsethik als Beitrag zur Bildung mündiger WIRTSCHAFTSBÜRGER. Zur Frage nach dem »Ort« der Moral in der Marktwirtschaft, Beiträge und Berichte des Instituts für Wirtschaftsethik an der Hochschule St. Gallen, Nr. 57, St. Gallen 1993 (2. Nachdruck September 1996).

Ulrich, Peter, Integrative Wirtschaftsethik als kritische INSTITUTIONENETHIK. Wider die normative Überhöhung der Sachzwänge des Wirtschaftssystems, Beiträge und Berichte des Instituts für Wirtschaftsethik an der Hochschule St. Gallen, Nr. 62, St. Gallen 1994.

Ulrich, Peter, Integrative Wirtschafts- und Unternehmensethik – ein RAHMENKONZEPT, in: Forum für Philosophie Bad Homburg/Siegfried Blasche/Wolfgang R. Köhler/Peter Rohs (Hg.), Markt und Moral. Die Diskussion um die Unternehmensethik, Bern Stuttgart, Wien 1994, S. 75-197, zuerst als Vortrag 1991.

Ulrich, Peter, UNTERNEHMENSETHIK UND »GEWINNPRINZIP«. Versuch der Klärung eines unerledigten wirtschaftsethischen Grundproblems, Beiträge und Berichte des Instituts für Wirtschaftsethik an der Hochschule St. Gallen, Nr. 70, St. Gallen 1995.

Ulrich, Peter, ARBEITSWELT zwischen Markt und Menschlichkeit. Zwei normative Logiken im Widerstreit und Leitlinien zu ihrer Versöhnung, in: Deutsches Pfarrerblatt 12, 1996, S. 639-642.

Ulrich, Peter, INTEGRATIVE WIRTSCHAFTSETHIK. Grundlagen einer lebensdienlichen Ökonomie, Bern, Stuttgart, Wien 1997.

Ulrich, Peter/Fluri, Edgar, MANAGEMENT – eine konzentrierte Einführung, Bern 1985.
Ulrich, Peter/Thielemann, Ulrich, ETHIK UND ERFOLG. Unternehmensethische Denkmuster von Führungskräften – eine empirische Studie, Bern, Stuttgart 1992.
Ulrich, Peter/Thielemann, Ulrich, Wie denken MANAGER über Markt und Moral? Empirische Untersuchungen unternehmensethischer Denkmuster im Vergleich, in: Josef Wieland (Hg.), Wirtschaftsethik und Theorie der Gesellschaft, Frankfurt 1993, S. 54-91, zuerst als Beiträge und Berichte des Instituts für Wirtschaftsethik an der Hochschule St. Gallen, Nr. 50, St. Gallen 1992.
Vahlenkamp, Werner/Knauß, Ina, KORRUPTION – hinnehmen oder handeln? Ergebnisse eines Forschungsprojektes. Mit einem Beitrag von Ernst-Heinrich Ahlf, BKA-Forschungsreihe, Bundeskriminalamt, Kriminalistisch-kriminologische Forschungsgruppe (Hg.), Band 33, Wiesbaden 1995.
Vanberg, Viktor, DER INDIVIDUALISTISCHE ANSATZ zu einer Theorie der Entstehung und Entwicklung von Institutionen, in: Jahrbuch für Neue Politische Ökonomie 2, 1983, S. 50-69.
Weber, Hartmut, THEOLOGIE – Gesellschaft – Wirtschaft. Die Sozial- und Wirtschaftsethik in der evangelischen Theologie der Gegenwart, Göttingen 1970.
Weber, Max, Der Sinn der ›WERTFREIHEIT‹ der soziologischen und ökonomischen Wissenschaften, Gesammelte Aufsätze zur Wissenschaftslehre, Johannes Winckelmann (Hg.), 7. Auflage, Tübingen 1988, S. 489-440, zuerst in: Logos, Band 7, 1918.
Weber, Max, WIRTSCHAFT und Gesellschaft. Grundriß der verstehenden Soziologie, Johannes Winckelmann (Hg.), Studienausgabe, 5., revidierte Auflage, Tübingen 1980, zuerst 1921.
Weber, Max, WISSENSCHAFT als Beruf, Gesammelte Aufsätze zur Wissenschaftslehre, Johannes Winckelmann (Hg.), 7. Auflage, Tübingen 1988, S. 582-613, zuerst 1922 (Vortrag von 1919).
Weise, Peter et al., NEUE MIKROÖKONOMIE, 2., vollständig überarbeitete und erweiterte Auflage, Heidelberg, 1991, zuerst 1979.
Weizsäcker, Ernst Ulrich von /Lovins, Amory B., /Lovins, L. Hunter, FAKTOR VIER. Doppelter Wohlstand – halbierter Naturverbrauch. Der neue Bericht an den Club of Rome, München 1995.
Wenger, Ekkehard/Terberger, Eva, Die Beziehung zwischen AGENT UND PRINZIPAL als Baustein einer ökonomischen Theorie der Organisation, in: Wirtschaftswissenschaftliches Studium 17, 1988, S. 506-514.
Wenke, Karl Ernst (Hg.), PROBLEME sittlichen Urteilens. Ansätze und Grundzüge evangelischer Sozialethik in der Gegenwart, Bochum 1986.
Wentzel, Bettina, Der METHODENSTREIT. Ökonomische Forschungsprogramme aus der Sicht des kritischen Rationalismus, Frankfurt am Main, Berlin, Bern, New York, Paris, Wien 1999.
Wieland, Josef, Artikel ›INDIVIDUALISMUS‹, in: Lexikon der Wirtschaftsethik, Georges Enderle et al. (Hg.), Freiburg 1993, S. 439-445.
Wieland, Josef, Organisatorische Formen der INSTITUTIONALISIERUNG von Moral in der Unternehmung, in: Wirtschaftsethische Perspektiven II. Unternehmen und Organisationen, philosophische Begründungen, individuelle und kollektive Rationalität, Hans G. Nutzinger (Hg.), Berlin 1994, S. 11-35.
Wieland, Josef, Ökonomische ORGANISATION, Allokation und Status, Tübingen 1996.
Williamson, Oliver E., MARKETS and Hierarchies. Analysis and Antitrust Implications, New York, London 1975.

Williamson, Oliver E., Die ökonomischen INSTITUTIONEN des Kapitalismus, Tübingen 1990, zuerst: The Economic Institutions of Capitalism, New York 1985.

Wils, Jean-Pierre, ETHIK in der Wirtschaftsethik. Bemerkungen zu Peter Koslowskis »Prinzipien der ethischen Ökonomie«, in: Postmoderne Kultur und Wirtschaft. Eine Auseinandersetzung mit Peter Koslowski, Eduard Zwierlein (Hg.), Philosophisches Forum, Band 3, Idstein 1993, S. 57-75.

Winkel, Harald, Die VOLKSWIRTSCHAFTSLEHRE der neueren Zeit, 3., erweiterte Auflage, Darmstadt 1985, zuerst 1973.

Woll, Artur, Allgemeine VOLKSWIRTSCHAFTSLEHRE, 10., überarbeitete und ergänzte Auflage, München 1990, zuerst 1969.

Wünsch, Georg, Evangelische WIRTSCHAFTSETHIK, Tübingen 1927.

Zimmermann, Horst/Henke, Klaus-Dirk, FINANZWISSENSCHAFT. Eine Einführung in die Lehre von der öffentlichen Finanzwirtschaft, 7., völlig überarbeitete und erweiterte Auflage, München 1994, zuerst 1975.

Zintl, Reinhard, Der HOMO OECONOMICUS: Ausnahmeerscheinung in jeder Situation oder Jedermann in Ausnahmesituationen, in: Analyse & Kritik 11, 1989, S. 52-69.

Zwierlein, Eduard (Hg.), POSTMODERNE KULTUR und Wirtschaft. Eine Auseinandersetzung mit Peter Koslowski, Philosophisches Forum, Band 3, Idstein 1993.

Abbildungsverzeichnis

Abbildung 1: Das Grundmodell des Wirtschaftskreislaufs 58
Abbildung 2: Das erweiterte Modell des Wirtschaftskreislaufs 62
Abbildung 3: Die konstituierenden und regulierenden Prinzipien einer
 Wettbewerbsordnung 104
Abbildung 4: Koslowskis Wissenschaftssystematik (ein Ausschnitt) 116
Abbildung 5: Die Rangfolge der Wertmodalitäten bei Max Scheler 129
Abbildung 6: Matrix des Gefangenendilemmas 220

Personenregister

Abel, W. 20, 205, 282
Albert, H. 23, 26, 30-36, 42, 127, 144, 146, 230, 282, 286 f., 291, 293
Aristoteles 86, 134, 161, 282
Arrow, K. 135, 282
Axelrod, R. 122, 220, 282

Baader, F. von 112, 114, 137, 158, 283
Becker, G. S. 80, 210, 230, 235-240, 244, 283
Betham, J. 171
Boettcher, E. 210, 213, 283
Buchanan, J. M. 89-91, 152 f., 173 f., 210, 213, 225, 236 f., 244, 250, 283, 285, 286, 288

Coase, R. H. 76, 122, 283

Dahm, K.-W. 22, 283
Dietze, C. 22, 283

Edel, S. 22, 283
Enderle, G. 283, 286, 297
Eucken, W. 40, 90, 103-106, 230, 266, 283

Faller, M. 20, 283
Fehl, U. 49, 283
Felderer, B. 58, 59, 62, 283
Fetzer, J. 109, 284
Frank, M. 160, 284
Frankena, W. 31-33, 284
Frinks, M. 128, 284

Gäfgen, G. 232-234, 284
Gerlach, J. 3, 18, 22, 30, 109, 269, 273, 284
Grunberg, E. 34, 284

Habermas, J. 25, 162, 167-175, 179-181-196, 200-207, 262, 264, 284 f., 288, 294

Härle, W. 34, 285 f., 295
Hartfiel, G. 229, 285
Haslinger, F. 249, 285
Hauser, R. 20, 285
Hayek, F. A. von 29, 45, 65, 66, 69 f., 81, 107, 113, 119, 125, 138 f., 152, 214, 223, 232, 246, 249, 285, 291
Hegel, G. W. F. 269
Henckmann, W. 128, 285
Henke, K.-D. 147, 148, 298
Henrich, D. 160, 285
Hensel, K. P. 66 f., 283, 286
Herms, E. 17, 23, 27-30, 33-39, 139, 146, 155, 159, 193 f., 232, 236 f., 245, 251, 261, 284-287
Hesse, H. 30, 113, 287, 289, 293
Heuss, E. 57, 70, 249, 287
Heyde, J. E. 287
Höffe, O. 26, 157, 175, 287
Homann, K. 19, 24 f., 30, 100, 113, 115, 123, 136, 153, 155 f., 186 f., 199, 210-252, 254, 258, 265-274, 278, 280, 287, 288
Honecker, M. 20, 29, 288, 293
Horkheimer, M. 288
Hübinger, W. 285
Hübl, L. 58, 288
Husserl, E. 129, 204

Joas, H. 184, 203 f., 288, 294

Kant, I. 125, 132, 136-141, 156-159, 175, 179, 191, 193, 198, 252, 283, 287, 288
Kerber, W. 245, 288
Kirchgässner, G. 52, 99, 111, 212, 220, 229, 231-243, 288
Kliemt, H. 221, 235, 288
Kohlberg, L. 182, 200
Korff, W. 131, 142, 284, 288
Koslowski, P. 19, 24 f., 112-161, 187, 192,

232, 254, 258-262, 266-269, 273 f., 280, 283, 287-291, 298
Kraft, V. 33, 37, 106, 142-147, 149, 155, 174, 202, 260, 290
Kreikebaum, H. 162, 290
Krings, H. 192, 290
Kuch, M. 192, 195, 290
Küng, E. 22, 290

Lakatos, I. 243, 290
Leckebusch, M. 40, 290
Leipold, H. 66 f., 89, 106-108, 290
Lenk, H. 30, 290
Lindenberg, S. 236, 246, 290
Lith, U. van 148, 150, 290
Lofthouse, St. 229, 290
Löhr, A. 162, 187, 269, 286, 295, 296
Lorenzen, P. 162, 290
Lübbe, H. 46, 47, 290, 291
Luhmann, N. 29, 46, 269, 284, 291f
Luther, M. 26, 37, 291

Mackie, J. 291
Maurer, R. 268, 291
Meckling, W. H. 230, 291
Menger, C. 48-51, 86, 152, 291, 295
Meyer, W. 63, 230, 291, 296
Meyer-Faje, A. 63, 291, 296
Mises, L. von 291
Molitor, B. 19, 24, 40-111, 228, 236, 254-258, 266, 271, 273 f., 278, 290-293
Morgenstern, O. 233 f., 292
Morin, E. 169
Müller, E. 22, 292f
Müller-Armack, A. 22, 292
Musgrave, R. 20, 132, 148 f., 292

Navas, A. 29, 292
Nell-Breuning, O. von 22, 292
Nida-Rümelin, J. 143 f., 292
North, D. C. 48, 292
Nutzinger, H. G. 234, 248, 292, 297

Ollig, H.-L. 114, 292

Patzig, G. 176, 292
Piaget, J. 167, 182

Picot, A. 55, 76, 122, 292
Polanyi, K. 165, 184, 293
Popper, K. R. 35, 42, 52, 74, 79, 233 f., 293
Priddat, B. P. 148-150, 293, 294

Ramb, B.-Th. 210, 288, 293
Rawls, J. 173, 240, 293
Ricardo, D. 172
Rich, A. 22 f., 29, 163, 293
Richter, R. 68, 213, 293

Sautter, H. 20, 40, 293
Scheler, M. 127-132, 141-143, 146 f., 260, 284, 293
Schelling, F. W. J. 157, 293
Schleiermacher, F. D. E. 27, 36-38, 115, 156, 159-161, 193, 252, 260 f., 283, 286, 293, 294
Schmoller, G. 40, 117, 119, 294
Schnädelbach, H. 52, 128 f., 142, 204, 294
Schneider, D. 76, 285, 294
Scholtz, G. 160, 294
Schüller, A. 68, 122, 294
Schumann, J. 49, 294
Schumpeter, J. A. 113, 294
Schütz, A. 183, 203, 204
Schwemmer, O. 29, 162, 290, 294
Seifert, E. 294, 296
Sen, S. K. 135 f., 295
Smith, A. 63, 162, 171, 214 f., 291, 295, 296
Spaemann, R. 288, 295
Stegmüller, W. 128, 295
Steinmann, H. 162, 187, 269, 286, 295, 296
Stobbe, A. 58, 295
Stock, K. 193, 194, 295
Streissler, E. 295
Stübinger, E. 22, 295
Suchanek, A. 210, 212, 219, 227, 233, 241, 243 f., 287 f., 295
Svilar, M. 245, 295

Thielemann, U. 163, 297
Thieme, L. 107, 295
Tietzel, M. 210, 229-234, 237, 288, 293, 295
Topitsch, E. 142 f., 291, 295

Tugendhat, E. 176, 198, 199, 200, 201, 295

Ulrich, P. 19, 24, 63, 69, 115, 162-209, 238, 252, 254, 258, 261-265, 269, 273 f., 280, 283, 287, 290 f., 296, 297

Vahlenkamp, W. 20, 297
Vanberg, V. 151, 152, 297
Vint, J. 229, 290

Weber, H. 22
Weber, M. 19, 21, 30, 40, 84, 144, 196, 282, 291, 297
Weise, P. 49-51, 89, 91, 235-240, 297

Weizsäcker, E. U. von 20, 297
Wenke, K. E. 22, 297
Wentzel, B. 17, 246, 297
Wieland, J. 22, 44, 99, 249, 283, 286 f., 297
Williamson, O. E. 76, 122, 297, 298
Wils, J.-P. 127, 298
Winkel, H. 127, 298
Woll, A. 58, 298
Wünsch, G. 22, 298

Zimmermann, H. 147 f., 298
Zintl, R. 235, 239, 298
Zwierlein, E. 113, 298

Sachregister

Abstraktion, abnehmende 236, 246
Abstraktion, abstrakt 52, 82, 119, 128, 148, 152, 179, 230, 237, 243, 249, 252, 261
Additionsmodell 261, 274
Affekt 43, 80, 190, 193, 194, 263
Affektentheorie, Affektenlehre 80, 194, 199f., 209, 238
Allgemeinbegriff 146
Allgemeininteresse 124, 134
Allokation 48, 56, 60, 65f., 94, 100, 117, 255
Alltagswelt 205
Alternativkosten 235f., 239
Altruismus, altruistisch 43, 80, 123, 215, 240
Anbieter 68-72, 75, 121, 222f., 226
Anerkennung von Normen 46
Anerkennung des anderen 169, 180, 192, 228, 263f
Angebot 67f., 90
Anonymität, anonym 21, 72, 123, 214f., 228
Anpassung 68, 195
Anreiz 69, 71, 73, 91, 96, 155, 212-215, 221, 224, 227-229, 233, 250, 266
Anreizethik 213, 223
Anreizfunktion 68f., 186
Anthropologie 128, 145, 147, 169, 196, 245
Antizipation 124
Arbeitsteilung 48, 54f., 93f., 214, 279
Armut 205
Assimilationsmodell 265, 274, 280
Ausdifferenzierung 170, 184, 206, 211, 269
Ausgangsparadigma 254, 273f
Autonomie 137, 140, 150, 156, 177f.

Basisinstitution 144, 260
Bedürfnis 48-51, 86-88, 93, 99, 140, 149, 157, 171, 176, 185f., 215, 230, 232, 235, 239, 247, 257
Beschäftigung 56, 62, 94
Bildung 55, 80, 87, 117, 131, 133, 150-152, 162, 208, 238, 251
Bildungsinstanz 152
Bildungsinstitutionen 97
Bildungsprozeß 31, 51, 87, 168, 259

Daseinsgewißheit 33, 38
Daseinsverständnis 30, 33, 38, 48, 93, 281
Defektion 122f., 215, 221, 228, 247
Definition 46, 72, 127, 177, 203, 214, 219, 237
Deskription 65, 97, 256
Dezisionismus 83
Dialog 22f., 40, 277, 280
Dilemma 124, 172, 221, 228
Dilemmasituation 212, 215-224, 227f., 231, 250, 265
Dilemmasituation höherer Ordnung 231, 250
Diskurs 85, 162, 174, 181, 186, 188, 208f., 249, 263, 265, 269, 277
Diskursethik 24, 162-166, 175-181, 186-192, 196-202, 208, 216, 262-265
Dispositionsfreiheit 68, 71
Disziplin 32, 211-214, 246, 258, 273-276, 280f
Dominanzprinzip 221
Dualismus 122, 129, 203, 264, 269

Effizienz 22, 67, 73, 102, 108-110, 116, 121, 161, 189, 207, 226, 255-257, 264
Eigengesetzlichkeit 20
Eigeninteresse 43, 53, 77, 80, 99, 111, 121, 228, 240, 250

Eigennutz 250
Eigennutzannahme 266
Eigentumsrechte 68, 71, 75, 89, 91, 110 f., 257
Einkommen 48, 56 f., 60 f., 65 f., 73, 94, 100, 255
Empirismus, empirisch 128, 141, 143-146, 159, 167, 212, 233, 244, 256
Entdeckungsverfahren 69 f., 119, 223, 249
Erfahrung 33 f., 49, 84, 128, 131, 134, 146, 156 f., 168, 172, 182, 191, 194, 196, 202, 244, 260, 262
Erfahrungswissenschaft 17, 41, 47, 232, 254, 274, 276f
Erklärung 41, 48, 95, 152, 212, 219, 228, 230, 234, 241, 243, 250 f., 279
Erklärungsanspruch 233f
Erlanger Schule 162
Erwartungssicherheit 65 f., 92, 102, 126
Essentialismus 35
Ethik 30 ff., 251 ff., 269 ff., 279f
Ethik, formale 115, 127, 143, 259
Ethik, humanistische 175-177
Ethik, materiale 127, 139, 141, 147, 151, 161, 259
Ethik, politische 185, 208, 264
Ethik, rationale 144
Ethik, traditionelle 174, 211, 213-216, 251, 252
Ethik, utilitaristische 146, 171
Ethische Ökonomie 24, 112-114, 117 f., 120, 137, 258
– Koordinationsethik 120
– Vernunftethik (humanistische) 24, 128, 164 f., 174 f., 202, 262, 280
– siehe auch unter Diskursethik, Kleingruppenethik, Metaethik, Primat der Ethik, Sozialethik, Tugendethik, Unternehmensethik, Verfahrensethik
Ethos 36, 77, 110, 133, 151, 178, 190, 200-202, 258, 265
Evolution 122, 170, 179, 197, 214, 220, 226
Existenzminimum 61

Faktum der Vernunft 156, 191, 193

Familie 38, 77, 97, 100, 184, 196
Formalismus 125, 128, 141
Formalität, formalisiert 125, 139, 234, 240, 251
Fortschritt (technischer) 50, 55-57, 69, 96, 166, 173
Freiheit 27, 29, 72, 74, 78, 108, 139, 156, 158, 194, 217, 225 f., 232, 247, 248
Freiwilligkeit 72, 86, 89-91, 268
Frömmigkeit 27, 36 f., 160
Funktionsbereich 20 f., 29, 37 f., 54, 94, 98, 102, 105, 144, 277f
Funktionserfordernis 64, 66 f., 69, 72, 74, 85, 97, 101 f., 108, 169, 255, 257
Funktionserfüllung 67, 108
Funktionszusammenhang 61, 92 f., 96 f., 109 f., 154, 215, 224 f., 256-258, 276

Gefangenendilemma 123-126, 135 f., 151, 153, 155, 218, 220, 222-224, 248 f., 266
Gefühl 21, 37, 43, 160, 176, 194, 197 f., 200
Gefühlszustände 130
Gegenstandsbestimmung 29, 35, 85, 98 f., 116, 255, 279
Gegenstandsbezug 240
Geld 48, 54, 55, 91, 93 f., 152, 184, 206
Geltung 45 f., 53, 63, 65, 73-77, 90-93, 103, 109, 120, 144, 149, 154 f., 198, 201 f., 213, 216, 218, 225, 242, 260, 281
Gemeinschaft 28, 33, 49, 148, 176, 178, 180, 182, 198-205
Gemeinschaftsbedürfnis 148 f., 150
Gemeinschaftsinteresse 148
Gemeinwohl, gemeinwohlorientiert 109, 172, 216
Gerechtigkeit 78, 133-135, 150, 207, 222, 240
Gerechtigkeitsregeln 139
Geschichte 165, 168, 197, 280
Geschichtsmythos 190, 195, 197
Gesellschaft 23, 38-40, 44-46, 79, 81, 85, 114, 116, 118, 120, 123, 127, 148 f., 152, 178, 188-190, 195, 197, 200 f., 204, 211, 214, 217 f., 226, 227 f., 242, 249 f., 254, 268 f., 277
Gesetz 92, 125, 140, 156, 158
Gesetzgeber 46

Gesinnung 157, 162, 201
Gewinn 63, 68-70, 88, 120, 225, 232, 234, 249, 269
Gewinnmaximierung 63, 172, 222-225
Gewißheit 33 f., 38, 48, 80, 84, 192, 197, 209, 248, 276
Glauben 27, 136 f., 157
Gleichberechtigung 91, 92
Glückseligkeit 136, 141, 157
Goldene Regel 217, 271
Großgruppe 125, 213, 215, 234
Grundlagenkritik 164, 185, 188, 208, 254
Gruppe 32, 46, 87, 154, 247
Gut, Güter 21, 36, 37, 38, 48-50, 55 f., 58, 66-68, 74, 86-90, 94, 97, 99, 108, 115, 120 f., 127, 129-134, 139, 147-151, 161, 194, 229-230, 235-238, 259
Güter, öffentliche 50, 69, 107, 132-134, 138, 147, 151
Güterlehre 36 f., 115, 127, 132, 161, 260, 261

Handeln 20, 26, 29-31, 35-39, 43 f., 49, 51 f., 65, 81, 83, 98-100, 114, 117, 122 f., 134-139, 152, 155, 168, 170, 176, 184, 187, 192-199, 203, 209, 214, 216, 220, 229, 231-233, 243, 245, 249, 259, 261, 268, 271, 277
Handlung 29-38, 42-44, 73, 80-83, 86, 97, 99, 115, 117, 124-126, 131, 134, 139, 154, 170 f., 189, 192, 195, 199, 204, 212-216, 219, 220 f., 228, 233-235, 241, 251, 257, 259 f., 263, 278
Handlungsfähigkeit 36
Handlungskompetenz 150
Handlungssphäre 183
Handlungstheorie 30, 36, 80, 98-100, 197, 229, 237, 245 f., 251
Handlungsziel 32, 45, 77, 111
Hedonismus 171f
Herz 165, 194
Historische Schule 117
homo oeconomicus 53, 81, 83, 114, 172, 174, 212, 216, 218 f., 222, 226-231, 237 f., 242-246, 257, 264-266
Humanismus, humanistisch 169, 175

Identität 176, 200, 270
Identitätsphilosophie 269
Ideologie, ideologisch 47 f., 80, 84
Ideologisierung 83
Immunisierungsstrategie 34, 83
Individualmoral 75, 110, 215
Information 51 f., 149, 172, 174, 230, 234, 239
Informationsfunktion 66 f., 70, 108
Inkraftsetzung (von Normen) 42, 44-47, 83
Institution 18, 21 f., 44, 54 f., 64, 67-73, 75, 81, 88, 90-94, 97, 101-107, 110-115, 122, 151-153, 155, 185, 187-189, 208, 210, 213, 219, 231, 248, 255, 257 f., 278
Institutionenbegriff 151
Institutionenökonomik 213, 229, 230, 239
Institutionentheorie 105, 188
Integration 162, 173, 182, 188, 206 f., 259, 261 f., 264 f., 273f
Integrationsmodell 274
Interaktionsanalyse 218
Interaktionsordnung 29, 38, 102
Interdependenz 29, 38, 83, 93, 102, 103, 105 f., 257
Interdisziplinarität, interdisziplinär 22, 24, 27, 253
Interesse .. 21, 48, 63, 66, 84, 109, 123, 134, 148, 176, 180, 187 f., 198 f., 213 f., 222, 224, 229, 231, 247, 265
– siehe auch Lebensinteresse
Investition 53, 56-59, 62 f., 66, 73, 78, 94, 223, 225, 249, 257
Irrationalität 179
Isolationsmodell 256, 274

Kantkritik 138, 156, 159, 285
Kapitalismus 21 f., 40, 112 f., 115, 120
kategorial-anthropologisches Fundament 245
Kategorie, kategorial 23, 46, 48, 52, 65, 75, 85 f., 109, 138, 178, 190, 195, 205, 224, 237, 243, 244 f., 251, 264, 268-270, 275-277
Kategorischer Imperativ 37, 41, 125 f.,

305

139f., 147, 156, 161, 179, 191, 193, 217f., 259f
Klassenbegriff 33, 245
Kleingruppenethik 213
Knappheit 48-51, 54f., 65, 86-88, 93, 98-101, 189, 207, 214, 227, 229, 232, 235-237, 255, 257
Kolonialisierung (der Lebenswelt) 184
Kommunikation 181, 188, 195, 206
Kommunikationsgemeinschaft 176, 179-183
Komplementarität (der Institutionen) 103, 105, 278
Konfession, konfessionell 19, 27, 136, 277
Konflikt 31, 47, 82, 91, 139, 171, 178, 211f., 265, 270, 277
Konkurrenz 50, 69f., 87, 90, 120f., 185
Konsum, Konsumption 53, 57f., 60, 78, 94, 132, 257
Konsumenten 53, 69, 74, 148, 222-226, 239
Kooperation 48, 54f., 56, 90, 93f., 122f., 220, 222, 225, 255, 264
Koordinationsfunktion 66f., 108
Korrelation 235, 275, 280f
Kosten 25, 52-54, 70, 77, 88, 119, 121, 173, 201, 217, 224, 230, 235, 239, 240, 242f., 267f
Kosten, psychische 239-241
Kreativität 146, 196
Kreislaufmodell 58-60
Krise 168, 200, 211
Krisenphänomen 20, 22, 24, 31, 91, 166
Kriterium, Kriterien 33, 45, 54, 61, 64, 67, 71, 73f., 78, 81, 92, 102, 106-109, 112, 132f., 139-149, 161, 163, 168, 173f., 181, 184f., 195, 205, 218f., 226, 229, 251, 255-257, 275, 278
Kritischer Rationalismus 26, 35, 41, 174
Kultur, kulturell 27, 31, 51, 86-88, 112, 113-120, 127, 133, 134, 136, 142, 144-146, 151-153, 167, 169f., 175, 178, 182, 201-206, 242, 258f., 261
kulturinvariante Aspekte 87f., 98, 102, 167, 202, 257
Kulturstaat 153

Kulturwissenschaft 112f., 117, 119, 258
Kunst 38, 86, 112, 116, 118, 133
Kurzschluß, methodischer 227, 246, 248, 251, 275

Lebensdienlichkeit 163, 185, 186
Lebensgefühl 130, 193
Lebensinteresse 194f., 197
Lebensqualität 168, 173, 185
Lebenswelt 165f., 168, 170f., 183-185, 190, 196, 203-207, 264
Lebenswelt, idealisierte 190, 204
Lebenswelt, technisierte 206
Legitimation 45f., 186, 191
Leitbegriff 17, 23f., 33, 277, 281, 285
Leitfrage 17, 25, 38f., 253
Liberalismus 108, 136, 139
Lieben 128, 194

Macht 90, 184, 195, 205f., 230, 234, 264
Markt 21, 68, 70, 120-122, 126, 148, 150, 185, 223, 225, 268
Marktprozeß 56, 60f., 72, 119
Marktversagen 120-126, 135, 151, 268, 278
Marktwirtschaft 20, 24, 40, 67-69, 73-76, 106, 108-110, 121, 207, 215, 224, 256, 269f., 278
Marktzutritt 71
Maximierung 53, 111, 118, 172, 241, 243, 247
Mensch 17, 21, 23f., 27f., 32f., 37, 39f., 49, 51, 80, 87, 92, 95, 127, 130, 136f., 139-141, 145-150, 155-162, 167-170, 175-180, 190-202, 205, 207, 210, 214-218, 224f., 228, 244-247, 252, 260, 263, 271
Menschenbild 108f., 174, 227, 229, 244-248, 285
Metaethik 26, 30-, 34, 277
Methode, methodisch 17, 119, 128, 138, 142f., 146, 159, 167, 175f., 192, 212, 219, 223, 227f., 234, 236, 245-251, 254, 261, 265, 269-272, 276
– siehe auch Kurzschluß (methodischer), Reduktion (methodische), Reduktionismus
Methodik 25, 85, 98, 117, 119, 138, 167,

197, 212, 226-230, 238, 253, 258, 263, 265, 269 f., 274, 280
Methodologie, methodologisch 29, 44, 210, 227, 231, 238, 243f
Mißernte 205
Mittelwahl 43, 47, 209, 232
Mobilität 57, 70 f., 96, 97
Modell 3, 53, 62, 69, 81, 83, 120-123, 207, 210, 212, 219 f., 226-251, 257, 266, 271, 280
Modellanalyse 137
Moral 30 ff., 42 f., 177, 201 f., 257 f., 271
Moral der Gegenseitigkeit 76 f., 110 f., 255
Moral des Faktischen 79, 254
Moralität 140, 175, 177-179, 190, 196, 197, 200-202
Moralökonomik 265, 271
Moralprinzip 169, 175, 178-181, 185-191, 197, 199, 202, 205, 262-265
Motivation 30, 36, 123, 134 f., 194, 198-202, 209-214, 221, 226, 240, 250
motivationales Defizit 190, 194, 197, 200, 201, 263
Motivationsbasis 124, 135, 190, 201, 202, 208, 209, 264
Motivationsfunktion 66, 101, 108, 255, 278
Motivationsproblem 134, 136, 151, 153

Nachfrage 67-69, 87, 90f
Natur (einer Sache) 23, 35, 39, 114 f., 137, 141, 156 f., 161, 168, 174, 177, 196 f., 244, 262
Naturrecht, naturrechtlich 25, 92, 115, 138, 145, 147, 161, 171, 217, 262
Naturrechtsethik 161
Neoklassik, neoklassisch 113, 118, 121 f., 133, 213, 230, 239, 249, 277
Norm 44, 46 f., 53 f., 75, 99, 129, 150, 155, 178, 181, 199, 213, 218, 252
Normativität 43, 163, 183, 188, 209, 224, 270, 271
Null-Summen-Spiel 88
Nutzen 49, 54, 63, 86-91, 110, 123 f., 127, 130, 134, 149, 171, 173, 219, 226, 229-251
Nutzenbegriff 127, 147, 239, 243, 251

Nutzenmaximierung 120, 124, 172, 232, 239-241
Nützlichkeit 133, 137, 147

Öffentlichkeit 180, 184
Ökonomie 38, 55, 99, 100, 113-123, 133, 137, 150, 157-159, 163, 166-170, 185-189, 241, 255, 258, 268
Ökonomieversagen 121, 124, 151
Ökonomik 21, 25, 113 f., 185, 187, 212-216, 223, 230, 271
ökonomisches Prinzip 51-53, 99
Opportunitätskosten 235, 239
Ordnung 27-29, 33, 40 f., 45, 63-67, 71-77, 101-118, 125, 128 f., 152 f., 188, 220, 250, 255, 258, 268, 272
Ordnung, spontane Entwicklung der 65
Ordnungskonformität 71, 106, 257, 278
Ordnungstheorie 63, 65-67, 72, 81, 100-107, 255, 257, 266
Ordnungstypen 66 f., 107
Organisation 44, 56, 65, 122, 169
Ort der Moral 42, 64, 164, 181, 189, 208 f., 213, 215, 224, 255, 266f
Österreichische Schule 119, 138, 229

Paradigma 23, 33, 45, 81, 110, 113, 210, 213, 216, 221, 231, 264
Paralleldiskurs 269-271, 274
Paretoprinzip 221
Person 27 f., 34, 36, 44, 46, 50-52, 58, 65, 80-83, 87, 115, 123 f., 129, 135-140, 147, 149, 169, 174, 176, 178, 181 f., 188, 191-201, 206, 225, 244, 248, 261, 263, 267
Perspektive 19, 26, 28, 31, 34 f., 39, 42, 79-81, 88, 92, 96, 102, 122, 144, 146, 159, 164, 167, 170 f., 202, 207, 209, 224, 249-254, 258, 272-276, 280
Perspektivität 35, 143, 146 f., 159-161, 260, 262, 281
Pflicht 36 f., 115, 134, 161, 224, 260
Pflichtenlehre 37, 115, 135, 161, 259, 261
Phänomen 41, 136, 159, 161, 176, 201, 210, 242
Philosophie, philosophisch 19, 22, 26 f., 32, 36, 112-117, 128 f., 134, 138, 142, 145, 153, 157, 160-166, 171, 175, 179, 189-192,

197, 210, 214, 245, 247, 252, 258, 261-263, 269, 274
Politik, politisch 47, 60, 72, 78, 81-86, 96f., 105, 113, 145, 148, 150, 163, 166, 185, 188f., 208, 210, 226, 236f., 249f., 256, 264, 268
Positivismus 145, 174
Präferenz 43, 53, 74, 80, 83, 104, 109, 115, 119f., 124, 126, 131-135, 147-153, 174, 220, 223, 226, 229-247, 259f., 267
Präferenzen, tieferliegende 80, 238
Präferenzbildung 126, 237
Präferenzbildungsprozeß 127, 259
Präferenzpositivismus 43, 47, 64, 80
Präskription 256
Preissystem 20, 67, 69-74, 102f., 120
Primat der Ethik 207, 264f
Prinzipien, konstituierende 103, 106
Prinzipien, regulierende 103, 106, 278
Privateigentum 68-71, 102-104, 120
Produktion 50-55, 58-63, 74, 78, 94, 97, 109, 222, 226, 257
Property-Rights-Theorie 68, 89, 171, 173

Rahmenbedingungen 23, 81, 91, 155, 249, 250
Rahmenordnung 45, 97, 186, 189, 213-216, 220, 223-225, 231, 267
Rahmentheorie 271, 275, 279, 281
Rational-Choice-Modell 210, 227, 229, 232
Rationalisierung 170, 184, 196, 203, 206
Rationalisierungsprozeß 163, 165-167, 170, 177, 184, 262
Rationalität 33, 52, 98f., 117, 125, 164, 167-171, 187f., 196, 206-213, 232-234, 239, 243
– Teilrationalität 272
– siehe auch Zweckrationalität
Rationalprinzip, Rationalitätsprinzip 52-54, 98, 231-235
Recht 80f., 92, 96, 98, 135, 143, 144, 150, 152, 199, 225, 264-272, 275, 281
Rechts- und Sittenregeln 241
Rechtsregel 45, 81f., 110, 228, 242
Reduktion (methodische) 71, 80, 82, 138, 144, 229, 245-248, 256, 258, 279

Reduktionismus 214, 219, 246
Regel 31, 34, 36, 38, 45, 54, 63, 69f., 75-93, 99115, 121-126, 135, 139, 151-155, 178, 181, 204f., 212, 216f., 221, 224, 228-231, 236-250, 256-259, 277f
Regeltreue 64, 110, 215, 255, 257
Religion, religiös 22, 24f., 38, 86, 112, 114, 121, 123f., 133, 135-138, 151-160, 199, 251, 254, 259, 268
REMM 174, 227, 230, 234-243, 246f., 264
Ressourcen 50f., 54, 69, 87, 133, 189, 222, 226, 235
Restriktion 45, 50, 87, 153, 212, 216, 219f., 223, 226f., 229, 231-234, 238, 241-243, 247
Rivalität 69f
-Nichtrivalität 132, 133

Sachproblem 42, 47
Sanktion 81, 201, 215f., 223, 228, 242, 266-268
Seinsaussagen 28, 35
Selbsterfahrung 137, 156-161, 193
Selbstgefühl 193f., 201
Selbstgewißheit 28, 193
Selbstwiderspruch 28, 263, 272
Sitte, sittlich 36f., 89, 125, 128, 131, 137-141, 153-158, 175, 191, 224, 229, 242, 259
Sittlichkeit 136f., 140, 153f., 157, 159, 175, 184
Solidarität 70, 216, 217, 218, 224, 252, 271
Sozialethik, sozialethisch 20, 29, 73f., 81, 98, 102, 107, 109, 208, 276, 277
Spieltheorie 172, 220
Spielzug 220, 226, 249
Sprachtheorie 189, 192-195
Staat 38, 39, 59, 60, 77, 94, 97, 114, 150-153, 183, 268
– siehe auch Kulturstaat
Struktur 93, 97, 153, 155, 160, 169, 178, 200, 218, 221-224, 244, 259, 263
Stufenmodell 167, 182
Subjekttheorie, Subjektivitätstheorie 36, 81, 159, 190, 193, 205, 247, 263
Substitutionsmodell 271, 274
Summationseffekt 107

Synthese 24, 113, 114, 126, 127, 132, 137, 147, 258, 261, 273-275, 280
Synthesemodell 261, 280
System 37, 66, 67, 101, 137, 139, 165, 171, 183-185, 190, 203-206, 244, 264, 273
– Subsystem 170, 184 f., 203, 205-207, 211 f., 215, 228
Systemtheorie 29, 211, 246

Tatsache 42, 49, 85, 87
Tausch 48, 54 f., 86, 88-94, 257
Theologie, theologisch 20, 22-36, 114, 159, 192, 247, 253, 274-281
Theorie öffentlicher Güter 132, 147
Tit-For-Tat-Strategie 122, 123
Tradition 23, 33 f., 45, 49, 65 f., 74, 86, 98, 100, 103, 108, 114 f., 134, 161, 165, 170-172, 190, 192, 194 f., 218, 247, 252, 260, 266, 278, 280
Transaktionskosten 55, 76, 92, 121 f., 218, 230, 234
Transzendentalphilosophie, transzendental 140, 157, 167, 179, 183, 190, 191-193, 197, 254, 263
Tugend 36 f., 115, 133-135, 151, 161, 178, 201, 260
Tugendethik 80, 214
Tugendlehre 36 f., 54, 134-136, 161, 259

Universalismus, universal 28, 175, 178, 180, 199-202, 217, 263 f
Unsichtbare-Hand-Lenkung 63
Unternehmen 20, 57-62, 71, 74, 78, 94- 97, 101, 103, 151, 224, 249
Unternehmensethik 77 f., 101, 162, 210 f., 234, 248
Unternehmer 63, 69 f., 82, 172, 232
Urteil 43, 79, 95, 98
Urteilsprozeß, ethischer 106, 275-281
Utilitarismus 146, 166, 171, 173, 191, 229
– Regelutilitarismus 173

Verfahren 24, 44, 46, 57, 78, 84, 219, 233, 246, 277, 280
Verfahrensethik 24, 188 f., 208
Verfassung 27 f., 44, 210, 245
Verfügungsrechte 68 f., 89, 171, 230

Verhaltensannahme 52, 53, 122, 219, 232, 233
Verhaltenstheorie 29, 210, 229, 242, 245
Vernunft 33, 74, 108, 128, 156, 157 f., 162-179, 188-193, 196 f., 202 f., 208 f., 216, 247 f., 262, 280
Vernunft, männliche 196
Vernunft, weibliche 196
Vernunftbegriff 167 f., 197, 199, 260 f
– siehe auch Vernunftehtik
Vernunftglaube 157
Vertrag 121, 267 f

Wahl, Wählen 29, 31, 50, 52, 82, 107, 118, 152, 174, 210, 220, 229, 231, 237, 239, 251
– siehe auch Zielwahl
Weltanschauung, weltanschaulich 17, 25, 27, 29, 32, 33, 72, 74, 147, 208, 209, 232, 246, 251, 255, 257
Wert, Werte 20, 44, 46, 63, 84 f., 89, 119, 125, 128-134, 140-151, 225, 228 f., 238, 247, 259 f
Wert-Absolutismus 144
Werterkenntnis 128, 131, 143, 145-147
Wertmodalität 129 f., 142, 143, 146
Wertphänomenologie 128
Wertqualität 115, 127, 130-134, 146, 152, 260
Wertung 31, 67, 237
Werturteil 41-44, 47, 82, 84
Wesen 45, 95, 140 f., 145, 177, 190, 233, 246 f
Wesensschau 128, 141
Wettbewerb 69-71, 74 f., 102-105, 119, 223-225, 278
Wettbewerbsordnung 45, 76, 77-78, 93, 102-104, 107, 110, 222, 226, 255
Wiederankoppelung 163, 165, 190, 206, 264
Wille 33, 47, 83, 176, 200
Wille, freier 32, 175
Wille, guter 176, 177, 199, 201, 263
Win-Win-Situation 86, 88 f., 228
Wirklichkeitsverständnis 19, 23, 27 f., 33 f., 84, 92, 197, 208, 251, 253, 276 f., 281

Wirtschaft 19-24, 29, 38, 40-42, 47, 48-66, 72, 77-79, 85, 87 f., 93-127, 138, 142, 144, 153, 155, 163, 166, 183-190, 207, 212-215, 228, 254-259, 264-268, 276-278
Wirtschaft, optimistische Sicht der 196, 207, 264
Wirtschaften 49, 54, 66, 93, 94, 96, 98, 171, 185, 186, 187, 205
Wirtschaftsbürger 74, 164, 189
Wirtschaftsethik 3, 17, 19-30, 38 f., 40 f., 77 ff., 120 ff., 186 ff., 212, 223 ff., 254, 274, 275ff
Wirtschaftsethik, formale 124, 138, 139, 259, 260
Wirtschaftsethik, materiale 127, 138, 142, 186, 259
Wirtschaftskreislauf 58
Wirtschaftsontologie 113, 117 f., 138, 254
Wirtschaftsordnung 21, 60, 64-77, 81, 92, 96 f., 100-109, 118, 136, 185 f., 255-258, 266
Wirtschaftsphilosophie 112, 114, 116-119, 138, 261
Wirtschaftspolitik 41, 54, 59, 65, 67, 73, 77 f., 82, 84, 103, 107, 109, 256
Wirtschaftstheorie 3, 17-26, 40-43, 86, 93-100, 112, 116-119, 171 f., 183, 185, 218-224, 227, 248, 252, 254 f., 261, 264 f., 269-274, 277-281

Wirtschaftswissenschaft 17, 23, 30, 34, 44, 51, 98, 113, 210, 254
Wohlfahrtsökonomik 172, 222
Wohlfahrtsprinzip 171
Wohlfahrtsstaat 20, 106, 172

Zentralverwaltungswirtschaft 67, 73 f., 108
Ziel 22 f., 31, 40, 42, 46 f., 55, 64, 72, 82-85, 95- 99, 102 f., 111, 125, 144-147, 150, 153, 163, 167, 170-172, 182, 189, 195, 216, 219, 223-237, 251, 256, 259, 262, 266, 269, 277, 279
Zielbestimmung 36, 72, 83 f., 98, 115, 139, 218, 232, 237, 255
Zieldiskussion 43, 64, 80, 82-85, 256
Zielkonflikt 47, 85, 96
Zielwahl 47, 99 f., 209, 232, 237
Zuordnung 17, 23, 25, 93 f., 126, 148, 155, 253-257, 261, 264 f., 269, 271-276, 280
Zuordnungsmodell 253, 261, 273
Zuordnungsverhältnis 22, 224, 253, 269, 273 f., 280
Zusammenbestehen-Können 125, 139
Zuverlässigkeit 75 f., 110 f., 121, 257
Zwang 39, 89 f., 181, 232
Zweck 21, 47, 51, 62 f., 78, 81, 83, 100, 117, 125, 129, 134, 140 f., 171, 185, 191
Zweckrationalität 21, 54, 104, 167, 169-171, 196